개정판

예배 건축가

문화에 적절하고 성경에 충실한
예배 디자인 청사진

콘스탄스 M. 체리 지음
양명호, 김상구 옮김

기독교문서선교회

기독교문서선교회(Christian Literature Center: 약칭 CLC)는 1941년 영국 콜체스터에서 켄 아담스에 의해 시작되었으며 국제 본부는 미국의 필라델피아에 있습니다.
국제 CLC는 59개 나라에서 180개의 본부를 두고, 약 650여 명의 선교사들이 이동도서차량 40대를 이용하여 문서 보급에 힘쓰고 있으며 이메일 주문을 통해 130여 국으로 책을 공급하고 있습니다.
한국 CLC는 청교도적 복음주의 신학과 신앙서적을 출판하는 문서선교 기관으로서, 한 영혼이라도 구원되길 소망하면서 주님이 오시는 그날까지 최선을 다할 것입니다.

The Worship Architect

A Blueprint for Designing Culturally Relevant and Biblically Faithful Services

Written by
Constance M. Cherry

Translated by
Myoungho Yang & Sang-Goo Kim

Copyright 2010 by Constance M. Cherry
Originally published in English under the title
The Worship Architect
by Baker Academic, a division of Baker Publishing Group,
Grand Rapids, Michigan, 49516, U.S.A.

All rights reserved

Korean Edition
Copyright © 2015, 2022 by Christian Literature Center
Seoul, Korea

The Worship Architect

추천사 1

김 순 환 박사
서울신학대학교 예배학/실천신학 교수

최근 한국 교회 안에서 드려지는 여러 예배들을 한두 마디로 평가하고 규정하기는 어렵지만 이것들의 공통적 특징이 다양성임은 분명하다. 그들 대부분은 여전히 설교 중심이라는 개신교 예배의 전형적 양태를 띠고 있지만 그 못지않게 적지 않은 교회들이 순서도 간결하고 다양한 음악 장르도 많이 활용하는 자유로운 예배 형식도 늘고 있다.

또 이와는 조금 다르게, 아주 소수이기는 하지만 일부 교회는 지난 20세기 말 서구 주요 개신교회 예전 갱신 운동(Liturgical Renewal Movement)의 영향을 받아들여 한층 예전적 특성을 가미하는 교회들이 있는가 하면 비록 설교 중심의 특색은 여전하면서 과거와 달리 매월 성찬식을 실행하는 교회들도 적지 않다. 교파나 교단에 국한되지 않고 이런 현상이 두루 나타나는 것은 오늘의 예배가 다양성의 면모를 확대해 가고 있음을 잘 보여준다.

이런 다양성의 현실은 자칫 변화에 소극적일 수 있는 교회들도 적극적으로 시대 상황에 맞게 예배를 적응시켜 나가도록 고무시키는 환경이 되기도 하지만 동시에 선택의 고민도 갖게 한다. 왜냐하면 여러 예배 유형들이 갖는 각각의 장점에 대해 설사 긍정적 입장을 갖고 적용 의지가 있더라도 실제 해당 교회의 예배에 변화를 현실화하기에는 그것을 뒷받침해줄 예배신학적 확신이나 손에 잡힐 만한 구체적인 매뉴얼 등이 턱없이 부족한 현실이기 때문이다. 이런 점에서 볼 때 금번에 양명호 박사님의 노고로 한국 신학계에 소개되는 『예배 건축가』(The worship Architect)는 예전적 예배든, 전통적인 예배든, 현대적인 예배든 간에 이들 모두를 다 망라해서 예배신학적으로나 실제적 지침서로도 교회에 큰 도움이 될 것이라 생각한다.

본서는 서구 주요 교회들의 예전 갱신 운동의 영향에서 비롯된 4중 구조 예배의 특징들과 관련하여 예배 디자인 및 실제 운영 등에 주된 관심을 기울이고 있지만 단지 거기에서 그치지 않고 그 배경으로서의 역사적인 예배신학적 전승과 지혜를 충분하게 제시하고 있다는 점에서 깊은 인상을 주고 있다. 더 나아가 앞서 언급한 대로 다양성의 시대에 부응한 여러 예배 모델들에 대해서도 기본적으로 긍정적 시선을 보이면서 그들을 유형별로 분석, 평가함으로써 오늘의 교회들이 처한 각각의 상황에 어떤 예배가 적합한지, 어떤 적용 전략을 가져야 할지를 판단하는 학술적 자료를 제공하고 있다고 평가된다. 이와 같은 폭넓은 스펙트럼의 접근은 오늘의 다양성 상황 속에서 올바른 예배를 모색하는 현대 교회의 좋은 길라잡이가 될 것이 분명하다.

아무쪼록 본서를 통해 목회 지도자, 신학도, 심지어 평신도까지도 예배의 이론과 실제에 더 깊은 이해를 갖고 그들 각 공동체 예배 속에서 진정한 예배의 은총을 더욱 누리게 될 뿐만 아니라 더 나은 예배 환경으로 나아가게 되기를 기대하며 기꺼이 본서를 추천하는 바이다.

추천사 2

로버트 웨버(Robert E. Webber) 박사
*Ancient-Future Worship*의 저자

콘스탄스 체리는 목회적 신학과 신학의 실천은 양자택일해야 하는 것이 아니라 언제나 함께 있어야 하는 것임을 우리에게 보여준다. 저자가 인도하는 대로 따라가면서 그 둘 사이에 존재하는 하나됨을 재발견하자.

레스터 루스(Lester Ruth) 박사
Duke Divinity School 예배학 교수

콘스탄스 체리의 책은 내가 바라던 것이다. 『예배 건축가』는 견고한 신학, 예술적인 창의성, 목회적인 민감성, 저자가 예배를 인도하고 기획한 풍부한 경험에서 온 지혜가 결집되어 있다.

존 위트블리트(John D. Witvliet) 박사
Calvin Institute of Christian Worship 원장
Calvin College and Calvin Theological Seminary 예배학 교수

공동체적 예배에 관한 많은 책들이 신학적인 본질을 도외시하고 스타일과 기술에 초점을 맞춘다. 어떤 책들은 본질적인 것을 다루지만, 스타일의 선택과 기획에 대한 접근법이 회중들의 매주의 삶에서 역동적인 역할을 하고 있다는 것을 도외시한다. 콘스탄스 체리는 우리에게 이론과 실제의 경계선을 넘도록 초청함으로써 자신의 과제에 접근한다. 이 결과물로 나온 것이 본서이다. 『예배 건축가』는 효과적인 사역자라면 누구에게나 필요한 평생 학습을 고취하는 데 적합한 책이다.

토드 존슨(Todd E. Johnson) 박사
Fuller Theological Seminary 예배학 교수

분열되고 다소 적대적인 우리의 기독교 예배 환경에서 필요했던 예배 기획 안내서를 내놓은 것에 대해 체리에게 축하의 말을 전한다. 『예배 건축가』는 독자들이 현대의 예배 기획자와 인도자들 앞에 놓인 선택들에 대한 이해를 도울 수 있는 성경적, 역사적, 신학적 자료를 제공한다. 콘스탄스 체리는 예배 인도자들에게 그들이 당면한 선택안들을 분별할 수 있는 실질적이고도 책임 있는 제안을 한다. 이것은 중대한 시기에 가장 반가운 책이다.

저자 서문

　나는 나의 부모님 해롤드(Harold)와 루비 체리(Ruby Cherry)로 인해 예배자가 되었다. 부모님은, 그들의 부모님이 그렇게 했던 것처럼, 어린 시절부터 나를 교회에 데리고 다니며 예배에 대해 본을 보여주었다. 나는 평생 목회를 했던 아버지가 매주 예배를 인도하는 것을 지켜보았다. 내가 나이가 들어 갈수록 나는 아버지가 거룩한 예배에 경건하게 임하는 모습을 통해 얼마나 많은 것을 얻었는지 더 깨닫게 되었다. 아버지는 본을 보이며, 어떻게 예배 인도자가 되는지 내게 가르쳐 주었다.

　어머니 역시 전적으로 예배에 참여하는 분이었다. 회중석에서 네 명의 자녀를 돌보느라 바쁜 중에도, 어머니는 놀라우리만치 하나님께 집중하는 것 같았다. 나는 찬송 부르는 데 훌륭한 몫을 감당했던 어머니의 "회중으로서의" 목소리에 감탄했던 것을 기억한다. 어머니는 가끔 한 옥타브 높은 테너 파트를 멜로디에 어울리도록 아름답게 노래하곤 했다.

　어머니가 기도하고 노래할 때마다 나는 어머니가 주님을 깊이 만나고 있음을 느꼈다. 어머니는 본을 보이며, 어떻게 예배자가 되는지 가르쳤다. 최근에 어머니는 천군 천사들의 목소리에 동참하였고, 이 땅의 문제에 얽매이지 않고 찬양을 하게 되었다. 어린 시절, 나는 단지 교회에 가는 것만으로도 예배를 인도하는 법과 예배자로서 온전히 참여하는 법에 대해 배우고 있었다는 것을 전혀 알지 못했다. 나는 이런 본보기들이 있었음에 감사한다.

내가 예배를 이해하는 데 있어서 로버트 웨버(Robert E. Webber)가 끼친 영향은 헤아릴 수가 없다. 1998년, 나는 북침례교신학교(Northern Baptist Theological Seminary)에서 웨버 박사가 시작한 프로그램을 통해 기독교 예배로 목회학 박사를 받는 첫 졸업생이 되었다. 이 프로그램은 내게 탁월한 선택이었다. 나는 웨버의 기독교 예배에 대한 철학에 깊은 영향을 받았을 뿐만 아니라(이것이 내가 이 프로그램을 선택한 이유이다), 나의 박사 논문 지도를 그에게서 받았다. 졸업하는 날, 웨버 박사가 내게 와서 자신이 구상하고 있는 "예배연구소"(Institute for Worship Studies, 현재 Robert E. Webber Institute for Worship Studies)의 교수로 섬겨줄 것을 제안했다. 1999년에, 대학원 수준의 비전통적인 예배학 프로그램에 대한 그의 비전이 실현되었다.

학생들 및 뛰어난 동료들과 함께 웨버의 유산을 수행해가면서, 나는 그들을 통해 영적, 지적인 성장에 대한 도전을 받았다. 웨버 박사는 죽기 몇 주 전에 내게 갑자기 전화해서, 본서에 대한 조언과 격려를 해 주었다. 그에게서 받은 도움은 이루말할 수 없다.

또한 나는 내가 속했던 교회들로부터 헤아릴 수 없는 영적인 도움을 받았다. 내가 맺은 친분 관계가 모든 면에서 나를 풍요롭게 했을 뿐만 아니라, 이 회중들은 내게 수많은 기회를 주면서 처음에는 새내기로서, 나중에는 소위 전문가로서 예배의 다양한 측면을 이끌 수 있도록 했다. 나는 어린 시절에 다녔던 미시간의 랜싱제일연합형제교회(First United Brethren Church of Lansing, Michigan)에서 처음으로 예배 음악을 인도했다. 이 교회는 내 마음속에 언제나 특별한 곳으로 남아있다. 현재 내가 목회자이자 예배 인도자로 섬기는 인디아나 패어마운트의 그랜트연합감리교회(Grant United Methodist Church of Fairmount, Indiana)의 성도들에게 감사한다. 나는 그들의 너그럽고 자비로운 마음으로 인해 융통성 있게 학교와 교회에서 소명을 감당할 수 있다. 나는 매주일 그들과 함께 예배하기를 고대한다. 더 훌륭하고 또한 신학적으로 더 견고한 숙련된 예배 인도자가 되도록 나를 도와준 그동안 섬겼던 모든 교회의 회중들에게 감사한다.

가르칠 수 있는 선물을 준 인디아나웨슬리안대학교(Indiana Wesleyan University), 나를 지적으로 독려하고 웃을 수 있도록 해준 예배 전공자들, 그리고 신학과사역대학(School of Theology and Ministry)의 모든 동료들에게 심심한 감사를 드린다(그대들이 최고이다!)

본서를 시작하면서, 많은 친구들과 친지들이 격려해주고 기도를 약속해 주었다. 특히 조용한 환경에서 글을 쓸 수 있도록 내게 "다락방"을 내어준 에릭과 데이지 볼라스(Eric and Daisy Vollrath)에게 감사한다. 길 건너편에 있던 교회 시계탑에서 들리는 소리 외에는 방해가 된 것이 없었다. 그들의 관대함과 친절함을 결코 잊지 못할 것이다.

또한 글을 마치는 일을 도와준 분들, 특히 오랜 시간동안 읽고, 교정하고, 형식을 만들어준 켈리 빅슬러(Kelly Bixler)와 조이스 손톤(Joyce Thornton), 대학교에서 특별한 도움이 된 에밀리 버밀야(Emily Vermilya), 인용 허가를 얻도록 도와준 멜리사 핍스(Melissa Fipps)에게도 심심한 감사를 드리고 싶다. 두 건축가 티모시 베치톨(Timothy Bechtol)과 제프리 모건(Jeffrey Morgan)은 관대하게도 자신들의 생각을 나누어주어서 본서의 은유를 발전시킬 수 있도록 했다. 그들의 통찰은 귀중했다.

마지막으로, 나를 신뢰하고 책을 출판할 기회를 준 베이커출판사(Baker Academic)에 가장 깊은 감사를 드린다.

나는 그리스도께서 다시 오실 때까지 본서가 교회에 조금이나마 유용하기를 기도하고, 우리가 삼위 하나님을 온전히 예배하기를 기도한다.

역자 서문

양명호 박사
홍콩중문대학교 예배와 교회음악 교수

"렉스 오란디, 렉스 크레덴디, 렉스 비벤디"(*Lex Orandi, Lex Credendi, Lex Vivendi*). 이 말은 예배학에서 자주 인용되는 라틴어 표현이다. 문자 그대로 번역하자면, "기도의 법, 믿음의 법, 삶의 법"이라는 뜻이다. 해석에 따라서 여러 의미를 가질 수 있는데, 그 중 하나는 예배를 통해서 신앙이 형성되고, 또 그 신앙에 따른 삶을 산다는 말이다. 예배가 우리의 신앙과 삶에 미치는 영향을 나타내는 말로 이해할 수 있을 것이다. 바른 예배에서 바른 신앙이, 바른 신앙에서 바른 삶이 나온다고 말할 수도 있겠다.

예배자들로 구성된 하나님의 교회가 하나님을 예배하는 일을 소중히 여기는 것은 지극히 당연하다. 우리 나라는 물론 전 세계의 교회가 이 일에 지대한 관심을 갖고 열정적으로 힘을 쏟는다. 그러나 그 열정이 종종 예배의 본질보다는 부수적인 일에 집중되는 경우도 있다. 1980년대 찬양 모임이 한국 교회에 큰 영향을 끼치고 있을 때, 각 교회가 그 모임을 그대로 따라 하고자 하는 열망으로 음악, 악기, 음향에 그 열정의 대부분을 쏟는 기현상이 일어나기도 했다.

그후에도 미국에서 시작된 또 다른 형태의 예배 모임에 열광하며 충분한 고민 없이 그 모습을 그대로 옮겨 오기도 했다. 이러한 일들의 근저에는 분명 영적인 갈망이 있었을 것이지만, 예배를 통해서 교회의 성장을 이루어 보려는 마음도 분명 있었을 것이다. 그러나 신학적인 고민이나 각각의 회중에 대한 이해 없이 그저 성장하는 교회의 예배 표현 방식이나 예배 행위들을 옮겨 오는 일은 바람직하지 못한 열매들을 냈다. 예배에 대한 열정으로 시작된 일이 오히려 예배에 대한 잘못된 이해를 갖게 하는 안타까운 일이 되기도 했다. 본서를 통해서도 우리의 의도에 따라서 긍정적이거나 부정적인 열매들을 낼 수도 있을 것이지만, 우리의 예배가 풍성해지는 결과가 있기를 기대한다.

본서에서 저자가 주장하는 신학을 모두 동의하거나 제시하는 실례들을 그대로 적용할 수는 없다. 우리의 문화, 신학, 배경이 저자의 것들과는 동일하지 않기 때문이다. 그러나 예배의 현장에서 얻은 저자의 통찰력에서 우리는 우리의 예배에 의미 있는 도움을 얻을 수 있을 것이다. 저자는 예배를 "대화"로 이해한다. 여기에다 개혁주의 전통의 4중 예배구조, 즉 모임, 말씀, 성찬(응답), 파송을 골격으로 해서 "문화에 적절하고 성경에 충실한" 그리고 회중 공동체의 참여가 있는 예배를 건축하는 청사진을 제시하고 있다.

이 청사진과 저자가 자신의 경험으로부터 제시하는 다양한 예배 행위들이 우리의 예배에 도움이 될 수 있을 것이다. 뿐만 아니라 이것을 바탕으로 해서 이 시대의 우리에게 적절한 새로운 예배 표현들을 찾으려는 노력이 일어나서 예배자들의 진실한 참여가 있는 예배가 이루어지리라 기대한다. 그렇게 되면, 예배의 풍성함으로 인해 예배에 대한 우리의 이해뿐만 아니라, 우리의 삶에도 그 풍성함이 좋은 열매를 맺게 될 것이다. 그 결과로서 "렉스 오란디, 렉스 크레덴디, 렉스 비벤디"를 선하게 이루게 될 것을 소망한다.

Contents

추천사 1 김순환 박사(서울신학대학교 예배학/실천신학 교수)　5

추천사 2 로버트 웨버 박사 외 3명　7

저자 서문　9

역자 서문　12

서론: 왜 예배 디자인에 관한 책인가?　17

단계 1: 예배의 기초 세우기　29
　1장 기초 세우기: 성경적 예배　31
　2장 모퉁잇돌 세우기: 예배의 중심은 예수 그리스도이시다　59

단계 2: 예배의 구조 세우기　89
　3장 하나님과의 만남을 위한 네 개의 방: 일반적인 예배 순서　91
　4장 첫 번째 내력벽: 모임 예전　117
　5장 두 번째 내력벽: 말씀 예전　141
　6장 세 번째 내력벽: 주의 식탁　173
　7장 네 번째 내력벽: 말씀에 대한 대안 응답　193
　8장 다섯 번째 내력벽: 파송 예전　217

The Worship Architect

단계 3: 하나님과의 만남을 위한 문과 창문 만들기 235

    9장 기도를 통해 하나님 만나기: 예배의 심장을 담아내기 237

    10장 음악을 통해 하나님 만나기(I): 교회의 노래 285

    11장 음악을 통해 하나님 만나기(II): "건전한" 음악 지도자에 관하여 337

    12장 교회력을 통해 하나님 만나기: 전체 이야기 기억하기 379

단계 4: 예배에 스타일 추가하기 403

    13장 예배 스타일의 원리: 공동체의 정체성 표현하기 405

    14장 보다 탁월한 방법: 컨버전스 탐구하기 443

단계 5: 예배 모임에서의 환대 육성하기 481

    15장 환대하는 예배 인도자: 예배자들을 참여자가 되게 하기 483

부록 A: 기독교 예배의 정의 502
부록 B: 생동력 있는 예배를 디자인하는 10가지 기본 단계 503
부록 A: 생동력 있는 예배 디자인을 위한 점검표 504
부록 B: 생동력 있는 예배 참여를 위한 일곱 가지 팁 506

색인 510

THE WORSHIP ARCHITECT

서론
왜 예배 디자인에 관한 책인가?

전 세계적으로 매주 수많은 예배들이 디자인되고 행해진다. 이 세상에 존재하는 대부분의 언어로 전 대륙에서 예배가 행해지고 있다. 이 세상 도처에서 신실한 그리스도인들로부터 실로 "해 돋는 데에서부터 해 지는 데에까지 여호와의 이름이 찬양을"(시 113:3) 받고 있다. 그런데 그렇게 많은 예배가 디자인되고, 그렇게 많은 예배가 행해지고 있어도, 예배 담당자들은 예배 디자인의 방법을 놓고 여전히 씨름하고 있다.

예배 디자인이라는 것이 단순히 찬송곡을 제대로 선택하고 "특송"을 제대로 계획해 놓으면 되는 것일까? 이것저것을 잘 섞어 매주 새로운 예배 순서를 짜내서 예배자들에게 흥미를 불러일으키게 하면 그것을 예배 디자인이라고 할 수 있을까? 괜찮은 예배 순서 하나를 택해 놓고 어떤 상황에서도 그것을 고수하고 있는가, 아니면 예배 디자인이라는 것은, 준비할 필요가 전혀 없거나 혹은 우리는 조금만 준비해 놓고 있으면 되고 우리가 요청하면 성령께서 예배 순서를 거저 가져다주시는 것일까?

주일 예배를 담당하는 목사들이나 평신도 담당자들은 정기적인 예배를 디자인하고 인도하는 것에 관련된 일이 어떤 것인지 알고 있다. 그들은 7일이라는 주기가 빠르게 돌아가는 것을 느낄 것이다. 마치 이번 주의 축도가 채 끝나기도 전에 다음 주의 전주가 시작되는 것과 같을 것이다. 그들은 다음 예배 순서에 "채워져야 하는 것"(stuff)을 만들어 내야 하는 부담이 어떠한지 알고 있다. 예전적인(liturgical) 교회들보다 비예전적인(non-liturgical) 교회의 예배 담당자들이 더 큰 부담을 갖고 있다. 예전적인 예배의 순서나 그 내용들의 대부분은 기도서나 교단에서 제공하는 자료에 규정되어 있다. 그러나 자유교회(Free Church), 오순절교단, 현대적인 예배를 지향하는 교회의 예배 담당자들은 다음의 두 가지 방법 중에 하나로 예배를 디자인하고 있는 것으로 보인다.

첫째, 정기적으로 사용하는 예배 순서를 정해놓고 매주 음악과 설교의 제목만 바꾸는 방법이다.

둘째, 그들의 모든 창의력을 다 동원해서 매주 처음부터 끝까지 새로 디자인하여 늘 예배가 "신선하고" 새롭게 되도록 하는 방법이다.

나는 예배 전문 사역자이다. 그동안 30년 넘게 크고 작은 교회에서 음악 사역자나 목사로서 예배를 디자인하고 인도해왔으며 지금도 매주 그렇게 하고 있다. 나는 또한 실천신학자이기도 하다. 큰 규모의 기독교 대학의 실천신학부 교수로서 대학생과 대학원생들에게 예배 디자인과 인도를 가르치고 있다. 수년간에 걸쳐서 실행하고 평가하고 또 다시 실행하기를 되풀이하면서 예배에 접근해가고 있다. 교회에서 실제로 예배를 담당하면서 예배에 대해 깊이 생각하는 일에 전념해왔다.

본서는 그렇게 수년 동안 의도적으로 계속해서 실행하고 평가해온 일의 결과물로 나온 것이다. 나는 대부분의 목사들과 예배 담당자들이 예배 디자인이라고 하는 가장 중요한 임무를 어떻게 계속적으로 해나가야 하는가에 대한 실질적인 문제를 가지고 씨름하고 있는 것을 보아왔다. 다행스럽게도 북미주에서는 상황이 나아지고 있기는 하지만, 대부분의 사람들이 아직도 정규 교육을 받지 못했다. 성경에 충실하고, 진실로 공동체적이고, 문화적으로도 적절한 예배를 만들어 낼 수 있는 간단하고도 실질적인 단계들이 있다는 것을 아직도 많은 사람이 모르고 있다. 구체적인 디자인 단계들, 그리고 예배가 잘 되었는지를 가늠해 볼 수 있는 객관적인 방법들이 있다는 것을 알고 나면, 매주 예배를 디자인해야 하는 것에 대한 부담과 스트레스는 크게 줄어들 것이다. 무엇보다 중요한 것은, 이 일을 통해 우리가 행하는 예배들이 하나님께 기쁨이 될 것이라는 것에 더 큰 확신을 가질 수 있다는 점이다.

요즘은 예배에 관한 많은 자료들이 하나님이 아닌 다른 것을 기쁘게 하는 것들을 다루고 있다. 앞으로 본서에서 설명하겠지만, 기독교 예배는 하나님과 우리와의 관계 그리고 다른 사람들과 우리와의 관계를 키워가도록 교회에 제정해 주신 하나님의 선물이다. 예배는 무엇보다도 하나님**께**(*to* God), 하나님과 **함께**(*with* God), 하나님을 **위해서**(*for* God) 하는 것이다. 그러므로 기독교 공동체 예배에 대한 **하나님의 기대**가 무엇인지를 아는 것이 지혜로운 일이다. 이것이 우리의 출발점이 되어야 하고 또한 목적지가 되어야 한다.

예배가 하나님께 기쁨이 되었는지를 어떻게 알 수 있는지에 대해 학생들에게 질문해 보면, 보통 이런 대답들을 듣는다. "하나님이 가까이 계심을 느꼈다," "많은 사람이 예배 **속으로** 들어가는 것 같았다," "어떤 사람이 회심을 했다." 그런데 이런 것들은 인간적인 기준으로 예배의 질을 평가하는 것이다. 위의 일들이 일어나는 것은 바람직한 일이고 예배자들의 경험 또한 중요하다. 그러나 평가의 기준은 분명 다른 것에 있어야 한다. 평가에 관한 질문들은 간단히 이런 것들일 수 있다.

(1) 성경에서 하나님이 가치 있고 필요하다고 여기시는 예배의 여러 양상들을 모두 담기 위해, 의도적으로 그리고 성실하게 노력했는가?

(2) 예배자들이 하나님을 만남으로 더욱 순종하는 삶을 살아가는가?

나는 본서를 통해서 예배를 계획하는 사람들이 예배 디자인이라는 임무를 깊이 생각할 수 있도록 도와줌으로써 예배가 우리 자신들의 기대보다는 하나님의 기대에 집중되기를 기도한다. 물론 차차 보겠지만, 사람의 참여가 무시되어서는 안 된다는 것은 분명하다. 더 정확히 말하면, 우리의 예배가 하나님이 생각하시는 그 예배로 더 가까이 갈수록, 예배자들은 더욱 더 풍성하고 깊게 하나님을 경험하게 될 수 있다. 하나님을 경험하는 일이 커지면 이런 연관성이 커진다.

본서는 현재와 미래의 예배 담당자들을 위한 것이다. 본서는 하나님께 진실되고 또한 기독교 공동체에게도 진정한 예배 경험이 되는 생동력 있는 예배를 디자인하고 인도하는 것을 배우고자 하는 학생들과 지역 교회의 담당자들 모두를 위한 책이다. 요즘에 예배에 관한 책이 많이 있지만, 예배 디자인에 관해서 포괄적이고 실천적인 방법을 다루는 책은 극히 드물다. 동료들과 함께 대화하면서 본서를 끝까지 잘 마쳐보기를 바란다. 공동체 안에서 배움이 일어나기를 바란다.

이 일에 도움이 되도록, 각 장(chapter)은 생각해보는 질문들 또는 연습으로 시작하고(탐구하기), 그 다음에 본론을 다루고 난 후에는, 그 장에서 제시된 아이디어들을 시행해 볼 수 있는 연습으로 마친다(참여하기). 그리고 대부분의 장 끝부분에 어휘들을 설명해 놓았다(용어 설명).

나는 실천신학을 하는 사람으로서, 교회의 담당자들이 하나님의 목적을 마음에 품고 예배하는 것을 돕기를 갈망한다. 예배는 그저 개념이나 생각이 아니라, 정해진 때에 예수님 안에서 성령을 통하여 참 하나님을 **실제로 만나는 것**(a real encounter)이다. 오늘날 예배에 대한 모든 생각들이 하나님과 대화하기 위한 실제의 계획으로 표현될 수 없다면, 그것들이 무슨 소용이 있겠는가?

1. 건축가 은유(The Architect Metaphor)

몇 년 전, 예배를 디자인하는 일과 건축가가 계획을 세우는 일을 비교해 보면 어떨까 하는 호기심을 가졌다. 본서에서 사용해 보고자 하는 것이 바로 이 은유이다. 예배 디자이너와 건축가가 해야 할 일은 비슷하다. 이러한 유사점은, 어떻게 하면 의도한 목적이 성취되는 예배를 디자인하는지 그 과정에 대해서 생각하는 데 있어서 통찰력 있는 방법들을 알려 줄 것이라 믿는다. 성경에는 여러 곳에서 건축이라는 주제를 사용하는데, 특히 히브리서에서 분명하게 나타난다.

> 집마다 지은 이가 있으니 만물을 지으신 이는 하나님이시라 (히 3:4).

히브리서 저자는 최소 두 가지 방법으로 우리가 바른 관점을 갖도록 돕는다.

첫째, 우리가 예배를 디자인하더라도 근본적으로 하나님이 마스터 건축가시라는 것을 먼저 인정해야 한다. 우리가 하는 일은 중요한 일이며 신성한 의무이다. 하나님의 백성에게 효과적인 예배의 기회를 마련해 주는 것이 하나님이 우리에게 명하신 사명이다. 우리는 인간이다. 가장 중요한 것은 관점이다. 우리가 예배를 디자인하겠지만, 우리를 통해서 그 일을 하는 분은 결국 하나님이시다. "집 지은 자가 그 집보다 더욱 존귀함"(히 3:3)과 같다.

둘째, 우리가 아무리 최고의 예배를 경험한다고 하더라도 그것은 우리가 앞으로 천국에서 경험하게 될 예배를 맛보는 것에 지나지 않는다. 이 세상에서 우리는 인간 제사장으로서의 역할을 하는데, 그 제사장이 "섬기는 것은 하늘에 있는 것의 모형과 그림자"(히 8:5)이다. 예배 디자인에서 우리가 이루어 내는 것은 하나님이 생각하시는 것을 단지 희미하고 흐리게 알게 해 줄 수 있을 뿐이다. 우리는 이것이 우리의 한계임을 인정하면서도, 현재로서 우리가 할 수 있는 가장 최선의 노력을 다해서 참 예배를 더 선명하게 보기를 추구한다. 우리는 "하나님이 설계하고 세우실 튼튼한 기초를 가진 도시를 바라고 있었던"(히 11:10, 표준새번역) 아브라함과 같은 인간임을 인정한다.

2. 본서는 어떤 도움이 되는가?

우리가 해야 할 일은 여전히 바뀌지 않았다. 주일은 7일마다 어김없이 돌아온다. 이번 주는 예배를 어떻게 준비해야 하는지, 우리의 창의력을 충분히 다 사용했는지, 사람들이 긍정적으로 반응할 것인지 등등의 문제들을 계속해서 고민한다. 좋은 소식이 있다.

그것은 어떤 전통이나 배경에 알맞은 객관적이고 평가 가능한 방법으로 예배를 디자인할 수 있다는 것이다. 나는 모든 예배 디자이너가 적용할 수 있는 방법, 원칙에 기초한 단계적인 과정을 제시하려고 노력해왔다. 물론 우리가 고려해야 하는 성경적인 지침과 영적인 요소들이 있다.

> 모세가 장막을 지으려 할 때에 지시하심을 얻음과 같으니 이르시되 삼가 모든 것을 산에서 네게 보이던 본을 따라 지으라 하셨느니라(히 8:5).

우리의 목표는 무엇보다도 먼저 하나님이 세우신 모양을 잘 이해하고 그리고 그것에 따라서 모든 것을 만들어가는 것이다.

본서는 성경에 충실하고, 역사에 대한 인식이 있고, 하나님과 관련 있고, 그리스도 중심적이고, 예배자들이 참여하는 예배를 세우는 일을 돕도록 씌어졌다. 자유교회(Free Church)와 주류 교단에 속한 사람들에게 보다 소중한 자료가 되겠지만, 예배서에 정해진 형식에 따라서 매주 디자인하는 예전적인 교회에도 도움이 될 것이라 믿는다. 본서의 목표는 매주 예배 디자인을 계속 할 수 있도록 신뢰할 수 있는 설계 도면을 제공하는 것이다.

본서에 사용할 건축가 은유의 개발을 위해 나는 건축가들로부터 도움을 받았다. 그들로부터, 건축이 해야 할 일, 건축의 개념과 용어들에 관해 설명을 들으면서 얻은 통찰력을 본서에서 적용하려고 한다. 내가 배운 것은, 건축가가 어떻게 주어진 과제에 접근하는가, 어떤 단계를 거치는가, 그리고 어떤 순서로 그 설계도를 개발하는가 등이다.

3. 예배 건축가: 건축 단계들

건축가는 먼저 건축할 곳을 살펴본다. 이 프로젝트가 개조인가, 수리인가, 확장인가? 이곳이 "미개발 지역", 즉 개발된 적이 없는 곳에 새로운 건축을 하는 것인가, 아니면 "재개발 지역", 즉 전에 있던 건축물이 철거된 지역에 새로운 건축을 하는 것인가? 건축가가 하는 것을 따라서, 예배 디자이너가 제일 먼저 생각해야 하는 것들 중 하나는 어느 정도까지 예배가 건축될 것인가(처음부터 다시 시작하는 것) 또는 개조될 것인가(기존의 것에 변화를 주는 것)이다. 예배 기획을 담당하는 사람들은 제일 먼저 이 결정부터 해야 한다.

건축가는 그 장소의 매개 변수들(parameters)을 정한다. 이런 것들은 구역의 건축후퇴선(zoning setbacks)에 의해서 좌우된다. 대지 경계선으로부터 거리를 두어야 하는 최저/최대 거리, 합법적인 건물 높이 같은 것들이 건축후퇴선에 포함되어 있는 내용들이다. 정부에 의해 정해진 구역에 관한 규정들(zoning regulations) 중에서 어떤 변수에 의해서도 변경될 수 없는 것은 무엇인가? 한 건축가가 설명한 것처럼, 이러한 고려사항들이 우리가 작업할 수 있는 공간을 설정한다. 장소의 매개 변수들은 규정들 때문에 협상이 불가능할 수 있다.

단계 1: 예배의 기초 세우기에서는 예배 디자인에서 요구되는 "구역에 관한 규정"(zoning regulations)에 대해서 생각해 볼 것이다. 즉 예배에 대한 성경적인 매개 변수들은 무엇인가? 하나님께 기초를 두기, 성경에서 예배의 주요 원리들을 찾기, 그리스도 중심의 예배 추구하기와 같은 것들이 여기에 해당된다. 이것들이 결국 앞으로 하게 될 결정들의 경계선들이 될 것이다. 그런 규정들이 성가신 규제들로 보일 수도 있겠지만, 이런 매개 변수들은 구조적으로 견고하고 적절한 기능을 하는 건축물을 세울 수 있는 자유를 제공한다.

이런 매개 변수들을 찾는 것이 우리에게, 마치 건축가처럼, "우리가 작업할 수 있는 공간을 설정"하는 데 도움을 준다. 어떤 건축가는 이런 매개 변수를 제한이 아니라 기회로 보았다. 그는 이것을 기본적인 지침들이 주어지는 시험대로, 그리고 필요한 경계선들을 준수하면서 목적에 맞는 기능을 하는 아름다운 건축물을 만들어 내려는 시도로 받아들였다. 장소에 대한 매개 변수들이 정해지고 나면, 건축가는 설계도를 그린다. 이것은 마치 지붕이 제거되어 건물 안을 볼 수 있다고 생각하고 그린, 위에서 아래를 내려다보는 듯한 평면도이다.

비록 자세하진 않지만, 평면도는 구조의 개념을 보여준다. 이것은 내부 벽들의 위치와 방들이 어떻게 연결되는지 알게 해준다.

"**단계 2: 예배의 구조 세우기**"에서는 예배 디자이너가 예배의 무게를 지탱하기 위해서 어떤 내력벽(load-bearing walls)들이 필요하며, 그것들이 어떻게 연결될 것인지 그려본다. 어떤 목적으로 어떤 큰 방들이 만들어져야 하는가? 예배가 하나님과의 만남이라면, 예배당에 대한 큰 윤곽이 어떻게 이것을 용이하게 할까? 이 단계에서 우리는 예배에서의 주요 움직임들에 대해서 자세히 살펴보고, 각 움직임들이 서로 어떻게 관련될 것인지 설명할 것이다. 예배 안의 주된 네 가지 움직임들을 살펴볼 것인데, 그것들은 하나님의 임재 안에 **모이기**, 하나님의 **말씀 듣기**, 말씀에 **응답하기**, 참된 제자로 살도록 권능을 받고 **파송받기**이다.

건축가의 건축 문서에는 여러 작업을 보다 구체적으로 명시해 놓은 다른 도면들도 있다. 방 작업표, 문 작업표 같은 것들이 그것이다. 어떤 종류의 문(외부, 내부)들이 필요한가? 천정의 높이는 어떠해야 하는가? 창문은 어떤 것을 설치해야 하는가?

"**단계 3: 하나님과의 만남을 위한 문과 창문 만들기**"에서는 예배에서 우리를 일깨우게 될 통로에 대해서 알아볼 것이다. 공동체로 모인 사람들로 하여금 더욱 선명하게 하나님을 보고 말씀을 들을 수 있도록 도울 수 있는 것은 무엇인가? 기도, 음악, 교회력 같은 것들이 예배 안에서 우리를 만나는 하나님을 드러내고 그분과 교제하도록 돕는다.

건축 문서에는 스타일 선택에 관한 표들도 있다. 집을 지어본 사람이라면 스타일에 관해서 결정해야 할 것들이 많다는 것을 알 것이다. 문의 규격은 정해져 있지만, 패널 문으로 할지 평면 문으로 할지, 나무로 할지 합성으로 할지를 결정해야 한다. 철물을 선호하는지, 백랍을 칠한 것을 선호하는지, 조명 기구, 바닥, 부엌의 조리대는 어떤 것이 좋은지 등.

이런 것들이 집에 라이프스타일, 배경, 그리고 기호와 일치되게 자신을 표현할 수 있도록 해주는 결정들이다. 스타일에 맞는 선택이 중요한 것이고 또한 고려되어야 하는 것이지만, 보다 중요한 것은 집의 기본 구조이다. 사실, 이런 것들은 나중에 해야 하는 결정들이다. 모든 것을 고려해 볼 때, 우리는 멋있지만 쉽게 무너질 수 있는 집 보다는 개인의 취향을 잘 보여주지는 못하더라도 안전한 집에 살려고 할 것이다.

"단계 4: 예배에 스타일 추가하기" 에서는 오늘날 예배에서의 스타일의 역할에 대해 자세히 다룰 것이다. 예배 스타일은 무엇이고, 스타일이 아닌 것은 무엇인가? 스타일이 제공해줄 수 있는 것은 무엇이고, 제공해줄 수 없는 것은 무엇인가? 예배 스타일은 무슨 기준으로 결정하는가? 그리고 그 기준이 분명히 적절한가? 우리가 선택하는 데 있어서 문화는 어떤 영향을 미치는가? 건축 문서에 있는 스타일에 관한 사양처럼, 중요한 결정이 먼저 이루어진 후에 예배의 스타일을 다룰 것이다.

지붕에 대한 언급이 없음을 감지했을 텐데, 우리의 예배에는 건축가 은유로 활용될 또 다른 부분인 천정이 없다. 함께 모여 예배한다고 해서 예배가 그 현장 안에 전부 담겨지지는 않는다. 언제나 천국에서 영원히 계속되는 예배와 어우러진다.

이제, 집이 세워졌다. 예배도 기획되었다. 그러나 예배 디자인은 종이에 기록되거나 스크린에 비춰진 것만이 아니다. 예배는 사건(event)이다! 실제 사람이 실제로 공동체로 모여서 살아있는 유일한 참 하나님께 실제로 예배하는 사건이다. 예배는 관계적인 만남이다. 그러므로 예배는 집처럼 하나님뿐만 아니라 다른 사람들과도 관계를 이룰 수 있도록 해야 한다.

"단계 5: 예배 모임에서의 환대를 육성하기" 에서는 예배 건축가가 예배 모임에서 주최자(host)로서 어떻게 이끌어가나 하는 관점으로부터 하나님의 집에서의 환대(hospitality)를 살펴볼 것인데, 특히 예배자를 어떻게 온전히 참여할 수 있도록 이끄는지를 살펴볼 것이다.

본서는 일반적인 것으로부터 구체적인 것을 향해 이동하며 예배 디자인에 접근한다. 건축가처럼, 건물의 목적, 협상할 수 없는 매개 변수들, 기초들로부터 시작한다. 그후 내부 구조로 들어가고, 마지막으로 스타일 표현을 적용한다. 이것은 안심할 수 있을 뿐만 아니라 큰 가능성을 제공하는 적절한 예배 디자인 접근 방법이다. 기초가 한번 세워지고, 매개 변수들이 설정되고, 구조물이 확보되면, 우리의 신앙 공동체 안에서 제공되는 예배 스타일을 마음껏 표현할 수 있고 또 이것이 하나님을 기쁘시게 할 것이라는 확신이 있다는 것을 알고 있는 접근 방법이다.

예배 디자인에 건축가 은유를 **끝없이**(*ad infinitum*) 계속해서 사용할 수도 있다. 그러나 본서는 스스로의 "구역의 건축후퇴선"(zoning setbacks)을 갖고 있으므로 은유는 제한되어야 한다. 하나님이 기뻐하시고, 문화적으로 적절한 예배를 어떻게 이끌어 갈 것인가를 계획하는 복된 특권을 가지고 일하면서 건축가 은유를 더욱 발전시키는 것이 유용하다는 것을 아마 증명하게 될 것이다. 본서에서 언급하고 싶은 것들이 더 많이 있으나 본서를 기준점으로 사용해서 스스로 이 영역의 연구를 하기를 바란다. 우리가 예배를 함께 디자인 하면서 다음의 말씀에 우리가 맞추어지길 기도한다.

> 그 집을 반석 위에 지은 지혜로운 사람 같으리니 비가 내리고 창수가 나고 바람이 불어 그 집에 부딪치되 무너지지 아니하나니 이는 주추를 반석 위에 놓은 까닭이요(마 7:24-25).

또한 다음 말씀에는 우리가 해당되지 않기를 바란다.

그 집을 모래 위에 지은 어리석은 사람 같으리니 비가 내리고 창수가 나고 바람이 불어 그 집에 부딪치매 무너져 그 무너짐이 심하니라(마 7:26-27).

모래 위에 세운 예배들도 있을 것이지만, 그것들은 곧 유행하기 시작하는 풍조의 무게에 결국 무너져버릴 것이다. 예배는 그들이 세운 기초만큼만 견고할 것이다. 예배에 대한 성경적 원리와 문화를 함축하고 있는 견고한 기초 위에 세워진 예배는 어느 시대에서든지 우리를 둘러싸는 변화와 혼란의 바람들에 맞서 살아남아 하나님을 만나는 수단과 방법들을 계속해서 마련해 줄 것이다.

단계 1

예배의 기초 세우기
건축가의 관점으로 본 기초들

    기초(foundation)는 건축물의 내구성에 있어서 가장 중요한 요소이다. 기초가 제대로 세워져 있다면 건물이 존재하는 한 어느 때고 지면 위에 있는 것들은 변경하거나 다시 세울 수 있다. 기초는 다양한 목적, 기능, 스타일 변경, 수정, 구조 변경뿐만 아니라 건물을 허는 것과도 관련된다. 견고한 기초는 그 위에 만들어질 어떤 종류의 주택도 지탱할 것이다.

    기초에는 여러 가지 면들이 있다. 기초벽(foundation wall)의 맨 아래 부분에는 기초벽의 두 배 이상 넓고 견고한 콘크리트로 되어 있는 토대(footing)가 있다. 이 토대는 수평적인 기반을 조성함으로써 기초를 튼튼하게 해 준다.

    모퉁잇돌(cornerstone)은 건축물의 모서리를 세우는 석조 구성물인데, 현대 건축에서는 더 이상 꼭 필요한 것은 아니다. 모든 것이 이 중요한 석조 구성물로부터 측정되었다. 모퉁잇돌은 바르고 정확하게 세워져야 한다. 그렇지 않으면, 전 건축물의 견고함과 아름다움을 위태롭게 할 것이다. 모퉁잇돌은 제일 먼저 세우는 돌이다. 보통 모서리의 도로 쪽에 세운다. 정확해야 하고, 수평이 맞아야 하고, 모양에 흠이 없어야 한다. 그렇지 않으면, 벽에 세워진 다른 돌들이 어긋나게 될 것이다. 대부분의 경우 이 돌은 그 주위의 다른 돌보다는 크다.

　벽, 기둥, 그리고 기타 지지 구조물들(load-bearing stuructures)을 위해서는 줄기초(strip foundation)라고 부르는 각각의 기초(foundations)들이 있어야 한다. 이것들은 중간에 철골을 넣고 콘크리트를 부어서 강력하게 만든다. 이것들은 내력벽을 따라가며 연속적인 지지선(line of support)을 형성하고 견고한 지주를 만든다. 줄기초들은 건물의 무게를 견디고 있는 지상 구조물들을 지하에서 떠받치고 있다. 줄기초의 목적은 건물이 땅 속으로 내려앉는 것을 방지하는 것이다. 또한 지진이라든지 혹은 짙은 성에가 낀 후에 얼음이 녹아서 생기는 많은 양의 물로 인해 건물을 붕괴하게 만드는 천재지변 중에서도 안정을 준다.
　근본적으로, 좋은 기초는 위험한 상황에서 건물이 안전하도록 무게를 더해주고, 모든 추가적인 증축을 위한 건실한 토대를 마련해 준다.

1 • 기초 세우기

성경적 예배

탐구하기

1장을 읽기 전에 예배 기획자들이나 교회 목회자들 또는 학생들이 함께 모여서 다음의 질문을 토론하고 대답들을 기록해 보라.

1. "성경적 예배"라는 말이 무엇을 의미한다고 생각하는가?
2. 예배 순서에 관해서는 성경에서 명령한 것만 해야 한다고 생각하는가?
3. 성경이 금지하지 않는 것이라면 예배에서 할 수 있는가?
4. 예배를 참으로 기독교적이게 만드는 것이 있다면 한 가지만 말해보자. 그 이유는 무엇인가?

이 질문들을 계속 생각하면서, 이제 1장을 읽고 생각의 폭을 더 넓혀 보자.

1. 토대 세우기: 하나님께 기초한 예배

기독교 예배를 이해하는 출발점은 예배가 하나님의 인격과 행위로부터 나온다는 것을 인식하는 것이다. 하나님이 우리의 예배를 세우는 토대이시다. 이 주장을 할 때 세 가지를 주목해야 한다.

첫째, 예배는 **우리**가 아니라 **하나님**이 누구신가를 생각하는 것으로 시작한다. 하나님의 본성에 대한 계시가 모든 기독교 예배의 기반이다. 우리 자신이나 우리가 예배에서 원하는 것에 대한 생각으로 시작하지 않는다. 온통 예배로부터 얻는 것만을 가지고 예배를 평가하지도 않는다. 오히려 우리는 하나님이 어떤 분이신지 그리고 예배에 대한 하나님의 기대가 무엇인지를 생각한다. 성경은 예배에 대한 하나님의 생각을 발견하게 해주는 일차 자료이다. 우리가 하나님에 대한 성경의 시각을 반영하고 예배에 대한 하나님의 비전을 만족시키기를 추구하면, 우리의 기준이 아니라 하나님의 기준으로 예배의 성과를 평가할 수 있게 될 것이다. 이런 방식으로, 예배는 하나님께 기초하게 된다.

둘째, 하나님께 기초한 예배는 하나님이 예배를 시작하신다는 것을 인정한다. 하나님이 우리를 예배로 초청하신다. 예배는 발명(invention)이 아니라, 초청(invitation)이다. 요한복음 4:23-24에서 이것을 알 수 있다.

> 아버지께 참되게 예배하는 자들은 영과 진리로 예배할 때가 오나니 곧 이 때라 **아버지께서는** 자기에게 이렇게 예배하는 자들을 **찾으시느니라**(요 4:23-24).

하나님이 우리를 찾으신다. 우리가 예배를 만들지 않는다. 우리가 예배를 생산해 내지 않는다. 그보다는 우리가 인격적으로 반응한다. 효과적인 예배는 절대 우리 노력의 결과가 아니다. 우리를 만남의 자리로 부르는 하나님의 초청에 대해 "네"라고 말하는 것을 배울 때 예배가 일어난다. 이러한 깨달음은 예배 장소에 들어가는 방법에 영향을 끼친다. 제 시간에 오는가, 아니면 하나님을 계속 기다리시게 하는가? 기대를 가지고 오는가, 아니면 의무로 오는가? 주님이 실제로 계시다는 것을 알고 그분을 맞이하는가, 아니면 그냥 자리를 찾아서 편히 앉아서 일어나는 일들을 지켜보고 있는가? **우리**가 예배를 시작한다거나, 혹은 살아계신 하나님과 **우리** 공동체와의 만남을 만들어 내야 할 책임이 우리에게 있다고 생각하는 것은 잘못된 것이다. 언제나 하나님이 먼저 시작하신다.

하나님이 우리에게 다가오셔서, 우리를 부르시고, 하나님 자신과 백성 간의 거룩한 만남으로 우리를 초청하신다. 모세와 이스라엘의 장로들을 산으로 불러, 그곳에서 이스라엘과 언약을 맺은 분은 하나님이시다. 오순절날 먼저 움직이신 분도 하나님이시다. 마찬가지로 "그 기쁘신 뜻대로…창세전에 우리를 택하사…그의 영광의 찬송이 되게 하려"(엡 1:4-5, 12)하신 분도 하나님이시다.

셋째, 하나님께 기초한 예배는 영원한 일이다. 즉, 예배는 하나님이 세상의 기초를 놓으시기 전부터 시작되고 있었다. "그때에 새벽 별들이 기뻐 노래하며 하나님의 아들들이 다 기뻐 소리를 질렀[다]"(욥 38:7). 예배는 "그리스도 안에서 전부터 바라던 그의 영광의 찬송이"(엡 1:12) 되고자 하는 이 땅의 모든 그리스도인들과, "[우리의] 몸을…산 제물로…[우리의] 영적 예배로"(롬 12:1) 드리고자 하는 사람들의 즐거운 의무이다.

결국, 예배는 "큰 음성으로 이르되 죽임을 당하신 어린 양은 능력과 부와 지혜와 힘과 존귀와 영광과 찬송을 받으시기에 합당하도다"(계 5:12)하고 노래하는 "보좌와 생물들과 장로들을 둘러 선 많은 천사"(계 5:11)들과 합류해서 우리가 영원히 행할 일이 될 것이다. 우리가 함께 예배하러 모일 때, 우리의 경배는 세상의 기초가 놓이기 전부터 시작된 일, 어느 때고 우리의 예배와 함께 하늘에서도 동시에 일어나는 일, 그리스도께서 다스리실 때, 즉 앞으로 있을 천국에서의 예배를 예시하는 일들을 계속해서 하는 것이다. 예배는 영원한 일이다. 우리는 하나님에 대한 우리의 이해와 예배에 참여하는 방법은 서로 깊이 연결되어 있다는 것을 확고히 한다. 토저(A. W. Tozer)가 이것을 잘 말해주고 있다.

> 우리가 하나님에 대해서 생각할 때 우리의 마음에 무엇이 떠오르느냐가 우리에게 있어 가장 중요하다…어떤 종교도 그 종교가 가진 하나님에 대한 생각보다 더 위대하진 않았다. 예배는 예배자가 하나님에 대해서 높게 생각하거나 낮게 생각하는 것에 따라 순전하게 되기도 하고 천하게 되기도 하다. 우리는 은밀한 영의 법에 의해서 우리가 하나님에 대해 마음 속으로 그리는 이미지로 움직여 가는 경향이 있다. 교회를 가장 잘 드러내는 것이 바로 하나님에 대한 관념이다. 따라서 교회의 가장 중요한 메시지는 교회가 하나님에 대하여 말하는 것 및 침묵하는 것과 관련된다. 때로는 교회의 침묵이 웅변보다 더 웅장하다.[1]

그래서 첫 시작에서 우리는 예배란 바로 하나님의 본성에서 비롯된다는 것, 예배는 하나님의 초청에 대한 응답이라는 것, 예배는 영원(과거, 현재, 미래)하다는 것을 깨달아야 한다. 기독교 예배에 대한 이해는 하나님

---

[1] A. W. Tozer, *The Knowledge of the Holy: The Attributes of God, Their Meaning in the Christian Life* (New York: HarperCollins, 1992), 9.

에 대한 이해와 함께 시작한다. 오직 이 기초 위에 예배를 세울 때에만 우리는 예배에 신실하고 진실할 수 있다. 토대를 부어 만들고 나면 이제야 예배의 기초를 세울 준비가 되는데, 이 기초란 예배가 세워질 견고한 기초를 제공해주는 성경적 원리이다.

2. 기초 세우기: 예배의 성경적 원리

성경은 여러 주요 주제들을 사용해서 예배를 특징짓는다. 이 주제들은 매우 중요한 것들로서 마치 금실(golden thread)처럼 구약과 신약을 관통하고 있다. 이 장에서는 여섯 개의 주제를 제시하는데, 이것들 모두 예배의 성경적인 이해를 위해서 중요한 것들이다. 물론 이 주제들이 모든 것을 망라하는 것은 아니다. 더 많은 주제들이 있을 수 있다. 사실, 헌신된 예배 디자이너라면 하나님이 기뻐하시는 예배를 디자인하고 인도하고자 하는 소망을 가지고 성경적인 예배에 적절한 주요 주제들과 원리들을 보다 더 이해하도록 하는 일에 그들의 삶을 드려야 한다. 성경적인 주제들은, 기독교 예배의 기반이 될뿐만 아니라 그 예배를 하나님의 기대에 맞게 유지해 가도록 할 원리들이 된다.

1) 첫 번째 주제: 예배의 중심은 하나님의 구원 행위이다

우리가 발견한 것처럼, 하나님이 예배를 시작하신다. 이것은 하나님의 성품과 일치한다. 하나님은 먼저 행하시는 분이다. 이 사실은, 하나님이 백성을 멸망에서 구원하시고자 그들의 삶에 개입하시는 사건들을 통해서 가장 잘 나타난다. 예배는 근본적으로 하나님이 행하신 위대한 구원 사건의 결과이자 응답이다. 히브리인들에게 있어서 가장 중요한 구원 사건은 출애굽이고, 그리스도인들에게는 부활이다. 구약은 애굽의 억압 속에서 구원해달라고 울부짖는 하나님의 백성의 이야기를 기록하고 있다. 야곱과 그의 열두 아들이 애굽으로 이주하기 여러 세대 전에 아브라함에게 언약이 주어졌다. 요셉과 그의 족속을 지지해 주었던 바로가 죽고 난 후, 이스라엘 백성은 목적과 비전을 잃어버린 채 노예가 되었다. 하나님이 보실 때 가장 정확한 시간에, 하나님은 이스라엘의 역사가 규정될 놀라운 구원 행위로 그 역사에 개입하셨다.

출애굽기 1-15장의 이야기는 출애굽 사건이라고 불리기도 한다. 이 승리는 후에 모세와 이스라엘 백성이 하나님께 찬송한 노래에 요약되어 있다.

> 내가 여호와를 찬송하리니 그는 높고 영화로우심이요 말과 그 탄 자를 바다에 던지셨음이로다 여호와는 나의 힘이요 노래시며 나의 구원이시로다 그는 나의 하나님이시니 내가 그를 찬송할 것이요 내 아버지의 하나님이시니 내가 그를 높이리로다(출 15:1-2).

하나님의 구원 행위가 가장 중요한 일이기 때문에, 이스라엘의 모든 예배는 이 하나의 사건으로부터 흘러나오고 계속된다. 예배는 언제나 하나님이 백성을 구하시기 위해서 행하신 일로부터 시작하고 그 일에 초점을 맞춘다. 구약에 있는 이스라엘의 종교적인 행동들을 주의 깊게 살펴보면, 어떻게 출애굽 사건이 예배하도록 만드는지 알게 된다. 가장 직접적인 증거는 유월절의 제정이다.

출애굽기 12장에서 설명하고 있는 것처럼, 유월절 이야기는 히브리인들에게 있어서는 예배를 시작하게 된 사건이다. 출애굽을 통한 하나님의 구원 행위를 기억하는 이 축제는 하나님의 구원 행위를 즉각적이고 직접적으로 재현(representation)하는 것이다. 하나님은, 이 사건으로부터 앞으로 있을 예배의 행위들, 즉 양의 선택에서부터 문지방에 피를 바르는 것, 먹을 음식과 입을 옷의 종류까지 규정하셨다. 그 다음에 여호와와의 만남이 어떻게 일어나는지에 대한 원형(proto-type)이 등장한다.

출애굽기 24장은 이스라엘 예배의 기본적인 요소들을 기록하고 있는데, 즉 율법의 인지(recognition)에 이은 신성한 승인(ratification)이다. 하나님의 초청으로 모세가 시내 산 아래에 제단을 세웠다. 거기에서 하나님께 번제가 드려졌다. 그 제단은 희생제물의 피로 성결케 되었다. 모세가 언약의 책을 읽어 주었고 백성은 순종을 약속하였다. 그리고 그후 모세는 제단의 피로 그들을 성결케 했다. 그것은 하나님과 백성 간의 관계를 확인하는 상징적인 행동이었다. 말씀과 상징적인 행동으로 연결된 이러한 순서는 앞으로 있게 될 국가적인 집회의 방침을 결정했다. 다른 국가적인 축제들의 설립, 종교적인 행위들에 대한 자세한 규정들, 회막의 사양들, 제사장들의 복장과 성별에 관한 지시들, 이 모든 것은 어느 정도는 출애굽에서의 하나님의 구원 행위의 결과이다.

구약의 예배는 재현에 기초한다고 말할 수 있다. 여러 예배 행위들은 하나님의 구원 이야기를 다시 하고 있다. 그러므로 예배는 하나님이 행하신 일의 증언이었다. 사실 그것 이상이었다. 그 이야기에 있는 사건들은 다른 무엇보다도 하나님의 자기 계시(self-revelation)의 이야기이다. J. D. 크릭튼(J. D. Crichton)이 다음과 같이 적절히 지적했다.

> 구속사는 서로 전혀 다른 사건들의 연속 혹은 한 때 일어났던 일의 단순한 기록으로 보이도록 되어 있는 것이 아니다. 이것은 하나님이 사건 속에서 그리고 사건을 통해서 자신을 드러

내시는 것, 즉 자신을 내어주시는 하나님을 드러내는 것에 대한 기록이다. 이것이 구속사의 가장 깊은 의미이다.[2]

신약은 출애굽보다 더 위대한 구원 행위, 즉 하나님의 아들 예수 그리스도의 죽음과 부활의 이야기를 기록하고 있다. 복음서에서 전해진 예수님의 삶, 죽음, 부활, 승천의 완전한 이야기는 그리스도 사건(Christ Event)이라고 불린다. 출애굽 사건은 그리스도 사건을 예시한 것이며, 따라서 그리스도 사건은 출애굽 사건을 대체한다. 그리스도 사건은 하나님의 구원 행위가 히브리인만을 위한 것이 아니라 유대인이나 이방인이나 할 것 없이 믿음을 갖게 될 모든 사람을 위한 것이었다는 점에 있어서 가장 최고의 것이다. 하나님의 시각에 따라 정해진 때에, 하나님은 인간 역사에 개입하셔서 모든 역사를 규정한 구원 사역을 행하셨다. 랄프 마틴(Ralph P. Martin)이 이것을 다음과 같이 바르게 언급한다.

> 예배에 대한 신약의 가르침의 중심에 관해서는 의심의 여지가 있을 수 없다. 신약의 교회가 하나님의 사랑과 자비를 인식하지 않을 수 없게 끌어당기는 자철석(lodestone)은 바로 하나님이 사랑하시는 아들 안에서 이루신 구원 행위이다…기독교 예배는 그리스도 안에 있는 그 놀라운 구속 사역, 즉 성육신, 속죄, 높임을 받으심을 기리면서 여기에서 예배의 참된 핵심과 주된 영감(inspiration)을 발견한다.[3]

---

2 J. D. Crichton, "Israelite Worship as a Response to Salvation History," in *The Complete Library of Christian Worship*, vol. 2, Robert E. Webber, ed.(Nashville: StarSong, 1994), 81.
3 Ralph P. Martin, *Worship in the Early Church*(Grand Rapids: Eerdmans, 1974), 16-17.

모세와 이스라엘 백성이 홍해를 건너 구원 받은 것을 노래하며 기린 것처럼, 그리스도 안에 있는 하나님의 구원의 이야기는 신약의 공동체들이 부를, 다음과 같은 노래를 제공했다.

> 그는 근본 하나님의 본체시나 하나님과 동등됨을 취할 것으로 여기지 아니하시고 오히려 자기를 비워 종의 형체를 가지사 사람들과 같이 되셨고 사람의 모양으로 나타나사 자기를 낮추시고 죽기까지 복종하셨으니 곧 십자가에 죽으심이라 이러므로 하나님이 그를 지극히 높여 모든 이름 위에 뛰어난 이름을 주사 하늘에 있는 자들과 땅에 있는 자들과 땅 아래에 있는 자들로 모든 무릎을 예수의 이름에 꿇게 하시고 모든 입으로 예수 그리스도를 주라 시인하여 하나님 아버지께 영광을 돌리게 하셨느니라(빌 2:6-11).[4]

초대 교회 예배의 모든 것은 그리스도 사건으로부터 흘러나왔고 계속 그렇게 했다는 것을 주목하는 것이 중요하다. 이것이 기독교 예배의 가장 중요한 것을 형성했다. 신약의 예배를 연구해보면 이것이 더욱 확실해진다.[5] 사도행전 2:42(그리고 신약의 도처)에 따르면 선포된 하나님의 말씀과 성찬을 통해서 기념된 하나님의 말씀이 강조되고 있다. 1세기 제자들은 사도의 가르침을 받아[말씀] 서로 교제하고 빵을 떼며[성찬] 오로지 기도하기를 힘썼다(행 2:46). 율법 수여 및 신성한 승인을 통해 이루어진 구약 예배의 원형은 말씀과 성찬에서 완전케 되었다.

---

4   이것과 신약의 다른 찬송에 대한 배경에 대해서는 다음을 참조하라. Martin, *Worship in the Early Church*, chap. 4.
5   예배의 그리스도적인 성격에 관해서는 본서 2장에서 자세히 설명할 것이다.

우리의 예배의 대상은 그리스도이시고, 예배의 내용은 그리스도의 이야기이고, 기독교 예배에서 선포되는 말씀은 우리의 주님이자 구원자인 예수 그리스도이시고, 예배의 신성한 승인은 우리가 주의 성찬에 적극적으로 참여하는 것이므로, 그리스도 사건은 예배를 우리 주 예수 그리스도의 승리를 기리는 것으로 이끈다. 히브리 예배와 같이 기독교 예배는 백성을 향한 하나님의 구원 행위로부터 나왔다. 그러나 구원 행위만으로 예배를 이루지 못하는데, 그 이유는 도움이 필요한 당사자가 구원 행위를 받고 즐거운 응답을 해야 하기 때문이다. 하나님이 시작하신 일이 인정되고 받아들여질 때, 예배가 일어나기 시작한다.

2) 두 번째 주제: 예배는 계시와 응답의 패턴을 갖는다

하나님의 구원 행위는 곧 자기 계시였다. 하나님은 불타는 떨기나무에서, 애굽에 내린 재앙에서, 홍해를 가르는 데서, 시내 산에서의 모세와의 만남에서 자신을 계시하셨다. 하나님의 가장 참된 자기 계시는 예수 그리스도를 통해서 나타났다. 그리스도께서는 하나님을 나타내시고자 오셨다. 예수님은, "나를 본 자는 아버지를 보았다"(요 14:9)고 말씀하셨다. 그러나 하나님의 행위는 응답을 요청한다는 것을 주목하라. 하나님은, 자신이 시작하는 일에 언제나 자신을 신뢰하기를 그리고 거기에 응답하고 받아들이기를 권하신다. 계시/응답의 연대성이 기독교 예배의 핵심이 된다. 결국, "예배는 하나님의 선물에 대한 우리의 응답이다."[6]

이러한 계시/응답의 패턴은 사람들이 하나님과 만나는 성경의 많은 사건들 속에서 발견된다. 하나님이 자신을 계시하실 때, 그에 따른 응답은 보

---

6 Martin, *Worship in the Early Church*, 16.

통 동시적이고 즉각적으로 따라온다.

이것의 전형적인 예는 성전에서 이사야가 본 환상이다(사 6:1-8). 높은 보좌에 앉은 주님이 이사야에게 계시되었다. 주님의 임재는 성전에 가득 찼다. 스랍들이 주님을 모시고 서서 "거룩하다 거룩하다 거룩하다 만군의 여호와여 그의 영광이 온 땅에 충만하도다"(사 6:3)라며 천상의 노래를 불렀다. 하나님의 임재는 너무 강력해서 성전이 요동쳤고 연기가 가득했다.

이것이 이사야에게 일어난 하나님의 자기 계시의 사건이다. 그것은 응답을 불러일으키는 계시였다. 하나님의 자기 계시에 대한 이사야의 반응은 무엇이었나? 우선, 그가 사람으로서는 도저히 하나님의 영광을 쳐다볼 수 없다는 것을 인식함으로써 "화로다 나여 망하게 되었도다 나는 입술이 부정한 사람이요 나는 입술이 부정한 백성 중에 거주하였도다"(사 6:5)라고 표현되는 엄청난 수치와 겸허함의 절규가 있었다. 이사야의 처음 반응은 하나님의 거룩함과 자신의 죄됨 사이에서 느끼는 격차로 인한 고백이었다. 그 다음에 하나님은 이사야의 죄들이 용서되었고 정결케 되었음을 그에게 보여주셨다. 이 때 이사야는 어떻게 반응했는가? 그가 순종의 영으로 "내가 여기 있나이다 나를 보내소서"(사 6:8)라고 대답했다.

이사야는 하나님을 만나면서 계속적으로 응답을 해나갔다. "화로다 나여"로부터 "내가 여기 있나이다 나를 보내소서"로 바뀌었다. 이것이 응답을 요청하는 계시이다. 이사야의 경우에 있어서 응답은 회개와 그에 이은 순종이었다. 선포된 것(계시)과 인식된 것(응답)은 예배 경험의 근본적인 원리이다.[7] 성경에서 가장 두드러지게 발견되는 하나님-인간 간의 상호교제의 순서(sequence)는 계시/응답이다. 그렇다면, 예배에 있어서 하나님-인간 간의 상호교제의 두드러진 순서 역시 계시/응답이라는 것이

7　예배를 계시/응답으로 나타내는 성경의 예는 본서 5장에서 언급할 것이다.

적절하지 않은가? 기독교 예배는 언제나 예수 그리스도 안에서 계시된 진리에 대한 응답이다. 이 순서가 예배의 본래 순서이다. 이것이 인간이 하나님을 만날 때 일어나는 자연적인 결과이다. 그러므로 이것이 말씀과 성찬이라는 가장 단순한 2중 구조 예배의 근간을 형성한다. 말씀이 계시되고 예배자들은 성찬(감사)으로 응답한다.[8]

계시/응답은 하나님과 예배 공동체 간의 규범적인 대화 양식이다. 궁극적으로 예배는 하나님과 하나님이 택하신 백성 간의 대화이다. 예배 안에는 여러 번의 상호교제, 거룩한 대화, 서로 간의 나눔이 있다. 참된 예배 경험에 내재된 상호관계는 참여해야 할 아름다운 것이다. 이것은 살아있는 필수적인 대화이지 종교적인 프로그램이 아니다.

참된 예배는 결코 일방적이지 않다. 참된 예배란 참여자들이 앉아서 하나님에 대해서 설교를 듣는 수동적인 일이 아니다. 또한 참된 예배란 하나님께 우리가 장황하게 말하는 것을 참도록 혹은 마치 예배의 성패가 우리에게 달려있는 것처럼 우리가 그분을 즐겁게 해드리도록 디자인한 작은 공연을 견디도록 강요하는 것도 아니다. 참된 예배는 **하나님이 사용하시는 방법**을 통해서, 즉 계시/응답 위에 세워진 대화를 통해서 하나님을 만나는 경험이다. 예배를 대화로 본다는 것은 관계를 함축한다. 바로 이 사실이 우리를 예배의 언약적인 측면으로 인도해 간다.

3) 세 번째 주제: 예배는 본질상 언약적이다

예배가 언약적(covenantal)이라는 말은 예배가 관계 위에, 즉 하나님과

---

8 역사적으로 볼 때 주의 식탁이 말씀에 대한 규범적인 응답이었고 많은 교회에서 그렇게 하고 있지만(본서 6장을 보라), 많은 교회가 매주일 성찬식을 하지 않고 있기 때문에 말씀에 대한 다른 대안적인 응답에 대해서 다룰 것이다(본서 7장을 보라).

백성 간의 관계 위에 세워져 있다는 말이다. 간단히 말하면, 언약은 동의한 방법에 충실하기로 약속한 상호간의 공식적인 관계이다.

정치적인 성격의 언약들은 이웃 사람들의 그룹들 간에 관계의 기초를 형성하면서 오랜 옛날부터 존재해왔다. 언약은 종종 조약이라는 형식을 취한다. 그것의 목적은 각 당사자가 상대방을 위해서 무엇을 해야 하는가를 공식화하는 것이다. 이런 이유로 관계의 성격이 자세하게 확립되었다. 언약의 사용으로 관계가 공식화되었다. 언약의 목적은 당사자들이 서로 어떻게 관계를 맺느냐 하는 일에 있어 모호함과 혼란스러움을 제거하는 것이었다. 이것은 기대되는 충성에 대해서도 명확히 표현하게 했다. 조약은 일반적으로 관계를 보증한다는 상징적인 표시인 서명을 통해 비준되었다. 구약에서 노아 홍수의 이야기에서 "언약"이라는 단어가 처음 등장한다. 하나님은 노아와 그의 자손 그리고 모든 생명체와 다시는 모든 육체가 홍수로 멸망되지 않을 것이라는 언약을 체결하셨다(창 6:18; 9:9-11). 약속을 뒤따르는 하나님의 서명 행위가 바로 무지개이다.

하나님은 무지개가 "나와 세상 사이의 언약의 증거"(창 9:13)라고 하셨다. 구약에 있는 일차적인 언약은 아브라함 언약이다. 사실, 알려진 대로 아브람의 때로부터 예수 그리스도의 때까지, "단일한 언약"(the covenant)만이 하나님이 이스라엘에게 행하신 모든 역사를 휘어 싸고 있다. 하나님은 아브람을 찾아가신 것을 시작으로 해서 모든 민족과 관계를 갖기로 하셨다. 하나님은 환상으로 아브라함에게 나타나셔서(참조, 창 15:1; 17:1), 그와 그 자손들이 받을 위대한 선물을 언약이라는 방법으로 알려주셨다.

> 내가 너로 심히 번성하게 하리니 내가 네게서 민족들이 나게 하며 왕들이 네게로부터 나오리라 내가 내 언약을 나와 너 및 네 대대 후손 사이에 세워서 영원한 언약을 삼고 너와 네 후

> 손의 하나님이 되리라 내가 너와 네 후손에게 네가 거류하는 이 땅 곧 가나안 온 땅을 주어 영원한 기업이 되게 하고 나는 그들의 하나님이 되리라 (창 17:6-8).

언약은 아브라함, 이삭, 야곱, 야곱의 열두 아들, 그리고 그들의 자손들의 이야기이다. 바로 언약을 체결하고, 언약을 깨뜨리고(이스라엘 백성 쪽에서), 이스라엘이 약속을 어기는 중에도 하나님의 신실하심을 통해 언약이 유지되는 이야기이다. 언약의 약속에 바로 이어서 일종의 언약 조인식과 같은 것이 있었다. 언약을 비준하는 상징적인 표시는 할례였다(창 17:10-14). 히브리인들을 하나님의 백성으로 세운 것은 바로 할례로 날인한 언약이었다. 하나님의 언약과 예배 사이에는 직접적인 관계가 있다. 이것은 이스라엘의 역사에서 반복되는 주제였다.

즉, 하나님을 참되게 예배하는 것은 하나님과 맺은 언약을 지키는 것이었고, 다른 신들을 예배하는 것은 유일한 참 하나님과의 언약을 깨뜨리는 것이었다. 이스라엘은 다음과 같은 명령을 받았다.

> 너는 그들과 그들의 신들과 언약하지 말라 그들이 네 땅에 머무르지 못할 것은 그들이 너를 내게 범죄하게 할까 두려움이라 네가 그 신들을 섬기면 그것이 너의 올무가 되리라 (출 23: 32-33).

언약의 가장 중요한 특징은 하나님 스스로 신의(信義)로서 오직 한 백성과만 약속하셨다는 것이다. 물론 하나님은 이 땅의 모든 나라에 역사하시지만, 오직 한 민족만이 "하나님의 선민"이 되었고, 오직 한 나라만이 주의 끊임없고 자비롭고 신실한 **헤세드**(hesed)[9]를 받았다. 언약에 기초하여 창조주를 예배하는 관계로 초청 받은 것은 바로 이 나라 이스라엘, 즉 하나님의 선민이었다. 물론 새 언약(렘 31장에서 소개된 개념)의 성취를 기록하고 하나님이 그 자비로 그리스도를 통하여 그분의 선민에 이방인들까지 포함해서 확대했다는 복음을 선포한 것은 신약이다. 베드로는 이방 그리스도인들에게 이렇게 말했다.

> 그러나 너희는 택하신 족속이요 왕 같은 제사장들이요 거룩한 나라요 그의 소유된 백성이니… 너희가 전에는 백성이 아니더니 이제는 하나님의 백성이요 전에는 긍휼을 얻지 못하였더니 이제는 긍휼을 얻은 자니라(벧전 2:9-10).

하나님은 이 땅을 지으시기 전부터 인류를 위한 계획을 갖고 계셨다. 그것은 모든 민족과 관계를 맺는 것이었다. 이것은 마리아가, 아브라함처럼 하나님의 약속의 비전을 받은 후에 노래했던 찬양에 분명히 나타난다(눅 1:54-55). 새 언약이 제정된 것은 바로 그녀의 아들 예수 그리스도를 통해서였다. 세례 요한이 할례를 받을 때, 그의 아버지 사가랴는 요한이 선포하게 될 구세주의 임함에 대해 "곧 우리 조상 아브라함에게 하신 맹세라"(눅 1:73)고 하면서 이것은 하나님이 거룩한 언약을 기억하시는 것이라고 예언했다. 예수님은 십자가에 달리시는 것이 새 언약의 시작이라는 것을 분명히 하셨다. 죽기 전날 밤, 제자들과 유월절 식사를 하면서 예수님은, "이 잔은 내 피로 세우는 새 언약이니"(눅 22:20)라고 말씀하셨다.

구원은 이제 유대인과 이방인을 막론하고 모든 믿는 자에게 임했다.

---

9 "사랑과 은혜"라는 뜻의 히브리어이다.

바울은 갈라디아 교회의 이방인들에게 다음과 같이 말하면서 이것을 확언한다.

> 그리스도께서 율법의 저주에서 우리를 속량하셨으니… 이는 그리스도 예수 안에서 아브라함의 복이 이방인에게 미치게 하고 또 우리로 하여금 믿음으로 말미암아 성령의 약속을 받게 하려 함이라(갈 3:13-14).

그후 바울은 그리스도인들을 "하나님의 이스라엘"(갈 6:16)이라고 부른다. 새 언약의 조인식은 성찬식이다. 예수님이 제정하신 대로 빵과 잔에 참여하는 것이다. 초대 교회는 이것을 적어도 매주 기념했다. 이것은 하나님의 말씀을 듣고 거기에 반응하는 예배의 절정이 되었다. 성만찬은 언약 관계를 경험하는 것이었다. 휴스 올드(Hughes O. Old)는 말한다

> 그리스도인들이 주의 만찬(Lord's Supper)에 동참하기 때문에, 언약적인 유대 관계가 형성되었고 바로 그러한 유대 관계가 오직 그리스도께 그들을 결속시킨다.[10]

옛 언약에서처럼, 새 언약도 예배의 본질을 수립한다. 즉, 우리는 예수 그리스도를 통해서 하나님을 만나고 끊임없이 찬양할 수 있는 특권을 갖는다.

그러므로 우리는 예수로 말미암아 항상 찬송의 제사를 하나님께 드리자 이

---

[10] Hughes O. Old, *Themes and Variations for a Christian Doxology: Some Thoughts on the Theology of Worship* (Grand Rapids: Eerdmans, 1992), 117.

는 그 이름을 증언하는 입술의 열매니라(히 13:15).

올드는 다음과 같이 확언한다.

> 언약의 찬송은, 하나님의 백성이 거룩한 관계로 하나되고, 구속 행위에 감사하고, 언약의 의무를 고백하고, 하나님의 미쁘심을 증언할 때 **하나님이 경배 받으신다**는 것을 강조한다.[11]

그러므로 기독교 예배는 언약의 예배, 즉 하나님과 하나님의 백성 간의 정식 관계로부터 흘러나오는 예배이다.

4) 네 번째 주제: 예배는 본질상 공동체적이다

예배가 근본적으로는 하나님과 하나님의 백성 간의 관계를 토대로 하지만, 우리가 고려해야 할 예배의 또 다른 중요한 관계적인 측면이 있다. 이것은 기독교 믿음 공동체 안의 형제자매와의 관계, 그리고 그들이 함께 하나님을 예배할 때 서로 관계를 맺는 방법을 가리킨다. 하나님으로부터 백성(God-to-people) 그리고 백성으로부터 하나님으로의(People-to-God) 언약적 예배의 속성은 수직적인 관계를 나타내지만, 또한 백성 간의(people-to-people) 관계라는 수평적인 관계로도 이루어진다.

출애굽 사건 후, 하나님이 그 언약을 전 국가에 공식화하셨음을 유의하라. 주님이 세우신 언약은 개인뿐만이 아니라 백성과의 언약이다. 모세는 언약의 중재자였지만, 언약은 모세하고만 맺은 것이 아니다. 언약

---

11 Old, *Themes and Variations*, 111(강조는 필자의 것).

은 아브라함의 모든 자손과 맺은 것이다. 결국, 애굽의 종살이에서 놓임을 받은 것은 민족 전체였다. 이스라엘 자손의 온 회중이 광야를 여행했다(출 17:1). 하나님이 총회(convocation), 절기(festivals) 등, 엄숙한 모임들을 제정하셨고, 이것들은 하나님의 백성 모두가 지켜야 하는 의무였다. 누구든지 참석하지 않은 것이 발견된다면, 그 사람은 그 대가를 치러야 했다(참조, 민 15장).

마찬가지로, "오순절이 되어서, 그들은 모두 한 곳에 모였다"(행 2:1, 표준새번역). 처음으로 기록된 교회의 예배는 수천 명의 사람이 함께 모여 공동으로 하나님을 만나는 것이었다. 그들은 성령의 임재가 신비스럽게 드러나는 장면을 함께 목격했고, 선포되는 말씀을 함께 들었고, "우리가 어찌할꼬"(행 2:37) 하며 한 목소리로 외치며 함께 응답했다. 신약의 "택하신 족속이요 왕 같은 제사장들이요 거룩한 나라"(벧 2:9)는 이스라엘 백성이 옛 언약 아래서 그랬던 것처럼, 공동으로 하나님을 경험하고 하나님께 응답했다.

기독교 공적(public) 예배는 언제나 공동체적(corporate) 예배이다. "corporate"라는 영어 단어는 인간의 몸을 뜻하는 라틴어 **코르푸스**(*corpus*)에서 유래했다. 그러므로 한 몸에 속해 있다거나 한 몸이 된다는 것은 공동체를 경험하는 것이다. 교회는 바로 그런 몸이다. 사람의 몸에 비유해서 표현하는 것은, 신약에서 예수 그리스도의 교회의 구성원들이 어떻게 제대로 기능하는지를 나타내는 두드러진 이미지들 중 하나이다. 우리에게 익숙한 바울의 표현이 이것을 자세히 설명하고 있다.

> 몸은 하나인데 많은 지체가 있고 몸의 지체가 많으나 한 몸임과 같이 그리스도도 그러하니라… 몸은 한 지체뿐만 아니요 여럿이니(고전 12:12, 14).

기독교 예배, 특히 서구 기독교 예배는 개인주의(individualism)가 심하게 반영되어 있다. 우리는, 지금까지 우리를 지역 교회 회중의 기반을 형성하는 개개인 예배자들이라고 생각하도록 배워왔다. 우리는, 주일 예배란 각 사람이 자신에게 적절한 방법에 따라 개별적으로 하나님께 기도하고, 개별적으로 말씀을 듣고, 개별적으로 응답하는 기회라고 잘못 생각하고 있다. 개인 예배자들이 지정된 한 교회에 예고된 예배 시간에 집단으로 모여서 예배한다는 이유만으로 공동체 예배가 되지 않는다. 공동체적 예배란 그리스도의 몸(body of Christ)이 모여서 **한 마음**(one heart)으로 듣고, **한 목소리**(one voice)로 예배에 합당한 말을 하고, 찬양하고, 기도하고, 간구하고, 감사하는 것이다.

모세가 백성에게 율법을 설명하자, "그들이 한 소리로 응답하여 이르되 여호와께서 말씀하신 모든 것을 우리가 준행하리이다"(출 24:3)라고 했다. 예배에서의 개인주의는 바울이 고린도 교회에서 우려했던 일 중 하나이다. 바울은 다음과 같이 말한다.

> 이는 먹을 때에 각각 자기의 만찬을 먼저 갖다 먹으므로 어떤 사람은 시장하고 어떤 사람은 취함이라… 그런즉 내 형제들아 먹으러 모일 때에 서로 기다리라(고전 11:20-21, 33).

공동체가 모였을 때 개인주의적으로 예배하는 것은 구약의 사고 방식도, 신약의 사고방식도 아니다. 신약의 관점에서 볼 때, 교회는 "모임"(assembly)이다. 이 말은 헬라어 **에클레시아**(ekklesia)에서 왔는데, "불러내다"라는 말인 **칼레오**(kaleo)에서 파생되었다. 1세대 성도들이 이해했던 교회는 기관이 아니라 모임이었다. 즉, 예수 그리스도의 살아있는 임재가 있는 모임이었다. 함께하는 것은 그리스도의 임재를 경험하기 위한 필수 요소였고 지금도 그렇다(참조, 마 18:20).

참된 공적 예배는 성경에서 말하는 예배의 공동체적인 본질을 이해하지 못하면 일어나지 않는다. 예배의 언약적인 측면은 예배의 수직적인 측면, 즉 하나님과 사람 간의 관계를 강조한다. 예배의 공동체적인 관계는 예배의 수평적인 측면을, 즉 사람과 사람 사이의 관계(하나님은 그 가운데 계신다)를 강조한다. 가장 참되고 진정한 예배는 이런 양면적인 강조점 위에 세워질 것이다.

5) 다섯 번째 주제: 예배는 본질상 삼위일체적이다

우리는 보통 "삼위일체"라는 단어는 성경에 나타나지 않는다고 말한다. 그러나 삼위라는 단어가 성경에 없다고 해서 그것이 사실이 아니라거나 중요하지 않은 것은 아니다. 기독교 예배는 삼위 하나님, 즉 성부, 성자, 성령의 사역으로부터 흘러나오고 또 그것에 반응한다. 삼위 하나님의 관계는 성경에 분명히 나타나 있다. 성부께서는 성자를 통하여 영광을 받으시고 성자께서는 성부를 통하여 영광을 받으신다.

> … 지금 인자가 영광을 받았고 하나님도 인자로 말미암아 영광을 받으셨도다 만일 하나님이 그로 말미암아 영광을 받으셨으면 하나님도 자기로 말미암아 그에게 영광을 주시리니 곧 주시리라(요 13:31-32).

신약에 있는 다음의 구절만큼 서로서로를 영화롭게 함을 명확히 나타내는 곳은 없을 것이다.

> …하나님이 그를 지극히 높여 모든 이름 위에 뛰어난 이름을 주사 하늘에 있는 자들과 땅에 있는 자들과 땅 아래에 있는 자들로 모든 무릎을 예수의 이름에 꿇게 하시고 모든 입으로 예수 그리스도를 주라 시인하여 하나님 아버지께 영광을 돌리게 하셨느니라(빌 2:9-11).

하나님 안에서 이루어지는 섬김의 상호관계를 이해해야 한다. 성부께서 예수님을 높이시고, 예수님은 주로 선포되시고, 그로 인해 또한 성부께서 영광을 받으신다. 예수님은 이 땅에서의 사역을 마치실 때가 가까워 올 때, 삼위 하나님의 관계 내에서의 성령의 역할을 설명하셨다.

> 내가 아버지께로부터 너희에게 보낼 보혜사 곧 아버지께로부터 나오시는 진리의 성령이 오실 때에 그가 나를 증언하실 것이요(요 15:26).

성령께서는 예수님으로부터 파송을 받으시지만, 아버지께로부터 나오신다. 한편 성령께서는 아버지께로부터 나오시지만, 예수님의 진정성을 증언하신다. 삼위는 항상 자신의 위격(person)을 넘어 다른 위격을 가리킨다. 그러므로 삼위 하나님의 내부적인 대화와 목적은 신비로우면서도 영광스러운 방법으로 예배를 도우며 역사한다.

성부, 성자, 성령의 관계에서 명백히 나타나는 이런 아름다운 상호관계는 예배에서 심오하게 작용한다. 이는 다면적이거나 관계적인 것 이상이다. 상호작용이다. 즉, 다른 사람의 유익을 위해서 두 사람 이상이 교환하는 행동이다. "상호"(mutual)는 "빌린"을 뜻하는 라틴어 **무투우스**(*mutuus*)에서 왔다. 예배가 진행될 때, 삼위의 하나님은 서로에 대한 사역과 섬김이 균등하게 일어나면서 하나님 자체(itself) 안에서 자유롭게 "빌린다." "자체로부터 빌림"이라는 생각은 음악 개념인 **루바토**(rubato)와 다르지 않다. 음악가가 연주에서 **루바토**를 적용하면, 이 때는 엄격하게 정해 놓은 템포를 일시적으로 따르지 않고 재량껏 표현하는 것이다. 악보의 어떤 주어진 시점에서 박자의 엄격함을 "훔친"(rubato) 것은 다른 시점에서 빠르게 함으로써 다시 되돌려진다. 그러므로 템포의 탄력성은 즉흥적인 아름다움을 만들어내면서 동시에 템포의 균형도 유지한다.

삼위일체 모두 예배를 **받고**(receive) 예배를 **가능케 한다**(enable). 삼위가 그렇게 함으로써(상호관계로 인하여), 자유롭게 가능케 하거나 받고, 억제하거나 전진한다(rubato). 각자의 기능을 완수함으로써 서로에게 사역한다. 그렇게 함으로써 하나님은 영광을 받으시고, 그 결과로 하나님의 피조물은 예배에 더욱 온전히 참여할 수 있게 된다(비록 우리가 하나님의 이런 역사를 인식하지 못할지라도). 제임스 토랜스(James B. Torrance)는 삼위일체적인(Trinitarian) 예배를 이렇게 요약한다.

> 성자께서는 성령 안에서 성부와 하나가 되시고 교제하시는 삶을 [사신다]. … 성자께서는 성령을 통하여 사람들을 이끄셔서 성부를 예배하고 교제하는 자신의 삶에 참여하게 하시고, 또 성부로부터 나셔서 세상을 향해 가시는 자신의 선교에 참여하게 하신다.[12]

토랜스는 이렇게 결론을 내린다.

---

12 James B. Torrance, *Worship, Community and the Triune God of Grace*(Downers Grove, IL: InterVarsity, 1996), 31.

그러므로 기독교 예배는 우리가 성령을 통하여 성부와 성자의 교제에 참여하는 것, 즉 그의 예배와 중보의 대리적인 삶에 참여하는 것이다.[13]

토랜스에 의하면, 예배는 세 가지 중요한 면에서 삼위일체적이다.

- 기도 행위: 우리는 성령 안에서 성자를 통하여 성부께 기도한다.
- 기도의 대상: 각 위격을 향한 성경 및 역사의 많은 예들이 있다.
- 삼위 모두가 영광을 받음: 그러므로 삼위일체 영광송을 사용하는 데, 특히 시편의 마지막에서 그렇다.[14]

초대 교회 교부 오리겐(Origen)이 가르친 것처럼, 우리는 그리스도를 통하여 하나님께 찬양을 드려야 한다. 그리스도께서는 성령 안에서 하나님과 함께 찬양 받으시며, 그와 같이 성령께서도 찬양 받으신다.[15] 예배는 본질상 언제나 삼위일체적이다. 문제는 "우리가 하나님 중심의 예배를 할 때, 삼위 하나님의 역할을 얼마나 올바로 인정하고 표현하느냐"이다.

6) 여섯 번째 주제: 예배는 변화의 여정이다

앞부분에서 우리는 계시/응답이라는 개념에 기초한 예배의 대화적인 속성에 대해 논의했다. 그러나 예배를 하나님과 사람 간에 일어나는 연

---

13 Ibid., 15.
14 Ibid., 36.
15 Paul T. Coke, *Mountain and Wilderness: Prayer and Worship in the Biblical World and Early Church* (New York: Seabury, 1978), 114.

관성 없는 대화의 연속으로 생각하지 않도록 조심해야 한다. 성경에서 하나님이 예배자를 만나시는 것을 주의 깊게 살펴보면, 큰 특징이 있다는 것을 발견한다. 큰 그림을 볼 수 있어야 한다. 우리는 전경을 보기 위해 한 발짝 물러서야 한다. 계시/응답은 더 큰 어떤 것, 즉 여정에 비유될 수 있는 것을 만들어 낸다. 누가복음 24:13-15은 바로 그런 여정의 놀라운 이야기를 전해주고 있다. 부활절에 예루살렘에서 엠마오로 가고 있던 제자들과 예수님 간에 많은 대화가 오고갔다. 다음을 보라.

- 예수님은 제자들에게 무슨 이야기를 하고 있는지 질문 하시면서 대화에 동참하셨다.
- 그들은 믿기지 않는다는 듯이 대답하고, "나사렛 예수"에 관한 최근의 일에 대해 이야기했다.
- 예수님은 그들에게 성경을 설명하셨다.
- 그들은 예수님께 하룻밤 머물며 교제하기를 청했다.
- 예수님은 빵을 떼셨다.
- 그들은 그 행위를 하는 예수님을 알아보았다.
- 그들은 다른 사람들에게 가서 예수님이 살아나셨다고 전했다.

이야기 전체를 들여다보면, 예수님은 단순한 대화가 아니라 그보다는 훨씬 더 의미 있는 무언가로 대화를 구성해 가신 것을 볼 수 있다. 전체 대화를 통해서 제자들에게 변화가 있어났다. 그들이 예수님과 함께 같은 길을 걷고 있었다고 해서 예수님과의 만남이 여정이었던 것이 아니다. 그들이 슬픔과 혼동이라는 지점에서 출발하여, 꼭 거쳐 가야했던 지점인 성경 말씀의 설명을 지나, 결국 부활한 주를 알아보는 종착점에 이르기

까지 영적으로 진행해나갔기 때문에 이것은 여정인 것이다.[16]

고대 이스라엘 사람들은 예배의 여정을 잘 알고 있었다. 예루살렘에 위치한 성전은 이스라엘 예배의 중심지였다. 모든 성인 남자는 주요 절기들을 지키기 위해서 매년 세 차례 예루살렘에 올라가야 했다. 그 주요 절기들은 유월절, 칠칠절, 초막절이다. 예배자가 예루살렘으로부터 멀리 떨어진 곳에서 살고 있다면 매년 순례를 해야 했다. 이 순례는 거룩한 여정이었다. 가족과 친구들의 큰 무리가 함께 여행을 했다(참조, 눅 2:41-45).

각자의 집을 출발해서, 험난한 지역을 지나, 목적지까지 여행했다. 그 여행의 목적은 하나, 즉 예배 의무를 완수하는 것이었다. 예루살렘이 보이기 시작하고 순례자들이 성문에 들어설 때, 그때부터가 큰 기쁨과 축제였다(시 87:1-2, 7; 100:4; 118:19). 성전이 있는 곳에서, 제사장들이 광장에서부터 지성소에 이르기까지 규정된 예배의 의식을 진행해나갈 때 "여정 속의 여정"(journey within a journey)이 일어난다.

종교적인 의식을 위해 세 곳이 지정되어 있었다. 성전 바깥뜰에서는 아침과 저녁 희생제사를 드렸다. 제사장들과 레위인들은 그들의 임무를 수행했고, 성인 남자들이 자유롭게 오가고 있었다. 안뜰에는 금촛대, 진설병상, 분향단이 있었다. 오직 제사장만이 이 영역에 들어갈 수 있었다. 그들은 매일 이 영역에 들어가서, 촛대를 밝히고 향을 피우고 진설병을 새로운 것으로 바꾸었다. 지성소는 언약궤를 보관하고 있는 가장 신성한 장소였다. 대제사장만이 일 년에 한 번 대 속죄일에 휘장을 지나 들어갈 수 있었다. 유대인들은 예배를 점진적으로 발생하는 것으로 보지 않았다. 그들에게 순례는 본질적으로 총체적(holistic)이었다. 전 여정은 여

---

[16] 여정의 주제와 이 성경 구절에 대해서 본서 3장 "하나님과의 만남을 위한 네 개의 방"에서 더 다룰 것이다.

행, 공동체, 희생제사, 귀향이라는 하나의 거룩한 경험이었다. 이것은 모두 예배 의식의 일부였다. 상호교류가 간략하고 주의를 집중하는 시간이 짧은 것에 익숙한 세상에 사는 현대 예배자인 우리는, 기독교 예배란 하나님과의 **지속되는** 만남이라는 것을 상기해야 한다. 즉(육체적, 영적으로) 시작점에서 출발하여, 공동체로서 의미 있는 예배 행위들을 거쳐서, 하나님의 임재 안에 거함으로써 일어나는 변화에 이르기까지의 여정이라는 것을 상기해야 한다. 여정이 핵심이다.

3. 결론

성경적 예배란 무엇을 의미하는가? 21세기 예배에 대한 모든 지시 사항을 성경이 분명하게 제시한다는 말인가? 우리가 따라야 할 예배 순서를 성경이 명시한다거나, 예전(liturgy)에 사용될 규정된 글을 제공한다는 의미인가? 모든 그리스도인이 어디서나 늘 어떻게 예배해야 하는지를 성경이 정확하게 말하고 있는가? 그렇지 않다. 성경은 우리에게 세부 사항을 제공하지 않는다.

그러므로 우리는 이런 것들을 성경적 예배라고 주장할 수 없다. 성경적 예배란, 구약과 신약을 통하여 하나님이 언약 백성과 관계하시는 방법을 잘 이해하고 그것에 충실하려는 노력이고, 그런 형태를 현대의 상황에 적절하게 적용하려는 노력이라고 말할 수 있다. 이 장에서 우리는 성경에서 발견한 예배의 근본적인 여섯 가지 주제를 살펴보았다. 성경 말씀에 충실한 예배는 어떠해야 하며 무엇을 해야 하는지에 대해 성경적 원리라는 형식으로 말해 보겠다.

- 예배의 중심은 하나님의 구원 행위이다.
- 예배는 계시/응답의 패턴을 갖는다.
- 예배는 본질상 언약적이다.
- 예배는 본질상 공동체적이다.
- 예배는 본질상 삼위일체적이다.
- 예배는 변화의 여정이다.

우리는 이제 기독교 예배의 잠정적인 정의(operating definition)를 내릴 준비가 되었다. 이것은 앞으로 본서에서 사용될 것인데, 가장 훌륭한 정의는 이렇다.

> 예배는 관계의 표현이다. 즉, 예배란 하나님이 그리스도 안에서 자신과 또한 자신의 사랑을 드러내시고, 성령을 통하여 은혜를 베푸시고, 우리는 그에 대하여 믿음, 감사, 순종으로 응답하는 관계의 표현이다.[17]

---

17 Robert Schaper, *In His Presence: Appreciating Your Worship Tradition*(Nashville: Thomas Nelson, 1984), 15-16.

∽
참여하기

"탐구하기"를 위해 편성한 토론 그룹으로 모이라. 이 원리들이 모든 것을 망라한 것은 아니므로 다음의 질문을 논의하라.

1. 당신의 신앙 전통에 충실하기 위해서는 어떤 것을 더 추가해야 하는가?
2. 예배 디자인을 위한 성경적 원리에 나타내야 할 다른 신학적 특징들이 있는가? 목회자들과 함께 이것에 대해 알아보고 이 목록에 추가하라.

예배 디자인을 위한 기초를 세울 때, 첫 단계는 성경적 기초를 찾아서 놓는 것이다. 그 기초 위에 건축할 것이다. 비공식 토론에 목회자들을 초대해서, 당신의 상황에서 예배를 디자인할 때 꼭 필요한 성경적 원리를 분명히 표현하는 데 도움을 받도록 하라.
그 원리를 늘 당신 앞에 두기 위해 다음과 같이 하라.

- 큰 종이나 포스터 보드에 성경적 원리를 붙여서, 매주 예배를 기획하는 방에 놓으라.
- 예배 기획 워크시트의 왼쪽 행에 원리를 적어 놓으라.

2 · 모퉁잇돌 세우기

예배의 중심은 예수 그리스도이시다

탐구하기

2장을 읽기 전에, 지난 여섯 주의 주보를 모으라. 주보가 없으면 예배 인도자가 사용한 예배 노트를 보라. 그것들을 살펴보고, 다음의 사항들을 찾아보라.

1. 예수 그리스도의 이름이 언급된 노래는 얼마나 되는가?
2. 그리스도에 대한 언급이 분명하게 되었다고 생각되는 것은 얼마나 되나?
3. 그리스도의 임재를 언급하면서 예배가 시작되는가?
4. 예배 순서만 가지고 다음의 문장을 완성해 보라. 예배 순서와 내용에 기초해 볼 때, 우리의 예배는 무엇보다도 _____을(를) 강조하는 것 같다.

이 질문들을 계속 생각하면서, 이제 2장을 읽으며 생각의 폭을 더 넓혀 보자.

한 교수가 채플에 정기적으로 참석한다. 이 학교는 성경 말씀과 전도 훈련에 전념하는 곳으로 알려진 큰 신학교이다. 이 교수는 채플에서 이상하게도 예수 그리스도의 이름이 오랫동안 언급되지 않는 것을 발견한다. 예수 그리스도의 이름이 언급되는 것을 듣기를 간절히 기다리면서 매일매일 참석한다. 몇 분이 지나도, 예배 시간이 모두 지나도, 예배 인도자나 사람들 누구도 예수님의 이름을 말하지 않는다.

이 교수는 그리스도인들이 예배하러 모여서 이렇게 분명하게 누락된 것을 깨닫지 못할 수도 있다는 생각에 슬프다. 이 교수는 그리스도를 말하고 노래하기를 갈망한다.

한 목사가 휴가 중에 다른 교회를 방문한다. 예배를 마친 후, 그는 그 예배에서 무엇인가가 빠졌다는 느낌을 떨쳐버릴 수가 없다. 그것이 어떤 것일까? 설교자는 훌륭한 설교를 했다. 음악은 감동적이었다. 사실, 전 예배가 창의적이었고 즐거웠다. 그래도 그는 예배가 완전하지 못하고 부적절하다고까지 느꼈다. 그러나 문제가 무엇인지 꼬집어서 말할 수 없었다. 그는 이렇게 말했다.

> 불현듯 나는 무엇이 누락되었는지 깨달았다. 그 예배에는 예수 그리스도와 그분이 행하신 일에 대한 언급이 없었다. 나는 그 목사가, 예수님이 기독교 신앙의 중심이시라는 것을 인정한다는 것을 안다. 적극적인 전도 프로그램으로 인해 회중은 성장하고 있었다. 그러므로 예수님에 대한 기본적인 사랑에 대해서는 의심의 여지가 없다. 문제는 부주의로 인한 실수였지만, 그것이 얼마나 비참한 실수인가! 그 예배는 예수 그리스도를 기념하지 않았다…불행히도 나는 이런 불균형이 복음

주의 예배에서 빈번하게 일어난다는 것을 발견했다.[1]

주요 기독교 학교에서 예배 인도자를 준비시키는 한 교수는 자신이 예배에서 그리스도의 사역보다는 반응하는 회중들에게 너무 많이 초점을 맞추어 왔다는 사실을 인정한다. 그는 예배에서 그리스도의 역할에 대해서 이렇게 말한다.

> 요즘 그 주제는 많은 관심의 대상이 아니다. 그 주제가 예배를 복음의 근본적인 원리에 연결시키지만, 예배 인도자들의 주의를 크게 끌지 못했다. 이것을 속히 뒤바꾸어야 한다.[2]

위에 언급한 사람들은 모두 실제의 인물이다. 모두 실제로 염려하고 있다. 예수 그리스도와 그분이 행하신 일이 현대의 많은 예배에서 중심이 되지 못하고 있다는 것을 발견하고 놀랬는가?[3]

그런 말이 충격적일 수도 있다. 그러나 더 믿기 어려운 것은 그 실수를 알아차리지 못했다는 것이다. 뿐만 아니라 특히 역설적인 것은, 복음을 전하는 것과 세계를 그리스도께로 돌아오게 하는 것에 대한 필요성을 가장 분명하게 선포하는 교회들이 때때로 공동체적 예배에서의 예수 그리스도의 중요한 역할을 간과하는 잘못을 가장 많이 저지른다

---

1   Terry Wardle, *Exalt Him! Designing Dynamic Worship Service*, rev. ed.(Camp Hill, PA: Christian Publications, 1992), 63-64.
2   Barry Liesch, *The New Worship: Straight Talk on Music and the Church*(Grand Rapids: Baker Books, 2001), 141.
3   그리스도의 임재는 변동되는 것이라고 단정짓지 말아야 한다. 왜냐하면 주의 임재는 사람에 의해서 커지거나 작아지거나 할 수 없기 때문이다. 그리스도께서는 성도들이 모인 공동체 안에 언제나 온전히 임재하신다. 문제는 우리 안에 계신 그리스도의 임재를 우리가 인식하느냐 인식하지 못하느냐 하는 것이다.

는 것이다. 성경과 역사가 필수적이라고 여겼던 것과는 달리 주의 임재를 인정하거나 기념하는 일을 하지 않는 경우가 많다.

어떻게 해서 이런 상황이 되었을까? 정보에 입각해서 몇 가지 추측을 해 본다. 교회 예배 의제들이 더 중요하게 됨으로써 부지불식간에 예배에서 그리스도 중심성이 밀려 났을 수도 있다. 그 결과 예배는 다음과 같은 것들, 즉 필요하다고 느낀 것들, 주제들, 오락, 구도자(비신자)들의 선호에 집중한 의제 같은 것들에 의해 주도되었다. 그렇게 됨으로써, 예배에서 예수 그리스도와 그분의 행위를 언급하는 것이 줄어들었다. 나는 누군가가 예배에서 그리스도 임재에 대한 강조를 줄이기로 착수했다고 믿지는 않는다. 다만 우리가 알아차리지 못한 상태에서 어떤 지역에서는 걱정스러울 만한 정도에까지 이르렀다.

이 장에서는 예수 그리스도를 중심으로 하는 예배의 필요성을 살펴본다. 나는 예배 인도자들에게 다음의 내용을 고취시키고자 한다.

(1) 예배에서 그리스도의 **우선순위**를 인정하는 것.

(2) 함께 모인 믿음 공동체 안에서, 살아계신 주 예수 그리스도의 실재적인 **임재**를 맞이하는 것.

(3) 하나님과 회중을 중재하는 예배의 신적 중재자(Divine Agent)로서 그리스도의 **제사장적인** 역할에 복종하는 것.

(4) 그리스도 중심 예배가 불러일으키는 세계를 향한 **열정**을 품도록 예배자를 돕는 것.

회중 가운데서 부활하신 예수님의 우선순위, 임재, 제사장, 열정이 예배를 참으로 기독교적으로 만드는 것들이다. 세상에는 다른 신들에 대한 예배가 넘쳐나고, 많은 경우 의식들도 비슷해 보일 수도 있다. 그러나 기독교 예배를 구별 짓는 것은 바로 예수 그리스도의 역할이다. 예수 그리스도께서는 하나님이 높이신 분이요, 언젠가 모든 피조물이 그분 앞에 무릎을 꿇을 것이다. 예수 그리스도 말고 어디에서부터 예배에 관한 논의를 시작하겠는가?

1. 그리스도 중심 예배: 그리스도의 우선순위를 인정하기

기독교 예배의 모퉁잇돌은 예수 그리스도이시다. 이 진리만으로 기독교 예배의 진정성이 결정된다. 다음의 성경 말씀을 생각해 보라.[4]

> 예수께서 이르시되 너희가 성경에 건축자들이 버린 돌이 모퉁이의 머릿돌이 되었나니 이것은 주로 말미암아 된 것이요 우리 눈에 기이하도다 함을 읽어 본 일이 없느냐(마 21:42).

> 그러므로 이제부터 너희는 외인도 아니요 나그네도 아니요 오직 성도들과 동일한 시민이요 하나님의 권속이라 너희는 사도들과 선지자들의 터 위에 세우심을 입은 자라 그리스도 예수께서 친히 모퉁잇돌이 되셨느니라 그의 안에서 건물마다 서로 연결하여 주 안에서 성전이 되어 가고 너희도 성령 안에서 하나님이 거하실 처소가 되기 위하여 그리스도 예수 안에서 함께 지어져 가느니라(엡 2:19-22).

> 사람에게는 버린 바가 되었으나 하나님께는 택하심을 입은 보배로운 산 돌이신 예수께 나아가 너희도 산 돌 같이 신령

---

4   참조, 시 118:22-23; 막 12:10-11; 눅 20:17; 행 4:11.

한 집으로 세워지고…(벧전 2:4-5).

건축적으로 말해서 모퉁잇돌은 구조물을 정확하게 측량하는 기초로 사용된다는 것을 기억할 것이다. 모퉁잇돌이 자리를 잡으면, 다른 모든 것은 거기에서부터 시작한다. 모퉁잇돌을 놓는 것이 우선순위가 되어야 한다. 이것을 무시하면, 구조물 전체가 위태롭게 된다. "우선순위"(priority)라는 말은 "우선의, 사전의"(prior)라는 말에서 파생되었다. 그래서 우선순위는 다른 모든 것에 앞서는 것이다. 이것이 먼저다. 무엇보다 앞선다. 등급이 가장 높다. 웹스터 사전은 우선순위를 "다른 대안들과 겨루기에 앞서 주어지거나 주의를 기울여야 할 것"이라고 정의한다.[5]

그리스도께서 예배의 우선순위라는 말은, 경쟁되는 다른 어떤 대안들에 앞서 우리가 그분께 주의를 기울여야 한다는 말이다. 이 말이 함축하는 것은 광범위하다. 우리의 예배에서 주목받기 시작하는 그 어떤 것들도 우선순위를 갖지 말아야 한다는 말이다. 예배에서 그리스도기 아닌 다른 것이 앞서거나 중심에 있으면 외곽으로 옮기거나 버려야 한다. 예배에서, 변두리로 밀려나신 그리스도를 이제는 중심으로 옮겨와야 한다.

1) 그리스도 중심 예배는 하나님을 높인다

우선, 그리스도의 우선순위는 하나님의 뜻을 이루는 것이다. 성부께서는 성자께서 높임을 받으시기를 원하신다. 그리스도를 높이 찬양할수록 하나님은 더욱 기뻐하신다. 성경은 여러 곳에서 이것을 분명히 한다. 바울은 골로새 교회에 다음과 같이 편지했다.

---

5 *Merriam-Webster's Collegiate Dictionary*, 10th ed., 1999.

> 그는 몸인 교회의 머리시라 그가 근본이시요 죽은 자들 가운데서 먼저 나신 이시니 이는 친히 만물의 으뜸이 되려 하심이요…그로 말미암아 자기와 화목하게 되기를 기뻐하심이라 (골 1:17-20).

하나님이 예배에서 그리스도께서 중심이 되시기를 원하신다는 것을 가장 두드러지게 나타내고 있는 말씀은 히브리서에서도 찾을 수 있다.

> 그가 맏아들을 이끌어 세상에 다시 들어오게 할 때에 하나님의 모든 천사들은 그에게 경배할지어다 말씀하시며(히 1:6).

그 외에 요한계시록의 여러 곳에서도, 그리스도를 찬양한다.

> 죽임을 당하신 어린 양은 능력과 부와 지혜와 힘과 존귀와 영광과 찬송을 받으시기에 합당하도다(계 5:12).

더 많은 예를 들 수 있겠지만, 이 말이면 충분하다. 즉, 그리스도께서 예배에서 최우선순위이시다. 왜냐하면 하나님이 그렇게 되기를 원하시기 때문이다. 그리스도께 그런 영광을 드리는 것이 하나님 아버지께 무례를 범하거나 하나님 아버지를 무시하는 것은 아닐까 두려워 할 필요가 없다. 그것은 인간적인 생각이다. 삼위 하나님은 서로 겨루지 않으신다. 삼위가 모두 신적인 사랑의 완전한 관계 안에서 서로 복종하고 영화롭게 한다. 우리는 성부 하나님을 예배하는데, 성자 예수 그리스도를 통해서 한다. 성령의 능력으로 이것이 가능하다. 진정한 기독교 예배, 즉 영과 진리로 드리는 예배는, 결국 성부의 목적을 이루는 그리스도로 가득하다.

성자께서 높임 받으실 때, 동시에 성부와 성령께서도 영광을 받으신다.

2) 초기 역사와 성경의 선례(precedent)

신약 학자 랄프 마틴(Ralph Martin)은 신약의 의식에서 예배의 세 가지 특징 중의 한 가지로 그리스도의 중심성을 들고 있다.[6] 그리스도의 중심성을 나타내는 직접적인 두 가지 관습은 (1) 부활하신 예수님의 이름으로 예배하고 기도하는 것과 (2) 주일(Lord's Day)에 예배하는 것이었다.

그리스도 중심 예배의 첫 번째 특징은 성도 공동체의 예배 생활 초기에, 그리스도인들은 예수님을 예배하고 그분의 이름으로 기도하기 시작했다는 것이다. 현대 그리스도인들에게 이것은 특별한 일이 아닌 것처럼 보인다. 우리에게는 흔한 일이다. 그러나 예수님을 예배하고 그분의 이름으로 기도한 것은 유대 관습으로부터 떠나는 것이었기 때문에 그러한 행동은 놀라운 일이다.[7]

히브리 신앙이 다른 이방 숭배와 구별되는 제일의 방도는 유일신 신앙에 있었다. "이스라엘아 들으라 우리 하나님 여호와는 오직 유일한 여호와이시니"(신 6:4)라는 반복되는 신앙고백은 모든 유대교의 핵심적인 신학적 토대를 형성했다. 이것을 암송하고, 토론하고, 손목과 이마에 매고, 모든 유대인 집의 문설주와 바깥문에 기록해 두어야 했다(신 6:4-9). 그러

---

6 Ralph P. Martin, *Worship in the Early Church*(Grand Rapids: Eerdmans, 1974), 194-207. 신약 예배의 첫 번째 특징(그리스도 중심성)에 대해 나는 두 개의 예를 들었다. 즉, 예수님의 이름으로 예배하고 주일에 예배한다는 것이다. Martin이 든 세 번째 예, 즉 그리스도의 즉각적인 임재에 대해서는 같은 장에서 별도로 다룬다. Martin은 그의 책에서 신약 예배의 다른 두 가지 특징을 언급한다. 첫째는 성령에 대한 인식이고, 둘째는 다른 사람들에 대한 관심과 공동체를 세우는 것이다.

7 이 부분 전체에서 나는 Larry W. Hurtado의 저서로부터 큰 도움을 받았다. 그는 초기 기독교의 역사적 발전에 관한 중요한 연구를 했다.

므로 초기 성도들이 예수님을 하나님으로 예배하고 예수님을 하나님으로 여기고 그분께 기도하는 것은 급진적인 발전이었다.

율법의 엄격한 해석은 여호와(Yahweh) 외의 다른 존재에게 예배하는 것을 금했다. 그러나 놀랍게도 역사가 래리 허타도(Larry Hurtado)는 다음과 같이 말한다.

> 예수님은 예배의 대상이 되시고 예수님의 이름이 불리는 공동체적 예배의 의식 행위들이 있었는데, 이런 관습은 기독교 운동의 가장 초기 수십 년으로 거슬러 올라간다.[8]

예수님은 하나님으로서 예배를 받으셨다. 허타도는 안디옥의 제자들은 "주께 예배를 드리[고]"(행 13:2, 표준새번역) 있었다는 것을 지적하고, 그 주는 높임을 받은 예수님을 가리키는 것으로 보인다고 결론짓는다.[9] 바울의 서신서와 그 이후의 서신서에는 "예수라는 이름을 대상으로 행해진 의식에 대한 언급"이 있다.[10]

한 가지 예로 "예수님은 주님이시다"라고 확언하는 신앙고백을 들 수 있다. 이것은 공동체적 예배에서 분명히 실행되었을 것이다. 바울이 이 신앙고백의 사용에 관해서 고린도 교회에 알려주고 있으므로(고전 12:3),[11] 우리는 "이것이, 예수님을 주님이시라고 고백하는(아마도 공동체의) 행위 자체를 예전적(liturgical) 행위, 즉 예수님의 권위와 효력

---

[8] Larry W. Hurtado, *At the Origins of Christian Worship: The Context and Character of Earliest Christian Devotion*(Grand Rapids: Eerdmans, 1999), 76.

[9] Ibid.

[10] Ibid., 77.

[11] 참조, 롬 10:9-13.

(efficacy)으로 모인 그룹의 본질을 확언하는 기능을 하는 행위로 만든다"고 추정할 수 있다.[12] 예수님을 예배하는 또 다른 예는 바울이 그의 서신서에서 예수님만을 통해서 하는 인사와 축복이다(참조, 고전 16:23-24; 갈 6:18; 빌 4:23). 신약의 여러 곳에서 그리스도를 높이는 찬송도 주목해야 한다. 기독교 공동체 초기에 예수 그리스도를 하나님으로 예배한 많은 증거가 성경과 또한 그 외의 초기의 역사적 문서에 있다.[13] 초대 교회는 예수 그리스도를 하나님으로 예배함으로써 그리스도 중심적인 예배를 가장 두드러지게 나타냈다.

초대 그리스도인들은 예수님을 하나님으로 여기고 예수님께 기도드렸는데, 이것은 신약 기도의 놀랄만한 특징이다. 하나님과 예수님께 함께 기도하기도 했다.[14] 그러나 우리의 목적에 비추어 가장 주목할 만한 것은 예수님께만 했던 기도들이다. 바울은 예수님께 치료를 위해 기도하고(고후 12:8-9), 스데반은 자신과 자신을 죽이는 사람들을 위해 주 예수님께 기도한다(행 7:59-60). 비록 이런 예들이 공동체적 예배에서 이루어진 것은 아니지만, "저자는 그의 그리스도인 독자들이, 예수님은 기도를 들으시는 분이라는 사실에 꽤 익숙해 있다고 생각하고 있는 것 같다."[15]

그리스도 중심 예배의 두 번째 특징은 예배를 주일(Lord's Day)에 드렸다는 것이다. 신약의 세 군데에서 예배와 관련된 행동들이 주일에 있었다는 것을 언급하고 있다(행 20:7-12; 고전 16:2; 계 1:10). 학자들은 이것이

---

12 Hurtado, *At the Origins of Christian Worship*, 78.

13 그리스도를 하나님으로 예배한 초기의 관습을 입증하는 성경 외의 자료들은 Frank C. Senn의 "The Incarnational Reality of Christian Liturgy," in *Christian Liturgy: Catholic and Evangelical*(Minneapolis: Fortress, 1997), 39-49를 보라. 여기에는 Ignatius의 에베소에 보낸 편지, 동방 교회의 감독이 성자(the Son)에게 한 기도, 서방 교회의 아침 기도(Matins) 때의 *Te Deum*과 그 외의 자료들을 담고 있다.

14 이런 혼합은 살전 3:11-13과 살후 2:16-17과 같은 본문에서 분명히 나타난다.

15 Hurtado, *At the Origins of Christian Worship*, 75-76.

유대인들을 위한 안식일 휴식과 예배와는 대조적인 첫째 날(first-day) 예배의 정규적인 패턴을 나타내는지, 그렇지 않은지에 대해 논쟁한다. 그러나 대부분의 학자들은 일요일 예배가 일찍이 1세대 성도들에게 규범적인 일이었다고 결론을 내린다.[16]

그리스도인들이 일요일에 모여서 예배하게 된 몇 가지 이유를 생각해 볼 수 있다. 하나는 일요일을 부활을 기념하는 날로 여겼다는 것이다. 안식일 다음날 그리스도께서 부활하셨기 때문에, 그리스도를 따르는 사람들에게는 그날 모여서 기념하고 예배하는 것이 의미 있는 일이었다. 초기 변증가인 순교자 저스틴(Justin Martyr)이 2세기 중엽에 쓴 글에서 이것을 분명히 볼 수 있다.

> 우리는 일요일에 함께 모인다. 왜냐하면 그날은 하나님이 혹암과 물질을 변화시켜 세상을 만드신 첫째 날이기 때문이다. 우리 주 예수 그리스도께서 그날 죽음에서 부활하셨다. 사람들이 토요일 전날 예수님을 십자가에 못 박았다. 그러나 토요일 다음날, 즉 일요일에 예수님은 사도들과 제자들에게 나타나셔서 그들에게 가르치신 것들이 있다. 바로 이것들을 당신(황제)께 진술하니 고려해 보라.[17]

일요일은 부활로 인하여 주일로 알려졌다. 성도들이 일요일에 모일 때마다, 그들은 예수님이 살아계시다는 사실을 기념했다.

---

16 Paul Bradshaw, *Early Christian Worship: A Basic Introduction to Ideas and Practices*(Collegeville, MN: Liturgical Press, 1996), 75.

17 Justin Martyr, *First Apology 67*, in *The Oxford History of Christian Worship*, ed. Geoffrey Wainwright and Karen B. Westerfield Tucker(New York: Oxford University Press, 2005), 62. 허락을 받고 사용함. *Didache*도 참조하라.

일요일에 예배하게 된 또 다른 가능한 이유는 예배 역사가인 폴 브래드쇼(Paul Bradshaw)가 주장하는 것이다. 그는 그리스도인들이 일요일에만 성찬식을 행했다는 것을 나타내는 증거들이 처음 3세기 동안의 자료에 많이 있음을 언급한다. 이것은 성인의 날(Saint's days)들이 생기면서 그날에 하기도 했다.[18] 일요일 성찬식을 하는 관습에 대한 이유는 알려지지 않았다. 역사는 단지 이런 패턴이 계속되었음을 기록하고 있다. 종국에는, 서방 교회 그리스도인들은 어느 날에나 성찬식을 행했지만, 동방 교회 그리스도인들은 일요일과 그 외의 성일(holy days)에만 성찬식을 행하는 것을 고수하고 있다.[19]

일요일 예배에 대한 가능한 또 다른 이유는 여덟째 날(eighth day)이 갖는 의미이다. 이 용어는 예배의 종말론적 색채를 나타내고 있다. 유대인의 사고에서 숫자 일곱은 완전을 상징했다. 그러므로 여덟째 날에 대한 언급은 안식일보다 더 크거나 그것을 넘어서는 무언가를 시사한다. "이런 이유로 일요일에 여덟째 날이라는 이름을 붙이면서, 그들은 소망하며 기다리는 종말의 때를 미리 맛보는 상징으로 보고 있었다."[20]

일요일 성찬식은 다가올 하나님의 나라에서 있을 메시아와의 잔치를 바라보게 한다. 이런저런 이유들로 일요일은 주일로 알려졌다. 초대 교회 성도들은 주님과 주님의 사역에 따라서 그들의 시간 관념을 맞추었다. 그들은 모든 이름 위에 뛰어난 이름을 함께 부르고, 그들의 주간(weekly) 예배 생활을 주의 날에 주를 높이도록 다시 맞춤으로써 그리스도께 우선순위를 두었다.

그리스도의 우선순위가 나타났던 또 하나의 중요한 방법은 예수 그리

---

18 Bradshaw, *Early Christian Worship*, 76.
19 Ibid.
20 Ibid., 77.

스도의 삶, 죽음, 부활, 승천, 재림에 대한 이야기가 예배의 내용을 구성했다는 데에 있다.[21] 이것은 중요한 일이다. **그리스도께서는 예배의 내용이셨으며, 또한 그래야 한다.** 예수 그리스도와 그분의 사역의 이야기가 지속적으로 예배에 편만할 때, **예배 그 자체가 메시지가 된다.** 여기서 나는 설교의 내용에 대해서 말하는 것이 아니다. 그것도 물론 그 일부이기는 하지만, 그보다는 예배 시간 내내 울려 퍼지는 진리의 선포에 대해 말하고 있는 것이다. 모든 예배 행위를 통해 하나님은 누구시며 하나님이 그리스도 안에서 우리를 위해 행하신 일이 무엇인지, 그 이야기가 촉진될 때 진리의 선포가 울려 퍼진다.[22] 우리가 어떤 예배 행위로든 기도하거나, 노래하거나, 높이거나, 또는 예물을 드릴 때, 우리는 역사 속에서 그리고 오늘날의 세상에서 역사하는 하나님의 이야기를 말하는 일에 참여하고 있는 것이다. 예배는 그것만을 서술하는 것이다.

바울은 그리스도께서 예배의 내용이시라는 생각에 전념했다. 그는 고린도 교회에 편지하기를, "내가 받은 것을 **먼저** 너희에게 전하였노니 이는 성경대로 그리스도께서 우리 죄를 위하여 죽으시고 장사 지낸 바 되었다가 성경대로 사흘 만에 다시 살아나사"라고 했다(고전 15:3-4, 강조는 필자의 것). 이 **케리그마**(*kerygma*)는 우리가 "그리스도의 말씀이 너희[우리] 속에 풍성히 거하여 모든 지혜로 피차 가르치며 권면하고 시와 찬송과 신령한 노래를 부르며 감사하는 [우리의] 마음으로 하나님을 찬양"(골 3:16)할 때 선언되는 것이다.

예수 그리스도께서 예배의 모퉁잇돌이시라면, 우리는 주님의 이름을

---

21 그리스도의 삶과 사역에 대한 이런 이야기는 때로 그리스도 사건(Christ Event)이라고 불린다.
22 이것은 본서 4장에서 더 자세히 다룰 것이다.

말하고, 정기적인 예배 시간을 주께 속한 것으로 지명하고,[23] 주님과 그분이 행하신 일이 우리 예배의 내용이 되게 해야 한다. 어떤 방법으로든, 그리스도께서 예배에서 우리의 우선순위가 되신다.

2. 그리스도 중심 예배: 주의 임재를 맞이하기

회중이 그리스도 중심 예배를 추구해야 한다는 것을 깨달으면, 먼저 해야 할 일은 부활한 주의 실재적인 임재를 고백하고 맞이하는 것이다. 예배 공동체가 이 한 가지를 잘 이해할 수 있다면, 그들의 예배는 변화될 것이다. 성경적 예배에 대해서 우리가 알아야 할 가장 중요한 것은, 공동체 모임 속에 예수 그리스도께서 참으로 임재하신다는 것이다. 예배에서 우리는, 하나님이 우리의 예배가 진행되는 것을 엿듣고 계시는 제3자인 것처럼 하나님, 예수님, 또는 성령에 **대해서** 말하고 있는 것이 아니다. 그렇게 생각하는 것이 다반사이지만, 그보다는 예배에서 예수 그리스도께서 우리에게 온전히 임재하셔서, 우리를 맞아주시고, 우리에게 말씀하시고, 우리의 말을 들으시고, 성부께 드리는 우리의 기도와 찬양을 도와주신다는 것을 이해해야 한다. 수가 많든 작든 그리스도인들이 예배하기 위해 모이는 모든 모임에 그리스도께서 온전히 그리고 실제로 임하신다.

그러므로 예배는 그리스도의 성육신적인 임재를 경험하는 사건이

---

23 "정해진 시간"이라는 용어가 여기에서 유용한데, 이것은 공동체가 하나님과 만나기로 정해진 시간을 말한다. 어떤 기독교 집단에서는 주일이 아니라 다른 날에 모여서 예배하는 것이 널리 실행되고 있지만, 그들 중의 대부분은 주일 예배를 지속한다. 주일 예배를 (1) 부활한 날을 기념하고 (2) 수세기에 걸친 예배 공동체와의 연속성을 유지하려는 수단이 되는 것을 완전히 끊지 않으려고 하는 이유가 있다. 그러나 주간의 어떤 날보다 더 중요한 것은 매주 예배하기 위한 정해진 때가 있다는 것이다.

다.[24] 부활 후의 이야기가 이것을 효과적으로 묘사한다. 본서 1장에서, 누가복음 24장을 통해 예배는 여정이라는 것을 나타냈다. 다시 그 말씀으로 돌아가서 더 살펴보자. 누가복음 24:13-35는 그리스도의 제자 두 명이 부활절에 먼 길을 걸어서 집으로 가고 있는 사건을 기록한다. 그들은 아직 그리스도께서 봉해진 무덤을 뚫고 나오셨다는 것을 모르고 있었다. 예수님은 신비롭게 길에서 그들과 동행하셨다. 주님을 만났을 때, 그 두 여행자는 그들이 그리스도와 함께 있는 것을 알지 못했다. 그 임재를 알리기 위해 이야기가 진행된다.

이 이야기 속에 있는 네 개의 사건들은 예배의 사건들과 유사하다.[25]

첫째, 예수님이 대화를 시작하신다. 예수님은 그들을 찾으시고, 그들이 처한 상황, 즉 혼란스럽고, 당황하고, 어리둥절하고 있는 상황을 받아들이시는 것처럼 제자들을 대하신다. 예수님은 부드럽게 그들을 대화로 이끄시지만, 그분이 한 말씀을 그들이 완전히 받아들일 수 있을 것으로 기대하지는 않으신다. 예수님은 천천히 그들의 주의를 기울이게 하시고 성경에 대한 설명을 들을 수 있는 상태에 이르게 하신다.

둘째, 예수님은 성경을 가르치시고 해석하시면서 그들에게 말씀을 전해 주신다. 예수님은 모세와 모든 선지자들로부터 시작해서 메시아에 관한 것을 설명하신다. 장면은 곧 먼지가 날리는 길에서 초라한 집으로 바뀐다. 그리스도께서는 처음 만나는 시간부터 그들과 함께 계셨고, 가르치는 중에도 함께 계셨다. 그러나 이 낯선 사람의 정체는 아직 밝혀지지 않았다.

---

24 예수님의 실제적 임재에 대한 언급은 때로 성찬식에서 먹고 마시는 빵과 잔의 실체에 대한 토론을 야기한다. 중요하기는 하지만 완전히 다른 논의이다. 그리스도께서 온전히 그리고 참으로 예배에 임재하신다는 주장은 성찬식의 빵과 잔에 대한 견해와 상관없이 진실되다.

25 예배의 이야기에 대해서는 본서 3장에서 더 다룰 것이다.

셋째, 이야기는 30절과 31절에서 절정에 다다른다. "그들과 함께 음식을 잡수시려고 앉으셨을 때에, 예수께서 빵을 들어서 축복하시고, 떼어서 그들에게 주셨다. 그제서야 그들의 눈이 열려서, **예수를 알아보았다**"(표준새번역, 강조는 필자의 것). 그리스도께서는 계속 거기에 계셨지만, 그들은 알아보지 못했다. 예수님의 인내로 인하여, 그들이 주의 임재를 인지하고 맞이할 수 있는 지점에 이르렀다. 이것이 이야기의 전환점이다. 그들은 그들 속에서 마음이 뜨거워지는 것을 의식했다. 이 깨달음은 놀라운 것이었다.

넷째, 제자들이 예수님의 임재를 경험하고 기쁨으로 가득차서 즉시 달려가서 주님이 살아났다고 증언할 때 이야기의 실타래가 풀리게 된다.

기독교 예배에서, 우리 눈이 열리고 그리스도의 임재를 깨닫는 것이 중요하다. 그리스도께서는 우리에게 오셔서, 우리를 맞아주시고, 깊은 만남으로 이끌어 주시고, 우리에게 말씀을 가르쳐 주시고, 우리와 함께 빵을 떼심으로써 우리의 눈을 열어주신다. 우리가 예배할 때, 우리는 종교적인 생각들을 논의하기 위해서 모이는 것이 아니라, 살아계신 주님을 만나기 위해서 모인다. 공동체가 예배하기 위해 모일 때마다, 우리는 참으로 우리 가운데 있는 예수 그리스도 안에서 하나님과의 대화 속으로 들어간다는 것을 이해하고 경험해야 한다. 그렇게 이해할 때 모든 것이 변한다. 우리는 더 이상 의무적으로나, 하나님이 흥미로워서나, 또는 늘 그렇게 하는 것이기 때문에 예배에 참석하지 않는다.

우리는 공동체 안에 거하는 살아있는 우리 주님으로부터 듣고 주님께 말씀드리기 위해서 예배에 참석한다. 예배는 더 이상 그리스도에 **대한**(about) 것이 아니라, 그리스도를 **향한**(to) 것이다. 더 이상 지식을 얻는 것이 아니라, 진리가 우리를 얻도록 하는 것이다. 주의 식탁에서 그리스도의 임재의 불이 우리를 따뜻하게 함으로 우리 속에서 마음이 뜨거워질 때, 우리의 무기력과 부주의는 소멸된다.

성도들은 예배하러 올 때마다, 그들은 "두세 사람이 내 이름으로 모인 곳에는 **나도** 그들 중에 **있느니라**"(마 18:20)고 한 그리스도의 약속의 실재(reality) 안에서 만나야 한다.

예배에서 그리스도의 실제적인 임재를 경험하는 것은 오늘날의 이머징 교회(emerging churches)에 특히 중요한 것이다.[26] 포스트모더니즘(postmodernism) 발전의 일환으로, 서구문화는 근대(modernity)에서 널리 받아 들여졌던 과학적 방법의 확실성과 그것의 결론을 절대적으로 포용하던 것으로부터 점점 변화하고 있다. 계몽주의의 가정 중 하나는, 우주에 관한 문제와 그에 따른 사회 문제에 대한 해답은 그 문제를 풀도록 오랫동안 열심히 일할 수 있는 유능한 사람들이 얻을 수 있다는 것이다. 지금은 그 가정대로 될지에 대한 의심이 더욱 커간다.[27]

래이 앤더슨(Ray S. Anderson)은 이머징 교회의 이론에 관한 유용한 글을 썼다.[28] 그 글에서 그는, 사회가 점차 포스트모던 세계로 옮겨감에 따라 예배 안에 있는 그리스도의 성육신적인 임재를 이해해야 한다고 설명한다. 그리스도인들은 성경 연구라는 용인된 수단으로 기독론(Christology)에 관한 문제를 **증명하는 것**보다는 예배 안에서 그리스도를 만남으로 그리스도의 임재를 **경험하는 데** 더욱 관심을 가질 것을 제안한

---

26 "이머징 교회"라는 용어는 짧은 역사에 대단히 난해한 뜻을 갖고 있다. 선택할 수 있는 많은 의미 중에 한 가지를 제안한다. "이머징 교회들은 포스트모던문화 안에서 일어나는 선교적인 공동체로서, 자신들이 사는 장소와 시간에 성실하고자 하는 예수님을 따르는 자들로 구성되어 있다"(Eddie Gibbs and Ryan K. Bolger, *Emerging Churches: Creating Christian Community in Postmodern Culture* [Grand Rapids: Baker Academic, 2005], 28).

27 Robert E. Webber, *Ancient-Future Faith: Rethinking Evangelicalism for a Postmodern World*(Grand Rapids: Baker Books, 1999), 44.

28 Ray S. Anderson, *An Emerging Theology for Emerging Churches*(Downers Grove, IL: InterVarsity, 2006).

다. 앤더슨은 "순진한 사실주의"(naïve realism)라는 용어를 사용해서 이머징 교회의 성향을 기술하는데, 이것은 예배 안에서 부활한 주와 단순하고도 신뢰로 가득한 상호교제를 조성하는 것을 말한다. 순진한 사실주의는 예배 안에서 변증론이나 지적인 설교에 기초한 그리스도에 관한 지식을 발견하는 것에 관한 문제가 아니다.

> 내가 의도하는 순진한 사실주의는 비변증적인 언어로 예수님, 복음서 저자, 사도 바울을 말하고자 하는 것이다. 이에 관한 실재와 지식은 사실 전체로 여겨졌지 사실의 일부로 여겨지지 않았다. 나는 순진한 사실주의라는 표현을 "객관적 실재의 주관적 경험"으로서의 지식을 표현하기 위해 사용한다.[29]

앤더슨은 사도 바울이 완전한 기독론을 먼저 개발하고 나서 교회에 이 객관적인 사실을 전한 것이 아님을 논증하고 있다. 바울은 교회에서 그리스도를 강조했고, 그것으로부터 그의 기독론이 개발된 것이다. 앤더슨은, "현대 인식론(modern epistemology)은 진리의 증거를 찾지만, 바울은 실재의 증거를 찾았다. 그에게 그리스도의 실재는 그리스도의 진리에 대한 기초였다"고 주장한다.[30] 초기 이방인 교회와 포스트 기독교(post-Christian) 세계의 이머징 교회를 비교하면서, 앤더슨은 순진한 사실주의가 오늘날 필요한 것이라는 결론을 내린다. 비그리스도인들은(혹은 그리스도인들도) 판결이 나야 하는 증거에 대해서 관심을 갖지 않는다. 그들에게는 예수님의 실재하는 임재와, 그분과 만나는 것, 이에 대한 관심이 출발점이다.

29　Ibid., 40.
30　Ibid., 41.

나는, 이것이 그리스도께서 예배의 모퉁잇돌이시라는 사실을 절대로 바꾸지 않는다는 앤더슨의 의견에 동의한다. 이것은 협상할 수 없는 성경적이고도 근본적인 이해이다. 어느 시대에도 변할 수 없다.[31] 그러나 모퉁잇돌 위에 세워진 것에 대한 이해는 신중하게 살펴보아야 한다. 그리스도께서는 "열두 사도의 역사적인 모퉁잇돌"이시다.[32] 또한 동시에 그리스도께서는 "교회의 현대의 산 모퉁잇돌"이시다.[33] 교회인 우리는 그 모퉁잇돌 위에 놓인 산돌이며, 그 기초에 의해 우리는 그리스도께서 어떤 분이신지 이해한다(참조, 벧전 2:4-5). 그러므로 "모퉁잇돌은 교회를 그것의 사도적 기초에 연결한다…동시에 부활한 그리스도께서는 모든 세대에 교회의 모퉁잇돌이시다."[34]

이렇게 하여 순진한 사실주의는 객관적인 실재의 주관적인 경험이 되는 것에 성공한다. 진리는 이렇다. 즉, 우리가 주의 임재를 알든 모르든 그리스도께서는 예배에 충만히 임재해 계신다. 이것은 객관적인 실재이다. 그러나 그리스도 중심 예배는 경험에 있어서나 지식에 있어서나 그리스도를 중심에 두도록 도전한다. 이것은 주관적인 실재이다. 이렇게 요약할 수 있다. 말, 노래, 기도, 설교, 응답 등을 통해서 더욱 그리스도의 실재에 주목할수록, 우리는 우리 안에 있는 주의 임재하심의 실재를 더욱 경험할 것이다. 앤더슨이 언급한 것처럼, "이머징 교회는 역사적인 그리스도의 현대적인 임재에 더욱 집중할 것이다."[35] (이 장의 마지막에서 예배에서의 그리스도의 임재를 알도록 돕는 방법을 제안한다.)

---

31 Ibid., 29.
32 Ibid.
33 Ibid.
34 Ibid., 30.
35 Ibid., 45.

3. 그리스도 중심 예배: 예수님의 제사장 역할에 복종하는 것

우리는 그리스도께서 예배의 우선순위이시며, 주의 임재가 예배에서 중요함을 살펴보았다. 그렇다면 그리스도께서는 기독교 예배에서 어떤 역할을 하시는가? 그리스도의 제일의 역할은 제사장직이다. 즉, 그리스도께서 우리의 예배를 **중재**(mediates)하시고 **인도**(leads)하신다. 여기서 우리는 예배를 **행하는 것**(doing), 즉 우리가 예배에 제공한다고 생각하는 역량에 관한 문제보다는, 하나님을 향한 우리의 예배를 가능케 하는 그리스도의 사역에 우리를 **내어놓는 것**(yielding)에 관한 문제라는 현실에 직면한다.

이해를 돕기 위해 히브리서를 살펴보자. 히브리서에서 우리는 먼저 그리스도께서 우리의 예배를 중재하신다는 것을 발견한다. 구약에서 하나님은 거룩하신 하나님(여호와)과 거룩하지 못한 백성(언약 백성)과의 관계를 중재할 목적으로 제사장직을 제정하셨다. 중재자는, 공존할 수 없는 두 당사자가 그들이 적절한 관계를 형성하도록 그들을 도울 수 있는 자격을 갖춘 사람이 있어야 할 때 요구된다. 이스라엘의 거룩한 제사장들은 그 목적을 위해 섬겼다. 처음에 인간이 창조되었을 때에는 하나님과 하나님의 형상으로 창조된 사람 사이에 중재자는 필요없었다. 그들은 하나님이 의도하시는 적절한 관계를 맺고 있었다.

그러나 아담의 범죄로 죄가 그 관계를 손상시킴으로써 중재자가 필요하게 되었다. 수세기 동안 대제사장은 백성으로부터 희생제물을 받아서 하나님께 바치는 인물이었다. 선지자들과 함께 제사장들은 하나님으로부터 메시지를 받아서 전했고(눅 1:67-79) 백성에게 하나님의 복을 전달했다(민 6:22-27). 두 당사자에게 허용되는 자격을 갖춘 유효한 중재자 없이는 누구도 하나님의 임재 안으로 들어갈 수 없었다.

새 언약에 속한 사람들을 위해, 그리스도께서 예배 안의 제사장적 중재자 역할을 완수하셨다. 우리는 이제 그리스도를 통하여 하나님의 임재 안으로 담대히 들어간다. 히브리서에 의하면, 그리스도께서는 이 역할을 위한 주목할 만한 특징을 갖고 계신다.

(1) 하나님은 그리스도를 세우셨고(히 1:2), 그리스도께서는 참 하나님이시므로 이 역할을 수행할 자격을 지니셨음이 입증되었다(히 1:3).

(2) 그리스도께서는 이 땅의 형제자매 속에서 선택되셨고(히 2:11) 참 인간으로서 이 역할을 수행할 자격을 지니셨음이 입증되었다.

(3) 그리스도께서는 성부께 온전한 순종의 제물이 되셨고(히 10:9), 그렇게 함으로써 완전한 제물이 되셨음을 보여주셨다(히 9:26-28).

(4) 그리스도께서는 우리보다 앞서 하늘에 나타나셨고(히 6:19-20), 우리는 아직 갈 수 없는 곳에 이르셨음을 보여주셨다.

이와 같은 이유로, "…하나님과 사람 사이에 중보자도 한 분이시니 곧 사람인 그리스도 예수라"(딤전 2:5). 예수 그리스도께서는 우리의 지속적인 중재자 역할을 하신다.[36]

제임스 토랜스의 저서가 예배에서 그리스도의 제사장적 역할을 묘사하는 데 큰 도움이 된다.[37] 토랜스의 글을 상세히 인용하는 것이 중요하다.

> 복음은 예수 안에 있는 하나님이 우리에게로 와서 우리를 대신하고 예배와 교제의 목적을 성취한다는 것이다. 예수님은 피조물의 제사장이 되시어, 우리가 실패한 일을 우리를 위하

---

36 그리스도를 중재자로 보는 생각에 대한 것은 Frank C. Senn(*Christian Liturgy: Catholic and Evangelical* [Minneapolis: Fortress, 1997], 36)으로부터 도움을 받았다.

37 James B. Torrance, *Worship, Community and the Triune God of Grace*(Downers Grove, IL: InterVarsity, 1996).

여 하고, 우리가 실패한 예배와 찬양을 성부께 드리고, 온전한 사랑과 순종의 삶으로 하나님을 영화롭게 하고, 참되고 유일한 주님의 종이 된다…실패와 혼란으로 우리가 기도할 바를 알지 못하거나 기도하는 것을 완전히 잊을 때 그리스도께서 오셔서 성부의 임재 안에서 우리를 대신한다…이것은 "놀라운 교환"(*mirifica commutatio* 혹은 *admirabile commercium*)이다. 그리스도께서 깨어진 우리의 삶과 자격 없는 기도를 가져가서서, 깨끗하게 하시고, 흠이나 구김이 없이 성부께 드리시고, 우리에게 돌려주심으로써 우리가 감사로 그리스도를 취하게 하신다. 그리스도께서는 우리의 기도를 취하여 주의 기도로 만드시고, 주님의 기도를 우리의 기도로 만드신다. 우리는 "예수님을 인하여" 우리의 기도가 성부께 들려진다는 것을 안다.[38]

예수 그리스도께서 모든 불온전한 예배를 정결하게 하셔서 하나님을 온전하게 찬양할 수 있게 하는 위대한 통로(channel)이심을 깨닫는 것보다 더 복된 일이 어디 있을까?

또한 예수님은 제사장으로서 우리의 예배를 인도하신다. 구약의 제사장들이 성막과 성전에서 예배의 행위들을 인도한 것처럼, 예수님은 우리의 예배를 인도하신다. 제사장들은 예배 목적으로 지정된 시편 찬송을 인도했고, 악기를 연주했고, 대규모 성가대를 구성했고, 희생제물을 준비했고, 기도를 드렸고, 백성에게서 예물을 받았고, 예물을 주께 봉헌했고, 죄의 용서를 선언했고, 향을 피우는 등의 일을 했다.

---

38 Ibid., 14-15.

부활하신 우리 주께서 지금 우리의 참된 예배 인도자 역할을 하신다. 즉, 우리와 함께 찬송하시고(히 2:12),[39] 우리를 위해 간구하시고(히 7:25), 우리의 이기적이고 지식이 없는 인간적인 기도를 성부께 올려 드리기에 합당한 바르고 선한 기도로 바꾸시고, 우리의 뜻을 하나님의 뜻으로 바꾸신다. 히브리서의 저자는 헬라어 **레이투르고스**(leitourgos)[40]를 사용해서 그리스도를 "장막에서 섬기는 이"(히 8:2, 저자는 "예배 인도자"[the leader of our worship]라고 표현한다-역주)라고 한다. 우리의 인도자로서, 예수님은 불온전한 예배(**레이투르기아**[leitourgia])를 하나님을 기쁘시게 하는 예배로 바꾸신다. "이것이 바로 하나님이 인간에게 허락하신 예배이고, 그것만이 하나님이 받으시는 예배이다."[41] 토랜스는 다음과 같이 말한다.

> 신약은, 우리의 찬양과 기도를 인도하시는 예수 그리스도를 예배의 참 중재자로 이해한다…그리스도께서는 십자가 위에서 자신을 단번에 드림으로써, 거룩한 교제 안에서 우리를 지성소, 즉 성부의 거룩한 임재로 인도하는 대제사장이시다.[42]

우리는 종종 예배의 경험은 우리에게 달렸다고 생각한다. 즉, 우리가 얼마나 훌륭하게 예배 순서를 배열하는지, 얼마나 최신의 찬송곡과 영상물을 사용하는지, 얼마나 신나게 참여하는지 그리스도를 통하여 하나님의 임재 안으로 들어갈 때 우리 자신이 얼마나 정결한지에 달렸다고 생

---

39 John Calvin은 그리스도를 "우리의 마음을 조율해서 하나님의 찬양을 부르게 하는 위대한 지휘자"라고 한다(Torrance, *Worship, Community*, 10).
40 본서 15장에서 이 헬라어의 의미를 정의하고 예배에 적용할 것이다.
41 Torrance, *Worship, Community*, 16.
42 Ibid., 23.

각한다. 많은 이가 그러하지만 그러한 불행한 인간중심적 사고가 우리 자신의 노력으로는 예배를 드릴 수 없다는 것이 복된 것이라는 사실을 놓치게 한다. 우리의 예배가 하나님이 받으실 만한 것이 되기 위해서 제사장인 그리스도께 온전히 의존해야 한다는 진리를 사람들은 잘 믿지 못한다. 제사장이신 그리스도의 중재에 전적으로 의존하여 예배하는 것은 참으로 겸손한 자세이다. 그러나 제사장인 그리스도께 복종하는 데에는 자유하게 하는 무언가가 있다.

우리는 여전히 예배를 디자인하고 인도한다. 우리는 여전히 예배하기 위해 모인다. 그러나 우리는 그 일을 겸손하게 행하며, 우리의 인간적인 노력을 온전하게 변화시키시는 대제사장께 우리의 최고의 예물과 마음을 가져온다. 그리스도 중심 예배는 우리의 예배를 그리스도 앞에 내려놓는 것이다. 그러면 그리스도께서 그것을 하나님 앞에 가져다 놓으실 것이다. 모든 것을 우리 자신의 천재성이나 능력으로 완벽하게 수행해야 한다는 큰 부담이 우리의 어깨에서 덜어져서 그리스도의 어깨에 놓여진다. 이것이 그리스도께서 우리에게서 걷어내어 주실 짐이다. 이 진리로 인한 기쁨으로 우리에게 모든 것을 내려놓고 하나님을 예배하게 한다. 아마도 전에는 그러지 못했을 것이다.

4. 그리스도 중심 예배: 세상을 향한 그리스도의 열정을 품는 것

우리는 이제 그리스도 중심 예배를 조성하는 마지막 방법에 접어들었다. 그것은 세상을 향한 그리스도의 열정을 품는 것이다. 먼저 주의해야 할 것이 있는데, 누구도 단지 결정만 한다고 해서 어떤 것에 대한 열정을 가질 수는 없다는 것이다. 하지만 어떤 경험에 힘을 쏟다 보면 열정을 갖게 될 수도 있다. 헌신이 경험에 앞선다. 예배자들이 예배에서 예수 그리스도의 우선순위, 임재, 제사장적 역할을 추구하는 데 헌신할 때, 그들은 변화될 것이고, 그리스도께서 세상을 향해 품으신 동일한 열정이 스며들게 될 것이다. 성경적 예배는 하나님의 영광을 위하여 하나님의 나라를 확장시킨다. 참된 예배는 변화하는 사건이며, 우리가 변화된다.

몇 년 전, 박사 과정 학생이 로버트 웨버(Robert E. Webber)에게, "예배했다는 것을 어떻게 압니까?"라고 물었다.[43] 좋은 질문이다. 당신이 실제로 예배했다는 것을 어떻게 확실히 **아는가**? 나는 그의 간단명료한 대답을 결코 잊지 못할 것이다. "당신이 하나님께 순종한다면, 그것이 바로 예배했다는 증거입니다." 다른 말로 하면, 시간이 흘러도 삶이 변하지 않는다면, 당신이 변화되지 않는다면, 복음에 순종하며 살지 않는다면, 하나님의 나라를 추구하지 않는다면, 당신은 참으로 예배한 것이 아니다. "활동하는 제자인가?"라는 물음이 예배하는 마음에 대한 척도이다.

구약의 선지자들은 예배와 순종의 관계에 대해 할 말이 많았다. 매일의 삶에서 존경할 만한 행동이 없는 예배 의식은 그것이 아무리 의식 규정에 충실하더라도 하나님께 가증스럽다. 하나님은 예전적으로 바른 예배 의식들과 예배자들이 나타내는 진실한 삶을 곧바로 연계시키셨다. 예배, 공의, 자비 간의 관계는 특별한 관심사였다. 예배의 행위들, 즉 기도, 희생제사, 금식 등을 행하면서도, 일꾼들을 억압하고, 굶주린 자에게 먹을 것을 주지 않고, 집이 없는 자에게 쉴 곳을 주지 않고, 자신의 가족들을 돌보지 않고, 상거래에서 속이는 사람들을 하나님은 참을 수 없으셨다(참조, 사 58:5-7; 슥 7:5, 8-10).

---

43 Robert E. Webber, Institute for Worship Studies, Orange Park, Florida(www.iwsfla.org)의 "Music and the Arts in Worship"라는 수업에서 이 질문이 있었다.

어떤 사람들은 이 구절들에서 하나님은 의식을 정죄하신다고 잘못 결론을 내리는데, 그렇지 않다. 하나님은 어디에서도 "의식을 행하지 말라"고 말씀하시지 않는다. 하나님이 의식들을 제정하셨다. 하나님은 "율법의 문자 그대로 따라서 예배 의무를 행하면서 다른 율법은 제쳐놓고 삶으로써 나를 경멸하지 말라"고 하신다. 이런 구절들은 예배에서 모든 의식을 제거하라는 명령이 아니다. 그와는 반대로 그 구절들은 우리에게, 그것에 대응하는 것, 즉 거룩한 삶을 이런 의식에 불어넣으라고 한다. 이렇게 하여 거룩한 예배와 거룩한 행동은 하나가 된다.

예수님은 예배 의식, 공의, 자비 간의 일관성이 필요함에 대해서 많이 말씀하셨다. 예수님은, "사람에게 보이려고 그들 앞에서 너희 의를 행하지 않도록 주의하라…또 너희는 기도할 때…하지 말라…사람에게 보이려고…"(마 6:1-2, 5)라고 하시면서, 또한 "…무엇이든지 남에게 대접을 받고자 하는 대로 너희도 남을 대접하라 이것이 율법이요 선지자니라"(마 7:12)고 하셨다. 예수님은, 천국은 굶주린 자에게 먹을 것을 주고, 목마른 자에게 마실 것을 주고, 나그네를 환대하고, 벗은 자에게 옷을 주고, 병든 자를 돌보고, 감옥에 갇힌 자를 찾아가는 사람을 위해서 예비되어 있다고 가르치신다.[44]

예수님은 분명히 세상을 향한 열정을 갖고 계셨다. 이 열정이 예배 안에서 명백히 나타나는 것 또한 분명하다. 참된 예배는 변화하는 사건이다. 그것에 의해서, 제사장인 그리스도에 의해서 온전하게 된 위를 향하는(upward) 예배가 세상의 필요를 인하여 밖으로 향하는(outward) 예배가 된다.

---

44 참조, 마 25:31-46.

> 그리스도께서 중심이 되시는 예전(liturgy) 안에서, 모임의 심장인 말씀과 성례로 예수 그리스도의 임재를 경험한다. 그리고 이 임재는 모임을 변화시킨다. 이 임재는 모임의 참석자들을 예수 그리스도께서 계신 곳으로 이끌어서 도움이 필요한 세상과 함께 있도록 한다…모임의 심장에 있다는 것은 성령으로 힘을 얻어 예수 그리스도 안에 있다는 것이며 도움이 필요한 모든 인류와 함께 성부 앞에 있다는 것이다.[45]

예배 공동체는 성령의 능력을 통하여 올바른 예배와 올바른 삶을 연결해야 한다. 예배하러 모일 때마다, 우리는 하나님과 함께 모이는 것과 하나님을 위해 사는 것 간의 직접적인 연결을 생각해야 하며 그것이 이루어져야 한다. 그렇게 할 때, 우리는 그리스도 중심 예배의 본질을 정확히 담아내게 될 것이다.

5. 결론

이 장에서 나는 예배 인도자들에게 그리스도의 **우선순위**를 인정하고, 부활하신 주 예수 그리스도의 실제적인 **임재**를 맞이하고, 그리스도의 **제사장적인** 역할에 복종하고, 그리스도께서 가지신 세상을 향한 **열정**을 품도록 고취시켰다. 이것이 성공했기를 기대한다. 나는 "삼위일체의 테두리 안에서 그리스도 중심적인 것에 미치지 못하는 예배는 무엇인가가 되

---

45 Gordon W. Lathrop, *Holy People: A Liturgical Ecclesiology*(Minneapolis: Fortress, 1999), 212.

기는 하겠지만 분명히 기독교적이지는 않다"는 것에 동의한다.[46] 더욱 중요한 것은, 나는 그리스도께서 만물의 으뜸이 되신다고 주장한 사도 바울의 말에 찬성한다(골 1:18).

1) 그리스도 중심 예배 실행하기: 열 가지 실천적인 제안

그리스도 중심 예배를 강조하는 데 도움이 되는 열 가지 실천적인 제안으로 결론을 내리고자 한다.

① **예배마다 그리스도를 맞이하거나, 그리스도를 언급하면서 시작하라.** 그리스도 안에서 하나님의 초청에 대한 응답으로 예배자들이 모인 것임을 알리는 언어(말, 노래)로 예배를 시작한다.
② **말로 그리스도를 높인다.** 그리스도를 찬양하고, 인정하고, 그리스도에 대해 노래하고, 그리스도께 노래하고, 그리스도께 기도하고, 복음서 봉독을 통해서 그리스도에 대해서 들을 수 있도록 당신의 언어를 신중하게 준비하라.
③ **그리스도의 임재를 고백하라.** 인도자로서, 당신이 사용하는 말에 대해 생각하라. 예배에 부활한 주의 임재가 있음을 의도적으로 나타내라.
④ **삼위 하나님을 가리키는 언어를 사용하라.** 삼위 하나님의 호칭을 창조주 하나님, 부활한 주, 성령 등으로 구체적으로 사용하라. "성부, 성자, 성령"이라는 명확한 표현을 사용하라.

---

46 Herbert W. Bateman IV, ed., *Authentic Worship: Hearing Scripture's Voice, Applying Its Truths*(Grand Rapids: Kregel, 2002), 209. 허락을 받아서 사용함.

⑤ **사역 시간을 갖도록 하라.** 예배의 요소가 될 수 있는 것 중 하나로 "사역 시간"(ministry time)이라고 알려진 것이 있다. 기도, 도유(anointing with oil), 안수를 할 수 있는 기도 순서를 마련한다. 하나님의 능력으로 치료하는 분은 그리스도이기 때문에, 이것은 그리스도의 임재를 강조하기에 타당한 순서이다.

⑥ **그리스도와 관련된 찬송을 부르라.** 회중 노래를 선택할 때 용어에 주의하라. 직접적으로 그리스도라는 호칭을 많이 쓰고 있는가, 아니면 대명사를 너무 많이 쓰지는 않는가? 그리스도의 삶, 죽음, 부활에 대해 가르치는 것이 얼마나 많은가?

⑦ **상징들을 사용하라.** 상징은 깊은 의미를 나타내는 물건이나 이미지이다. 십자가 외에 그리스도의 임재를 나타내는 오랜 전통의 상징들을 사용하라. 예를 들면, 그리스도께서 참으로 임재해 계신다는 상징으로 매주일 촛불 점화를 생각해 보라.

⑧ **적절한 기준을 가지고 예배를 평가하라.** 최근의 예배에 대해 논의할 때, 당신이 **좋아하거나 좋아하지 않는** 것을 비평하는가? 어떤 것이 **효과가 있었는지 그렇지 않았는지**로 평가하는가? 그보다는 하나님께 기쁨이 된 것에 대해 생각하고 논의해 보라. 이렇게 물어볼 수도 있다. 하나님의 아들이 인정받고, 찬양받고, 높임을 받고, 기념되었나? 이것이 하나님께 기쁨이 되는 예배에 대한 객관적인 척도가 된다.

⑨ **교회력을 지키라.** 교회력을 기념하는 것은 예배의 중심에 그리스도를 맞는 가장 두드러진 방법 중 하나이다. 회중이 교회력을 따라갈 때, 그들은 예수 그리스도의 삶, 죽음, 부활, 승천, 재림이 예배의 초점이 되기를 원한다고 말하고 있는 것이다.

⑩ **하나님을 만난 경험을 나누라.** 예배를 마치고 함께 대화를 나눌

때, 예수 그리스도 안에서 어떤 식으로 하나님을 만났는지 서로 물어보라. 기도, 찬송 가사, 마음의 확신, 성찬식 등을 통해서 하나님이 당신에게 드러낸 방법을 나눔으로써, 형식에 구애됨이 없이 그리스도에 대한 인식을 높이도록 해 보라.

참여하기

당신의 교회가 어느 정도로 그리스도 중심 예배를 실행하고 있든, 이 장을 통해서 예수 그리스도가 예배의 모퉁잇돌임을 인지함으로써 그에 따라 어떻게 행해야 할지에 대해 알게 되었을 것이다.
더욱 그리스도 중심적인 예배를 향해 실제적이고 적절한 걸음을 한 발짝 내딛을 수 있도록 다음의 내용을 시도해 보라.

1. 당신의 교회에서 예배 기획을 책임지는 사람들을 만나보라.
2. 이 장 마지막에 제시한 열 가지 실천 제안을 검토해 보라.
3. 이번 주에 어떤 제안을 실행할지 결정하라.
4. 기도하면서 최선의 노력을 다해 보라.
5. 나중에 다시 만나서, 어떻게 되었는지 토론하라.

단계 2

예배의 구조 세우기

건축가의 관점으로 본 기초들

건물의 구조(structure)는 이것을 고정시키는 기초 위에 세워진다. 기둥, 빔, 들보, 서까래, 트러스(trusses), 간주(間柱), 이 모든 것은 건물이 외부의 힘을 받아도 안전하게 서 있도록 고정시키는 일에 있어서 각각의 역할을 담당한다. 구조는 건물이 넘어지거나 흔들리지 않도록 지키는 것이다. 이것은 외부의 자연의 힘으로부터 입주자들을 보호하는 것이고, 그 외의 모든 건물 지원 시스템, 예를 들면, 전기, 난방, 냉방, 배관, 보안 등의 뼈대이다.

내력벽은 구조의 일부로서 세워진다. 외부와 내부 내력벽은 대들보와 지붕의 무게를 지탱할 수 있도록 줄기초(strip foundation)를 따라서 놓인다. 내력벽은 건물의 하중을 지탱하도록 단단히 고정되어 있다.

건물 목적에 대한 전반적인 그림은 내력벽이 설치되면 분명히 알 수 있다. 큰 공간은 그렇게 해서 만들어져서 다른 벽으로 나누어지기도 하고 그렇지 않기도 한다. 의도했던 기능대로 건물이 사용되면, 활동이 어떻게 진행되는지 볼 수 있다.

구조는 건물 전체를 안정되게 해서 저항력을 견딜 수 있게 하고, 건물의 목적에 맞게 사용될 내부 공간을 개괄적으로 정한다.

THE WORSHIP ARCHITECT

3 ◆ 하나님과의 만남을 위한 네 개의 방

일반적인 예배 순서

탐구하기

3장을 읽기 전에, 동료들과 함께 다음의 질문을 토론하라.

1. 당신 교회의 예배(순서)의 골격을 이루는 부분들이 있는가? 그렇다면, 그것을 기술해 보라.
2. 예배 순서에 대해 결정할 수 있는 선택안들이 있는가?
3. 성경이 상세한 예배 순서에 대해 명쾌하게 가르치고 있는가?
4. 예배 순서에 어떤 것들이 들어가는지가 정말로 중요한가?
5. 예배 순서를 바꾼다면, 어떤 근거로 그렇게 하는가?

이 질문들을 계속 생각하면서, 이제 3장을 읽으며 생각의 폭을 더 넓혀 보자.

1. 서론

기독교 예배의 기초가 적절하게 세워지고 나면, 예배를 위한 구조적인 버팀대(support)를 만들어야 한다. 이 장에서, 예배 건축가는 네 개의 큰 "방"을 만들기 위해 내력벽을 추가하기 시작한다. 그 방은 공동체가 하나님을 예배하는 일을 용이하게 하도록 도울 것이다. 이 네 개의 방은 예배의 네 가지 주요 부분이다. 이러한 큰 방 속에서, 교회가 하나님을 점점 더 깊이 만나가면서 특정 행위들이 일어날 것이다. 교제와 관계 구축 시간을 갖기 위해 주인이 손님을 집으로 맞이하는 것과 다르지 않다. 우리가 예배할 때, 그것은 하나님의 초청에 응답하고 있는 것임을 기억하라.

그리스도 안에 계신 하나님은 예배의 시간을 준비하는 주인의 역할을 하신다. 이 예배 시간은 마치 다른 사람의 집에서 보내는 시간처럼 보통 참여의 단계들을 거쳐서, 표면적인 상호교제에서 보다 깊이 있는 상호교제로 혹은 일반적인 상호교제에서 구체적인 상호교제로 진행된다. 우리는 예배에 기본 형식 혹은 형태를 입힐 것이다.

어떤 사람이 예배를 가리켜 말하기를, 이것은 결코 형식이냐 무형식이냐의 선택이 아니라, 효과적인 형식이냐 효과 없는 형식이냐의 선택이라고 했다. 모든 예배 전통은 깨닫고 있든 그렇지 못하든 어떤 유형의 형식을 사용한다. 아이러니하게도 예배를 기획하지 않고 "성령께서 인도하시게 하라"는 식의 예배를 가치 있게 여기는 교회도 매주일 예배의 구조가 놀랍게도 비슷하다. 요지는 형식을 **사용하느냐**가 아니라, **어떤 유형**의 형식을 사용하며 그 이유는 무엇인가이다.

다음의 내용을 생각해 본 적이 있는가?

- 목회자나 예배 인도자는 언제 예배 순서를 결정하는가? 어디에

서 시작하는가?
- 성경은 상세한 예배 순서의 사용에 대해서 명확하게 가르치는가?
- 우리가 진심으로 예배하기만 하면 하나님이 정말로 관심을 가지시는가?
- 잘못된 예배 순서가 있는가?

2. 용어 설명

일반적인 예배 순서에 대해 논의하기 전에, 예배 순서(ordo)와 관련되어 자주 사용되는 단어들을 살펴보는 것이 도움이 될 것이다.

예배에 관해 토론할 때 자주 등장하는 말 중에 첫 번째 쌍은 "형식"(formal)과 "무형식"(informal)이다. 이 두 단어는 주로 형식 대(versus) 무형식이라는 서로 반대되는 개념으로 들릴 것이다. "대"(versus)라는 말을 사용하면 용어를 부정적으로 받아들인다. 즉, 다양한 그룹들이 그들의 예배 순서를 어떻게 정하는 것을 더 좋아하는지를 놓고 갈등이 있다는 것을 내비치는 것이다.

무형식적인 경향이 있는 사람들이 "형식"이라는 말을 사용해서 다른 사람들의 예배를 묘사할 때, 그들은 보통 구조적이고 "예전적이고," 인격적인 의미보다는 외부 형식을 더욱 중시하는 것으로 묘사한다. 그들은 형식 예배에 대해서 습관적이라거나, 의미가 없다거나, 감정이 없다고 판단하는 경향이 있다. 한편, 형식 예배를 선호하는 사람들은 소위 무형식 예배에 대해서 깊이가 없고, 되는 대로 하고, 불경스럽고, 혼란스럽다고까지 비난한다. 이 두 용어만 보더라도 일반적으로 긴장 상태에 있는 억측들이 수십 년 동안 있어 왔다는 것을 알 수 있다. 이 장에서는 예배 행위들의 순서를 정하는 원리를 다루는데, 이것은 당신의 교회를 형식이든 무형식이든 어떤 교회로 인식하든 어느 경우에나 적용할 수 있다. 왜냐하면 이 원리들은 어떤 유형의 예배든 그에 뒷받침되는 예배의 본질에 대한 근본적인 이해에 기초하고 있기 때문이다.

두 번째 쌍은 "예전적" 대 "비예전적"이라는 용어이다. 형식/무형식과 밀접한 관련이 있기 때문에 이 용어들도 명확히 해야 한다. 예전적 예배는 일반적으로 교회가 속한 교단이 규정한 고정된 **예전**(liturgy)을 사용하는 교회와 관련해서 사용되는 용어이다. 물론 어떤 예전적 교회는 자신들의 예배를 스스로 결정하기도 한다. 예전적 교회는 보통 수세기 전에 개발된 **기도서**(prayer book)를 사용한다. 비예전적 예배는 **자유교회 예배**(Free Church worship)로 불린다. 이러한 교단은 예배 순서를 규정할 권한이 없고 위계 조직의 요구에 따른 개입이 없이 교회가 자유롭게 순서를 정한다.[1] 그 외의 많은(예를 들면 "주류"[mainline][2]) 교회들은, 둘을 혼합해서, (보통 교단에서 출판) 예배 자료에 있는 기도문이나 찬송가를 사용한다. 이 교회들은 그것을 꼭 따라야 하는 것은 아니어서, 예배 순서의 유연성을 발휘한다.

흥미로운 것은 모든 예배 공동체는 일종의 예전을 사용한다는 것이다. "예전"(liturgy)은 "백성의 일"이라는 뜻의 헬라어 **레이투르기아**(*leitourgia*)에서 왔다. 이것은 예배자가 예배의 일을 하기 위해 수행하는 행위를 가리킨다. 모든 예배자는 예배 행위에 어느 정도 참여하기 때문

---

[1] "자유교회" 예배는 19세기 미국의 프론티어 전통에 뿌리를 둔다. 처음부터 미국에서 형성된 교단들은 자유교회 교단들의 가장 큰 부분을 형성한다. 그러나 많은 주류 교단들은 프론티어 전통의 관습으로부터도 큰 영향을 받았다. 이것에 관해서는 James White, *Protestant Worship*(Louisville: Westminster John Knox, 1989)을 보라.

[2] "주류"는 일반적으로 미국으로 건너오기 전의 유럽에 역사적인 뿌리를 갖고 있는 교단들을 가리킨다.

에, 모든 예배자는 예전에 참여한다. 예전은 "좋은" 단어나 "나쁜" 단어가 아니라, 단순히 단어일 뿐이다. 우리가 하나님께 행하는 어떤 예배 행위든 우리의 예전을 구성한다는 것을 상기시키는 성경적 단어이다. 예배를 워십 서비스(worship service)라고 할 때, "서비스"라는 말은 정해진 시간과 장소에서 예배 공동체에 의해 일어나는 예배 전체를 가리킨다. "우리 예배(service) 시간은 오전 10시입니다" 혹은 "주일 예배(service)를 계획합시다"라고 말할 때 이 뜻으로 하는 말이다. 이것은 **레이투르기아**와 직접적인 관련이 있다. 왜냐하면 이 헬라어는 "서비스"로 번역할 수 있기 때문이다. 그러므로 예배 사건을 "서비스"로 나타내는 것은, 공동체가 예배 행위로 하나님을 섬기기 위해 모이는 것을 말하는 것이다.

고대 제사장들이 성전에서 그들의 직무를 수행할 때 했던 똑같은 유형의 서비스이다. 예를 들면, 사가랴가 "그 반열의 차례대로 하나님 앞에서 제사장의 직무를 행할[**레이투르기아**]"(눅 1:8) 때, 주의 천사가 그에게 나타나서 그가 세례 요한의 아버지가 될 것이라고 알려주었다. 이 이야기는 "그 직무[**레이투르기아**]의 날이 다 되매 집으로 돌아가니라"(눅 1:23)는 말씀으로 마친다. 신약은 하나님 앞에서 예배의 직무를 수행하는 것과 관련해서 서비스를 이해한다.

논의해야 할 또 다른 단어는 "순서"(order)이다. 순서를 마련하기 위해서는, 모든 부분이 **알맞은 곳에 있는** 상태를 만들어야 한다. 순서는 행사의 구체적인 흐름에 대한 계획이다. 순서는 행사의 방향을 제시하고 행사의 행동들을 용이하게 하도록 도와서 그 목적을 이루도록 한다. 이것이 사도 바울이 고린도 교회에 편지할 때 가졌던 관심사이다.

> 너희가 모일 때에 각각 찬송시도 있으며 가르치는 말씀도 있으며 계시도 있으며 방언도 있으며 통역함도 있나니…모든

것을 품위 있게 하고 질서 있게 하라(고전 14:26, 40).

예배에서 많은 것들이 유용하지만, 다른 사람들을 깨우치는 데 있어서, 그리고 예배가 하나님 앞에서 그 목적을 이룰 수 있도록 하기 위해서는 순서가 중요했다. 때로는 이렇게 주장할 때도 있다. "나는 예배를 미리 준비하거나 주보를 나눠주지 않는다. 왜냐하면 나는 성령을 제한하기를 원하지 않기 때문이다. 나는 성령께서 예배를 관장하시도록 한다. 성령께서 결정하시는 것은 내게는 괜찮다." 나 역시 모든 참된 기독교 리더들은 예배는 성령의 감동을 받아야 한다고(그리고 받는다고) 믿는다. 문제는 이것이다.

(1) 성령께서 언제 감동케 하시는가?
(2) 우리는 성령의 감동을 어떻게 확신할 수 있는가?

3. 성령께서 언제 감동케 하시는가?

이런 문제에 대한 대답은 성경에서 찾아야 한다. 하나님의 가장 중요한 속성 중 하나는 질서이다. 하나님은 질서의 하나님이심을 발견해야 한다. 성경에는 이것에 대한 많은 예들이 있지만, 창세기의 창조 이야기가 가장 명백하게 이것을 보여준다. 우리는 하나님이 하늘과 땅을 창조하실 때 조직된 계획을 사용하셨음을 볼 수 있다. 하나님이 창조의 날들을 진행해 가실 때, 창조의 한 특성이 아름답게 그리고 목적을 가지고 진행되었다. 하나님은 일반적인 것에서부터 구체적인 것으로 진행해 가시며 창조하셨다. 하나님은 하늘과 땅의 모든 피조물을 그것들이 존재할 수 있도록 모든 것이 준비된 후에 만들어지도록 하셨다. 바다는 물고기가 만들어지기 전에 창조되었다. 땅은 식물이 만들어지기 전에 형성되었다. 하나님의 창조의 최고의 영광인 **하나님의 형상**(imago Dei)으로 만들어진 인간은 숨 쉴 수 있는 충분한 공기와 먹을 음식의 공급원이 있고 나서야 창조되었다. 창조의 순서는 중요했다.

    창조가 어떻게 감동을 받았는가? 우리는, 어느 날 갑자기 하늘과 땅을 창조하려는 생각이 떠올라서 하나님이 순간적인 충동에 의해 즉흥적으로 창조하셨다고 믿을 수 있겠는가? 그렇지 않다. 우주의 창조는 하나님의 마음에 영원부터 있었다(엡 1:4). 하나님은 이 목적에 대한 계획을 세우시고 그것을 이룰 구체적인 시간표를 갖고 계셨다. 모든 창조는 하나님이 사전에 숙고하셔서 순서를 정해 놓으신 것을 통해 이루어졌다. 홍해를 건너는 것, 성육신, 그리스도의 재림, 기타 등등을 포함해서 하나님은 질서와 계획의 하나님이심을 나타내는 예들이 많다. 우리가 예배 순서를 계획할 때 미리 숙고를 한다면, 우리는 하나님의 그 방식을 모방해서 사건에 접근하는 것이다. 순서를 마련하기 위해서는, 모든 부분이 **알맞은 곳에 있는** 상태를 만들어야 한다는 것을 기억하라. (어떤 것에 대한 것이든) 순서는 단지 사건의 흐름에 대한 계획이다. 순서는 이런 행동들에 대한 방향을 제시한다.

    성령께서는 인간 역사의 사건들에 앞서, 그 가운데, 그리고 그후에 언제나 역사하신다. 성령께서는 우리에게 나타나셔서 즉흥적으로 행동하게 만드실 수도 있지만, 성령의 역사가 일어나기 전까지, 우리는 보통 이것을 알지 못하기 때문에 우리는 하나님의 사역에 보통 미리 가담하지 못한다. 그러므로 성령께서는 주로 즉흥적으로 역사하시기에, 예배의 순서를 정하는 데 있어 성령에 따르는 것이 우선되는 방식이라는 가정은 논리의 비약이다. 나는 예배에서 예상치 못한 성령의 움직임에 대한 여지가 없어야 한다고 주장하는 것이 아니다. 그런 일이 일어날 것을 기대하고, 일어났을 때는 환영해야 한다. 그러나 성령께서 불충분한 예배 기획에 대한 특별한 해결책이 되신다는 것에 대한 성경적인 근거는 없다.

4. 우리는 성령의 감동을 어떻게 확신할 수 있는가?

성령의 임재와 감동을 어떻게 확신할 수 있는가에 대한 문제를 다루기 위해서, 믿음으로 성령의 약속을 받는다는 사도 바울의 확신을 살펴보자(갈 3:14). 우리는 믿음으로 성령의 임재와 감동을 확신한다. 예배에서 하나님이 이루신 것이 언제나 확실히 느껴지거나 드러나는 것은 아니다.

그러나 이 말이 뜻하는 것이, 성령께서 감동케 하시는 일에 있어서 어떤 부주의가 있다는 것이 아니다. 우리는 "믿음으로 행하고 보는 것으로 행하지"(고후 5:7) 말아야 한다. 하나님의 길은 우리의 길과 다르고 하나님의 생각은 우리의 생각과 다르다(사 55:8). 그러므로 우리의 최선의 예배 의도를 가지고 하나님이 무엇을 행하실지는 하나님께 달려있다. 우리는 성령께서 우리 예배를 감동케 하신다는 것을 믿는다.

예배 건축가로서 기도, 준비, 순수한 동기가 신실했다면, 당신이 계획한 예배는 성령으로부터 감동을 받을 것이다. 우리는 믿음으로 이것을 안다. 우리는 기도하며 성령께 의존하고 그리스도와 주의 교회를 인하여 예배 계획을 성부께 드리는 예물로 하나님 앞에 내려놓는다. 그후 우리는 예물이 성령께 감동을 받았고 하나님이 그것을 향기로운 예물로 받으실 것을 믿으며 하나님께 드린다. 성령의 임재가 분명해 보일 때도 혹은 그렇지 않을 때도 우리는 믿음으로 성령의 감동을 확신할 수 있다. 어떤 학생이 이것을 다음과 같이 잘 요약했다. "나는 하나님이 예배를 인도하시기를 원한다면 너무 조직적이지 말아야 한다고 생각했었다. 그러나 나는 우리가 더욱 조직적일수록 하나님이 인도하시게 하실 수 있다는 것을 깨닫게 되었다." 순서에는 자유가 있다. 그것은, 당신이 예배를 통해 다른 사람들을 인도해 갈 때 하나님이 당신을 인도하시도록 하는 자유이다. 예배 인도자가 기도하며 의도적으로 예배를 감독할 때, 예배가 펼쳐지면서 성령의 말씀을 듣고 성령을 따르는 자유가 있다.

5. 예배 순서 결정에 대한 접근 방법

거의 모든 기독교 예배 전통들은 어떤 것이던지 간에, 예배 유형을 갖고 있다는 것을 인정하면서, 실천적인 질문을 해 보자. 예배 순서 결정에 대한 접근법에는 어떤 것들이 있는가? 이 질문에 대한 몇 가지 답을 다음에 제시한다.

1) 임의 접근법(The Random Approach)

예배 디자이너가 예배에 포함될 항목의 목록을 가지고 각 항목의 목적이나 기능에 관해 생각하지 않고 단순히 순서를 정한다. 모든 항목이 포함되기만 하면 모두 잘 된 것이다. 이런 접근법은 서로 연관 없는 고리들을 엮어 놓는 것과 같다. 이것이 임의적인 이유는 어떤 예배 행위가 어디로 가는지가 중요하지 않기 때문이다. 각각이 다른 것들과 관계없이 위치해 있다. 예배 요소들이 알맞은 위치나 논리적인 위치에 있는 것은 문제가 되지 않는다. 예배 행위들에 대해서 임의적이고 동등하게 접근해서 계획하는 사람들은 한 예배 행위와 다른 예배 행위와의 관련성에 대해 깊이 생각하지 않고 그것들을 예배 순서에 "포함하는 것"에 관심을 갖는다.

2) 빈 종이 접근법(The Blank Slate Approach)

예배 디자이너는 반드시 포함되어야 할 항목의 목록보다는 빈 종이나 빈 컴퓨터 화면을 가지고 시작해서 매주 뭔가 신선하고 창의적인 것에 도달하도록 시도한다. 디자이너에게 있어서 예배에서 흥미롭고 즐거운 일을 창안하는 것이 중요한 일이 된다. 창의성이 목적이 된다. 예배의 흥미와 열정이 목표가 된다.

그러나 이 접근법은 굉장한 어려움에 직면한다. 왜냐하면 요구에 따른 창의적인 예배를 장기간 동안 만들어 내는 것은 어렵기 때문이다. 사실 그런 일은 불가능하다. 대부분의 교회에는 정기적으로 창의적인 예배를 만드는데 드는 인력, 재정, 예술 혹은 기타 등등의 자원이 풍족하지 않다. 그런 자원이 많은 교회도 창의력은 고갈**될 것이다**. 더욱이 지난 주일보다 더 참신하게 해야 한다는 중압감이 늘 있다. 예배 디자이너들은 결국 매주 더욱 흥미로운 예배를 만들려고 자신과 경쟁하게 된다.

3) 주제 접근법(The Thematic Approach)

이것의 목표는 한 특정한 단어나 주제를 염두에 두고 이 주제에 맞춰 예배 자료들을 선택하고 배열하는 것이다. 예를 들면, 목회자가 "선한 목자이신 그리스도"라는 주제로 설교를 한다면, 예배 기획자는 예배로의 부름, 찬송, 기도, 특송, 성가대 찬양, 헌금송, 그리고 그 외의 예배 행위들이 양/목자라는 주제를 강화하도록 할 것이다. 어린이를 위한 설교에서는 실제 양을 사용할 수도 있다.

주제가 있는 예배에는 기본적으로 두 가지 문제가 있다.

(1) 주제가 예배에서 더욱 중요한 다른 우선순위들을 부지중에 압도

해 버릴 수 있다는 문제가 있다.

(2) 임의 접근법과 비슷하게 주제가 있는 예배는 예배 행위들이 서로 관련성을 가질 수 있도록 고려하기 보다는 모든 생각이 예배 안으로 주제를 해석해 넣으려는 데 관심을 갖게 될 수 있다는 문제가 있다.

첫 번째 경우, 예배의 주요 주제는 언제나 그리스도 안의 하나님의 이야기이다. 예수 그리스도께서 매주일의 주제이시다. 부차적인 주제들이 그 자체로 잘못된 것은 아니지만, 예배자는 지적인 개념이나 은유로 감동을 받기 보다는 그들이 부활하신 주님과 함께 있음을 확신해야 한다.[3] 주제가 있는 예배는 종종 뜻하지 않게 그날의 주제에 대한 프로그램[4]이 되어 버린다. 그 결과는 삼위 하나님을 향한 예배가 아니라 하나님의 개념에 **대한** 예배가 된다.

두 번째 경우, 예배 행위들 간의 지적인 흐름에 상관하지 않고, 주제를 표현하는 다양한 행위들을 사용하려는 유혹이 있다. 주제의 우위가 설득력을 얻는다. 그래서 그것이, 예배 행위들이 유지하는 하나님과의 의미 있는 대화를 능가한다.

중심 주제에 맞추어 예배를 디자인하는 예배 기획자들은, 그 주제가 성경적인 것이라 하더라도, 주제를 도구로 해서 전 예배를 획일화하는 데 사로잡혀 있다. 그리스도 안에서 살아있는 하나님과의 만남이 아니라 강화를 통하여 예배 공동체가 기억해야 할 단어, 아이디어 혹은 진리가 예배의 초점이 된다.

---

3 나는 Gary A. Furr와 Milburn Price의 견해에 동의한다. 그들은 일반적으로 주제 접근법에 대해서는 못미더워 하지만 교회력의 절기, 결혼, 장례 등에 초점을 맞춘 경우들에 있어서는 실용적이라고 한다. 경우가 구체적일수록 주제 접근법이 더 유용하다고 한다. *The Dialogue of Worship: Creating Space for Revelation and Response*(Macon, GA: Smyth & Helwys, 1998), 61을 참조하라.

4 본서 15장에서 프로그램 예배를 자세히 설명할 것이다.

4) 공백 채우기 접근법(The Fill-in-the-Blank Approach)

잘 알려진 예배 디자인 방법은 "공백 채우기" 접근법이다. 이것은 분명 가장 쉽고 가장 실용적인 접근법이다. 설교 제목, 찬송, 주보의 상단에 있는 날짜를 제외하고는 매주 예배 순서는 변하지 않는다. 이것들이 정해지면, 주일에 사용할 주보나 슬라이드 준비는 마친 것이다.

공백 채우기 접근법으로 예배를 디자인하는 것에도 한계가 있다.

첫째, 이 방법은 현재 사용하고 있는 예배 순서를 좋은 것이라고 여긴다.

둘째, 예배 순서를 바꾸어서 무엇인가를 강조하려고 해도 재조정에 대한 배려가 거의 없다. 예를 들면, 어떤 예배에서 기도를 강조하는 경우 기도 순서의 시간과 위치를 통해 그것이 잘 드러나는가? 그렇다면 우리의 전형적인 기도 시간과 그 순서의 위치가 이런 강조점을 두드러지게 하는가? 헌금 시간에 성가대가 찬양하는 이유가 그 가사가 헌금송으로서의 기능을 하기 때문인가, 아니면 헌금 시간에 늘 불러왔기 때문인가?

공백 채우기 접근법은 시간과 노력이 거의 들지 않기 때문에 널리 사용된다. 매주 예배 순서에 대해 거의 생각하지 않고 단순히 찬송, 설교, 그리고 기타의 새로운 제목만 수정하는 예배 기획자는 예배에서 현 상태를 유지할 위험을 무릅쓰고 있다. 그들은 예배의 행위에 공동체가 참여할 수 있는 많은 방법들에 대해 기도하며 생각하지 않는 경향이 있다. 그래서 회중은 새로운 예배 방법에 참여할 많은 기회를 갖지 못한다. 이 접근법을 통한 예배는 가장 예측 가능하다.

5) 규정된 접근법(The Prescribed Approach)

이 장의 앞부분에서 언급한 것처럼, 어떤 예배 전통에서는 기도서, **미사 전서**(missal) 혹은 비슷한 예배 전문(texts) 모음에 따라서 규정된 예배 순서를 사용한다. 이런 예배서들은 특정한 전문, 기도, 찬송, 그리고 각 예배를 위한 그 외의 내용들을 구체적으로 명시하고 있을 것이다. 예배 인도자가 선택할 수 있는 것들도 있지만, 다른 전통들에 비해 예배 순서가 훨씬 더 규정되어 있다.

예배 기획자들은 교단의 지도자들이 연구해서 그들의 회중에 적합하다고 인가된 순서에 동의했다는 것을 알고 있다. 예배 디자인에 관련된 사람들에게는 부담이 적으며, 그들은 예배를 의미 있게 행하는 효과적인 방법에 힘을 쏟는다.

자유 예배 기획자와 규정된 예배 기획자들 모두가 주의해야 할 것이 있다. 미리 정해진 예배 순서를 사용하는 사람들은, "고정된 예전이…창의성과 혁신을 억제하게 해서는 안 되며 신선한 사고를 막는 핑계가 되어서도 안 된다."[5] 반대로, "신중한 기획, 기도, 그리고 사고로 공적 모임을 준비하지 않으면 자유교회 전통의 장점인 자유와 창의성은 낭비된다."[6]

이제 다음 질문으로 넘어간다. 일반적으로 예배 순서를 정하는 것을 어떻게 착수**해야 하는가**? 위에서 다룬 접근법들이 이상적이지 못하다면, 어떤 다른 접근법을 생각해 볼 수 있을까? 적절한 방법이 있는가? 그것이 실용적이기도 한가? 다음 접근법이 이 질문에 대한 대답이 되기를 바란다.

---

5   D. A. Carson, ed., *Worship by the Book*(Grand Rapids: Zondervan, 2002), 80.

6   Ibid., 61.

6) 대화적 접근법(The Dialogical Approach)

예배 순서를 정하려고 할 때, 우선 중요한 것은, 예배가 무엇이어야 하며, 무엇을 하는 것이어야 하는가에서부터 시작하는 것이다. 그것이 결정되고 나면, 예배 순서를 정하는 가장 좋은 방법은 (예배라는)사건의 목적을 따르는 일이다. 기능에 따라 형식이 결정된다. 위에서 설명한 접근법들의 문제는 방법론이 사건의 본질을 나타내지 않는다는 것이다.

공동체적 예배의 가장 기본적인 형식은 하나님과 하나님의 백성 간의 실제적 만남이다. 다른 만남처럼, 이 만남도 대화를 통해서 일어난다. 하나님은 모인 공동체를 향해 말씀하시고 그들의 말을 듣기도 하신다. 우리는 하나님께 말씀드리고 하나님의 말씀을 듣는다. 그렇기 때문에, 예배 기획자들은 대화를 염두에 두고 예배에 접근해야 한다.

누가 대화를 시작하는가? 즉, 누가 먼저 말을 하는가? 그 다음에는 누가 무슨 말을 하는가? 우리가 하나님의 임재 안에서 함께 시간을 보낼 때 이 대화가 어떻게 진행되어 가나? 우리는 언제 말하고 언제 듣나? 대화의 가장 정점은 언제인가? 대화가 어떻게 끝을 맺나? 기획자가 대화에 따라서 예배 순서를 정하는 것을 생각하면, 다른 접근법으로 할 때보다 하나님의 실재를 진정으로 경험할 수 있는 가능성이 훨씬 크다. 어떤 접근법에서는 하나님이 이 대화**의 주제**(*topic of* this conversation)가 되신다.

대화적 예배 기획에서 하나님은 이 대화**의 동반자**(*partner in* this converstaion)가 되신다. 대화 모델은 성경에서 직접 기인한다. 러셀 미트맨(Russell Mitman)의 말처럼, "예배 사건의 형식 그 자체는 성경 말씀으로부터 생긴다."[7] 요점은 이것이다.

---

7 F. Russell Mitman, *Worship in the Shape of Scripture*(Cleveland: Pilgrim, 2001), 39. 예

> 예배의 형식을 만드는 것은 외부로부터 도입되는 것이 아니
> 고 예배 **자체의 본질에 내재되어 있다**.[8]

만약 하나님이 성경에 등장한 사람들과 대화하시는 데 패턴이 있다면, 하나님과의 예배 대화를 기획하는 데 있어서 이 패턴을 무시해야 할 이유가 없다. 성경에서 하나님과의 만남의 형태를 살펴보면, 예배의 형태에 관해서 많은 것을 발견한다.

불이 붙은 떨기나무에서 모세와의 대화(출 3:1-12; 4:18-20), 환상 중의 이사야와의 대화(사 6:1-3), 수태고지 할 때의 마리아와의 대화(눅 1:26-38), 엠마오로 가는 길에서 제자들과의 대화(눅 24:1-35) 등에서, 다음과 같은 비슷한 대화 패턴을 발견할 수 있다.[9]

- 하나님이 다가오신다(대화를 시작).
- 하나님과 인간의 단절이 경험된다(놀람, 자격 없음, 회개, 부인 등).
- 하나님이 말씀하신다.
- 사람이 응답한다.
- 하나님이 파송하신다.

이 패턴은 성경에서 반복적으로 나타난다. 이것의 본질은 계시와 응답의 패턴이다. 하나님은 자신이나 자신의 메시지를 계시하신다. 받은 사람이 응답한다. 계시/응답은 기독교 예배의 핵심이다.

배의 대화적 특성은 오래된 명제이고 많은 사람이 이 모델을 연구 대상으로 삼았지만, Mitman의 설명이 가장 빈틈없고 설득력이 있다.

8 Mitman, *Worship in the Shape of Scripture*, 40.

9 더 많은 예를 찾을 수 있다. 이것들은 대표적인 것이다.

> 예배란 하나님이 그리스도 안에서 자신과 또한 자신의 사랑을 드러내시고, 성령을 통하여 은혜를 베푸시고, 우리는 그에 대하여 믿음, 감사, 순종으로 응답하는 관계의 표현이다.[10]

하나님은 그리스도 안에서 자신과 자신의 사랑을 나타내신다. 우리는 이 하나님 사랑의 계시에 알맞게 응답한다.

그림 3.1 하나님/인간 다이어그램

하나님 ▶ 인간 ▶ 하나님 ▶ 인간 ▶ 하나님

6. 예배의 네 개의 방

이 대화 패턴에는 네 개의 주요 움직임이 있다.[11] 그러므로 내가 제안할 예배의 일반적인 순서에는 네 개의 큰 방이 있다. 보통 이 순서를 예배 순서의 네 단계라고 한다. 이 부분의 예배 디자인에서 우리는 예배의 **일반적인 순서**에 대해서만 다룰 것임에 주의하라. 상세하고 구체적인 예배 순서를 어떻게 만드는가에 대해서는 앞으로 몇 장에 걸쳐서 다루는 4중 구조 예배 순서의 각 부분에서 살펴볼 것이다. 지금은 전반적인 그림을 생각하라.

---

10 Robert N. Schaper, *In His Presence: Appreciating Your Worship Tradition* (Nashville: Thomas Nelson, 1984), 15-16.

11 Mitman은 다섯 가지 구성 요소를 나열했지만, 나는 하나님이 다가오시는 첫 번째 움직임에서 불연속의 첫 반응을 포함시킨다.

4중 구조 예배 순서(fourfold order of worship)는 두 개의 주요 자료로부터 왔다. 먼저는, 성경에서 이것의 뿌리를 볼 수 있다. 이것은 위에서 언급한 것처럼 성경의 하나님/인간 대화 패턴에서 발견된다. 또한 1세대 그리스도인들이 예배하기 위해 어떻게 모였는지에 대한 내용도 흥미롭다. 사도행전에서는 그들이 사도들의 "가르침", "교제", "빵을 뗌", "기도"에 전념했다(행 2:42)고 한다.[12] 기독교 공동체가 집에 모일 때, 큰 형태의 일 두 가지가 있었다.

첫째, 그들은 교제하며 사도들의 가르침에 집중했다. 그후 보다 친밀한 단계로 들어가 함께 먹었다.

둘째, 식사를 함께 하고 주의 성찬을 기념했다. 그들이 함께하는 이 시간에 기도는 특히 중요한 요소였다.

초대 기독교 예배의 주요 활동들은 (1) 가르침을 받기 (2) 식탁에서 부활한 주를 기념하기였다. 이 두 초점이 말씀(Word)과 성찬(Table)이라는 용어에 담겨있다. 성찬은 큰 4중 구조 예배 순서에서 중심적인 두 단계를 구성한다.

4중 구조 예배 순서에 관한 또 다른 자료는 교회의 초기 역사적 문서들이다. 이 문서들은 말씀/성찬의 두 단계 순서는 최소한 현존하는 가장 오랜 저서가 작성된 때부터 예배에서 지속적으로 두드러진 것이었다는 것을 보여준다.[13] 말씀과 성찬을 중심으로 하는 예배 시간이 확장되어 곧 모이고 흩어지는 시간이 포함되었다. 모임과 흩어짐의 의식이 비교적 빠르게 발전되어서 마치 북엔드(bookend)처럼 말씀/성찬 사건의 테를 두르

---

12 어떤 사람들은 이것을 네 개의 구별된 행위(가르침, 교제, 빵을 뗌, 기도)로 본다. 어떤 사람들은 사도들의 가르침과 교제, 그리고 빵을 떼는 것과 기도와의 관련성이 있음을 보인다(NRSV 성경의 구두점에 유의하라).

13 *Didache*, *Apostolic Tradition*, Justin Martyr's *First Apology* 등을 보라.

는 역할을 했다. 이런 초기 저서들은, 기독교 예배가 기독교 공동체와 하나님과의 만남을 가능하게 하고 강하게 하는 깊이 있고 실용적인 행위들의 연속체로 발전되는데 오래 걸리지 않았음을 보여준다.

이로부터 연속되는 네 개의 일반적인 순서, 즉 모임(입장이라고 불리기도 함), 말씀, 성찬, 파송(해산이라고 불리기도 함)이 생겨났다. 나는 예배의 네 부문을 마치 교향곡에서처럼 악장으로 보고 싶다. 교향곡의 각 악장에는 박자, 조성(tonality), 주제의 전개 등에 관련된 독특한 특성들이 있다. 그러나 한 악장과 다른 악장의 음악적인 관계가 바로 교향곡의 악장들을 통합된 완전체가 되도록 묶어주는 것이다. 이와 비슷하게, 4중 구조 예배 순서를 서로 관련 없는 네 개의 부문으로 생각해서는 안 된다. 각 부문은 예배 전체에 기여하는 특정한 기능을 갖고 있다. 4중 구조 예배 순서의 부문들을 악장으로 보면, 그것들은 하나의 큰 작품에서 상호의존적인 과정으로 보인다. 각 악장은 각각의 목적과 특징이 있지만, 서로 분리되어 있지 않고 각 악장은 전체 예배에 필수적이다.

예배의 네 부문을 악장으로 볼 때 도움이 되는 것은, 그것들이 진행되어 가는 것을 볼 수 있다는 것이다. 시작에서 마침까지 실제의 동작이 있다. 실제로 예배는 움직인다! 예배는 여정이다. 하나님의 임재로 나아와서(모임), 하나님의 말씀을 듣고(말씀), 그리스도를 기념하고(성찬), 하나님을 만남으로 인해 변화되어서 세상으로 보냄받는(파송) 여정이다. 각 움직임은 지적으로 다음 단계로 나아간다. 그래서 결국 이것은 경험되는 **여정**이다. 움직임은 정점을 향해 진행해서 여정의 완성에 이른다. 이것을 완수하기 위해, 각 움직임은 주변의 움직임(들)과 서로 연관되어 진행에 기여한다. 우리는 다양한 삶의 상황으로부터 모인 산만한 개인으로 출발했지만, 하나님의 은혜로 모이고 말씀을 듣고 성찬 식탁에서 먹고 파송됨을 통해서 세상에 복음을 전하려는 열망을 가진 공동체로 결국 변화하게 됨을 발견한다.

누가복음 24:13-35로 다시 가보자. 여기에는 이런 여정의 놀라운 예가 있다.[14] 부활절 저녁 예루살렘에서 엠마오로 여행하는 예수님의 두 제자의 이야기이다. 처음에 보기에는, 이 말씀은 기독교 예배와 거의 관계가 없는 것으로 보인다. 그러나 이 말씀은 예배 이해를 위한 풍부한 의미가 있다. 이 사건은 예배에서 일어나는 것과 놀랍게도 유사한 것이 있다. 이 이야기의 움직임이 공동체적 예배에서 기대하는 움직임과 다르지 않기 때문이다. 누가복음 24장은 기독교 예배가 어떠해야 하며 무엇을 해야 하는지에 대한 심오한 그림을 제공한다. 이야기의 네 움직임을 주의하라.

- 그리스도께서 그의 제자들에게 다가가신다(눅 24:13-24).
- 그리스도께서 성경 말씀을 가르치신다(눅 24:25-27).
- 식탁 교제를 통해 그리스도의 정체가 드러난다(눅 24:28-32).
- 그리스도께서 그들을 감동시켜 가서 이야기를 전하도록 하신다(눅 24:33-35).

첫 번째 움직임. 두 제자가 지난 주간에 경험한 삶으로 인해 낙심하며 여정을 시작했다. 그 주간은 주님의 개선 입장으로 흥분했다가 배신, 재판, 죽음, 매장에 이르기까지 감정적으로 기복이 심한 주간이었다. 세상의 삶은 그들로 하여금 혼란스럽고 낙심하게 했다. 그러나 예수님은 이런 낙심되는 삶의 가운데 있는 그들에게 다가오셔서, 그들의 세계로 들어가셨고, 그들의 여정에 참여하셨다. 주님은, 그들이 경험한 것에 관심을 나타내 보이시고 그들과 동행하며 대화를 나누셨다.

---

14 이 구절은 본서 2장에서 간단히 언급한 것을 여기에서 확장한 것이다.

두 번째 움직임. 이윽고 예수님은 그들의 딜레마를 다루셨다. 예수님은 그들에게 말씀을 펼치셨다. 예수님은 모세로부터 시작하여 선지자의 글에까지 메시아에 관한 모든 하나님의 말씀을 선포하셨다. 단순히 성경을 선포만 한 것이 아니라 해석을 해 주셨다. 예수님은 구약의 말씀을 사용해서 자신을 설명하셨다. 하나님 말씀에 대한 설명이 여정에서 중요한 중심 부분이 되었다.

세 번째 움직임. 이 놀라운 동행자와의 대화에 대한 반응으로, 제자들은 예수님께 하룻밤 묵고 가기를 청했다. 그들은 그들과 더 많은 시간을 보내기를 애원했다. 그들은 주님께 유하기를 간청했다. 이것은 여정의 절정, 즉 부활하신 그리스도와의 친밀한 교제의 시간이 되었다. 예수님은 빵을 떼심으로써 제자들에게 자신을 나타내셨다. 식탁 교제에서 그들의 눈이 열리고 주님을 알아보았다. 이 얼마나 놀라운 순간인가! 거룩한 식사를 하면서 부활하신 그리스도를 경험하는 것은 여정의 절정이었다.

네 번째 움직임. 제자들의 눈이 밝아지자, 그들은 기쁨으로 어쩔 줄 몰랐다. 그들은 극적인 긴박감을 경험했다. 그들은 뛰고 달려서 다른 사람들에게 예수 그리스도께서 살아나셨다고 전했다. 그들은 예루살렘으로 달려가서 형제자매들에게 부활하신 주를 만났다고 말했다.

이 네 움직임은 예배하는 교회의 놀라운 그림을 보여준다. 우리는 세상 속의 우리의 삶으로부터 움직여서, 그리스도의 말씀과 성찬을 통해 그리스도를 만나고, 새로운 기쁨으로 주의 임재를 나누기를 열망하기에 이른다. 그리스도의 성육신적인 임재가 예배의 전 여정에서 나타난다. 주님은 임재 가운데 우리에게 다가오셔서, 우리를 가르치시고, 먹이시며, 우리를 파송 하신다. 모임, 말씀, 성찬, 파송은 예수님과 함께하는 공동의 여정이다.

우리는 4중 구조 예배 순서가 성경과 초대 교회 역사에 이미 있었음을 언급했다. 이것만으로도 전반적인 예배 순서 결정을 위한 실행 가능한 선택안으로 이 계획을 신중하게 고려할 만한 이유가 된다. 그러나 이것 이상으로, 4중 구조 예배 순서는 실용적이다. 이것은 매주 반복되는 순서의 변함없는 큰 틀이 된다. 그렇게 해서 공동체가 예배 순서 안에서 익숙함과 안정을 느낄 수 있도록 돕는다. 한편, 각 부문 안에 예배 요소들을 무한으로 조합할 수 있는 여지를 제공함으로써, 다양성에 대한 예배자들의 공감과 판에 박힌 지루한 틀에 대한 그들의 반감을 다룬다. 직설적으로 말해서, 4중 구조 예배 순서는 효과가 있다. 이것은 논리적이고 유연하다. 매주 예배에 영속성과 변화, 둘 다가 있게 한다.

이 장에서 우리는 예배 **형식**에 대해서만 다루었다는 것에 주의하라. 예배 **스타일**은 언급하지 않았다. 물론, 스타일, 내용, 형식과 같은 용어들은 서로 바꾸어 쓸 수 있지만, 다른 개체들이다. 예배 스타일과 내용에 관해서는 나중에 다룰 것이다. 지금으로서는 형식은 스타일에 중립적이라는 것을 인식하는 것이 중요하다. 즉, 예배 순서를 정하는 방법은 어떤 예배 요소를 선택하고(내용) 어떻게 배열하는지(순서)에 관한 것이지, 구성 요소들을 어떻게 전달하는지(스타일)에 관계되는 것이 아니다. 4중 구조 예배 순서는 그 자체만으로는 전통적, 블랜디드, 현대적 스타일 등 어느 것이 더 낫다고 판단하지 않는다(각 용어가 어떤 의미로 인식되던지 간에). 이것은 어떤 한 예배 스타일과 결부되어 있지 않다. 4중 구조 예배 순서는 사건들의 명시된 연속체를 위한 계획으로서, 어느 스타일에서든지 방향을 제시하고 행위를 용이하게 하도록 도와서 그 목적을 완수한다.

이 장의 내용이 전반적인 예배 순서를 이해하는 데 도움이 되었기를 바란다. 결론으로, 어쩌면 4중 구조 예배 순서에 대한 가장 중요한 요점이 될 것인데, 순서는 복음이라는 것이다. 로버트 웨버는 다음의 차트에

서 순서 자체가 어떻게 복음의 메시지와 유사한지를 잘 보여주고 있다.[15]

구원 계획	유사점	예배순서
하나님이 먼저 행하신다. 하나님이 우리를 찾으시고 부르신다. 하나님은 인간과 교제하기를 원하신다. 하나님은 성령의 능력으로 일으키신다. 하나님이 우리에게 다가오신다.	↔	모임
죄로 인하여 하나님과 우리의 관계가 깨졌기 때문에, 하나님은 관계 회복을 위해 아들을 보내신다. 살아있는 말씀인 그리스도를 그의 삶, 죽음, 부활을 통하여 값없이 세상에 내어준다. 그리스도께서는 하나님의 계시된 진리이시다.	↔	말씀
그 계시는 응답을 요구한다. 우리는 회개하고 복음을 믿으라는 초청을 받았다. 우리는 믿음으로 그리스도께로 나아가 "네"라고 말함으로써 하나님의 구원 계획에 응답한다. 우리는 예수님께 우리의 죄를 내려놓고, 주의 용서를 받아들이고, 매일 우리의 십자가를 지고 참 제자로 주를 따르기로 결단한다.	↔	성찬
제자가 된다는 것은 파송을 수반한다. 하나님은 백성이 그분의 세상에서 적극적인 대표가 되기를 원하신다. 그리스도의 메시지는 우리의 메시지이다.	↔	파송

당신이 4중 구조 예배 순서를 사용할 때마다, 당신은 복음 이야기, 즉 하나님의 구원 계획을 예리하게 말하는 것과 같다. 매주일 근원적인 리듬이 작동한다. 즉, 하나님은 우리에게 다가오셔서, 진리를 계시하시고, 우리는 초청에 응답해서 복음의 요구를 받아들이고, 선교의 목적을 가지고 세상으로 파송된다.

4중 구조 예배 순서는 우리가 그리스도의 이름으로 모일 때마다 그 이야기를 끊임없이 말하고 또다시 말하는 것이다. 당신의 회중은 4중 구조

---

15 Robert E. Webber의 아이디어이고 Constance Cherry의 글이다.

예배 순서 안에서 복음을 인식하는가? 당신이 그들에게 가르치지 않는 한 아마 그렇지 않을 것이다. 그들이 안다면 들뜰 것이다. 그러나 그들이 그 관련성을 보는지가 가장 중요한 것이 아니다. 그 패턴은 예배 순서를 진리에 근거하게 할 보다 큰 목적을 위해서 있는 것이다.

더 나아가서, 우리의 예배에서 재현된 하나님의 참된 이야기는 포스트모던 세계에서 가장 중요하게 필요한 것들 중 하나이다. 우리는 많은 이야기들이 의미를 얻고자 경쟁하는 시대에 살고 있다. 웨버가 바로 질문한 것처럼, "누가 세상을 이야기해야 하는가?"[16] 거대담론(metanarrative), 즉 문화에 의해 일반적으로 인식되고 받아들여진 진리의 주요 해석이 있다는 그 생각은 거의 사라졌다. 그것은 먼 근대의 현상이었다. 대신에, "오늘날, 고대에서와 같이, 교회는 복음과 대립하고 경쟁하는 다수의 주류담론(master narrative)에 의해 맞닥뜨리고 있다. 긴급한 문제는 이것이다. 누가 세상을 이야기해야 하는가?"[17] 우리가 예배 움직임의 순서로 하나님의 이야기를 말할 때, 우리는 세상을 이야기할 기회를 잡는다. 사람들은 우리 예배의 패턴에서 하나님의 이야기를 명확하게 인식하지는 못할 것이다. 그러나 때가 되면 진리를 배울 뿐만 아니라 진리에 붙잡힐 기회가 있다. 선포는 말로만 하지 않는다. 성경적 예배가 펼쳐질 때 하나님의 이야기가 선포된다.

나는 4중 구조 예배 순서를 사용하면 예배에 새 생명과 의미를 불어넣을 가능성이 있다고 믿는다. 이것은 예배 사건들의 순서를 전반적으로 정하는 데 있어 성경적, 역사적, 실천적, 복음적 기초를 제공한다. 예배 건축가로서, 하나님의 백성이 삼위 하나님을 만나도록 준비시킬 때마다

---

16 Robert E. Webber, "Together in the Jesus Story," *Christianity Today*, September 2006, 57.
17 Ibid.

우리는 하나님의 사역의 순서(sequence)를 소통하겠다는 뜻을 가지고 우리의 매주의 임무에 접근할 수 있다.

7. 결론

우리는 예배의 네 가지 큰 부문을 구조의 내력벽에 비교했다. 그것들은 건물 안에서 일어나는 일을 견고히 지탱하고 보호하도록 고정되어 있으며 대체로 변경되지 않은 채로 있다. 때때로 겉치레적인 변화는 일어나고 건물 변경 목적에 의해 개조가 이루어질 수는 있지만, 내력벽은 크게 변경되어서는 안 된다. 그것들이 근본적으로 이동하거나 변경되면, 그 구조는 약해지고 더 이상 공간을 둘러싸고 지지하는 원래의 목적을 완전하게 감당할 수 없다. 전반적인 순서의 네 차원이 있는 데에는 이유가 있다. 그것들은 당신의 상황에 맞게 예배를 디자인 할 때, 당신에게 크게 도움이 될 것이다. 그것들은 당신의 회중이 성령을 통하여 관계하며 하나님을 만날 특별한 방들을 만들 것이다. 4장에서 8장까지 우리는 예배의 이 네 가지 주요 움직임들(방), 즉 모임, 말씀, 성찬(그리고 말씀에 대한 다른 응답들), 파송을 자세히 탐구할 것이다. 예배의 이 부문들을 강화할 실용적인 연습이 포함되어 있다.

건물처럼 예배 순서는 관계를 위해 존재한다는 것을 기억하라. 건물은 빈 상태로 두려고 세우지 않는다. 건물은 사람들이 어떤 유형의 관계, 즉 사업, 가족, 만남 기타 등등을 갖는 장소를 제공하기 위해 존재한다. 예배를 위해 방을 만드는 데에는 한 가지 목적만 있다. 그것은 바로 하나님과 하나님의 백성이 의미 있는 관계 안에 있을 수 있는 적절한 공간을 만드는 것이다.

8. 주요 용어

자유교회 예배(Free Church worship). 역사적으로 19세기 미국의 프론티어 전통(Frontier Tradition)에 영향을 받은 예배. 예배에 대한 독립적인 의사결정, 교단 통제로부터의 자유, 전도와 즉흥성에 대한 강조를 제안한다.

예전(liturgy). "liturgy"는 헬라어 **레이투르기아**(*leitourgia*)에 뿌리를 둔 영어로서 정해진 예배에서 사람들이 하는 예배 행위 전부를 나타낸다. 고대 헬라 배경에서 이 용어는 지방 자치 기관의 서비스, 즉 공공 사업과 관계가 있었다.

미사 전서(missal). 라틴어 **미사**(*missa*)에 근간을 둔 책으로서 1년 간 회중이 공적 예배에서 따르게 될 로마 교회의 미사 전문(text)이 들어있다.

오르도(*ordo*). 순서를 뜻하는 라틴어이다. 예배학에서 예배의 순서를 가리키는 말로 통상적으로 사용된다.

기도서(Prayer book). 회중이 공동으로 사용하는 기도와 그 외의 예배 행위들의 모음을 출간한 것으로, 회중의 예배를 안내하고 함께 기도하고 말하는 말을 제공한다. 가장 익숙한 기도서는 성공회 성찬식에서 사용되는 **공동기도서**(The Book of Common Prayer)이다.

의식(rites). 특정한 예전 의식이나 예배 요소들의 진행을 가리킨다(예, 입례 의식, 세례 의식 등). 지역이나 예전 전통에 특별한 의식 관행의 "계열"(family)을 가리키기도 한다(예, 비잔틴 의식, 로마 의식 등).

예배(service). 정해진 시간과 장소에서 예배 공동체에 의해 일어나는 전체 예배 사건을 가리킨다.

9. 참고 문헌

Gilbert, Marlea, Christopher Grundy, Eric T. Myers, and Stephanie Perdew. *The Work of the People: What We Do in Worship and Why*. Herndon, VA: Alban Institute, 2007.

Webber, Robert E. *Planning Blended Worship: The Creative Mixture of Old and New*. Nashville: Abingdon, 1998.

∞ 참여하기

다음의 각 성경 구절은 하나님, 예수님 혹은 하나님의 사자와 사람 (혹은 사람들의 그룹) 간의 대화를 기술하고 있다.

출애굽기 3:1-12
이사야 6:1-8
누가복음 1:26-38
사도행전 10:9-23

하나 이상의 구절을 선택해서 다음에 따라 탐구해 보라.

1. 말씀을 읽으라.
2. 각 등장인물이 말하는 순서를 적으라.
3. 각 등장인물이 말하는 것을 한 문장으로 요약하라.
4. 대화의 일반적인 패턴의 아웃라인을 작성하라.
5. 네 단계 발전을 찾아보라.

4 ◆ 첫 번째 내력벽

모임 예전

탐구하기

4장을 읽기 전에, 다른 사람들과 함께 다음의 물음에 대해서 나누어 보자.

1. 당신이 환영받고 있다고 느끼지 못하는 행사(교회나 다른 곳)에 참석했을 때를 생각해보자. 그렇게 느끼도록 만드는 요인이 무엇이었나?
2. 환영받고 있다고 느끼는 행사(교회나 다른 곳)에 참석했을 때를 생각해 보자. 이런 차이를 만든 것은 무엇인가?
3. 잘 모르는 사람들 속에서 편안함을 느끼기까지 보통 얼마나 걸리는가?

이 질문들을 계속 생각하면서, 이제 4장을 읽으며 생각의 폭을 더 넓혀 보자.

예배의 네 개의 방은 예배 디자이너가 관계를 목적으로 만든 것이다. 모임 예전은 예배 디자인의 주요 내력벽들 중 하나로 생각할 수 있다. 내력벽은 공간을 규정하고 둘러싸도록 돕는다는 것을 기억하라. 그렇게 함

으로써 그 환경 안에서 발생하는 활동들을 위한 매개 변수를 설정한다. 모임 예전은 예배자들이 공동체 안에서 예배의 여정을 시작할 때, 그들이 특정한 시간과 장소에서 영적으로 하나되어 모일 수 있는 공간적인 기회를 만든다. 예배는 하나님과 하나님의 백성 간의 대화이다. 하나님이 이 대화를 시작하신다는 것을 아는 것은 중요하다.

1. 하나님이 우리를 모으신다

우리가 예배하러 함께 모일 때, 하나님의 부름에 응답으로 그렇게 한다. 우리는 모임 예전에서, 하나님이 그분의 아들 예수 그리스도를 통해서 우리를 만나시고자 우리를 초청하셨다는 것을 인정한다. 하나님은 우리를 예배로 초청하는 데 있어서 주도권을 갖고 계신다. 우리는 큰 기쁨으로 응답한다. 우리는 그 초청에 대해서 진심으로 "네"라고 말하고, 우리와 교제하기를 원하시는 하나님의 위대하심을 높일 준비를 한다.

당신은 이미 이것이 어떻게 관계를 실행하는지 볼 수 있다. 대화는 시작되었다. 하나님이 우리를 예배로 부르시고 이 초청에 우리는 기쁨으로 응답한다.

"예배로의 부름"이라는 말을 듣거나 사용해 보았을 것이다. 때로 우리는 이 예배로의 부름을 사람들이 하나님을 예배하자고 서로를 부르는 것으로 생각하는데, 사실은 **하나님**이 **우리**를 예배로 부르신다. 이것만으로도 우리는 예배에 대한 우리의 시각에 변화를 갖게 될 것이다. 모임을 마련하신 분은 하나님이시다. 하나님은 "자, 시간이 되었다. 나는 여기에 있다"라고 말하시면서 세상으로부터 우리를 부르신다.

하나님은 우리의 가정과 우리의 바쁜 일정들 속에서 우리를 불러 모으

서서 자신과 우리의 만남을 경험하게 하신다. **하나님**이 **우리**를 찾고 계시다는 것이 모임 예전의 핵심이다. 예수님은 예배자를 찾으시는 분이 하나님이시라는 것을 분명히 하신다(요 4:23). 이스라엘 백성은, 하나님은 언약 백성과 자신과의 만남을 소집하신다는 것을 잘 이해했다(출 24장). 하나님은 종종 약속된 예배 시간에 먼저 오신 분으로 묘사되신다.

> 하나님께서 즐거운 함성중에 올라가심이여 여호와께서 나팔 소리 중에 올라 가시도다(시 47:5).

백성에게서 기대되는 응답은 무엇이겠는가?

> 찬송하라 하나님을 찬송하라(시 47:6).

왜 이렇게 응답하는가?

> 하나님은 온 땅의 왕이심이라 지혜의 시로 찬송할지어다
> (시 47:7).

누가 예배를 시작하느냐에 따라 큰 차이가 있다. 왜냐하면 하나님의 부름은 교회를 사람들의 만남에서 살아있는 하나님과의 만남으로 바꾸기 때문이다. 예배는 하나님**에 대한** 만남이 아니다. 하나님**과의** 만남이다. 온 회중이 그들이 하나님의 개인적인 초청에 응답해서 예배하러 오는 것임을 참으로 느끼게 되면 예배는 엄청나게 바뀌게 될 것이다. 예배의 정신(spirit)이 극적으로 바뀔 것이다. 그 기대감, 그 흥분, 그 경외감, 급속히 나타날 그 놀라운 기쁨을 상상할 수 있는가? 예배의 정신은 실제

로 일어나고 있는 일, 즉 창조주와 피조물 간의 만남을 반영하기 시작할 것이다. 그리고 놀랍게도 하나님이 원하시고 시작하신 바로 그 만남을 반영하기 시작할 것이다.

나는 예배자로서 우리가 사용하는 말이 현저하게 다르게 될 것이라고 생각한다. 우리의 모임을 특징짓는 말들이 갑자기 약하거나 부적절하게 들리는 것을 곧 발견할 것이다. "안녕하세요?" 라는 말로 모임을 시작한다면 이 말이 우리가 이제 막 들어가려고 하는 사건을 어떤 식으로 나타낼 수 있을까? 우리가 모이면서 하는 말은 그 모임의 성격을 나타내야 한다. 우리의 첫 관심은 우리를 부르신 분을 공동체가 맞이할 수 있도록 해야 한다는 것이다. 명목상의 인사말이나 또는 "우리에게 초점을 맞춘" 인사말들을 우리가 만나러 온 그 하나님을 잘 나타내는 말들로 바꾸려고 해야 한다.

우리를 예배로 부르신 분이 하나님이시라면 이런 인사말들을 좋아하기 시작할 것이다. "오라, 우리가 여호와께 노래하며 우리의 구원의 반석을 향하여 즐거이 외치자"(시 95:1). 또는 "성도로 부름을 받은 모든 자에게 하나님 우리 아버지와 주 예수 그리스도로부터 은혜와 평강이 있기를 원하노라"(롬 1:7). 또는 "여호와께서 너희와 함께 하시기를 원하노라"(룻 2:4). 성경이나 예전적인 표현과는 대조적으로 "안녕하세요?" 혹은 이와 비슷한 보통의 인사말로 회중들에게 인사하는 것은 옳고 그름의 문제가 아니라, 더 좋은가 혹은 최선인가에 관한 문제이다.

하나님이 우리를 예배하도록 불러 모으신다는 것을 이해하면 예배에 대한 우리의 관점이 변한다.

2. 모임 예전의 목적

모임 예전의 목적은 두 가지이다.
(1) 우리의 영이 하나님의 임재 안에서 하나가 되는 것이다.
(2) 하나님의 말씀을 듣도록 우리를 준비시키는 것이다.
잘 계획된 모임 예전은 다음의 두 가지 문제를 다루는 데 도움이 된다.

첫째, 성도들이 예배의 장소에 들어설 때, 그들 모두가 동일한 마음을 갖고 있는 것은 아니다. 사람들은 다양한 장소, 상황, 마음, 감정의 상태 기타 등등으로부터 모인다. 회중은 수많은 변수들로 마음이 가득 찬 상태로 예배하러 온다. 잘 디자인된 모임 예전은 사람들의 생각과 마음이 집중할 수 있도록 작용한다. 예배자들은 여러 예배 행위에 공동으로 참여하면서 하나가 된다.

둘째, 예배자들은 선포되는 말씀을 들을 준비를 해야 한다. 우리는 예배당에 들어가 자리에 앉아서 성경 말씀과 설교에 온전히 집중하는 데 우리의 관심을 기울이도록 지도를 받지 않고는 그렇게 준비되지 못한다. 마음, 뜻, 영을 준비하기 위해 영적인 준비가 필요하다. 노래, 기도, 성경 봉독, 그리고 그 외의 예배 행위들이 이것의 준비 시간이 된다. 모임 예전에서, 우리는 하나님이 우리를 부르셨다는 것을 인정하고, 우리는 우리의 예배를 막을 수도 있는 죄를 고백하고, 부활한 주의 임재로 인하여 감사하며, 다른 예배자들을 격려해서 하나님께 주목하도록 하는 등의 일을 한다.

다른 생각으로 가득하고, 자기중심적이고, 고립되어 있는 사람들을 하나님의 성령께서 한 지점에서 다른 지점으로, 즉 우리의 분열된 세상으로부터 하나가 되고 초점을 맞추어서 하나님의 말씀을 받도록 준비시키시는 데는 상당한 시간이 걸린다. 잘 개발된 모임 예전은 이 변화를 위한 시간과 공간을 제공한다.

3. 모임 예전의 정신

모임 예전의 정신은 보통 하나님이 누구시며 어떤 일을 행하셨는지에 대해 찬양하고, 기뻐하고, 기리는 것이다.[1] 우리는, 하나님이 자기의 형상대로 만드신 모든 사람과 교제하기를 원하시는 온전한 사랑과 자비의 하나님이심으로 인하여 기뻐한다. 우리는 하나님이 주의 언약 백성을 구원하시고 돌보심으로 인하여 즐거운 찬양을 올려 드린다. 우리는 하나님이 예수 그리스도를 통해 우리에게 구원을 베푸셨음을 인해 기쁨을 경험한다. 무엇보다도, 모임 예전의 정신은 반드시 축제의 성격을 나타내야 하는데, 그 이유는 부활하신 예수 그리스도께서 공동체 모임 안에 참으로 임재하시기 때문이다(참조, 마 18:20). 모임 예전에서, 기쁨 말고 더 적절한 표현이 무엇이 있겠는가? 시편의 많은 부분은 공동체적 예배 시작을 나타내는 기쁨을 표현하고 있다(참조, 시 95:1-2; 100편).

모임 예전의 정신은 많은 노래, 살아계신 그리스도의 임재 확신, 찬양의 기도(prayer of adoration), 하나님의 선하심 선포, 성경적인 환호 등, 그리스도 안에 계신 하나님의 임재 안에서 함께함을 즐거워하는 공동체를 만드는 예배 요소들을 통해 증진된다.

공동체로 모이는 것의 참된 기쁨은 인간적으로 부추긴 "과대광고"처럼 이해되어서는 안 된다. 예배 인도자에게는 분위기를 만들어서 기쁨을 날조하려고 하는 유혹이 있을 수 있다. 더 심하게는, 인도자들이 찬양 속으로 들어가는 모습이 보이지 않는다고 예배자들을 꾸짖는 경우도 있다. 그리스도인의 기쁨은 속도와 스타일 범위 안에서 심오한 진리와 현실로

---

1 다른 고려사항들 때문에 모임의 환희의 속성이 수정될 때가 있을 것이다. 보다 엄숙한 묵상을 시사하는 교회력의 특정 날이나 절기들(예전적인 고려) 혹은 지역 공동체가 슬픔이나 재난을 겪은 날(목회적인 고려)이 그 예가 될 것이다.

표현된다. 그리고 사람마다 다르게 느끼고 표현한다. "어떻게 사람들을 신나게 해 줄 수 있을까?"가 아니라 "사람들이 이 공동체에 적절하게 감사와 축제를 표현하도록 돕는 예배 요소들을 어떻게 제공할 수 있을까?"가 주로 고려할 사항이다. 모임 예전을 디자인하고 인도하면서 기도하며 시간을 보내고 경험한 것이 예배 인도자가 모임 예전의 목적과 정신을 성숙하게 성취하는데 도움이 될 것이다.

4. 모임 예전의 움직임

모임 예전은 일반적인 것에서 구체적인 것으로, 분열된 생각에서 초점이 맞춰진 생각으로 움직여서 말씀을 듣도록 우리를 준비시킨다.

그림 4.1 **모임 예전의 움직임**

이런 형식의 시작은, 예배의 첫 부분을 설교를 위한 예비 단계로 보는 것과는 전혀 다르다는 것을 알 수 있을 것이다. 이것은 중요한 일이 일어날 때까지 통과해야 할 항목들의 목록이 아니다. 이것은 또한 예배의 시간(time of worship)이라고 할 수도 없는데, 그렇게 되면 마치 예배의 다른 부분들은 예배가 아니라고 하는 것과도 같다.[2] 시작부터 마지막까지 모

---

2 "음악"과 "예배"를 동의어로 잘못 사용하는 것에 대해 본서 11장에서 다룰 것이다.

두가 예배이다. 그와 다르게 생각한다면, 우리는 잘못되고 위험한 이분법을 가지고 있는 것이다.

모임 예전은 그 자체의 온전함, 논리, 그리고 아름다움만으로도 독자적일 수 있는 예배 요소들의 확장된 조합이다. 이것은 예배의 두 번째 움직임인 말씀 예전으로 의도적으로 인도해 간다. 모임 예전은 여러 방식으로 일반적인 것으로부터 구체적인 것으로 움직인다.[3]

첫째, 모임 예전은 삼위 하나님에 대한 **일반적인 찬양**에서 더욱 **구체적인 찬양**으로 움직인다. 하나님이 누구시며 모든 사람을 위해 어떤 일을 행하셨는지에 대한 찬양의 요소로 시작한다. 예배를 시작하는 행위에서는 하나님을 창조주, 유지자, 공급자, 주권자, 만물의 통치자 등으로 찬양할 수 있다. "기뻐하며 경배하세"(Joyful, Joyful, We Adore Thee), "복의 근원 강림하사"(Come, Thou Fount of Every Blessing), "온 세계 지으신"(God of Wonders)과 같은 일반적인 찬양은 모임의 시작에 알맞다. 일반적인 찬양은 삼위 하나님의 한 위격 혹은 모든 위격에 적절하다.

예를 들면, 모임 예전에서, 성령이 오셔서 인도하시고 예배 공동체에 능력을 부어 달라고 찬양할 수 있다("살아있는 하나님의 영"[Spirit of the Living God], "믿음의 영이여, 오소서"[Spirit of Faith, Come Down], "성령이여 오셔서 우리 마음 감동케 하소서"[Come, Holy Ghost, Our Hearts Inspire]). 혹은 그리스도를 찬양할 수 있다("만 입이 내게 있으면"[O For a Thousand Tongues to Sing], "주 예수 이름 높이어"[All Hail the Power of Jesus' Name]). 혹은 삼위 하나님을 찬양할 수 있다("전능왕 오셔서"[Come, Thou Almighty King]). 일반적인 찬양을 하는 시간에는 함께 예배하는 자들에게 향하는 노래, 예배자들이 예배의 축복으로 서로를 격려하는 노래들("주께 경배 드

---

3 본서 11장에서 일반적인 것에서 구체적인 것으로의 움직임에 대해 상술할 것이다.

리세"[Come, Now is the Time to Worship] 혹은 "주 사랑하는 자 다 찬송할 때에"[Come We That Love the Lord])이 포함될 수 있다.

모임 예전이 진행되면서, 특히 더 많은 성경 말씀이 봉독되고, 설교 시간에 다다르면서 예배 요소들은 구체적인 찬양의 이유들을 반영한다. 모임 예전을 통하여 우리의 찬양이 더욱 구체적이 됨으로써, 예배자들은 더 깊은 예배의 여정으로 들어간다. 예배자들은 구체적으로 그날의 본문과 메시지로 인도된다. 근본적으로 예배가 대화라면, 우리는 처음에는 일반적인 관계의 대화를 하는 데 더 관심을 갖고, 그후 대화가 더욱 직접적이고 더욱 초점이 맞춰지도록 한다. 모임 예전은 찬양의 여정에 있어서 일반적인 것에서 구체적인 것으로 움직인다.

둘째, 모임 예전은 또한 그날의 성경 말씀과 관련해서 일반적인 것에서 구체적인 것으로 이동된다. 설교자는 하나 혹은 그 이상의 성경 말씀을 선택해서 설교의 본문으로 사용할 것이다. 주제에 기초한 예배(강력히 추천하지는 않는다. 3장을 참조하라)는 예배의 시작부터 끝까지 하나의 주된 개념을 제시하는 데, 그 주제는 그날의 주제나 초점의 역할을 한다. 그러나 예배는 삼위 하나님의 위대하심과 아름다우심을 선포하면서 시작하는 것이 좋다. 그러면 예배가 말씀 선포로 향하여 진행될 때, 예배 행위들을 통해서 성경 말씀에 더욱 초점을 맞출 수 있어서 좋다. 모임 예전의 목적 중 하나가 하나님의 말씀을 듣도록 우리를 준비시키는 것이므로, 이 준비는 모임 예전의 과정 중에 더욱 초점을 맞추고 더욱 방향성을 갖게 될 것이다. 예배 행위들이 예배의 두 번째 방인 말씀에 가까워 오면서 그날의 말씀에 더욱 구체적이게 된다.

셋째, 모임이 교회력과 관련해서 일반적인 것에서 구체적인 것으로 움직인다.[4] 예수 그리스도 안에서 행하신 하나님의 모든 역사를 12개월 주기로 기념하며 그리스도와 함께 여정을 진행해 가는 회중에게는, 모임 예전을 통해서 그 이야기가 점점 강렬하게 전해진다. 예배를 시작하면서, 하나님은 살아계시며 이 세상에서 어떻게 역사하시는지에 대한 놀라운 이야기를 개괄적으로 선포할 수 있다.

그러나 모임 예전 안으로 깊이 들어가면서, 우리는 하나님의 이야기를 더욱 특별한 방법으로 말한다. 그 이야기는 예수님의 삶, 즉 이 땅에서의 주님의 사역, 죽음 혹은 주님의 재림을 기다리는 교회의 사역에 대한 주요한 이야기와 관련되어 있다. 그 이야기는 특정한 절기(일반적인 언급), 특정한 절기 안의 특정한 줄거리(보다 구체적인 언급), 그리고 특정한 메시지(설교 본문) 안에 놓인다.

그림 4.2 예배 행위는 하나님의 이야기를 말하는 것이다

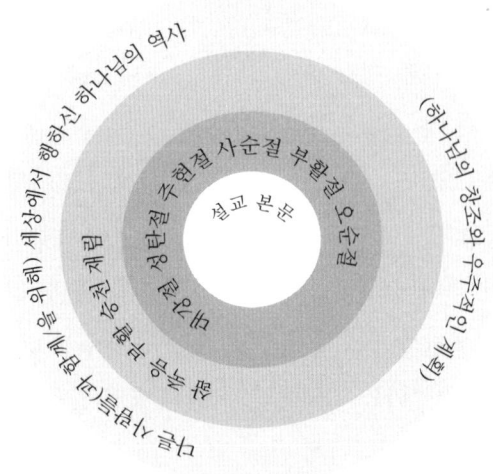

---

4 본서 12장에서 교회력에 관해 설명할 것이다.

안에서부터 바깥쪽으로 생각하면 아마 도움이 될 것이다. 그림의 중심은 설교 본문을 나타낸다. 이것은 이 본문을 둘러싼 성경 말씀으로부터 떼어낸 독자적인 것이 아닌 이야기나 단어이다. 정확히 말하자면, 그날의 본문에는 배경이 있다. 이것은 하나님이 행하신 어떤 일을 말하는 데, 즉 어떤 한 시점에서 일어났고(사건), 어떤 한 기간 안에 있으며(절기), 하나님의 광범위하고도 다면적인 일의 한 부분(그리스도의 사역)이 되고, 모든 사람을 향한 하나님의 광활한 목적까지 가리키는 일이다. 모임 예전의 초점이 맞추어 지면서, 두 번째 움직임인 말씀 예전으로 가까이 다가간다.

넷째, 모임 예전의 **분위기도 움직인다**. 위에서 언급한 것처럼, 대부분 모임 예전의 적절한 분위기는 기쁨과 축제이다. 그러나 모임 예전이 진행되어 완성에 이를 때, 예배자들은 선포되는 하나님의 말씀을 들을 준비가 되어야 한다. 활기찬 축제로 모임이 시작되지만, 효과적인 모임 예전은, 대화의 다음 부분에서 예배자들이 하나님의 말씀을 잘 받아들일 수 있도록 천천히 차분해지고 묵상하는 분위기가 되어야 할 것이다. 친구들과의 의미 있는 다른 대화처럼, 우리는 조용할 때 가장 잘 들을 수 있다.

생각이 깊은 예배 인도자들은 깊은 묵상의 분위기로 바꾸는 데 도움이 될 기도, 노래, 그리고 그 외의 예배 행위들의 유형을 생각할 것이다. 감정을 조작하는 것이 아니라 말씀에 대한 수용성을 조성하는 것이다.

5. 실천하기

1) 모임 예전에 적절한 예배 요소

모임 예전에 유용한 예배 요소를 선정하기 위해 어디에서 시작해야 하는가? 모임 예전의 목적, 즉 예배자들을 **하나가 되게** 하고 **준비시키는** 일을 달성하기 위해 예배 인도자는 모임 예전에서 무엇을 사용할 것인가? 모임 예전을 진행해 가면서 우리는 많은 종류의 예배 요소를 사용하는데, 그것들은 다음과 같은 역할을 할 것이다.

- 하나님이 실제로 임재하셨음과 약속한 이 시간으로 그분이 우리를 초청하셨음을 상기시킨다.
- 우리들이 세상으로부터 모여서 특별한 장소로 온 것을 말한다.
- 각 개인이 하나의 예배 공동체로 연합하도록 돕는다.
- 회개와 용서를 통해서 깨끗한 손과 정결한 마음으로 하나님을 만날 수 있도록 한다.
- 선포되는 하나님의 말씀을 경청할 수 있도록 준비시킨다.

다음을 **입례 의식**에 사용할 수 있다(특별한 순서가 있는 것은 아니다).

- **예배로의 부름**(노래, 알림, 교창 등)[5]
- 여러 종류의 노래(시편, 찬송가, 성가 등)[6]
- 여러 종류의 기도(기원, 회개, 찬양 등)[7]
- 여러 종류의 인사말(성경 말씀, 성가대 찬양, 목회자의 환영 등)[8]

---

5 예배로의 부름에 대해서 아래에서 더 많이 다룰 것이다.
6 본서 10장에서 많은 노래의 유형에 대해서 자세히 논의할 것이다.
7 본서 9장에서 많은 기도의 유형에 대해서 자세히 논의할 것이다.
8 여기서 가리키고 있는 것은 모임 예전 안에서의 준비된 인사이다. 약식 인사, 즉 사람들이 도착할 때 격식을 차리지 않고 하는 서로 환영하는 즉흥적인 인사도 모임 예전을 잘 해내기 위해 중요하다. 예배가 시작되기 전에 만들어진 친선적인 분위기는 예배 중에 경험되는 따뜻함 그리고 환대감과 많은 관계가 있다.

- **신조**/신앙고백(공동체의 신앙고백문)
- **찬양의 환호**(초청, 즉흥적, 회중의 짧은 찬양과 감사문)
- **평화의 인사**(서로에게 "그리스도의 평화가 당신에게 있기를"이라는 말을 함으로써 공동체를 형성하거나 화해의 행위로서 하는 고대의 인사 관습)[9]
- **거룩한 입맞춤**(오늘날의 상황에 적절한 제스처를 사용해서 평화의 인사를 몸으로 나타낼 수 있다)[10]
- 축복(예배를 기대하며 하나님의 백성을 축복)
- **송영**(보통 짧은 찬양의 노래)
- 모임의 목적을 언급하는 성경 말씀 낭독
- **입례송**(독창이나 그룹으로 부르는 입장송으로서 하나님의 임재 안으로 들어가는 것을 연상케 하는 움직임을 포함한다. "행진하며 노래하는 것" 등)
- 죄의 고백/사죄의 확신
- **공동체의 기도**[11]
- 헌금/예물[12]
- 찬양과 하나님의 신실하심에 대한 간증(회중의 구성원이 미리 준비하거나 즉흥적으로 하나님의 선하심을 증언)
- 특송(성가대, 독창자, 연주자 등이 회중의 목소리를 대표하는 것으

---

9 평화의 인사는 "옆 사람과 인사하는 시간"과는 다르다. 평화를 나누는 것은 하나로 모인 몸 안에서 그리고 몸을 통하여 그리스도께서 임재하시고 평화를 가져다주실 것이라는 위로의 생각으로 특별히 서로 격려하는 것이다.
10 바울서신의 여러 곳에서 그는 성도들에게 "거룩한 입맞춤으로 서로 인사하라"고 명한다. 이것은 당시 중동에서 익숙한 관습이었을 것이다. 현대 서구에서 이에 대응할 수 있는 제스처는 악수, 포옹, 뺨에 키스하는 것일 것이다.
11 이것은 모임에 나타날 수 있지만 말씀에 대한 응답으로 가장 적절하다.
12 이것은 모임에 나타날 수 있지만 말씀에 대한 응답으로 가장 적절하다.

로 여길 수 있는 음악을 연주)
- **예전적 움직임**/춤(기도, 노래, 성경 말씀을 해석한 몸의 움직임으로 예배의 전문이나 행위를 표현한다)
- 드라마(진리를 표현하거나 권면하는 짧은 극)
- 침묵[13]
- **전주**(모임 예전의 환경을 조성하는 악기 연주)
- 주기도
- **연도**(기도, 낭독 등을 하며, 회중은 문장이나 구를 반복)[14]
- 성경이나 다른 전문의 **교독**(리더와 회중 간의 교독, 둘 이상의 그룹 간의 교독 등 여러 방법으로 교독)[15]

위의 내용은 모임 예전에서 사용할 수 있는 많은 예배 행위 중의 몇 가지이다. 이 목록을 당신이 선택하게 될 메뉴판으로 생각하라. 지혜로운 예배 인도자들은 그들의 예배 요소 보물 상자에 이 목록을 추가해서 상자가 커지도록 한다.

이런 예배 행위들 중에 몇 가지를 좀 더 설명하면 도움이 될 것이다. 인사말은 모임 예전의 열쇠다. 왜냐하면 이것이 하나님과 우리 간의 대화의 의제와 분위기를 설정할 것이기 때문이다. 위에서 언급한 것처럼, 인사말은 인도자의 간단한 시작의 말로 이루어지고 다음과 같아야 한다.

(1) 우리에게 하나님의 임재를 상기시켜야 한다.

---

13 침묵은 하나님께 말하는 것이 아니라 하나님께 귀를 기울이는 것이다. 배경 음악이 있으면 순전한 침묵에 방해가 된다. 침묵은 침묵할 때 가장 잘 사용된다.
14 예를 들면, 인도자가 시 103편을 읽을 때 회중이 "내 영혼아 여호와를 송축하라"를 말하는 것이다.
15 교독은 연도(litany)와 다르다. 회중이 읽는 본문은 연도에서처럼 매번 같은 응답이 아니다. 계속되는 본문의 부분을 교대해서 읽는 것이다.

(2) 모든 사람을 포함하는 초청과 환영의 말이어야 한다.

(3) 여흥이나 인도자 자신에게 주의를 끄는 의도를 가진 사교적인 말을 피해야 한다.

시작부터 예배의 참된 본질을 확고히 하라.

(1) 예 1

하나님의 집에 오심을 환영합니다!¹⁶ 시편 저자와 함께 우리는 이렇게 말합니다. "만군의 주님, 주님이 계신 곳이 얼마나 사랑스러운지요. 내 영혼이 주의 궁전 뜰을 그리워하고 사모합니다. 내 마음도 이 몸도, 살아 계신 하나님께 기쁨의 노래 부릅니다(시 84:1-2, 표준새번역)." 오늘은 기쁜 날입니다. 살아계신 하나님께 기쁨으로 노래합시다!

(2) 예 2

"하나님 우리 아버지와 주 예수 그리스도께서 내려 주시는 은혜와 평화가 여러분에게 있기를 빕니다(몬 3절, 표준새번역)." 오늘 우리가 예배할 때, 하나님의 새로운 은혜와 평화를 경험하시기를 바랍니다. 예배에 오심을 환영합니다!

예배로의 부름을 사용하면 모임 예전의 본질을 확고히 하는 데 도움이 된다. 예배로의 부름에는 몇 가지 중요한 목적이 있는데 다음과 같다.

(1) 회중의 마음을 하나님께로 향하게 한다.

---

16 이곳과 그리고 다른 곳에서 예배 인도자들의 말에서 느낌표가 사용될 때는 열정적인 태도로 인도하는 것을 전달하려는 것이지 큰 소리나 힘을 주어 말해야 한다는 것을 뜻하는 것은 아니다.

(2) 예배자에게서 주의를 산만하게 하는 것을 제거한다.
(3) 회중에게 예배의 모든 행위에 참여하도록 요청한다.
(4) 하나됨을 요청한다.
(5) 올바른 태도나 분위기를 만든다.[17]

예배로의 부름의 내용이 될 수 있는 것은 많다. 예를 들면, 성경 말씀, 짧은 합창이나 찬송가의 한 부분, 성가대의 짧은 입례송, 독창 혹은 예배로의 부름을 위해 작성된 글이다.

모임 예전에서 심각한 문제가 되는 것으로는 광고를 들 수 있다. 광고가 너무 많고, 보통은 너무 길다. 어떻게 해야 하는가? 몇 가지 조언을 하자면 다음과 같다.

- 자세한 광고 내용은 전자 매체나 인쇄물을 사용해서 제공하라.
- 회중 전체와 관련된 것과 이례적이고 특별한 성격의 내용만 말로 광고하라. 일상적인 계획이나 행사는 광고하지 말라.
- 광고 요청은 예배일 전에 제출하도록 요구하라. 이렇게 하면 추가되는 광고를 피할 수 있고, 어떤 광고가 적절한지 그렇지 않은지를 인도자가 결정할 수 있게 한다.
- 예배에서 말로 하는 광고의 지침을 세우고 지혜롭게 전달하라.
- 다른 사람들에게 광고하게끔 하지 말라. 이렇게 하면 "마이크 개방/가라오케"(open mike/karaoke) 시간이 될 수 있다. 그보다는 표현력이 있는 사람을 훈련해서 모든 광고를 하도록 하라.

---

17 Franklin M. Segler and Randall Bradley, *Christian Worship: Its Theology and Practice*, 3rd ed.(Nashville: B&H, 2006), 187.

- 광고가 특별한 임무를 갖게 하라. 일상적인 일정보다는 섬김과 제자도라는 맥락에서 표현하라.
- 하나님과의 대화가 시작되고 나서 방해되지 않도록 예배 시작 전에 광고를 하라.
- 파송 예전에 통합된 한 부분으로 예배가 끝날 때 광고함으로써 회중이 하나님과 다른 사람들을 섬기면서 어떻게 사명을 감당할 것인지 강조한다. 광고를 이곳에 두면, 진정으로 예배한 것에 대한 실천적인 결과로 광고를 보게 된다.
- 광고라는 말을 다르게 표현해 보라. 예를 들면, "공동체의 삶" 혹은 "삶의 나눔" 혹은 "예배와 섬김" 등을 고려해 볼 수 있다.

성경적 예배를 위해 꼭 필요한 요소들의 종합 목록은 없지만, 하나님과의 만남에서 우리에게 도움이 되는 훌륭한 예배 요소로 사용될 수 있는 성경과 역사의 선례가 많이 있다. 바울의 서신서에 있는 다음의 다양한 예배 요소들을 고려해 보라.

- 시작과 마칠 때의 축복(고전 1:3; 16:23)
- 송영과 환호(고전 15:57)
- 예전적 기도(고후 1:3)
- 즉흥 기도(고전 14:14-15)
- 시, 찬송, 신령한 노래(고전 14:26; 엡 5:19; 골 3:16)
- 찬양, 노래, 감사(고전 14:15)
- 아멘으로 응답(고전 14:16)
- 엎드림(고전 14:25)
- 거룩한 입맞춤(롬 16:16; 고전 16:20; 고후 13:12; 살전 5:26; 벧전 5:14)

- 바울의 편지 낭독(골 4:16; 살전 5:27)
- 예언, 계시, 분별(고전 12:10; 14:6)
- 방언과 통변(고전 14:27)
- 가르침, 설교, 교화(고전 1:17; 14:26; 15:14)
- 치유(고전 12:9, 28, 30)
- 빵을 뗌(고전 11:20-34)
- 세례(고전 1:13-15)
- 아람어 **마라나타**(*Maranatha*)의 사용(고전 16:22)
- 연보(고전 16:1-2)[18]

예배 인도자로서, 모임 예전에서 회중을 안내해 가도록 다양한 종류의 예배 요소를 사용하라.

2) 모임 예전 요소들의 순서를 어떻게 정하는가?

이제는 모임 예전이란 설교에 앞서서 회중이 오랜 시간 동안 노래하는 것 이상의 일이라는 것을 알았을 것이다. 많은 예배 행위들은 회중이 도착했을 때의 마음 상태**에서**, 하나가 되어 하나님의 메시지를 듣도록 준비될 때**까지**의 여정에 회중을 인도해 가도록 함께 엮여 있다. 여정의 계획을 어떻게 세우는가? 몇 가지를 제안한다.

① 대화를 생각하라. 예배가 대화라면 내내 "대화를 생각하라." 근

---

18 Barry Liesch, *The New Worship: Straight Talk on Music and the Church*(Grand Rapids: Baker Books, 2001), 87.

본적으로 하나님으로부터 우리에게 향하는 예배 행위는 어떤 것이 있나? 이런 것들을 하나님께로 향하는 예배 행위들과 교대로 배치하라.
② 균형을 생각하라. 한 종류의 예배 요소를 연속해서 너무 많이 하는 것을 피하도록 하라.
③ 참여를 생각하라. 처음 시작부터 노래, 교독, 성도의 기도 등을 통해서 사람들이 참여하도록 하라. 모임 예전의 시작에서 인도자가 너무 오래 말을 하면 출발이 좋지 않게 된다.
④ 일반적인 것에서 시작해서 구체적인 것으로 움직여 가는 것을 생각하라. 모임 예전이 진행되면서 예배 행위들이 점점 더 초점을 맞추어 가고 있는가?
⑤ 다양성을 생각하라. 모임 예전이 매주 똑같아야 할 이유는 없다. 모임 예전의 목표에 충실하면서도 다양하게 할 수 있는 가능성은 많다. 어떠한 다양한 방법이나 스타일로도 여정을 진행할 수 있다.

3) 모임 예전을 효과적으로 인도하기

훌륭한 모임 예전을 계획하는 것과 실제로 인도하는 것은 다른 이야기이다. 우리 모두는 잘 구성된 모임 예전을 비효과적이 되게 만드는 감동 없고 준비 되지 않은 예배 인도를 경험한 적이 있다. 예배 인도에는 영적 은사, 시간, 준비, 연습, 헌신이 필요하다. 만약 당신의 집으로 나를 초대했다면, 당신은 다음과 같은 일을 할 것이다.

- 나를 맞이한다.
- 나를 안으로 들어오도록 한다.
- 환영하는 태도를 보인다(미소 짓고, 친근감을 표현하고, 진심어린 환영을 느끼게 한다).

예배 인도자로서, 하나님 집의 주인으로 보이게 하라. 당신은 하나님이 자신의 손님을 맞도록 임명하신 사람이다. 다음과 같이 하라.

- 회중을 맞으라.
- 그들에게 참여하도록 권하라.
- 환영하는 태도를 보이라(긍정적이고, 친근감 있고, 따뜻하게).

다음은 모임 예전의 시작을 좋지 않게 만드는 예다.[19]

- 어떻게 지내요?
- 파티할 준비가 되었나요?
- 안녕하세요? 오늘 아침 이렇게 많이 나오셔서 놀랐습니다.
- 노래 몇 곡 부르면서 시작합시다.

다음은 보다 나은 예다.

- 오늘은 주께서 지으신 날입니다. 즐거워하고 기뻐합시다! 위대하고 놀라우신 우리 하나님을 함께 예배합시다!

---

19 이것들은 실제로 있었던 예들인데, 꾸며낸 것들보다 더 허구같다.

- 하나님의 집에 오신 것을 환영합니다. 부활하신 주님께서 이곳에서 우리의 찬양을 받으십니다. 하나님이 지으신 오늘, 다같이 형제자매와 함께 기뻐하며 찬양합시다!

예배라는 사건의 특성을 확고히 하라. 그 외에 다음을 제안한다.

- 성경 말씀을 사용하라.
- 긍정적이고, 기쁜 언어를 사용하라.
- 짧고 정확히 말하라. 말을 너무 많이 하지 말라.
- 시작하는 말에는 두 부분, 즉 인사와 초청이 있어야 한다.
- 한 위치에 당당히 서되, 편안해 보이게 하라. 서성거리지 말라.
- 필요에 따라 몸의 방향을 바꾸되, 다리는 한 곳에 두고 허리 윗부분을 움직이라.
- 예배자의 눈을 바로 쳐다보라. 눈을 감거나, 위나 주변을 쳐다보지 말라. 그들의 얼굴을 쳐다보며 기쁨을 표출하라.[20]
- 모든 예배자와 눈을 마주치도록 하라. 대부분의 예배 인도자들은 그들이 주목하는 좋아하는 위치가 있다. 회중의 여러 곳을 보도록 하라.
- 미소를 지으라! 얼굴과 목소리를 따뜻하게 하라. 우리 대부분은 우리가 기쁜 표정을 나타내고 있다고 믿지만, 회중은 다르게 느낄 수도 있다.

---

20 나는 예배 인도자들에게 회중을 인도할 때는 노래를 부를 때에도 눈을 감지 말라고 강력히 권고한다. 인도자들이 회중과 눈으로 상호교류하지 않는다면 회중 앞에 서 있는 이유가 무엇이겠는가? 그럴 것이라면 무대 밖에서 인도하라. 눈과 눈을 마주치는 것은 회중들로 하여금 참여적인 예배 행위를 격려하는 데 있어 중요하다.

- 크고 분명하게 말하라.
- 쓸데없는 잡담을 피하라. 당신이 어제 저녁 식사에서 무엇을 먹었는지 듣고 싶은 사람은 아무도 없다. 모임 예전은 당신에 관한 것이 아니다. 하나님과 공동체에 관한 것이다.
- 제스처를 제한적으로 사용하라. 사용하고자 하는 제스처에 대해 생각하라. 자연스러워 질 때까지 거울 앞에서 연습하라.
- 말하려고 하는 것을 모두 암기하라.
- 주기적으로 다른 사람에게 평가를 부탁하라.

6. 결론

모임 예전을 디자인하고 인도할 때, 세 가지를 기억하라.

첫째, 모임 예전은 어떤 스타일로든지 행해진다. 모임 예전은 여정이다. 어떤 스타일로도 할 수 있다. 적절한 요소를 선택하고 당신의 공동체에 적절한 스타일로 하라.

둘째, 각 모임 예전은 다르다. 모임 예전은 반복적이고 따분한 것이 아니라 놀랍게도 신선하고 활력이 넘치는 것이 될 수 있다. 모임 예전의 기본적인 목적이 제대로 되어 있으면, 다양한 방법으로 즐겁게 요소의 순서를 정하라.

셋째, 모임 예전은 예배의 중요한 네 개의 방 중 하나이다. 이것은 독자적일 수 있을 만큼 하나가 되어야 하고 그 자체로 완전성을 가져야 한다. 그러나 이것은 예배 전체의 주요한 한 가닥임을 잊지 말아야 한다. 그러므로 모임 예전이 말씀 예전, 성찬 예전, 파송 예전에 매주 어떻게 관련되는지 유념해야 한다.

7. 주요 용어

찬양의 환호(acclamations of praise). 회중이 하는 짧은 찬양과 감사의 문구로서 미리 준비된 것으로 하거나 즉흥적으로 한다.

예배로의 부름(call to worship). 예배를 하나님께 초점을 맞추게 하고, 하나님이 시작하시는 예배임을 예배자가 인정하도록 하고, 사람 쪽에서의 참여와 하나됨을 요청하는 예배 행위이다.

신조(creeds). "내가 믿나이다"라는 뜻의 라틴어 **크레도**(*credo*)에서 유래한다. 기독교의 정통 신앙고백서이다.

송영(doxology). 보통 짧은 찬양의 노래.

입례 의식(entrance rites). 모임 예전을 구성하는 다양한 예배 행위.

인사말(greeting). 예배자에게 인사하는 말로서 신앙에 바탕을 두고 있으며 예배의 본질을 확고히 하게 한다.

거룩한 입맞춤(holy kiss). 그리스도인의 인사와 사랑의 표시로서 고대에 행했던 성도들의 입맞춤.

입례송(introit). 입장 혹은 들어감을 뜻하는 라틴어에서 유래. 예배 시작을 위해 입장 행렬이 진행되는 동안 독창자나 그룹이 부르는 노래.

연도(litany). 기도, 낭독 등을 말할 때, 인도자를 따라서 하는 반복적으로 말하는 문장이나 구(예를 들면, "주여, 우리의 기도를 들어주소서").

평화의 인사(passing of the peace). "그리스도의 평화가 당신에게 있기를" 이라는 말로 서로에게 인사하는 고대의 관습으로서 공동체를 확고히 하거나 화해의 행위로 한다.

성도의 기도(prayers of the people). 공동체가 하는 중보 기도.

전주(prelude). 모임 예전의 환경을 조성하는 악기 연주.

교독(responsive reading). 예배 참여자들, 즉 인도자와 성도(혹은 서로 다른 그룹) 사이에 교대로 말씀을 읽는 것이다.

8. 참고 문헌

Miler, Barbara Day. *The New Pastor's Guide to Leading Worship*. Nashvile: Abingdon, 2006.

Willimon, William H. *A Guide to Preaching and Leading Worship*. Louisville: Westminster John Knox, 2008.

참여하기

당신이 속한 교회의 모임 예전을 향상시키도록 시도해 보라. 이것은 언제나 미완성의 일이라는 것을 기억하라. 다음을 시도해 보라.

1. 교회의 예배 기획 담당자와 만나라.
2. 교회가 통상 하고 있는 것을 대표할 수 있는 최근의 모임 예전의 순서를 택하라.
3. 이 장의 내용에 비추어 다음 세 가지를 정직하게 평가하라.
   a. 모임 예전을 시작하는 말
   b. 모임 예전의 정신
   c. 모임 예전의 움직임(일반적인 것에서 구체적인 것으로)
4. 기도하면서, 다음 달에 적용하도록 한 가지를 수정해 보라.
5. 그것이 어떻게 진행되었는지 나중에 만나서 논의하라.

5 • 두 번째 내력벽

말씀 예전

탐구하기

5장을 읽기 전에, 예배 인도자들이 함께 모여서 느헤미야 8:1-8을 읽으라.

1. 율법 낭독이 중요하게 여겨지는 것을 나타내는 모든 예를 찾아서 기록하라.
2. 묵상: 성경 낭독과 관련해서 최근에 경험한 것과 어떻게 이 본문이 부합되는가?
3. 당신이 속한 교회의 성경 낭독을 향상시키기 위해 한 가지만 선택할 수 있다면, 성경 낭독자에게 어떤 것을 제안하겠는가?

이 질문들을 계속 생각하면서, 이제 5장을 읽으며 생각의 폭을 더 넓혀 보자.

모임 예전은 완성되었다. 이것의 목적이 완수되어서, 예배자들은 이제 하나님의 말씀을 들을 준비가 되었다. 물론, 모임 예전에서 하나님과 백성 간의 대화를 시작했으므로, 하나님이 이미 말씀을 하신 것이나 다

름없다. 여느 좋은 대화에서처럼 주고받는 교환이 있었다. 그러나 우리가 두 번째 내력벽, 즉 말씀 예전(the Word)의 내력벽[1]을 세울 때, 예배 건축가는 또 다른 예배의 방을 디자인하는 것이다. 그 안에서, 하나님이 예배자에게 메시지를 전달하는 주요한 행위가 일어난다. 예배의 네 단계 중 두 번째 단계에서, 하나님은 우리에게 말씀하신다. 하나님의 공동체로 모인 우리가 들을 준비가 되어 있는 말씀이다.

기도, 노래, 응답 등 여러 예배 요소들이 말씀 예전에 적절하고 도움이 되지만, 이 부문의 가장 두드러진 특징은 그날의 성경 봉독과 설교일 것이다. 이것들이 주 메시지를 전달한다. 설교 준비와 전달이라는 중대한 문제는 여기서 다룰 수 있는 범위를 벗어나는 일이다. 나는 예배 인도자가 어떻게 (1) 이 부문을 계획하고 (2) 성경을 효과적으로 낭독하도록 준비할 수 있을지에 초점을 맞출 것이다.

1. 예배에서의 말씀 예전에 대한 배경

기록된 성경 말씀과 그것의 해석은 모세의 시대 이후로 예배의 중심이었다. 구약 전체에는 율법의 낭독과 가르침 또는 해석을 듣도록 소집하는 예가 많이 있는데,[2] 특별히 중요한 한 예를 느헤미야 8장에서 찾을 수 있다. 주전 458년에 성전을 재건할 때, "모든 백성이 일제히 수문 앞 광장

---

1 대문자 W를 쓰는 것은 보통 그리스도를 살아있는 말씀으로 가리키지만, 본서에서는 대문자 W를 예배의 네 가지 주요 움직임의 하나로서의 말씀 예전을 구별하는 데 도움이 되도록 사용한다. 예를 들어, "word of God"처럼 소문자가 사용될 때에는 이것은 성경 말씀을 가리키는데, 예전의 주요 부문인 "the Word"(말씀 예전)와 구별하는 수단이 된다.
2 출 24장; 신 5-6장; 왕하 23:1-2에서 그 예를 찾을 수 있다.

에 모여 학사 에스라에게 여호와께서 이스라엘에게 명령하신 모세의 율법책을 가져오기를 청[했다]"(느 8:1). 이른 아침부터 정오까지 율법이 낭독되었을 때, 모든 백성은 서 있었다. 제사장들은 "하나님의 율법책을 낭독하고 그 뜻을 해석"(느 8:8)했다. 이와같이 성경을 낭독하고 해석하는 뛰어난 히브리 전통이 있다.

특히 회당 전통은 성경을 낭독하고 해석하는 일에 적합했다. 예수님의 시대까지, 토라, 성문서, 선지서의 낭독 및 설교는 회당에서 잘 확립되어 있었고 그런 관습에 대한 기록이 있다. 예수님은 회당에서 말씀을 읽고 해석하는 일에 참여하셨다(눅 4:14-30). 그러므로 우리는 다음과 같이 말할 수 있다. "말씀 예전과 그것의 교훈적인 성향은 회당에 그 기원을 두고 있다. 유대인이었던 초대 그리스도인들은 그들이 회당에서 했던 것들을 기독교 예배의 상황에 맞게 바꾸었을 것이다."[3] 성경 낭독은 초대 기독교 예배에서 중요한 역할을 했다. 바울은 에베소의 목회자 디모데에게 다음과 같이 조언한다.

> 내가 이를 때까지 읽는 것과 권하는 것과 가르치는 것에 전념하라(딤전 4:13).

순교자 저스틴(Justin Martyr)은 "사도의 글이나 선지자의 글을 시간이 허락하는 대로 읽었다"고 기록한다.[4]

---

3 Robert E. Webber, "What Does the Service of the Word Do?" vol. 3, *The Renewal of Sunday Worship*, The Complete Library of Christian Worship, ed. Robert E. Webber(Nashville: StarSong, 1993), 237.

4 Lizette Larson-Miller, "Justin Martyr: The First Apology," vol. 2, *Twenty Centuries of Christian Worship*, The Complete Library of Christian Worship, ed. Robert E. Webber(Nashville: StarSong, 1993), 149.

공식 낭독자(lectors)는 기독교에서 오랜 전통을 가지고 있다. 영어 "lector"는 "읽는다"는 뜻의 라틴어 **레게레**(*legere*)에서 왔다.[5] 낭독자는 공적 예배에서 성경을 읽도록 부름을 받았고 훈련받았다. 낭독자의 직책은 초대 교회의 "소성직"(minor orders)의 하나였으며 최소 주후 200년부터 존재했다.[6] 낭독자는 주교에 의해 임명되었다.

교회의 초기부터 성경 낭독에 있어 **성구집**(lectionary)이 중요한 역할을 담당했다. 적어도 4세기부터 그리스도인들은 1년을 주기로 어떤 말씀을 낭독하고 어떤 말씀을 설교하는지 결정하는 수단으로 성구집을 사용했다.[7] 결국 성구집은 교회와 수도원 예배에서 권위를 갖게 되었다. 성구집은 공적 예배에서 낭독과 설교에 사용되는 성경 구절을 체계적으로 만들어 놓은 목록이다.[8] 한 주일의 성구집 낭독은 성경 여러 곳의 말씀으로 구성된다. 오늘날 가장 널리 사용되는 성구집은 1992년도 **개정 공동 성구집**(Revised Common Lectionary, RCL)이다. 이것은 예배학자들 그리고 미국과 캐나다 교단 대표들의 초교파적인 협의의 결과물이다. RCL은 3년 주기로 구약, 시편, 사도행전/서신서, 복음서 낭독을 지정한다.

비록 예배에서 말씀을 읽고 설교하는 사역이 중세기에는 쇠퇴했지만, 마틴 루터(Martin Luther), 존 칼빈(John Calvin), 울리히 츠빙글리(Ulrich Zwingli), 그리고 그 외의 사람들이 예배에서의 말씀 예전의 중요성을 주

---

5 Mitch Finley, *The Joy of Being a Lector*(Totowa, NJ: Resurrection, 2000), 9.
6 Dom Gregory Dix, *The Shape of the Liturgy*(New York: Seabury, 1983), 35.
7 Jaems F. White, *A Brief History of Christian Worship*(Nashville: Abingdon, 1993), 70.
8 성구집을 사용하면 유익한 것들이 있다. Robert E. Webber Institute for Worship Studies의 학생인 Norm Garcia가 출판되지 않은 그의 논문 "The Benefits of the Lectionary"에서 다음과 같은 이유를 말했다. 성구집은 예배에서 성경을 포괄적으로 사용할 수 있도록 하고, 하나님의 모든 말씀을 들려줌으로써 회중을 교화하고, 설교자가 자기주장이나 자기가 좋아하는 말씀만 설교하는 것을 피하도록 하고, 인도자 개인의 삶에서 영적인 열매를 맺도록 도와주고, 주일을 준비하는데 보다 쉽게 만들어주고, 교단과 지역에 관계없이 그리스도 안에서 형제자매를 연결시킨다.

장함으로써 16세기 종교개혁을 통해 회복되었다. 대부분의 종교개혁가들은 말씀과 성찬, 이 두 가지가 균형을 이루는 예배가 성경적이고 역사적인 예배의 중심이라고 믿었다. 그러나 수세기 동안 성찬 사역이 지배적이었던 반면에 말씀 사역이 약화되면서 예배가 불균형을 이루고 있었다. 종교개혁 기간 중에 대부분 계열에서 "말씀과 성찬의 대화적인 역학"(the dialogical dynamic of the Word and the Table)의 회복을 중요하게 여겼다. 오늘날 많은 교회에서 표면화되고 있는 새로운 딜레마가 있다.

설교에 할애된 시간은 양보되지 않지만, 성경 낭독은 많은 교회에서 거의 사라졌다. 아이러니하게도, 가장 "성경을 믿는" 교회들 가운데에는, 성경 낭독이 거의 없거나 전혀 없다. 나의 최근 연구조사를 통해 이런 우려가 입증되었다.[9] 그 외에 어떤 예배 스타일에서는 예배에서 성경을 큰 소리로 낭독하는 것이 거의 없거나 전혀 없다.[10] 현대적 예배의 경우에는, 늘어난 찬양 시간과 설교 시간(2중 구조 예배)이 낭독을 대체했다. 예배의 스타일에 관계없이 성경 낭독이 기독교 예배에서 정당한 위치로 돌아갈 수 있도록 새로운 종교개혁이 있을 수도 있다. 이 장의 마지막에서는 하나님의 말씀 낭독을 회복하고 풍성하게 하기 위한 제안을 할 것이다.

2. 말씀 예전의 목적

말씀 예전의 목적은, 사람들이 성령을 통하여 하나님의 말씀을 듣고

---

9 Constance Cherry, "My House Shall Be Called a House of···Announcements," *Church Music Workshop*, January-April 2005, 29-35.
10 예전적 교회가 예배에서 성경을 가장 많이 읽는다는 것을 알았다. 현대적 예배를 하는 교회는 가장 적게 읽는다. 위에 언급한 연구 결과를 참조하라.

하나님의 영광과 그의 나라를 위하여 변화되는 것이다. 이것은 우리가 말씀을 다루는 것에 관한 문제가 아님을 주목하라. 왜냐하면 그렇게 되면 그것의 주된 요지는 우리가 하나님의 말씀을 다루는 기술이라는 것을 시사하기 때문이다. 목표는 말씀이 우리를 다루게 하는 것이다. 이 부분에서 강조하는 것은 하나님에 **대해서 배우는 것** 보다는 하나님**으로부터 듣는 것**이다. 말씀 예전은 예배에서 선지자적인 "여호와께서 말씀하시되"를 기꺼이 받아들이는 부분이다. 말씀 예전은 본질적으로 정보, 즉 하나님의 뜻에 대한 지식과 하나님의 나라에 관련된 가르침을 주는 것이지만, 궁극적인 목적은 책망과 바르게 함과 의로 교육함을 통한 변화이다(딤후 3:16). 하나님으로부터 직접 메시지를 듣는 것은 우리의 관점과 하나님의 나라와 세상을 보는 우리의 방법을 바꾸고, 우리를 변화시킨다.

정보(information)와 변화(formation)는 서로 배타적이지 않다. 그 둘은 서로 협력한다. 지식과 정보가 각각 그 역할을 갖는 것처럼, 말씀 예전은 하나님의 음성을 듣고, 말씀하는 분께 순복하는 것과 관계가 있다.

말씀 예전은 하나님의 말씀을 공적으로 낭독하고 설교를 통해 해석하는 선포 시간의 연장이다. 그러나 이런 기본적인 예배 요소인 낭독과 설교는 적절한 다른 예배 행위들에 둘러싸여 있다. 그것들은 기도, 노래, 침묵, 확증 등으로서, 말씀 선포의 중심 행위를 둘러싼다. 침묵과 경청의 영적 훈련은 예배의 이 부분에 특히 도움이 된다.

말씀 예전은 모임 예전으로부터 바로 흘러나와서 우리를 말씀을 들을 수 있는 상태에 이르게 한다. 말씀 예전은 이어서 예배의 다음 움직임인 성찬 예전으로 항로를 정한다. 예배는 대화에 기초한 관계임을 기억하라. 우리가 우리의 관심을 하나님께 모으고(모임), 하나님은 말씀하고(말씀), 우리는 응답한다(성찬 혹은 다른 응답). 말씀 예전 중에, 하나님과 백성 간의 대화는 하나님의 말씀과 우리의 경청에 초점을 맞춘다.

여기서 우리가 주목해야 하는 것은, 경청은 수동적이 아니라는 것이다. 좋은 경청은 참여적이다. 효과적인 예배 건축가는 예배자가 말씀 예전 중에 있는 경청할 기회에 적극적으로 참여하도록 힘쓸 것이다.[11]

말씀 예전에서 주요한 행위는 계시이다. 하나님은 성경 낭독과 설교를 통해서 진리를 계시하신다. 계시된 진리에는 응답이 있어야 한다. 하나님은 예배 공동체를 향해 말씀하신다. 그 결과, 그 공동체는 말씀 선포에 비추어서 하나님이 우리에게 기대하시는 것을 결정하는 일에 직면한다.[12] 하나님은 계시하시고, 우리는 응답한다. 말씀 예전은, 예배자가 하나님이 계시하시는 것을 경청하도록 마련된 중요한 예배의 한 부분이다. 우리의 응답은 계시된 것에 근거를 둔다.

성경에는 계시/응답의 예가 많이 있다.

> 언약서를 가져다가 백성에게 낭독하여 듣게 하니 그들이 이르되 여호와의 모든 말씀을 우리가 준행하리이다(출 24:7).

말씀의 제시에 이은 말씀에 대한 응답에 주목하라.[13] 말씀을 듣는 것이 언제나 먼저이다. 그래서 예배의 상당한 부분이 예배의 가장 중요한 이 특성에 할애된다.

---

11 이 책임의 대부분은 설교자에게 있다. 왜냐하면 설교자가 능동적인 경청(active listening)을 조성할 수 있는 방법으로 설교해야 하기 때문이다. 한편 창의성과 직관력이 있는 예배 인도자가 성경 봉독이나 설교에 걸쳐서 공동의 표현(언어, 제스처 혹은 상징으로)을 통해 회중이 능동적으로 경청에 참여할 수 있는 기회를 갖도록 디자인 할 수도 있다. 이것이 과도하게 사용되지 않아야 한다. 이것은 적당할 때 효과적이다.

12 말씀 예전은 우리에게 하나님의 계시를 듣고 우리의 삶에 미치는 영향에 대해 고심하도록 만드는 분명한 기회를 제공한다. 하나님의 계시에 대한 적절한 응답은 본서 7장에서 설명할 것이다.

13 계시/응답을 나타내는 성경의 예가 많다. 참조, 느 8:1-12; 사 6:1-8; 행 2:14-42.

3. 말씀 예전의 정신

말씀 예전의 정신은 고요함, 묵상, 경청, 기도하는 마음, 개방성, 헌신으로 특징 지워진다. 하나님의 말씀을 들을 수 있는 분위기가 있어야 한다. 어떤 소리든 주위에 잡음이 있으면 듣기 어렵다. 성경은 우리에게 다음과 같이 상기시킨다.

> 오직 여호와는 그 성전에 계시니 온 땅은 그 앞에서 잠잠할지니라(합 2:20).

고요함 혹은 묵상의 분위기와 슬픔이나 우울함을 혼동하지 말아야 한다. 전달된 메시지가 듣는 이들의 가슴에 진정으로 슬픔을 낳게 하지 않는 한 말씀 예전은 예배의 슬픈 부분이 아니다. 이것은 그야말로 하나님이 말씀하시는 것 듣기를 신중하게 기대하는 시간이요, 공동체에게 말씀하시는 하나님께 온전히 귀를 기울이는 시간이다. 귀를 기울이기 위해서는 언제나 우리 자신의 말을 중단하고 다른 사람의 말을 받아들여야 한다.

4. 말씀 예전의 움직임

말씀 예전의 움직임은 근본적으로 하나님에게서 사람으로 향한다. 하나님은 말씀하시고, 우리는 듣는다.

그림 5.1 말씀 예전의 움직임

예배 활동의 기본 흐름은 하나님이 그분의 백성에게 메시지를 보내시는 것이다. 비록 성경 낭독과 설교가 말씀 예전의 대부분을 구성하지만, 여기에는 하나님의 말씀에 초점을 맞추도록 디자인된 예배 행위들도 포함된다. 예배의 모든 주요 움직임들과 같이 이 움직임은 온전함, 논리, 아름다움 면에서 독자적일 수 있는 요소들의 가치 있고 의미 있는 조합이며, 세 번째 예배 움직임인 성찬 예전(혹은 대안 응답)으로 의도적으로 인도해 간다.

5. 실천하기

1) 말씀 예전에 적절한 예배 요소

모임 예전처럼, 말씀 예전에는 사람들을 성경 말씀과 설교에 참여하게 하는 다양한 예배 요소들을 포함하고 있다. 많은 요소들이 있지만 여기에서는 몇 가지만을 소개한다.[14] 말씀 예전에 도움이 되는 예배 행위의 예이다.

- 성령께 말씀을 조명해 주기를 구하는 기도[15]

---

14 많은 예배 요소들이 예배의 여러 부분에 적합하다. 그래서 우리가 예배의 주요한 네 가지 움직임에 적합한 행위들에 대해 논의해 갈 때 중복되는 것들이 있을 것이다.

15 이 기도는 본서 9장에서 설명할 것이다.

- 침묵(성경 낭독과 설교 전후와 진행 중에)
- 여러 성경 말씀 낭독(구약, 시편, 서신서, 복음서 등)
- 설교(sermon/homily)
- "주고받기"(본문과 설교의 의미에 관한 설교자와 회중 간의 대화)
- 말씀을 받아들임과 헌신에 관한 노래
- 기쁨의 응답송(예를 들면, 복음서 낭독 후에 "영광송"을 노래한다)
- 말씀에 대해 논하는 영상물
- 예언자적인 말[16]
- 증언을 통해 그날의 본문에 성도가 참여함
- **권면[17]**
- 본문을 반영하는 독창이나 회중 노래
- 본문을 반영하는 시, 드라마, 해석이 담긴 춤 혹은 다른 예술적 표현

다시 말하지만, 할 수 있는 것들은 무한하다. 문제는, 예배 공동체가 하나님은 진리를 계시하시고 공동체는 그것에 응답할 수 있도록 말씀 예전에서 시간을 들이는가 하는 것이다. 말씀 예전과 함께 잘 개발된 시간은 예배자로 하여금 말씀하시는 하나님께 계속 귀를 기울이고, 하나님이 원하시는 응답을 심사숙고하도록 권한다.

---

16 오순절 전통의 예배자들은 때로 하나님의 말씀을 읽고 설교하는 것과 연계해서 예언을 경험할 것이다.

17 감리교 지도자인 John Wesley는 권면을 특별히 좋아했다. 그는 권면 사역을 영국의 감리교도들을 위한 설교 예전의 필수적인 부분으로 포함시켰다. 그는 이 사역을 중요하게 여겨서 공식 권면자들에 대한 기준을 개발했다. 이렇게 해서 인정된 사람들만 회중에게 설교의 말씀대로 살도록 즉각적인 적용으로 권면할 수 있도록 허락했다. Wesley는 여자들에게 권면자가 될 수 있도록 했는데, 이것은 여자 설교자를 승인하는 길을 닦는 결과가 되었다. Stephen Tomkins, *John Wesley: A Biography*(Grand Rapids: Eerdmans, 2003), 159-60을 참조하라.

2) 말씀 예전 요소들의 순서를 어떻게 정하는가?

많은 교회들에게 있어, 말씀 예전에서 설교 외의 다른 예배 행위를 생각하는 것이 이상해 보일 것이다. 그러나 역사적으로 보면, 설교는 기도, 찬송, 신앙고백 등 외에도 기타의 것들에 둘러싸여 있다. "말씀을 받아들임"[18]과 "말씀을 확증함"[19]을 통해 예배자들을 참여하도록 권한다면 하나님과의 대화가 얼마나 풍요롭게 될지를 생각해 보라. 예배의 이 부분에서는 성경 낭독과 설교가 두드러진다. 그 외의 예배 행위들은 그것을 지원한다. 인도자는 말씀을 예배자들에게 맞추는 것이 아니라 예배자들이 자신들을 말씀에 맞추도록 돕는 요소들을 선택해야 한다.

한 학생이 자신이 여름 캠프에 가있는 일주일 동안 "매일 밤 짧은 메시지가 있었는데, 회중이 찬송한 노래와 일치"해서 기뻤다고 얘기 한 적이 있다. 때로 우리는 성경 말씀을 우리의 예배 계획에 억지로 맞추려고 하는데, 그보다는 낭독되고 선포되는 하나님의 말씀을 들을 수 있도록 사람들을 돕는 참여적인 예배 요소들을 찾고 사용하는 데 열중해야 한다. 하나님과 공동체 간의 대화의 구성을 어떻게 시작해야 하는가? 다음은 몇 가지 고려사항이다.

> ① **설교에 사용되는 성경 본문을 생각하라.** 그 본문을 읽고 묵상하라. 그 말씀을 연구하고 그것으로 기도하라.

---

[18] 예로서 복음서를 읽고 난 후에 "주를 찬양합니다"라는 환호성이나, 낭독자가 "하나님의 말씀입니다"라는 말에 회중이 "하나님께 감사합니다"라는 응답이 있다.

[19] 예로서 설교의 끝에 회중이 "아멘"을 하거나, 성경 말씀 낭독 후에 "여호와의 모든 말씀을 우리가 준행하리이다"(출 24:7) 혹은 "이 말씀을 듣고 행하는 모든 사람은 반석위에 집을 지은 지혜로운 사람 같으리라"(마 7:24을 개작) 혹은 "귀 있는 자는 성령이 교회들에게 하는 말씀을 들을지어다"(계 2:7)와 같은 말을 할 수도 있다.

② **설교의 주요 요점을 생각하라.** 가능하다면, 설교자에게 주요 요점을 받고, 한두 문장으로 요약해 달라고 부탁하고, 그후 설교에 직접 관련된다고 생각되는 노래, 기도 혹은 그 외의 예배 행위들의 간단한 목록을 만들라.

③ **참여를 생각하라.** 예배자들이 말씀에 다가가고, 설교를 듣고, 하나님의 말씀을 이해할 수 있도록 하나님께 도움을 청하는 일에 어떻게 참여하게 할 수 있을지 생각하라. 예배자들에게 예배라는 일(the work of worship)을 하게끔 만드는 행위들을 활용하라.

④ **대화를 생각하라.** 대화를 유지해야 함을 기억하라. 하나님의 메시지가 대화의 주요한 부분을 형성하지만, 설교로 인도해 가거나 설교로부터 인도해 내는 대화들, 곧 예배의 이 부분이 대화적이 되도록 유지하는 데 잘 어울리는 대화들이 언제나 있다.

⑤ **다양성을 생각하라.** 창의성을 발휘할 수 있는 것들이 놀랄 정도로 많다. 예를 들면, 조명 기도(prayer of illumination)는 성경 말씀, 노래 혹은 예전 춤(liturgical dance)의 형태로 할 수 있다. 선택은 당신에게 달렸다. 이 기도에 관한 세 가지 아이디어를 다음에 제시한다.

(1) 예 1

이 성경 말씀으로 기도하라. "(우리의) 반석이시요(우리의) 구속자인 여호와여 내(우리) 입의 말과(우리) 마음의 묵상이 주님 앞에 열납되기를 원하나이다"(시 19:14).

(2) 예 2

조명 기도로 "내 눈을 떠서"(Open My Eyes, Lord)를 부른다(찬송가에서 "주 예수 해변서"[Break, Thou, the Bread of Life] 또는 "어두운 내 눈 밝히사" [Open My Eyes That I May See]를 참조하라).

(3) 예 3

청년들이, "주의 말씀은 내 발의 등이요"(Thy Word Is a Lamp unto My Feet)라는 노래의 해석이 담긴 동작을 통해 기도할 수 있다.

왜 말씀 예전이 늘 똑같아야만 하겠는가? 말씀 예전의 목표에 충실하면서 할 수 있는 것은 다양하다. 그것은 여러 스타일로 할 수 있다.

3) 말씀 예전을 효과적으로 인도하기

사람들은 그들이 인도되는 방식에 따라서 응답한다. 활력은 활력을 낳기 쉽고, 무기력은 무기력으로 돌아온다. 말씀 예전을 효과적으로 인도하기 위해, 인도자는 말씀 예전의 목적에 맞는 태도를 보여야 한다. 인도자는 다음과 같이 해야 한다.

- 이 예배 행위들을 인도하는 데 있어서 따뜻하고 마음이 끌리게 하라.
- 기도하는 모습을 보여야 한다.
- 생각이 깊고 묵상하는 태도를 보여야 한다.
- 오만하지 않고 "목회적인" 마음을 가지고 지도해야 한다.
- 표현력 있게 성경 말씀을 읽어야 한다.

활력이 없는 것과 은은한 것을 혼동하지 말라. 예배 인도자는 예배의 모든 부분을 열정을 가지고 인도해야 한다. 그러나 말씀 예전은 축제라기보다는 묵상의 시간이다.

6. 적용

말씀 예전에서 예배 건축가의 리더십 전문 기량을 확대할 수 있도록 리더십의 두 가지 측면에 대해 언급하고 이를 적용하도록 할 것이다.

첫째, 성경 낭독하는 법을 설명하고 연습할 것이다.

둘째, 예배 전체에서 성경 말씀을 사용함으로써 예배를 강화하는 법을 논의하고 연습할 것이다.

1) 성경 말씀 낭독하기

예배 인도자의 주요 역할 중 하나는 성경 말씀 낭독이다. 듣는 이들을 위해 말씀을 낭독하는 것은 특권이요 책임이다. 혼자서 조용히 읽는 것은 다른 이야기이다. 왜냐하면 단어를 잘못 읽거나 표현력 없이 읽어도 형편없는 결과가 나타나지 않기 때문이다. 그러나 예배 시간에 다른 사람들을 위해서 큰 소리로 하나님의 말씀을 전달하며 성경 말씀을 읽기로 했다면, 그것은 준비와 연습을 감수해야 하는 도전을 수락한 것이다.

부실하게 준비해서 더듬거리며 읽는 낭독자는 예배자들의 주의를 산만하게 할 뿐만 아니라 하나님 말씀에 대한 모독이 된다. 게으르고 교만한 사람들만이 합당한 준비 없이 성경 말씀을 낭독하려고 할 것이다. 잘 준비한 낭독자는 예배자들에게 본문을 참되게 들을 수 있는 가능성을 높여 준다. 예배에서 성경 말씀을 낭독하는 것은 힘든 일이다. 그러므로 하나님과 다른 사람들을 섬기는 수단으로 여기고 그 도전에 응하라. 당신이 이 일에 시간을 들이고 훈련하기가 부담스럽다면, 다른 사람이 하도록 하라.

당신이 성경 말씀 낭독의 기쁨과 책임을 받아들이고자 한다면, 자신을 교회 역사에서 낭독자로 섬겼던 수많은 사람 중의 한 사람으로 여기라. 낭독자는 다음 세 가지 훈련에 전념한다.

첫째, 그들은 말씀이 그들 안에 자리 잡도록 하기 위해 그들이 낭독할 성경 말씀으로 기도한다.

둘째, 그들은 보다 효과적으로 낭독할 수 있도록 그 본문을 이해하기 위해 말씀을 철저히 연구한다.

셋째, 그들은 전달력을 향상시키기 위한 평가를 위해 다른 사람들 앞에서 그들의 기량을 연습한다.[20]

낭독에 있어 숙달해야 할 중요한 일이 두 가지가 있는데, 하나는 성경 본문을 준비하는 것이고, 다른 하나는 성경 본문을 전달하는 것이다.

(1) 성경 본문 준비하기

성경 본문을 큰 소리로 낭독하기 위한 준비를 할 때, 듣는 사람들이 인쇄된 분문을 가지고 있지 않은 것으로 여기고 하라. 이것을 염두에 두고 결정이 이루어져야 한다. 왜냐하면 말씀을 **듣는 것**과 말씀을 **읽는 것**은 다르기 때문이다.

낭독할 성경 본문을 준비하며, 다음과 같이 해 보라.

---

20 Robert E. Webber, *Planning Blended Worship: The Creative Mixture of Old and New*(Nashville: Abingdon, 1998), 96.

① **기도로 시작하라.** 예배에서 낭독될 성경 본문을 준비할 때, 그것은 일종의 해석에 참여하고 있는 것이다. 성경 본문의 뜻을 파악하도록 성령께 도움을 구하라. 그 뜻을 "정확하게" 파악할 수 있을지 그렇지 못할지에 대해 지나치게 걱정하지 말라. 사실, 성경 본문 낭독이 원래 어떻게 일어났는지 우리는 정확히 알 수 없다. 왜냐하면 우리는 그곳에 있지 않았기 때문이다. 하나님을 신뢰하고 여유를 가져라.

② **성경 본문의 구조를 이해하라.**[21] 성경 본문이 어떻게 구성되어 있는지에 대해 할 수 있는 대로 모든 것을 연구하라.[22] 구조 이해에는 적어도 다음 몇 가지가 포함된다.

- 문학 형식을 알아내라. 이 본문이 이야기, 시, 담화, 비유 혹은 다른 형식인가?
- 본문의 주요 부문을 알아내라.
- 문맥을 파악하라. 성경 본문 앞뒤에 어떤 것이 있는가? 누가 누구에게 썼나? 언제 어디서 썼나? 목적은 무엇인가?
- 어조, 방향, 장소, 인물 등의 변화를 알아내라.

회중과 이런 정보를 나누지는 않을 것이지만, 이런 지식을 갖고 있으면 보다 나은 낭독에 큰 영향을 미칠 것이다.

---

21 나는 이 부분에서 프린스턴신학교의 은퇴 교수인 Charles Bartow에게 많은 도움을 받았다. 나는 수년 동안 가르치면서 그의 책 *Effective Speech Communication in Leading Worship*(Nashville: Abingdon, 1988)을 사용했다.

22 귀납적 성경 연구에 대한 기본서들이 특별히 도움이 될 것이다.

③ **원고를 준비하라.**

- 성경 본문을 넉넉하게 타이프해서 충분히 표시를 해 놓을 수 있도록 하라. 인터넷 자료에서 어떤 번역이든지 직접 내려 받아도 된다.
- 효과적으로 표현하기 위해서 구두점, 연결된 단어, 괄호 안의 표현 등에 대해 생각하라. 어떤 사고의 단위(units of thought)를 말하기를 바라는가?
- 필요하면 구두점을 변경하라. 문서에는 읽을 때 이해를 돕기 위해 필요 한 구두점이 사용된다. 그러나 모든 구두점이 낭독을 위해서 있는 것은 아니다. 큰 소리로 읽을 때 구두점을 자유롭게 변경하라. 무엇과 무엇이 관계가 있는가 하는 것이 주된 문제이다. 성경 본문이 제대로 **들리도록** 하기 위해서는 어떻게 하는 것이 맞는가?
- 강조하고 싶은 단어나 구를 결정하라. 다음을 주의하라. 적을 수록 좋다. 지나치게 하지 말라! 힘주어 말하거나, 잠시 멈추거나 억양을 사용하는 것 같은 다양한 방법으로 강조할 수 있다.
- 낭독의 각 부분에 대한 속도를 정하라. 분문의 어디에서 속도를 늦추어 읽어야 하는가? 어디에서 속도를 빠르게 하는 것이 자연스러운가? 대부분의 본문에는 때때로 "속도"의 변화가 있다. 속도의 변화를 찾아서 그에 맞추어 읽으라.
- 본문에서 암기해야 할 것이 있는지 결정하라. 효과를 내기 위해서 사람들을 보면서 할 수 있도록 암송해야 할 단어나 구가 있는가?

④ **본문에 관해 다음과 같은 중요한 질문을 하라.**

- 본문을 명확하게 만드는 것은 무엇인가? 두드러진 주된 생각, 주제, 테마가 있는가?
- 주제가 상세하게 논의되고 있는 부분이 있는가? 즉, 생각이 확장되고 있는 주된 주제가 있는가? 그렇다면, 어떤 것이 주된 주제이고 어떤 것이 그 주제의 확장인지 명확한가? 대조되는 것이 있는가? 그렇다면, 대조가 **들려질** 수 있도록 읽으라.
- 사건의 본질은 명확한가?

당신이 이해하기 쉬운 표시를 해두라. 즉, 굵은 글씨, 밑줄, 큰 글씨, 잠시 멈춤 표시(//)를 사용하거나, 글자에 원을 그리거나, 형광펜 등을 사용하라. 다만 즉시 그 의미를 알아내지 못할 정도로 표시를 너무 많이 해 두지 않도록 조심하라.

(2) 성경 본문 전달하기

이제 실제로 큰 소리로 성경 본문 낭독을 시작한다. 종이에 써 놓은 성경 본문에 효과적으로 표시를 해 두었어도, 당신이 연사(speaker)의 역할을 하는 것으로 여기지 않으면 당신은 그것을 전달할 준비가 되지 않은 것이다. 큰 소리로 낭독하는 것은 일종의 공연이다.

당신은 의사를 전달하는 사람이다. 연극의 메시지를 전달하는 배우나, 음악의 메시지를 전달하는 독창자처럼, 당신의 역할은 성경 본문을 전달하는 것이다. 다시 말하지만, 당신이 사람들에게 말씀을 **읽어줄** 때 그들이 그 말씀을 **듣도록** 돕는 것이 당신의 과제임을 기억하라.

효과적으로 낭독할 수 있도록 다음에 제안하는 방법을 시도해 보라.

① **성경 본문을 혼자서 크게 읽으라.** 다른 방법으로 말하는 것을 실험해 보라.

② **천천히 분명하게 읽으라.** 가장 잦은 실수 중 하나는 너무 빨리 읽는 것이다. 천천히 하라. 좀 더 천천히 하라.

③ **힘 있는 음성으로 읽으라.** 듣는 사람들은 본문의 각 단어들을 듣지 못하면 불만스러워 한다.

④ **표현력 있게, 그러나 너무 과하지 않게 읽으라.** 표현력이 지나친 것은 표현력이 없는것 만큼 문제가 된다. 목표는 자연스럽게 들리면서 흥미롭게 성경 본문을 해석하는 것이다.

⑤ **평상시와 다른 목소리로 읽지 말라.** 때로 낭독자들이 무심코 인위적인 "거룩한" 목소리로 급변한다. 그렇게 하지 말라. 사람들은 이것을 거짓으로 들을 것이다.

⑥ **문장 전체를 염두에 두고 읽으라.** "한 단어 한 단어"를 읽어가는 사람이 많다. 그들은 단어들이 독립된 것처럼 읽는다. 그렇게 하지 말고, 각 구(phrase)가 끝나는 지점을 미리 알아 두고, 구가 끝나는 곳을 염두에 두고 읽으라. 그렇게 하면 목적지로 부드럽게 계속 밀고 나아갈 수 있을 것이다. 구는 균등하게 들리는 단어들의 연속이 아니라 단위별로 들리게 해야 한다.

⑦ **낭독을 어떻게 시작하고 어떻게 끝낼지 결정하라.** 각 구마다 장황한 배경 설명을 하는 사람들이 많다. 그것은 불필요한 일이다. 우리의 모토를 다시 말하자면, 적은 것이 좋다! 성경 낭독 소개에 대한 클래이튼 슈미트(Clayton Schmit)의 세 가지 제안을 아래에 추천한다.[23]

---

23 Clayton J. Schmit, *Public Reading of Scripture: A Handbook*(Nashville: Abingdon,

- 짧게 하라.
- 꼭 필요한 것만 말하라.
- 소개하는 것이 언제 필요하고 언제 필요하지 않은지 배우라.

낭독 소개의 표준은 단순히 성경 본문을 알리는 것이다. 다음의 두 예를 참조하라.

- "구약 성경 예레미야 1장 1절부터 10절까지입니다. 하나님의 말씀을 들으십시오."
- "성경 말씀은 바울의 로마서 8장 31절부터 39절까지입니다. 하나님의 말씀을 들으십시오."

낭독을 끝맺는 말을 하는 것이 도움이 된다.

- "하나님의 말씀입니다"라고 말하고 사람들은 "하나님께 감사드립니다"로 응답한다.
- "풀은 마르고 꽃은 떨어지되"라고 말하고 사람들은 "오직 주의 말씀은 세세토록 있도다" 하고 응답한다(참조, 벧전 1:24-25).

"주께서 주의 거룩한 말씀의 낭독에 주의 복을 더하시기를"이라는 전통적인 끝맺음 말은 추천하지 않는다. 왜냐하면 말씀은 이미 복되기 때문이다.

2002), 58.

⑧ **주요 동사와 명사를 강조하면서 해석이 된 것처럼 읽으라.**
⑨ **본문의 대부분에 당신의 자연스럽고 절제된 목소리를 사용하라.** 끝까지 사용하는 어조(voice tone)에 유의하라. 화나거나, 거칠거나, 숨소리가 섞인 소리를 내지 않도록 하라. 분문에 어조의 변화가 있어야 할 때는, 분문이 말하는 것과 어조가 일치되도록 주의하라. 어조에는 말 못지않은 전달력이 있다. 그러므로 의도적으로 어조를 사용하라.
⑩ **낭독하는 중에 해설을 하지 말라.** 당신의 생각이나 정보를 더하기 위해 낭독하는 것을 중단하지 말라. 낭독 그 자체의 가치로 역할을 감당하게 하라. 하나님의 말씀은 낭독자의 아무런 도움 없이도 충분하다.
⑪ **낭독대(lectern)나 설교단에 서 있을 때는, 구부정한 자세로 있지 말고 두 발에 균등하게 힘을 주고 서라.** 편안하게 보이도록 하라. 낭독대에 기대지 말라. 두 팔은 낭독대 위 원고 양 옆에 자연스럽게 놓으라. 손을 주머니에 넣지 말고, 뒷짐 짓는 행동 등을 하지 말라.
⑫ **낭독하면서 껌을 씹지 말라.**
⑬ **본문을 해석한다고 팔로 제스처를 하지 말라.** 이것은 방해만 될 뿐이다. 낭독대나 설교단에서 읽지 않을 때는, 성경을 눈높이로 들라. 한 손으로 책의 등을 부드럽게 잡고 뒷면을 견고하게 잡으라. 다른 손은 펼쳐진 면의 밑 부분에 두라.
⑭ **인지(pointer finger)를 사용하여 어디를 읽는지 알게 하라.**
⑮ **예배자들을 최소한으로만 쳐다보거나 전혀 보지 말라.** 왜냐하면 (1) 그들은 당신이 낭독하고 있는 것을 알고 있으므로 자신들이 아니라 말씀을 보고 있을 것으로 생각하며 (2) 고개를 들면

읽는 곳을 놓칠 위험이 있기 때문이다.

(3) 추가 고려사항

다음은 가능한 확실히 준비하기 위해 생각해 볼 몇 가지 사항이다.

① **교회에 비치된 성경 번역이나 회중 대부분이 갖고 다니는 번역으로 읽으라.** 주보의 간지나 화면으로 보이는 성경 말씀과 일치하는 번역을 사용하도록 확실히 하라. 다른 번역을 사용하기 원하면, 그런 사실을 표명하라.

② **어디에서 읽을지 결정하라.** 낭독대에서, 설교단에서, 성경을 들고 강단 중앙에서 혹은 뒷 발코니 등에서 읽을 수도 있다. 어떤 전통에서는 복음서는 예배당 중앙 통로, 즉 백성 가운데서 읽는다. 이것은 예수님의 말씀이 우리 제자도의 중심이고, 주의 임재가 우리 가운데 참으로 있음을 상징하는 것이다. 어느 곳이든지 낭독하는 공간에 대해 마음을 편안히 가지라. 조명은 충분한가? 낭독대가 너무 높을 경우, 올라서서 읽을 수 있는 작은 계단이 있는가? 혹은 그 위에 서면 당신이 보이는가?

③ **마이크가 필요한지 결정하라.** 필요하다면 음향 관리자를 찾아서, 사람들이 모이기 전에 음향을 점검하라.

④ **성경책은 하나님 말씀의 강력한 상징이므로, 당신이 준비한 원고를 성경책 안에 가지런히 놓으라.** 이렇게 하면 상징의 힘을 유지하면서 당신의 원고를 유익하게 사용할 수 있게 한다. 작은 접착 용지를 사용하면 원고를 제자리에서 움직이지 않게 하고 떼어냈을 때 성경책을 손상시키지 않는다. 그 외의 방법은 큰 글자 성경을 사는 것이다. 종이에다 본문을 준비한 후, 표시해 놓

은 것들을 큰 글자 성경에 옮겨 예배에서 읽을 수 있도록 한다.

⑤ **성경 말씀 낭독 때 경의의 표시로 예배자들이 일어서는 것이 자유교회 전통에 속한 사람들에게 점점 일반적인 일이 되고 있다.** 이것은 오래된 교회 전통이다. 그러나 복음서를 읽을 때만 일어서는 것이 역사적인 관습인데, 이것은 특별히 그리스도의 말씀, 즉 참된 제자도로 예수님을 따르는 것에 대한 말씀의 중요성을 나타내고자 하는 것이다. 그렇게 하는 것이 복음서가 성경의 다른 부분보다 더 감동을 받았다고 말하는 것은 아니다. 그보다는, 그리스도의 말씀이 우리 삶에 끼치는 직접적인 영향력으로 인해 그 말씀에 대한 기억을 특별한 방법으로 존중하는 것이다.

(4) 진실성 점검(Integrity Check)

공동 예배에서 성경 본문을 준비해서 전달하는 일을 책임감 있게 할 수 있도록, 다음을 질문해 보라.

- 나는 이 말씀을 책임 있게 해석하고 있는가?
- 나 자신이 이 말씀에 적절하게 반응하고 있는가?
- 나는 온 마음을 다해 말씀을 다루는가?
- 나는 이 예배 행위를 통해 하나님이 그분의 백성을 인도하셨던 방식을 따라 그들을 인도하고 있는가?
- 나는 말씀 준비에 대한 신뢰성을 위해 지식 있는 사람에게 보여주었는가?

(5) 창의적인 낭독 아이디어

간단하게 그냥 읽는 것이 가장 좋지만, 성경 본문을 전달하는 데 사용할 수 있는 다른 방법들이 많이 있다. 다음에 몇 가지를 소개한다.

- 교독한다. 회중과 함께 교대로 같은 목소리를 내면서 읽는다.
- 낭독자는 강단에 서지 않고 목소리만 들리게 한다.
- 연령대로 나누어서 읽는다. 어린이들도 낭독할 수 있고, 또한 그렇게 할 수 있도록 준비시켜야 한다. 노년층이 보통 간과되고 있다. 당신이 틀에 박혀서 특정 연령대만 낭독하도록 하는지 그간의 목록을 가지고 알아보라.
- 성별이나 인종 구별이 없이 낭독하게 한다. 낭독자들의 목소리의 고저나 억양의 변화는 듣기에 흥미롭다. 무엇보다도 이것은 예배자들 중에서 간과되었던 사람들을 초청하는 포괄적인 (inclusive) 행동이다.
- 낭독하는 동안에 성경 말씀을 무언으로 극화한다.
- 낭독극(readers' theater)을 활용한다. 낭독자들이나 낭독자 그룹으로 나누어서 읽는다. 강단 위에서 하지만, 실제로 연기를 하지는 않는다.
- 회중이 한 목소리로 읽는다.
- 낭독하는 동안 예전 춤(liturgical dance)으로 성경을 해석한다.
- 스토리텔링을 사용한다.[24]

더 많은 방법들이 있지만, 이런 것들로 시작해보자.

---

24 우리의 문화가 포스트모던적인 표현에 가까워질수록 성경 말씀을 제시하는 데 있어 다양한 예술 형식이 더 중요하게 될 것이다.

2) 예배를 말씀으로 충만하게 하기

말씀 예전 인도를 위한 또 다른 적용은 성경 말씀을 예배의 전 과정에서 예배 행위의 내용으로 사용하는 것이다. 성경 낭독과 설교가 예배에서 성경이 하는 역할의 전부가 아니다. 성경은 예배에서 우리가 말하고, 노래하고, 기도하는 것의 많은 부분의 내용이 되어야 한다. 적절하게 그렇게 될 때, 예배의 처음부터 끝까지 성경 말씀이 배어있게 된다. 성경 말씀이 예배의 모든 것의 기초를 형성한다.

러셀 미트맨(Russel Mitman)[25]은 예배 인도자들에게 "유기적 예전" (organic liturgy), 즉 그날의 성경 말씀으로 이루어진 예전 행위를 개발하라고 도전한다. 그는 "설교와 같은 개인적 행위들은 성경 본문을 다룸으로써 생겨나서 설교와 예전을 통해 상호작용으로 인한 **레이투르기아** (*leigourgia*), 즉 문자적으로 말하면 예배 공동체의 일이 가능하게 된다"고 믿는다.[26] 그는 단지 설교만이 아니라 **모든** 예전이 말씀을 선포하고, **모든** 예배는 말씀의 사건이라고 주장한다.[27]

우리는 설교의 기초를 이루는 본문들을 전 예배 과정에서 하나님과의 대화를 진행시키게 돕도록 사용할 수 있다. 그것들을 사용해서 우리는 "전 예배가 공통된 경험이 될 수 있고, 설교적이고 예전적인 표현들은 **똑같은 본문**의 전이(transposition)가 되어야 함을 확증한다."[28] 이것이 어떻게 성취되는가? 미트맨은 다음과 같이 대답한다.

---

25 나는 Russell Mitman에게 엄청난 도움을 받았다. 삶을 변화시키는 그의 책 *Worship in the Shape of Scripture*(Cleveland: Pilgrim, 2001)는 내가 예배를 보는 방법에 큰 영향을 끼쳤다. 이 부분은 이 책에서 많은 것을 가져왔다. 이 책을 강력히 추천한다.

26 Ibid., 33.

27 Ibid., 16.

28 Ibid., 59.

예배 인도자의 역할은 한쪽 귀로는 본문이 말하는 것을 듣고, 다른 쪽 귀로는 공동체가 말하는 것을 들으며, 한 눈은 본문에 초점을 맞추고, 또 다른 한 눈은 공동체의 모습들을 살펴서, 본문이 공동체의 예전 행위에 고정되어 하나님이 지금 그 공동체를 위해서 하나님의 말씀하시는 방식이 되도록 하는 것이다.[29]

예배로의 부름, 기원, 헌금 기도, 연도 등에 본문 말씀을 사용하는 일에 직면하게 된다. 우리가 어떻게 더 잘 할 수 있겠는가? 예배 인도자로서의 우리의 소명은 성경 말씀을 우리 공동체에게 하나님과의 대화의 진수를 제공할 수 있는 것으로 바꾸어 놓는 것이다. 다음은 성경 본문을 예전 행위로 바꾸기 위한 미트맨의 실천 지침이다.[30]

① 지정된 본문들과 함께 시간을 보내라.
② 기도하고 분별력을 구하라.
③ 본문들에 관한 질문을 하라.
④ 초점을 좁혀라. 주요 본문을 결정하라. 이 목적을 위해 무리하게 너무 많은 본문을 사용하지 말라.
⑤ 성경 말씀을 큰 소리로 읽으라.
⑥ 읽으면서 쓰라. 당신의 전이가 회중이 큰 소리로 말하게 될 것에 적합하도록 확실히 하라.
⑦ 파토스(pathos)를 찾으라. 각 본문마다 감정이 있다. 당신의 예전 전문에 그것을 담아내라.

---

29 Ibid., 57.
30 Ibid., 84.

⑧ **하나님을** 말하는 것이지 하나님에 **대하여** 말하는 것이 아님을 분명히 하라.

이 제안에 몇 가지를 더 추가한다.

⑨ 너무 신학적이거나 길고 복잡해서 일반 회중이 의미를 알지 못하거나 더듬거리며 발음하게 될 말을 사용하지 말라. 회중 대부분이 다룰 수 있는 용어에 대한 기대를 낮추어야 한다.
⑩ 어느 정도 자유를 가져라. 본문이 있는 그대로 적합한 경우가 드물 것이다. 본문의 진실성(integrity)을 유지하면서 시적 자유(poetic license)를 사용해서 다른 말로 바꾸라.
⑪ 예를 들어, 지시하려는 저의를 가지고 성경 본문을 사용하지 말라. 가능한 본래의 사용에 가깝게 하도록 하라.
⑫ 회중이 사용하도록 인쇄할 경우는, 논리적으로 맞는 곳에서 단락을 구분하라. 화면이나 종이에서 줄의 마지막에 쓸 수 있는 공간이 있는지 없는지에 대한 걱정을 줄이라. 그 대신에, 가능하면, 전 단락을 함께 실어라. 이것이 읽는 것을 용이하게 한다.

다음의 몇 가지 예는 유기적 예전, 즉 예배 요소로 사용하기 위해 바꾸어 놓은 성경 본문이다.

(1) 조명 기도(엡 3:18-19)
오, 하나님, 주의 능력으로 모든 성도와 함께, 지식에 넘치는 그리스도의 사랑의 너비와 길이와 높이와 깊이를 깨달아, 우리가 주의 충만하심으로 가득하게 하소서. 아멘.

(2) 예배로의 부름(시 24:1-4, 교독)

땅과 거기에 충만한 것과
세계와 그 가운데 사는 자들은 다 여호와의 것이로다.
여호와께서 그 터를 바다 위에 세우심이여
강들 위에 그것을 건설하셨도다.
여호와의 산에 오를 자가 누구며
그의 거룩한 곳에 설 자가 누구인가.
곧 손이 깨끗하며 마음이 청결하며
뜻을 허탄한 데에 두지 아니하며
거짓 맹세하지 아니하는 자로다.

(3) 봉헌의 말씀(시 50:14)

감사로 하나님께 제사를 드리며
지존하신 이에게 네 서원을 갚으라.

(4) 기도로의 부름(시 32:6)

모든 경건한 자는 주께 기도할지라.
환난의 때에, 홍수가 범람할지라도 그에게 미치지 못하리라.

7. 결론

이 적용의 요지는 하나님의 말씀으로 우리 예배를 풍성하게 하는 것이다. 성경 말씀을 이런 식으로 사용하지 않고 있다면, 유기적 예전을 점차적으로 추가해서 예배에서 말씀 낭독을 늘려가라.

모든 예배 행위가 성경 말씀에 기초해야 한다는 것을 의미하는지 그렇지 않은지에 대해 질문이 불가피하게 될 텐데, 그 질문에 대한 나의 대답은 "그렇지 않다"이다. 예배를 인도하는 데 있어 즉흥적이거나 독창적인 말을 해야 할 때가 있다. 그러나 나는 예배의 전 과정에서 성경 말씀 사용을 늘리는 것을 지지한다. 그리고 그것이 다른 어떤 것들보다 하나님과 우리의 대화를 위한 주된 내용으로서의 역할을 더 잘 할 것이라 믿는다.

하나님은 말씀하셨다. 우리는 어떻게 반응해야 하는가? 다음 두 장에서 답을 찾아보자.

8. 주요 용어

권면(exhortation). 신실하게 그리스도인의 삶을 살도록 격려/훈계하는 사역.

낭독대(lectern). 낭독자가 예배를 위해 성경 말씀을 낭독할 때 받쳐주는 대.

성구집(lectionary). 공적 예배의 말씀 낭독과 설교 본문을 명시한 체계적인 성경 구절 목록.

낭독자(lector). 공적 예배를 위해 지정된 성경 말씀을 큰 소리로 낭독하는 사람.

9. 참고 문헌

Byars, Ronald P. *What Language Shall I Borrow? The Bible and Christian Worship*. Grand Raplds: Eerdmans, 2008.

Hartjes, Jack. *Read the Way You Talk: A Guide for Lectors*. Collegeville, MN: Liturgical Press, 2004.

Hendricks, Howard G., and William D. Hendricks. *Living By the Book*. Chicago: Moody, 1991.

Meagher, Virginia, and Paul Turner. *Guide for Lectors*. Chicago: Liturgy Training Publications, 2007.

Mitman, F. Russell. *Worship in the Shape of Scripture*. Cleveland: Pilgrim, 2001.

Mulholland, Robert. *Shaped by the Word: The Power of Scripture in Spiritual Formation*. Nashville: Upper Room, 1985.

Old, Hughes Oliphant. *The Reading and Preaching of the Scriptures*. Grand Rapids: Eerdmans, 1998.

Perry, Michael, ed. *The Dramatized New Testament*. Grand Rapids: Baker Book, 1993.

Reinstra, Debra, and Ron Rienstra. *Worship Words: Discipling Language for Faithful Ministry*. Grand Rapids: Baker Academic, 2009.

Rosser, Aelred R. *A Well-Trained Tongue: Formation in the Ministry of Reader*. Chicago: Liturgy Training Publications, 1996.

Schmit, Clayton J. *Public Reading of Scripture: A Hadnbook*. Nashville: Abingdon, 2002.

Staudacher, Joseph M. *Lector's Guide to Biblical Pronunciations*, updated. Huntington, IN: Our Sunday Visitor, 2001.

∞

참여하기

예배 인도자들과 협력해서 이 장의 마지막 부분에 있는 제안을 사용하여 유기적 예전을 만들어보라.

1. 시편 25편에서 몇 절을 선택해서 회개 기도를 만들어보라.
2. 베드로전서 2:24을 사용해서 사죄의 확신의 말씀을 만들어보라.

THE WORSHIP ARCHITECT

6 ◆ 세 번째 내력벽

주의 식탁

탐구하기

6장을 읽기 전에, 예배 인도자들의 그룹을 만들어서 다음의 지시/질문에 답해 보라.

1. 당신에게 특별한 의미가 있었던 성찬식 경험을 자세히 기술해 보라. "누가, 언제, 어디서, 무엇을, 어떻게, 왜"를 사용하여 그 의미를 기술하라.
2. 당신의 교회에서 성찬식을 어떻게 하는지 기술해 보라. 얼마나 자주 하며, 어떤 방식으로 하며, 그리고 성찬식의 통상적인 분위기는 어떤가?
3. 당신의 교회에서 하는 성찬식을 한 단어로 표현해 보라.
4. 성찬식에서 바꾸고자 하는 한 가지가 있다면, 어떤 것인가? 왜 그런가?

이 질문들을 계속 생각하면서, 이제 6장을 읽으며 생각의 폭을 더 넓혀 보자.

대화가 진행되고 있다. 사람들은 하나님의 초청으로 예배하러 모였다. 하나님은 성경 말씀 낭독과 설교를 통해 메시지를 전달하셨다. 이제 하나님은 언약 백성이 응답하기를 기다리신다. 어떻게 해야 할까? 기독교(동방 교회와 서방 교회 모두)의 처음 16세기 동안, 주의 식탁에서 성찬을 받는 것이 말씀에 대한 규범적인 응답이었다. 성경적, 신학적, 역사적으로 말해서, 예배의 세 번째 움직임은 주의 식탁으로 나와 설교된 말씀에 응답하는 의식이다.[1]

1세대 그리스도인들은 예수님이 돌아가시기 전날 밤에 제정하신 성찬식을 적어도 매주 행했다. 더 정확히는, 그들은 "날마다" 만날 때마다 빵을 떼고, 잔을 들었다(행 2:46. 참조, 행 2:42; 고전 11:20). 그들은 하나님이 그리스도 안에서 그들을 위해서 행하신 일에 대한 응답으로서 그렇게 했다. 왜냐하면 예수님은 식탁의 행위를 자신의 죽음과 부활에 비추어 해석하셨기 때문이다(눅 22:14-20). 우리가 주의 식탁으로 나올 때, 우리는 우리의 선배들처럼, 하나님이 예수 그리스도 안에서 자신을 내어주심에 대한 우리의 감사를 재현할 수 있다. 우리는 상징과 행위를 통해서 복음의 이야기를 효과적으로 극화한다. 말씀 예전에서 이루어지는 선포의 내용은 역사를 통해 우리에게 행하신 하나님의 위대한 구원 행위이다. 즉, 복음의 메시지를 전달하기 위해 말이 사용되었다.

성찬 예전에서 우리는 똑같은 복음의 메시지를 우리의 감각, 극화된 행위, 상징적 제스처를 사용해서 전달할 기회를 갖는다. 주의 식탁에서, 우리는 말씀 예전에서 선포되어 방금 들었던 것을 기억하고, 감사하고,

---

1 성경에서는 빵과 잔에 참여하는 것을 가리키는 용어를 다양하게 사용하는 데, 즉 유카리스트(Eucharist), 주의 만찬(Lord's Supper), 커뮤니온(Communion) 등이 있다. 이 용어들에 대해 이 장에서 논의할 것이다. 나는 이런 의미를 나타내는 말로 식탁(Table)이라는 용어를 사용한다.

기념하도록 초청 받는다. 주의 식탁에서, 우리는 주의 임재를 고백하면서 공동체 안에서 그리스도와의 친밀한 교제의 기회를 갖는다. 그렇다면 정말로 성찬 예전은 말씀 예전에 대한 전형적인 응답이다. 말씀(계시)과 성찬(응답)은 기독교 예배의 핵심을 형성한다는 것을 기억하라.

이 장에서 나는 기독교에서의 성찬의 발전에 관해 역사적인 관찰을 하거나, 성찬에 관한 특정한 신학적 견해를 제시하지는 않을 것이다. 이것들은 여기에서 다룰 수 있는 범위를 넘어서는 일이다.[2]

나의 목표는 예배 건축가가 예배의 요소들을 대화의 부분으로 이해하고 적용하도록 돕는 것이다. 정직하게 말하자면, 나는 성찬에 대한 한 공동체의 신학적 입장에 관계없이, 이것은 여전히 하나님과의 대화에서 가장 관계적인 부분이 되는 것으로 이해하고 있다. 나는 성찬이 예배에서 대화의 일부로서 담당하는 역할과, 그리고 성찬 예전을 어떻게 대화의 주된 부분으로 효과적으로 포함시킬지에 초점을 맞출 것이다.

1. 성찬 예전의 목적

성찬 예전의 목적은 하나님이 성령의 능력을 통해 그리스도를 죽음에서 일으키시고, 악의 권세를 이기시고, 우리에게 용서, 치유, 사랑, 공동체와 세상에서 승리의 삶을 살 능력을 주시는 것에 대한 이야기를 재현하고 기념하는 예배 행위에 참여하는 것이다.

성찬 예전의 예배 행위에서, 우리는 그리스도의 구원의 역사의 복에

---

2 성찬에 대한 신학적, 역사적 기초에 대한 깊은 설명은 이 장의 마지막에 있는 참고 문헌을 보라.

감동적으로 참여하고 성령께서 주시는 힘으로 그리스도와 그리고 다른 성도들과 함께 교제할 기회를 얻는다(고전 10:16). 주의 식탁에서 다시 한 번 대화의 상호교제가 일어난다. 주님이 "이것을 행하여 나를 기념하라"(고전 11:24)고 우리를 초청하신다. 우리의 응답은 환영받은 손님으로 나오는 것이다. 우리를 예배로 초청하시는 분이 하나님이신 것처럼, 우리를 성찬으로 초청하시는 분은 그리스도이시다. 이것은 주의 식탁이기 때문이다. 그리스도께서 돌아가시기 전날 밤 식탁의 주인이셨다.

오늘날 우리가 빵과 잔을 받을 때마다 그리스도께서는 우리의 주인으로서 우리를 접대하신다. 그리고 그리스도께서는 영원한 하나님의 나라 잔치에서 식탁(the table)의 주인이 되실 분이시다(마 26:29).

2. 성찬 예전의 정신

예배에서 성찬 예전의 정신은 여러 방법으로 특징지을 수 있다. 왜냐하면 성찬은 다면적이고 의미가 풍부해서, 공동체적 예배의 가장 거룩한 이 순간에 무슨 일이 일어나는지에 대해 성경이 여러 단어를 사용해서 전달하기 때문이다.

예배의 세 번째 움직임을 개발하도록 돕기 위해, 나는 성경에서 찾을 수 있는 성찬에 대한 가장 일반적인 용어를 설명하고, 각 용어가 성찬 예전의 정신에 어떻게 영향을 미치는지 살펴볼 것이다.[3] 주의 만찬(Lord's Supper), 유카리스트(Eucharist), 커뮤니온(Communion),[4] 이 세 용어를 설

---

3   본서 7장에서 나는 예배 인도자들이 말씀 예전에 대한 대안적인 응답을 디자인하는데 도움이 되도록 이 세 가지 용어를 사용할 것이다.
4   성경 안에(예를 들면, 빵을 뗌) 그리고 교회의 전통 안에(예를 들면, 미사) 다른 용어들

명하고, 각각이 성찬 예전의 정신에 미치는 영향을 제시한다.

주의 만찬은 예수님이 돌아가시기 전에 제자들과 나누신 마지막 식사였던 마지막 만찬으로 돌아가게 한다. 이 식사에서 예수님은 빵과 잔을 모든 성도의 계속되는 의식으로 제정하셨다. 이것은 사복음서에 모두 기록되어 있다. 이 유월절 식사에서,[5] 예수님은 빵과 잔을 새롭게 해석하시면서, 그것들을 새 언약을 대표하는 것으로 말씀하시고, 자신을 기념하면서 빵(주의 몸)을 먹고 잔(주의 피)을 마시라고 제자들에게 명령하셨다(눅 22:14-20). 사도 바울은 초대 교회의 생활에서 주의 만찬(**퀴리아코스 데 이프논**[kuriakos deipnon], 고전 11:20)을 상기하고 확인한다(고전 11:17-34). 주의 만찬의 초점은 그것을 과거의 사건으로 기념하는 것에 있으며, 예배 공동체에게 그리스도의 죽음을 기념할 기회를 제공한다. 이것은 때로 기념 식사(memorial meal)로 불린다.

주의 만찬은 예수님의 고통과 죽음을 기념하는 것에 초점을 맞추기 때문에, 이 의식은 엄숙한 분위기를 시사한다. 정말로, 깊은 묵상과 진지한 분위가 적절할 것이다. 공동체가 성찬을 주의 만찬으로 지키기로 하면, 그들은 보통 이것을 회개의 시간 그리고 예수님의 고통을 개인의 고통과 동일시하는 시간으로 여긴다. 종교개혁 이후로 많은 교회가 이것만을 배타적으로 행할 정도로 많은 교단에서 주의 만찬의 엄숙함에 대한 강조가 만연해 있다. 그래서 성찬은 언제나 엄숙하고 우울하기까지 한 예배의 표현이 되었다.

이 있다. 그러나 이 장에서 설명한 용어들은 현대 개신교에서 가장 일반적인 성경적 용어들이다.

5 마태복음, 마가복음, 누가복음은 이것이 유월절 식사임을 나타내지만, 요한복음에서는 이것을 유월절 하루 전에 있었던 일로 기록하고 있다. 참조, Paul Bradshaw, *Early Christian Worship: A Basic Introduction to Ideas and Practices*(Collegeville: MN: Liturgical Press, 1996), 38.

유카리스트는 성찬을 가리키는 신약의 또 다른 단어이다. 기쁨과 축제라는 다른 분위기를 강조한다. 영어 단어 "Eucharist"는 "감사"를 뜻하는 헬라어 **유카리스테사스**(*eucharistesas*)에서 유래했다. 마가(막 14:22-23)와 사도 바울(고전 11:24)은 이 용어를 사용한다. 즉, 그리스도께서 행하신 일을 성찬에서 경축할 이유가 있음을 나타내고 있는 것이다. 경축할 것이 많다! 유카리스트에서 강조하는 것은 부활이다. 십자가에서 빈 무덤으로 이어진 사건을 기뻐하는 것이다. 유카리스트는 또한 **크리스투스 빅토르**(*Christus Victor*, "승리자 그리스도")를 경축한다. **크리스투스 빅토르**는 우리 주님이 죽으셨을 뿐만 아니라 사탄을 영원히 이기시고 승리하셨음을 선포하는 라틴어이다.

최초의 성도들은 살아나신 주님을 보았기 때문에 축제의 성찬을 좋아했다. 부활은 그들의 마음에 생생했고, 유카리스트에 참여하는 것은 즐거운 일이었다. 왜냐하면 빵과 잔은 그들에게 그리스도께서 죽으셨을 뿐만 아니라 참으로 살아계심을 상기시켰기 때문이다. 이것은, 그들이 희생제물이 된 주님의 죽음을 제대로 인식하지 않았다는 것이 아니라, 그 죽음은 부활로 끝난 이야기의 일부분에 지나지 않았다는 것을 알고 있었음을 말한다. 유카리스트의 초점은, 하나님이 교회로 하여금 종국에 그리스도를 승리하게 하셨다는 진리를 경축할 수 있도록 함에 있다.

유카리스트로서의 성찬에 임하는 것은 주의 만찬에 임할 때와 다른 느낌을 갖게 한다. 둘 다 성찬에 관한 성경적 차원이지만, 각각 다른 기준을 제공한다. 유카리스트로 지키는 예배는 사람들에게 부활을 기뻐하고, 그리스도의 모든 것에 대한 승리를 선포하도록 돕는 예배 행위를 갖게 한다. 예배자에게 성찬의 기쁨을 표현할 수단이 되는 찬송, 기도, 신앙고백, 간증, 춤 등이 있어야 한다.

일반적으로 사용되는 또 다른 용어는 **커뮤니온**이다. 이 용어도 성찬에 대한 성경적 차원을 나타낸다. 헬라어 **코이노니아**(*koinonia*)는 성찬의 공동체적인 성질을 분명히 표현하면서, 그리스도의 몸의 지체들을 성찬식의 참여자로 강조한다. **코이노니아**는 "참여," "나눔," "교제" 등으로 번역하는데, 이것들은 모두 성찬과 관련이 있다. 누가는 **코이노니아**를 사용해서 빵을 떼며 교제하는 것을 강조한다(행 2:42). 사도 바울은 같은 헬라어를 써서 고린도 교인들에게 빵과 잔에 함께 참여하는 것의 중요성에 관해 설명한다(고전 10:16-17).

"커뮤니온"이라는 말의 초점은 몸의 하나됨, 즉 그리스도를 통한 성도들의 교제에 있다. "커뮤니온"이라는 말이 성찬을 가리키는 말로 사용될 경우, 이것이 강조하는 것은 공동체의 하나됨, 즉 성령을 통해서만 가능한 초자연적인 교제이다. 이 의미는 지역 교회(local churches)에서 경험하는 교제뿐만 아니라, 보편 교회(the church universal)에도 적용된다. 왜냐하면 "주도 한 분이시요 믿음도 하나요 세례도 하나"(엡 4:4-6)이기 때문이다. 커뮤니온은 성찬을 통해서 함께함을 깊이 나누는 것이다.[6]

커뮤니온은 예수 그리스도 안에서 공동체가 하나가 되는 복을 표현하는 부드럽고, 따뜻하고, 마음이 끌리고, 관계적이고, 배려심이 있는 분위기를 나타낸다. 이것은 조용한 축제, 즉 하나님이 거룩한 교제 안에서 우리를 함께 결속하시는 신비로운 방법에 대해 깊이 생각하며 감사하는 시간이다.

그렇다면 여기에서 우리는 성경에서 적어도 세 가지를 강조하는 것을 볼 수 있다. 우리는 성찬을 프리즘으로 생각해야 한다. 프리즘에 빛을 비추어서 다른 방향에서 보면, 그 아름다움의 다양한 측면을 보고 즐거움

---

6   예배와 관련된 초기 문서들 중 하나인 *The Apology of Justin Martyr*(150년 경)에서 평화의 입맞춤을 성찬식 바로 앞에 놓은 것은 성도들 간의 하나됨을 뜻하기 위한 것이었음을 나타내고 있다.

을 느낄 것이다. 성찬에서도 그렇다. 많은 교회가 프리즘을 한 방향에서만 본다. 그 결과, 그들은 주의 식탁을 한 가지 정신으로 한 방법으로만 기념하게 되고 만다. 시간이 흐르면서 성찬의 풍부함의 깊이를 보고 표현하기 위해서는 생각이 깊고, 의도적인, 목회적 사역이 필요하다.

"시간이 흐르면서"라는 말이 열쇠이다. 성찬의 어떤 차원이 예배에 적절한지를 어떻게 결정하는가? 임의로 이것저것 교대해 가며 하면 되는가? 주의 만찬, 유카리스트, 커뮤니온(이 외의 성찬에 대한 다른 주제) 중 무엇을 지킬지 결정하는 가장 좋은 방법은 (1) 그날의 성경 말씀 본문 및 설교와 (2) 교회력을 고려하는 것이다. 성경 말씀과 설교의 목표는 대부분 성찬으로 가는 논리적인 길을 나타낸다. 그 외에, 우리가 교회력의 어느 절기에 있는지가 성찬에 어떻게 접근할지를 결정하는 데 많은 도움이 될 것이다.[7] 어떤 날과 절기는 이미 경축(부활절)에 적합하고, 어떤 날과 절기는 하나됨(오순절)을 나타내고, 또 어떤 날과 절기는 엄숙함(사순절)에 적합하다. 성경 말씀과 교회력을 따르면, 보다 건강하고 성경에 충실한 주의 식탁에 대한 접근법을 찾게 될 것이다.

관련성구	헬라어	영어	초점
막 14:22-23 고전 11:24	유카리스테사스 (*eucharistesas*)	유카리스트 (Eucharist)	감사
행 2:42 고전 10:16	코이노니아 (*koinonia*)	커뮤니온 (Communion)	공동체, 하나됨
고전 11:17-34 (특히 20절)	퀴리아코스 데이프논 (*kuriakos deipnon*)	주의 만찬 (Lord's Supper)	기념

---

7 교회력은 본서 12장에서 설명할 것이다.

3. 성찬 예전의 움직임

성찬 예전의 움직임은 근본적으로 사람으로부터 하나님께로 향하는 것이다. 하나님은 말씀하셨고, 이제 우리가 하나님께 말한다.

그림 6.1 성찬 예전의 움직임

예배 활동의 주된 흐름은 말씀 예전에서 선포된 진리의 결과로서 하나님께 공동체가 예배를 표현하는 것이다.[8] 적절한 예배 행위는 성찬 예전을 용이하게 할 것이다. 자유교회를 포함한 대부분의 전통은 성찬 예전에 있어 특정한 순서를 권장하거나 그에 따르도록 요구한다. 그러나 그것들은 성찬 예전이 말씀 예전**에서** 파송 예전**으로** 진행되도록 돕는 다른 예배 행위들, 예를 들면, 찬송이나 다른 예술 형식들에 의해 꾸며질 수도 있다.

예배 건축가가 예배의 모든 단계들 간의 통합적인 관계를 이해하지 못하면, 성찬 예전은 정규 예배에 추가된 것처럼 느껴질 수 있다. 성찬 예전은 다른 것의 부록이나 특별 의식으로 보이지 않아야 한다. 존 칼빈은 말씀 예전과 성례는 분리되지 않아야 한다고 주장했다. 즉, 말씀과 성찬

8　각자의 신학에 따라서 성찬에서의 움직임을 하나님으로부터 사람에게로 가는 움직임이라고 주장할 수 있고, 어떤 사람들은 예배의 모든 움직임이 하나님으로부터 우리에게로 가는 움직임이라고 말할 수도 있을 것이다. 많은 관점에서 그것은 사실이다. 어떤 사람들은 식탁은 그리스도의 자기 내어줌을 나타내며, 그러므로 하나님으로부터 모인 공동체로의 움직임이라고 말할 것이다. 그러나 나는 말씀/성찬에 들어있는 계시/응답의 모델을 지지할 기초 작업을 했다고 생각한다. 꼭 그렇지 않다 하더라도, 움직임의 방향에 대한 각자의 견해와 관계없이, (1) 대화는 하나님과 사람들 간에 일어나고 있고 (2) 하나님의 시작에 대한 우리의 응답이 성찬에서도 필요하다.

은 통으로 짠 원피스와 같다. 결과적으로 칼빈은, 마틴 루터나 존 웨슬리(John Wesley)같은 종교 개혁 후의 많은 지도자들처럼, 성찬을 매주 하는 것을 주장했다. 따라서 비록 당신의 교회가 성찬식을 자주 하지 않는다고 하더라도, 이 움직임이 전체 예배의 자연스러운 일부분으로 느낄 수 있도록 하라.

4. 실천하기

1) 성찬 예전에 적절한 예배 요소들

위에서 언급한 것처럼, 성찬 예전의 주된 예배 요소들은 각 전통에서 성찬 집례에 필요하다고 하는 것들이다. 이런 것들은 대개 교단이나 협회에서 승인한 공식 지침서나 예배서에 들어있다. 어떤 성찬 예전을 사용하든, 네 가지 주요 행위가 있을 것이다. 즉, 가지고(take), 축사하고(bless), 떼고(break), 주는 것(give)이다.[9]

이것이 예수님이 새 언약을 제정하실 때 마지막 만찬에서 사용하신 행위이다. 이 순서는 신약의 다른 식탁 이야기에서 찾을 수 있다. 예수님은 오천 명을 먹이셨고(마 14:13-21), 엠마오로 가던 두 제자와 함께 빵을 떼셨다(눅 24:30). 이 네 단계 움직임을 염두에 두고 성찬 예전을 계획하라.

만약 당신이 소속된 자유교회가 지정된 성찬 예전 규범을 갖고 있지 않으며, 고도로 발달된 말과 행위들을 늘 해오고 있지 않다면, 최소한 다

---

[9] 어떤 신학자들은 (빵을) 취하고(take), 축사하고(bless), 떼고(break), 주고(give), (잔을) 가지고(take), 축사하고(bless), 주는(give) 일곱 단계 행위를 말한다.

음의 요소들을 고려해 보라.

- 성찬으로의 초청
- 죄의 고백과 사죄의 확신
- 하나님의 위대한 구원 행위에 대한 감사의 기도[10]
- **빵과 잔**의 축성(Consecration of the elements)
- 성찬 **제정사**(Words of institution)
- 분배와 참여

예배 건축가가 소속 교회에서 요구하는 표준 관습을 장려하면서 성찬 예전의 대화를 구체화할 수 있는 방법이 두 가지가 있다.

첫째, 어떤 예배 요소를 선택해서 이미 존재하는 성찬 예전을 꾸미거나 지원할 수도 있다. 혹자는 성찬 예전을 하나님과의 대화로 확립하고 말씀 예전으로부터 파송 예전으로 바뀌어 가는 것을 돕기 위해 여기저기 항목을 추가할 길을 모색할 수도 있다.

둘째, 잘 선택된 예배 행위들을 사용해서 성찬 예전의 요소가 되도록 할 수도 있다. 이렇게 하여 예배 행위들은 이미 규정된 예전을 표현한다. 예를 들면, 성찬 준비를 위한 죄의 고백을 노래로("정결한 마음 주시옵소

---

10 대 감사는 모든 것을 아우르는 역사적인 성찬식 기도이다. 주의 만찬에서 예수님에게서 그리고 신약의 다른 식탁의 사건에서 비롯되고, 초대 교회에서 발전되어, 수세기에 걸쳐서 성찬의 중심적인 기도로 형체를 갖추었다. 물론 예수님이 사용하신 기도도 유대인의 식탁 기도, 즉 하나님의 사역을 상기하고 미래에도 동일하게 역사해 주실 것을 구하는 전통에서 온 것이다. 어떤 학자들은 이것이 고대 유대인 식탁의 축복 기도인 브라가(*Berekah*)에 뿌리를 두고 있다고 믿는다. 브라가(그리고 감사)는 필수적인 세 부분으로 구성되어 있다. 즉, 찬양, 하나님의 구원 낭송, 간구이다. 대 감사는 역사 속에서 행하신 구원 행위를 인하여 하나님 아버지를 찬양하고, 가장 위대한 모든 구원 역사, 즉 예수 그리스도의 삶, 죽음, 부활에 대해 감사로 절정을 이루며, 성령께서 동일하게 빵과 잔에 그리고 교회에 임재하시기를 구한다. 이 기도에 대한 자세한 내용은 참고 문헌을 보라.

서"[Create in Me a Clean Heart, O God]) 하거나, 사죄의 확신은 인쇄된 성경 말씀(고후 5:17)을 모두 큰 소리로 말하는 것으로 할 수 있다. 비록 대부분의 전통에서는 예전의 어떤 부분은 성직자가 해야 하겠지만, 사람들이 온전히 참여해야 하는 순서가 아직 많다. 예배자들이 예전에 더 많이 참여할 수 있을수록 더 좋다.

성찬 예전의 예배 행위를 만들 수 있는 경우는 많다. 이런 것들에 대해 생각해보기 전에, 성찬 예전의 정신, 즉 주의 만찬, 유카리스트, 커뮤니온 그리고 그외 기타 관련 정신을 기억하라. 찬송 선곡은 예배의 분위기를 만드는 데 특히 도움이 된다. 다음에 몇 가지 성찬 예전 행위를 소개한다. 앞으로 목록을 더 늘려가보라.

- 찬송: (1) 성찬에 나아감 (2) 예전 중의 기도 혹은 찬양 (3) 성찬 예전의 마침
- 성찬식의 행위를 반영하는 시, 극, 해석이 담긴 춤 및 기타 예술적 표현
- 신조/신앙고백
- 회개의 기도
- 복종의 기도(Prayer of surrender/submission)
- 가난한 사람들을 위한 헌금
- 평화의 인사
- 도유(anoinging with oil)와 치유를 위한 기도
- 주기도(노래, 춤, 어린이의 인도 등)

이 요소들을 다양하게 조합해서 이 응답의 시간을 창의적이고 의미 있게 만들 수 있다. 고도로 조직화 될 수도 있고 극도로 단순하게 될 수도

있다. 성찬식을 통한 응답은 많은 예배 스타일을 통해 달성될 수 있고 어떤 기독교 교단의 신학적 관점이라도 나타낼 수 있다.

말씀에 대한 응답으로서 성찬 예전이 잘 개발되면 그 시간은 예배자에게 예수 그리스도께서 다시 오실 때까지 주의 복음을 선포하는 상징적인 행위에 참여할 기회가 된다.

2) 성찬 예전 요소들의 순서를 어떻게 정하는가?

많은 경우, 성찬 예전 요소들의 순서를 정하는 데는 할 일이 거의 없을 것이다. 왜냐하면 기본 예전에 자체만의 합리적인 순서가 있거나, 소속 전통의 성찬 예전에 따라 순서가 이미 마련되어 있을 것이기 때문이다.

단순히 이렇게 질문해 보라. "그날의 메시지에 비추어 성찬 예전에서 하나님께 어떻게 응답하도록 사람들을 도울 수 있을까? 예배자들이 하나님과의 대화에 참여하는 데 도움이 되는 것은 어떤 것이 있을까?" 성찬 예전에서 **공동체적** 응답을 조성하는 예배 요소들을 선택해야 함을 기억하라. 공동체는 말씀을 들었다. 응답해야 한다.

3) 성찬 예전을 효과적으로 인도하기

성찬 예전의 효과적인 인도자가 되기 위해 많은 것을 생각해 보아야 한다. 당신이 **집례자**(officiant)라면, 특정한 움직임, 제스처, 언어에 대해 생각해 보아야 한다. 가장 좋은 방법은 성찬식 지침서를 참조하는 것이다. 성찬식에서 다른 예배 인도자들이 집례자를 도울 수도 있다. 공동체와 하나님 간의 이 대화를 인도하는 데 도움이 될 제안을 다음에 제시한다.

빵과 잔을 받는 여러 방법에 대해 고려하라. 다음은 몇 가지 예에 불과하다. 다음과 같은 방법으로 빵과 잔을 받을 수 있다.

- 회중은 자리에 앉은 채로 빵 조각과 작은 잔(포도주/포도즙)이 담긴 성찬기를 건네준다.
- **공동의 잔**(common cup)에 빵을 **적신다**(intinction).
- 강단이나 기도대(prayer rail)로 나와서 무릎 꿇고, 목회자, 장로, 집사들의 분배를 받는다.
- 공동의 빵을 떼서 먹고, 공동의 잔을 마신다(보통 무릎 꿇고).
- 소그룹으로 모여서 서로 분배한다.
- 예배당의 지정된 곳으로 간다.[11]

빵과 잔을 분배해 줄 때 말을 하면서 하기를 권장한다. 빵을 나누어 줄 때는, "그리스도의 몸입니다," "우리 주의 몸입니다," "당신을 위해 내어 주신 그리스도의 몸입니다," 혹은 그와 비슷한 말을 하라. 잔을 나누어 줄 때는, "그리스도의 피입니다," "구원의 잔입니다," 혹은 그와 비슷한 말을 하라. 빵과 잔을 받는 사람은 "아멘"이라고 답하는 것이 적절하다. 회중에게 이런 간단한 대화를 가르치는 것이 새롭고 깊은 의미를 갖는 경험이 되게 할 수 있다. 그 외에 생각할 것들은 다음과 같다.

① 작은 조각으로 빵을 분배하더라도, 공동체가 한 몸이라는 상징

---

11 소그룹으로 성찬식을 할 때는 주의해야 한다. "친화 집단"(affinity groups) 혹은 가족 그룹에 적합할 수 있다. 모든 공동체에는 뚜렷한 친밀성이 없거나 온전한 핵가족이 아닌 사람들이 있다. 더욱이 어떤 사람들은 신체적인 이유로 이런 지정된 곳으로 움직일 수 없는 사람들도 있다. 하나가 되어야 할 시간이 소외의 시간이 될 수도 있다. 소그룹 성찬식을 할 때는 진실로 함께 섞이고 포함되는 그룹을 만들도록 주의해야 한다. 이렇게 될 수 있도록 미리 생각하라.

을 나타내기 위해 큰 빵을 성찬대 위에 올려놓으라.

② 식이요법에 따른 이유가 아니면, 빵이나 포도주/포도즙 대신에 다른 것을 사용하지 말라. 때로 기발하고 다르게 해보려고 인위적이고 제멋대로 감자칩과 청량 음료 같은 싼 대용품을 허용한 인도자들이 있다. 빵과 잔은 몸과 피를 나타내도록 제정된 것이다. 그러므로 주님이 직접 상징성을 세우셨으므로 그 외의 다른 것들은 적절하지 않다.

③ 성찬 예전을 돕도록 성도를 권유하고 훈련하라. 다시 말하지만, 참여도가 높을수록 큰 의미를 갖는다.

④ 당신이 속한 전통에서 용인한다면, 성찬 예전을 섬기는 일에 어린이와 청소년을 포함시켜라. 이것은 모든 연령대를 지지하는 것이고, 모든 세대가 어우러진 진정한 공동체의 본질을 나타내는 좋은 방법이다.

⑤ 남은 빵과 포도주를 적절하게 처리하라. 평범한 것들이 특별한 사용을 위해 성별되었으므로, 조심스럽게 관리하는 것이 가장 좋다. 빵과 포도주/포도즙은 성찬에 참여한 사람들이 먹고 마시거나, 땅 속에 묻는 것이 적절하다.

⑥ 집, 병원, 교도소에서 나올 수 없는 사람들에게 성별된 빵과 잔을 가져다 줄 수 있도록 하라. 그렇게 함으로써 그들이 예배의 이 부분에 포함되도록 하라. 그들을 잊지 말라.

⑦ 성찬에 관한 교단의 규정을 알아야 한다. 즉, 성찬에 참여할 수 있는 어린이의 나이, 세례를 받았어야 하는지, 소속 교회가 **"개방 성찬"**(open Communion)을 하는지, 아니면 **"폐쇄 성찬"**(closed Communion)을 하는지에 대해 파악하라.

⑧ 성찬 예전 중에 기도 시간에 개인 기도 사역(도유를 함께 할 수도

있다)을 베푸는 것을 고려해 보라. 이것은 성찬 예전의 사역과 양육하고 치료하는 그리스도의 능력을 연결해야 할 실제적인 필요가 있는 사람에게 특별한 기회가 될 것이다.

요약해서 말하자면, "하나님의 백성이 영원한 생명으로 양육될 수 있도록 그들을 위해 자신의 식탁을 베푼 그리스도의 이름으로 성찬을 베풀라."[12]

5. 결론

말씀 예전과 성찬 예전은 예배 공동체가 그리스도 안에서 예배를 통하여 하나님을 경험하는 일의 핵심이 된다. 토마스 롱(Thomas Long)은 그것을 다음과 같이 잘 표현한다.

여기에서 주장하는 것은, 말씀과 성례는 기독교 예배에서 단순히 짝을 이루는 구성 요소가 아니라는 것이다. 이 둘은 전체를 완전케 하는 부분들이다. 요컨대 하나는 다른 하나가 없이는 불완전하다. 말씀과 성례는 예배에서 별개가 아니다. 그 둘은 예배받으시는 분의 임재에 대한 응답으로서 서로 밀접한 관계가 있다. 백성 가운데 계신 그리스도를 말씀 예전이나 성찬 예전 하나만으로는 온전히 나타내지 못한다. 이 신비의 깊이를 단순히 말씀에다 성례를 **더하는 것**(Word *plus* Sacrament)으로 이해할 수 없다. 그리스도의 현현(epiphany)

---

[12] Charles Bartow, *Effective Speech Communication in Leading Worship*(Nashville: Abingdon,1988), 123.

이 인식되는 것은 말씀**과** 성례(Word *and* Sacrament)의 결합에 있다(참조, 눅 24:30-31).[13]

6. 주요 용어

폐쇄 성찬(closed Communion). 교단에 속한 교회 성도들에게만 성찬이 허용된다.

공동의 잔(common cup). 성도들이 하나의 공동의 잔으로 마신다.

커뮤니온(Communion). 성도의 교제를 강조하며 빵과 잔에 참여한다.

성물(elements). 성례에 사용되는 빵과 포도주(성찬식)와 물(세례식).

유카리스트(Eucharist). "감사." 성찬식에서 기쁨의 잔치를 나타낸다.

제정사(institution). 다락방 식탁에서 한 예수님의 말씀 모음이다(고전 1:23-26).

합잔(intinction). 빵을 포도주/포도즙 잔에 적시는 것.

주의 만찬(Lord's Supper). 그리스도의 죽음을 기념하며 성찬식을 지킨다. 때로 기념주의자들(memorialist)의 견해라고 불린다.

집례자(officiant). 종교적 의식을 집례하는 사람.

개방 성찬(open Communion). 교단에 관계없이 어떤 성도든지 성찬에 참여할 수 있다.

---

13 Thomas G. Long, "Reclaiming the Unity of Word and Sacrament in Presbyterian and Reformed Worship," *Reformed Liturgy and Music* 16, no. 1(Winter 1982): 12.

7. 그 외의 주요 용어

아남네시스(*anamnesis*). 그리스도께서 희생제물이 되신 사건을 지금 여기에서 효과가 계속되도록 상기하는 대 감사(Great Thanksgiving)의 한 부분이다. "이것을 행하여 나를 기념하라"는 주의 말씀은 주의 고난과 부활을 아남네시스(헬라어로 "기억하는") 하는 것을 말한다.

집례자(celebrant). 성찬 예전을 집례하는(celebrate) 사람.

잔(chalice). 포도주/포도즙을 담고 있는 큰 잔.

공재설(consubstantiation). 그리스도의 몸과 피가 성찬 기도의 결과로 빵과 잔에 **함께**(*con*, "with"를 뜻하는 라틴어) 임재한다는 믿음(루터파의 관점).

주의 성례(dominical actions). 성찬, 세례 같이 그리스도께서 **명령하신** 종교 행위들.

교회 의식(ecclesial actions). 도유와 같이 **역사적인 일반 관습**에 의해 사용된 종교 행위들.

거양(elevation). 성찬 예전에서 빵을 들어 올리는 것.

에피클레시스(epiclesis). 성찬 예전 기도의 하나. 성찬식에서 예배자와 성물에 성령의 임재를 구함.

분병(fraction). 성찬 예전에서 빵을 떼는 것.

성찬빵(host). "희생물"을 의미하는 라틴어 **호스티아**(*hostia*)에서 유래했다. 성찬식에서 사용되는 큰 무교병으로, 그리스도의 몸을 상징한다.

은혜의 수단(means of grace). 하나님이 은혜, 즉 선행(先行)하고, 의롭게 하고, 성화시키고, 완전케 하는 은혜를 주시는 수단(웨슬리파의 관점).

규례(ordinance). 예수님이 명하신 두 의식, 즉 세례와 성찬을 지명하는데 사용하는 용어.[14] "규례"라는 용어를 사용하는 대부분의 그룹들은 이 의식은 순전히 상징적이며 은혜의 수단이 되지 못한다고 주장한다.

성반(paten, 聖盤). 빵을 담은 접시.

집례자(president). 성찬 예전을 집례하는 사람.

성례(sacrament). 은혜의 도구로서 세례와 성찬(어떤 경우는 다른 의식들도)을 가리키는데 사용하는 용어. 이것들은 하나님의 은혜가 전해지는 교회의 표징 행위(sign action)이다.

상투스(sanctus). 대 감사에서 "거룩, 거룩, 거룩"이라고 외치는 찬양의 환호.

표징과 인침(signs and seals). 몸과 피는 성령에 의하여 빵과 잔에 영적으로 임재한다. 빵과 잔은, 믿음으로 먹고 마실 때, 그것들이 나타내는 실제(realities)를 전달한다. 성찬은 우리에게 고난, 부활, 그리고 하나님의 나라에 참여하게 한다(개혁파의 관점).

수르숨 코르다(sursum corda). "마음을 드높이"를 뜻하는 라틴어. 대 감사 전 기도로의 부름의 일부.

화체설(transubstantiation). 빵과 포도주의 물질적 요소가 예수 그리스도의 실제 몸과 피로 변한다는 믿음(로마 가톨릭과 몇몇 다른 전통의 견해).

8. 참고 문헌

Bradshaw, Paul. *Early Christian Worship: Introduction to Ideas and Practice*. Collegeville, MN: Liturgical Press, 1996.

---

14 몇몇 그룹들은 세족식을 포함해서 세 가지 규례를 갖는다.

Wright, Tom. *The Meal Jesus Gave Us: Understanding Holy Communion*. Louisville: Westminster John Knox, 1999.

참여하기

소그룹으로 모여서 다음을 연습해 보라. 성찬식을 강조하는 예배를 계획한다고 생각하라. 오늘은 전 세계 모든 그리스도인들이 성찬식을 하는 세계 성찬 주일이다. 성찬 예전 순서를 준비하라. 다음의 절차를 따라서 해 보라.

1. 기도하고, 계획 모임을 하나님께 바치라. 성령의 인도를 구하라.
2. 여러 종류의 예배 요소들을 위한 아이디어를 모으라.
3. 당신 교회에서 요구하는 성찬 예전의 구성 요소를 알아보라. 교회에서 성찬식에 필요한 것을 명시하지 않고 있다면, 위에서 언급한 기본 요소들을 사용하라.
4. 성찬 예전을 꾸밀 두 요소를 선택하라. 예전을 시작하거나, 마치거나, 예전에 훌륭하게 잘 엮어질 수 있는 것들을 선택하라.
5. 성찬 예전의 일부분이 될 수 있는 예배 요소를 선택하라.
6. 모든 요소들을 논리적인 순서와 흐름에 맞게 배치하라.
7. 당신의 성찬 예전이 말씀 예전으로부터 파송 예전으로 효과적으로 연결되는지 점검하라.

7 ◆ 네 번째 내력벽

말씀에 대한 대안 응답

탐구하기

7장을 읽기 전에, 교회나 학교에서 그룹을 만들어서 다음의 연습을 해 보라. 연령, 성별, 신앙 경험 등이 다양하도록 구성하라.

1. 사도행전 2:1-36을 읽으라. 36절에서 정확히 끝내도록 하라.
2. 그룹 구성원들에게 자신들이 베드로가 설교하는 곳에 있었다고 상상해 보도록 하라. 그후 다음 질문을 토론하라. 모두는 아니어도 대부분이 이야기의 끝을 알 것이다. 그것이 방해 요인이 되지 않게 하라. 상상력을 사용하라!

* 당신이 그날 군중 속에 있었다면, 베드로가 그의 설교를 끝맺을 때 어떻게 느꼈을까?
* 군중이 설교 후에 바로 조용히 해산했다면, 당신은 어땠을까?

3. 이제 사도행전 2:37-47까지 읽으라. 군중들이 표현한 감정이나 취했던 행동들을 나열해 보라.

이 질문들을 계속 생각하면서, 이제 7장을 읽으며 생각의 폭을 더 넓혀 보자.

> 예배란 하나님이 그리스도 안에서 자신과 또한 자신의 사랑
> 을 드러내시고, 성령을 통하여 은혜를 베푸시고, 우리는 그에
> 대하여 믿음, 감사, 순종으로 응답하는 관계의 표현이다.[1]

본서 전체에서 나는 하나님과 백성 간의 대화를 용이하게 하는 수단으로서 4중 구조 예배를 주장해왔다. 일찍이 신약 시대에, 대화의 중심은 말씀과 성찬이었다. 곧이어 모임과 파송 의식이 만들어져서 대화를 시작하고 마치는 중요한 부분이 되었다. 그러나 거룩한 대화의 주요 핵심은 말씀 예전("그들이 사도의 가르침을 받아…")과 성찬 예전("그들이…빵을 떼며…")에 있었다.[2] 우리는 하나님은 말씀 예전을 통해서 말씀하신다고 이해했다. 성찬의 기념은 선포된 복음에 대한 백성의 기쁨의 반응이었다.

교회 역사의 첫 16세기 동안, 말씀과 성찬의 이 결합은 기독교 예배의 가장 자연스러운 흐름이 되었다. 이것은 말씀과 성찬의 연결이 언제나 완전하게 행해졌다고 말하는 것은 아니다. 사실, 교회 역사에서 이 둘의 관계가 적절한 균형을 이루지 못한 시기들이 있었다. 그럼에도 말씀과 성찬은 오랜 세월 공존했다. 왜냐하면 둘 중 어느 하나가 없는 것은 생각할 수 없는 것이기 때문이다. 계시와 응답, 선포된 복음과 재현된 복음, 즉 들음과 말함은 불가분의 관계이다.

오늘날 많은 교회에서, 성찬 예전은 1년에 겨우 몇 차례 지켜지는 정도이며, 거의 사라졌다. 이것은 오래되고 널리 행해지던 예전적 관습으로부터의 변화를 나타내는 것이므로, 어떻게 해서 그렇게 되었는지 묻는 것은 당연한 일이다. 내가 가르치는 학생들은 성찬식을 드물게 지키는

1　Robert Schaper의 이 문장은 본서 1장에서 우리의 잠정적인 정의로 사용되었다.
2　참조, 행 2:42.

것이 다소 최근에 발전되었다는 것을 발견하고 당혹스러워 한다. 그들이 가장 자주 묻는 질문 중 하나는 이것이다. "왜 그런가? 왜 매주 성찬식을 하지 않는가? 무슨 일이 있었는가?"[3]

불행하게도, 여기에서 이 질문에 완전한 대답을 할 수는 없다. 왜냐하면 많은 각도에서 고려해 보아야 하기 때문이다. 더구나 철저하게 역사적 신학적인 설명을 하는 것이 이 장의 목적도 아니다. 16세기 초 개신교의 성찬의 감소에 관한 연구는 많은 관심을 기울일 가치가 있는 대단히 흥미로운 일이다. 그러나 결국, 많은 교단에서 성찬에 대한 관심이 사라지게 된 이유가 무엇이든, 우리에게는 똑같은 딜레마가 있다. 즉, 이것이 없이 어떻게 예배를 진행해야 하는가이다.

예배 건축가로서 우리의 관심은 목회적이다. 성찬식이 말씀에 대한 응답으로서 매주 지켜지지 않는다면 예배 인도자는 무엇을 해야 하는가? 매주 성찬식을 갖는 것이 가장 최선이라고 믿는다면, 예배 인도자들은 그렇게 하도록 강요해야 하는가, 아니면 단순히 말씀에 대한 응답을 건너뛰고 모임, 말씀, 파송의 3중 구조 예배를 하도록 해야 하는가? 사실 많은 개신교회는 3중 구조 예배를 하고 있다. 말씀이 선포되면, 짧은 결론으로(혹은 결론 없이) 예배를 마치고, 성도들은 떠난다. 성찬식이 말씀 예전 후의 예배 요소로 선택되지 않는다면 어떤 것이 최선이 되는가?

우리의 핵심 예배 원리 중 하나를 살펴보면, 적어도 이런 질문들 중 하나(즉, 단순히 3중 구조 예배를 하는가?)에 쉽게 답할 수 있다. 예배는 계시

---

[3] 많은 개신교에서 성찬식을 자주 행하지 않는 이유로 가장 잘 인용되는 것은 종교개혁 때 평신도들이 미사의 남용에 대한 반응으로서 이것을 강력히 저항했다는 것이다. James White는 다음과 같이 말한다. "종교개혁가들은…성찬식을 자주 하는 것을 회복하려고 용감하게 노력했다. 그러나 빵과 잔을 거의 받지 않는 것에 익숙해 있던 평신도들에게 성찬식을 자주 하는 것은 너무 급진적인 발전이어서 광범위한 성공을 이루지 못했다." (*Introduction to Christian Worship*, rev. ed. [Nashville: Abingdon, 1991], 235).

와 응답이다. 예배가 근본적으로 대화라면, 설교로 예배를 마치는 것은 맞지 않다. 그렇게 하면 대화를 단절하게 된다. 한 상대방이 말을 했는데, 다른 상대방이 그 말한 것을 무시한 것이다. 사람 간의 대화에서 이것을 생각해 보라. 친구와 함께 커피를 마시며 앉아있다. 당신의 친구가 자신에게 관심이 있고 자신에게 중요한 것들을 말한다. 당신은 귀를 기울여 듣지만, 친구가 말을 마쳤을 때, 당신은 말없이 일어나서 커피 값을 계산하고 걸어 나간다. 그것이 당신 친구에게는 무슨 의미일까? 이것은 분명 좋게 말하면 관심 부족이고 나쁘게 말하면 무례함이다. 이것은 대화가 아니다. 왜냐하면 대화란 둘 이상이 대화에 가담하는 것이기 때문이다.

그러므로 나는 매 예배에서 말씀 예전에 반응하는 발전되고 의도적인 응답이 있어야 한다고 주장한다. 성찬 예전은 말씀 예전에 대한 주요 응답이 된다.[4] 성찬 예전이 마련되지 않으면, 의도적인 다른 응답이 있어야 한다. 내가 이것을 주장하는 이유는, 응답이 없는 예배는 하나님과 백성 간의 관계라는 목적을 이루지 못하기 때문이다. 관계란 한 당사자만 대화에 온전히 참여할 때는 이루어지지 않는다. 나는 이것을 말씀에 대한 발전된 응답(developed response), 곧 대안 응답(alternative response)이라고 부른다. 이 방법을 택한다고 해서 아무것이나 성찬 예전을 진정으로 대신 할 수 있다고 말하는 것은 아니다. 그런 면에서는 대안이란 결코 있을 수 없다. 성찬식에서 어떤 일이 일어나는지에 대한 신학적 견해에 관계없이 성찬 예전은 관계적 응답의 고유한 방법이다.

내가 예배 대화의 세 번째 부분을 대안 응답이라고 부르는 이유는, 성찬 예전이 규범이며 그러므로 성찬 예전 이외의 다른 것은 대안일 뿐이

---

4 성찬식을 행하면 그 외의 예배 행위들은 응답으로서의 역할을 할 수 없다고 말하는 것이 아니다. 단지 내가 말하는 것은 성찬식이 포함될 때 이것을 주요 응답으로 이해한다는 것이다.

라는 것을 나타내며 성찬 예전을 존중하기 위함이다. 이 용어는 성찬식에서 일어나는 일과 유사한 응답을 형성할 수 있게 하는 데 유용하다. 나는 이것이 이 장의 설명을 통해서 분명하게 되기를 바란다.

1. 대안 응답의 목적

말씀 예전에 대한 대안 응답의 목적은 예배에서 하나님의 말씀을 받은 것에 대한 결과로 하나님께 우리의 응답을 전달하는 것이다. 이것은 하나님이 성경 말씀과 설교를 통하여 공동체에게 전달하신 것을 우리가 진정으로 들었으며, 그 결과로서 우리가 적절한 긍정의 응답을 돌려드리려고 한다는 것을 표명하는 것이다. 성경적 예배를 위해, 하나님과 백성 간의 공동의 대화는 중단되지 않고 자연스러운 결말에 다다를 때까지 계속되어야 한다.

말씀 예전에 대한 대안 응답과 설교의 적용에는 차이가 있다는 것에 주의해야 한다. 설교의 적용이란 설교가 일상에서 어떻게 적용될 수 있는가에 대해 구체적으로 제안하는 것을 말한다. 이것은 듣는 이에게 그들이 나중에 선택해서 할 다양한 일들을 제공한다. 그와 반대로 대안 응답은 공동체에게 하나님의 목적에 순복하고 하나님의 임재 안에 함께 있는 중에 하나님이 무엇을 하라고(혹은 되라고) 하신 것에 힘을 쏟기를 요청한다. 그러므로 대안 응답은 대화를 유지하고, 예배자에게 부름에 합당한 그리스도인의 삶을 살도록 서로 격려하면서 하나님께 공동으로 응답할 기회를 준다. 대안 응답을 통해, 예배자들은 하나님이 공동체에게 말씀하시고 그들의 응답을 기다리고 계심을 정중하게 표명한다.

몇 년 전, 대안 응답에 대해 생각하고 있을 때, 나는 사도행전 2장에 깊은 관심을 갖게 되었다. 이 기록은 첫 기독교 예배 모임에 대한 이야기이다. 약속된 성령을 기다리며 믿는 자들이 예루살렘에 함께 모여 있는 것으로 이야기가 시작된다. 오순절이 되었을 때, 그들은 모두 한 곳에 모여 있었다(행 2:1). 불현듯, 경이로운 성령강림이 나타나기 시작했고, 그들 모두 성령으로 충만케 되었다.

그후 베드로가 설교했다. 그 내용이 사도행전 2:14-36에 있다(대부분의 영어 번역에는 인용문으로 처리되어 있다). 놀라운 것은 베드로의 설교의 결과로서 일어난 다각도의 응답이 기록되어 있다는 것이다. 우선, **감정적 응답**이 있었다.[5] 말씀을 들은 결과로 인간의 파토스가 밖으로 표출되었다.

> 마음에 찔려 베드로와 다른 사도들에게 물어 이르되 형제들아 우리가 어찌할꼬(행 2:37).

군중은 확신에 차서, 계속되는 예배에 참여할 방법을 **묻고** 있는 것으로 보였다. 이 경우, 말씀은 큰 감정을 끌어냈다. 공동체가 모인 중에 말씀을 크게 읽고 설교할 때, 그것은 듣는 이에게 깊은 영향을 끼치는 힘이 있었다. 감정적 응답은 보통 바로 일어난다. 거기에는 소리치고, 울고, 웃고, 손뼉치고, 신음하고, 엎드리고, 무릎 꿇고, 춤추는 것과 같은 것들이 포함될 수 있다.

---

5 여기서 나는 예배 인도자들이 감정적 응답을 만듦으로써 예배자들을 조작하도록 해야 한다고 말하는 것이 아니다. 말씀에 대한 응답이 감정적인 차원을 취하려고 한다면 성경적으로 말해서 이것은 언제나 공동체에 대한 말씀의 영향력의 결과여야지(느 8:9를 참조하라), 회중을 지휘하려고 하는 술책이 뛰어난 예배 디자이너의 결과여서는 안 된다. 그러나 예배 인도자가, 말씀을 들은 결과로서 예측될 수 있는 감정에 대해 알고, 선택된 예배 행위들을 통해서 그 감정을 촉진하게 하는 것은 지혜로운 일이다.

군중에게는 또한 **영적인 응답**이 있었다. 이것은 내적인 변화의 증거이고 그에 대한 헌신이다. 베드로는 "회개하라"고 말했고, 그들은 회개했다! 그들의 삶은 영적으로, 극적으로, 본질적으로 변했다. 그들은 다시 태어났다. 여기에는 말씀을 들을 때 일어나는 깊은 수준의 응답이 있다. 영적 응답은 믿는 자들 **안에서** 일어난다.

이것은 옛것이 새롭게 되고, 돌 같은 마음이 새로워지는 순간적인 변화이다. 믿는 자들이 하나님의 말씀을 진정으로 **듣고**, 하나님의 뜻에 **순복하면**, 변화가 일어난다. 영적인 변화는 내적으로 일어나지만, 이 변화의 외부적 증거가 나타난다. 참된 변화에는 참된 증거가 있다. 영적인 응답은 회개, 용서, 화해, 영적 훈련에 대한 큰 헌신, 자비와 정의의 행동, 깊은 수준의 제자도와 같은 것들로 응답을 나타낸다.

또한 **상징적 응답**도 있었다. 이것은 행동, 제스처, 상상, 기타 등등을 사용해서 영적인 응답을 표현하는 것이다. 베드로는 회개한 모든 사람들에게 세례를 받으라고 촉구했다.[6] 그리고 그들은 세례를 받았다. 약 3천 명의 사람들이 그리스도와 함께 죽고 다시 사는 강력한 상징인 세례 의식에 참여했다. 말씀을 깊이 경험하면 우리는 종종 할 말을 잃기도 한다. 그래서 말로 표현 할 수 없는 것을 전달하기 위해 말이 없는 상징에 의존한다. 수많은 상징과 제스처들은 예배 건축가가 마음대로 사용함으로써 성도들이 응답의 형태로 그들의 신앙을 표현할 수 있도록 돕는다.

마지막으로, 예배에 대한 지속적인 **행동적 응답**(action response)이 있었다. 영적인 변화를 다른 사람들을 위한 행동으로 옮겼다. 사도행전은 "믿는 사람이 다 함께 있어 모든 물건을 서로 통용하고 또 재산과 소유를

---

[6] 많은 교단에서 세례는 단순한 상징적인 응답이 아니다. 따라서 모든 기독교 전통에서 세례는 풍성한 상징적 의미가 있는 것으로 이해한다.

팔아 각 사람의 필요를 따라 나눠 주며"(행 2:44-45)라고 기록한다. 회심한 사람들은 그리스도 안의 새 생명에 대한 사랑의 응답으로 "모든 물건을" 기꺼이 주고자 했다. 말씀에 대한 응답을 나타내는 간단하고, 실천적이고, 구체적인 방법은 언제나 있을 것이다. 말씀을 들은 사람들의 삶의 변화는 자신들이 아니라 **다른 사람들을** 위한 행동을 낳는다는 것을 주목하라. 말씀의 선포가 어떻게 다른 사람들과 관계하는 방법을 극적으로 바꾸게 했는지를 강조하면서 이 이야기는 마무리된다. 그들은 성전에서 함께 예배하며 많은 시간을 보냈다. 그들은 자주 함께 먹으면서 한결같은 교제를 누렸다. 간단히 말해, 그들은 너그러운 삶을 살았다. 말씀에 대한 실천적인 응답의 핵심은, 응답은 **다른 사람을 위한 것**이라는 것이다.

이것이 설교에 대한 가장 놀라운 응답이다. 말씀을 들은 사람들이 베드로에게 응답의 방법을 **구했다**는 것은 하찮은 일이 아니다. 찬송 한 곡 부르고 집으로 돌아가는 것으로 충분하지 않았다. 나는 사람들은 보통 응답할 시간과 방법이 주어지기를 원한다는 것을 알고 있다. 말씀이 성실하게 전달되었다면, 공동체가 하나로 모여 있는 중에 하나님께 응답하고자 하는 열망이 일어날 때가 많다. 그날의 메시지에 맞는 예배 행위를 신중하게 선택해서 행하는 것이 응답하는 방법이다.

예배 건축가는 기도하면서 회중에게 말씀에 응답할 **시간**과 **방법**을 주는 다양한 예배 요소들을 마련해야 한다. 이를 통하여 예배자들은 받은 메시지에 관해서 하나님과 또한 다른 예배자들과 대화할 목적으로 하나님 앞에 더 오래 머물러 있을 기회를 갖는다. 이것은 대화로서의 근본적인 예배 원리를 존중할 뿐만 아니라, 말씀을 받아들이고, 결단하고, 방금 선포된 복음의 명령에 따라 살고자 하는 강한 의식을 갖도록 말씀을 "인치는 데" 도움이 된다. 간단히 말해, 성찬 예전이 없을 때의 대안 응답은, 계시/응답이라는 등식에 필요한 부분을 이행한다.

2. 대안 응답의 정신

대안 응답의 정신은 그 범위가 넓다. 왜냐하면 성경 본문과 설교의 목적이나 어조가 다양하기 때문이다. 대안 응답은 예배에서 선포된 말씀으로부터 직접 나온다. 그러므로 응답은 축제적이거나 묵상적일 수 있고, 찬양으로 가득차거나 엄숙할 수도 있다. 응답은 교리적인 신앙을 주장하거나 순복하도록 요구할 수도 있다. 대안 응답의 분위기는 말씀의 분위기에 의해 설정된다. 하나님이 공동체에게 심판을 말씀하시면, 그 응답은 뉘우침과 회개가 되어야 할 것이다. 하나님이 공동체에게 모든 상황에서 즐거워하라고 하시면, 그 응답은 축제적이 될 것이다. 하나님의 말씀이 높은 수준의 제자도를 요구한다면, 그 응답은 진지한 헌신이 되어야 할 것이다.

한편, 나는 본서 6장에서, 성경에 성찬을 가리키는 용어가 여러 가지가 있는데 각 용어마다 성찬에 대한 접근을 다르게 그리고 있다고 설명했다. 그리고 어떤 주일에 어떤 성경 단어들(즉, 유카리스트, 주의 만찬, 커뮤니온)이 가장 적절할지는 말씀 예전에 따르는 것이 좋다고 제안했다. 선택에 따라 성찬식은 다른 분위기가 될 수 있다. 대안 응답의 정신도 같은 방법으로 결정된다. 기쁨, 깊은 묵상, 하나됨을 강조하며 성찬에 나아갈 수 있듯이, 대안 응답을 성찬식과 같은 접근법으로 디자인할 수 있다. 때로 그 응답은 기쁨, 묵상, 또는 공동체성을 나타낼 것이다. 성찬이 말씀에 대한 주된 응답이라면, 폭넓은 성찬의 정신으로부터 영감을 받아서 대안 응답의 정신을 생각할 수 있다.

그런 응답의 종류가 그렇게 다양하다는 것은 인상적이다. 응답에 대해서는 오로지 한 가지 분위기만(즉, 강단 초청[altar call] 중에 갖게 되는 후회와 죄책감) 육성하는 교회가 많다. 그러나 하나님의 말씀은 많은 어조로 선포되며 그 결과 역시 다양하다는 것을 깨달으면 자유를 누릴 수 있다. 성경은 우리에게 말씀에 대한 응답의 많은 예를 말해준다. 우리의 선택 범위를 넓혀가는 것이 온당하다.

3. 대안 응답의 움직임

대안 응답의 움직임은 예배자로부터 하나님께 나아가는 움직임이다. 우리는 하나님이 말씀하시는 것을 듣고 응답하기 원한다.

그림 7.1 대안 응답의 움직임

공동체적 대화에서 이 부분의 주된 흐름은 사람들이 하나님께 말하는 것이다. 말씀에 대해 의미 있는 응답을 하기 위해 예배 건축가들은 그날의 본문을 연구해야 하고, 본문으로 기도하면서 귀중한 시간을 보내야 하며, 사람들을 깊이 알아야 한다.

그들은 하나님께 응답하는 데 있어 어떤 예배 행위를 사용해야 할지에 대해 생각하면서 하나님께 인도해 달라고 간절히 구해야 한다. 대안 응답은 성령으로 충만한 인도자가 기도하며 부지런히 일함으로써 말씀과 사람들이 함께 결합될 때 만들어질 수 있다.

여기서 말씀에 대한 응답은 어떤 것이든 본질상 주로 **공동체적**이라는 것을 기억하는 것이 중요하다(참조, 본서 1장). 성경적, 신학적으로 말하자면, 예배에서 하나님은 개인들의 그룹이 아니라 **성도들의 공동체**을 향해 말씀하신다. 이것은 우리의 개인주의적인 문화를 고려해 볼 때 수용하기 어려운 개념이다. 특히 부흥 운동 시대에 깊은 뿌리를 두고 있는 교회나 자유교회 전통에 속해 있다고 생각하는 교회들에게는, 하나님의 말씀을 듣는 **개인**을 하나님의 말씀을 듣는 **공동체**로 만드는 것은 어려운 변화이다. 우리는 하나님이 교회, 즉 자신 앞에 모인 언약 백성에게 말씀하신다는 것을 쉽게 잊어버린다. 대안 응답은 하나님을 향한 공동체의 움직임이다. 이것의 한 예로 니케아 신조 같은 신앙고백을 들 수 있다.

> 신조는 개인들의 신앙을 표현하도록 되어 있는 것이라고 잘못 생각하는 사람들이 있다. 그들은, 신조를 큰 소리로 말할 때는 그 의미를 모두 알고 그것에 동의해야 한다고 생각한다. 여기에 미치지 못하는 것은 개인 위증이라고 생각한다. 이 생각은 교회에 대해서 잘못 이해하고 있음을 무심코 드러내는 것이다.[7]

역사적인 신조들은 교부들이 **케리그마**(*kerygma*)의 진실성을 보존하기 위해 만든 교리적인 일치를 나타내는 선언문이다.[8] 사도 신경과 니케아 신조처럼 널리 받아들여진 신조들은 우리가 공동으로 말하는 교회의 주장이다. 비록 우리가 현명하게 이런 위대한 선언문들을 연구해서 우리 신앙을 더욱 이해하게 되어도, 그것들은 개인의 선언문이 아니라 우리 자신들보다 훨씬 큰, 즉 보편 교회의 신앙을 말로 선포하는 것으로 보는

---

7 Cornelius Plantinga Jr. and Sue A. Rozeboom, *Discerning the Spirits: A Guide to Thinking about Christian Worship Today* (Grand Rapids: Eerdmans, 2003), 86.

8 헬라어 케리그마(*kerygma*)는 신약에서 "선포"로 번역이 된다. 이것은 사도들이 교회를 위해 설교하고 보존하려고 헌신했던 복음의 핵심을 가리킨다.

것이 가장 좋다. 간단히 요점을 말하자면, 공동의 행위로 함께 하나님께 응답하는 것은 주로 예배 공동체이다.[9]

대안 응답의 움직임에 있어서 한 가지 더 고려해야 하는 것은 예배 인도자가 응답 예전을 만들지만, 그는 예배에서 이 부분 앞에 오는 예전과 뒤에 오는 예전을 언제나 염두에 두어야 한다. 응답은 말씀 예전으로부터 자연스럽게 흘러나와야 한다. 마찬가지로, 이것은 파송 예전으로 효과적으로 인도되어야 한다.

4. 실천하기

1) 대안 응답에 적절한 요소

예배의 다른 부분과 마찬가지로, 대안 응답은 하나님이 말씀 예전에서 말씀하시는 것을 들은 결과로서 하나님께 응답하도록 공동체를 돕는 다양한 예배 요소를 포함해야 한다. 어떤 응답은 역사적인 전례가 있다. 예를 들면, 2세기 중엽에 순교자 저스틴(Justin Martyr)은 말씀 낭독과 설교 후에 중보 기도, 평화의 입맞춤, 가난한 사람들을 위한 헌금이 규칙적으로 있었다고 그의 『첫 번째 변증』(*First Apology*)에 기록했다.[10] 마찬가지로, 초대 기독교 세계에서 말씀 후에 대개 신조 암송이 있었다.[11]

다음은 공동체적 응답에 사용할 수 있는 몇 가지 예배 요소들이다. 그

---

9   신구약에 기록된 많은 예배의 현장에서 공동으로 말했던 응답을 주목하라(참조, 출 24:3, 7).
10   James F. White, *A Brief History of Christian Worship*(Nashville: Abingdon, 1993), 55-56.
11   Cheslyn Jones, Geoffrey Wainwright, Edward Yarnold SJ, and Paul Bradshaw, eds. *The Study of Liturgy*, Rev. ed.(London: SPCK; New York: Oxford University Press, 1992), 228.

러나 설교만큼 많은 방법들이 있음을 기억하라.[12] 이것은 말씀 후에 하나님께 말씀드리는 데 쓸 수 있는 예배 행위들의 예들에 불과하다.

- 침묵[13]
- 권면[14]
- 회중 노래[15]
- 본문을 반영하는 독창 혹은 회중 노래
- 본문을 반영하는 시, 그림, 조각 혹은 다른 예술적 표현
- 회심 혹은 제자도로의 공적인 초청
- **묵상**
- 신조/신앙 선언문[16]
- 평화의 입맞춤(kiss of peace)[17]
- 중보 기도

---

12 많은 예배 요소들은 예배에서 한 가지 이상의 부문에 잘 어울린다. 그래서 우리가 예배의 주요한 네 가지 움직임에 적합한 예배 행위들에 대해 논의할 때 겹치는 부분들이 있을 것이다. 그것들은 많은 융통성과 다양성을 가지고 사용될 수 있다.
13 침묵 기도가 아니라 실제로 침묵하는 것.
14 본서 5장의 각주 19를 보라.
15 여기에서는 응답의 노래들이 가장 유용하다(11장을 참조하라). 모임 예전으로부터 노래하는 시간의 얼마를 가져와서 대안 응답으로 사용하는 것은 어떤가?
16 신조들은 예배와 깊은 관련이 있다. 참조, 마 14:33과 빌 2:5-11.
17 이것은 교회의 초기에 발생된 것으로(많은 신약의 구절에서 확인됨) 화해와 하나됨을 나타내기 위해 예배에서 성도들 간에 행했던 입맞춤이다. 이것은 예전의 여러 곳에서 등장하지만 설교 후에 가장 많이 등장하는데 주로 헌금이나 성찬식 준비에 많이 등장한다. 지금은 때로 "평화의 인사"로 알려져서, 많은 개신교와 로마 가톨릭 교회에서 악수를 한다든지 포옹을 하는 형식으로 여전히 실행되고 있다. 그런 표현과 함께 가장 많이 사용되는 말은, "당신에게 평화가 함께 하기를" 혹은 "당신에게 그리스도의 평화가 함께 하기를"이라는 말과 그에 대한 대답으로 "또한 당신의 영과 함께 하기를" 혹은 "또한 당신과도 함께 하기를"이다(참조, Jones et al., *The Study of Liturgy*, 230).

- 즉흥 기도[18]
- **간증**
- 헌금[19]
- 섬김, 선교 팀의 파송
- 연도 혹은 성경 말씀 교독[20]

할 수 있는 예배 행위들은 무한하다! 이 목록은 시작에 불과하다. 사실, 모든 예배 인도자는 이 목적에 사용될 예배 행위 목록을 지속적으로 발전시켜야 한다. 문제는 예배 공동체가 하나님으로부터 메시지를 들은 후에 하나님께 공동으로 응답의 목소리를 낼 기회를 갖는 것이다.

말씀 예전은 **정보적**(informational)이고 **변화적**(formational)이지만, 대안 응답은 주로 **변화적**이다. 즉, 대안 응답은 순복, 헌신, 회개 등을 통한

---

18 즉흥 기도는 몇 가지 예를 들자면 성도들이 자발적으로 소리를 내며 기도하는 것, 기도를 위해 "제단을 개방"하는 것, 그리고 통성 기도와 같은 다양한 형식으로 할 수 있다.

19 성경적으로 말해서, 헌금은 언제나 하나님께 감사하는 응답으로 여겨졌다. 초대 교회에서는 헌금은 가난한 자, 과부, 그리고 고아들을 위한 선물로 이루어졌다. 헌금은 단지 행정적인 일들을 돌보는 실천적인 일만이 아니라 예배 행위이다. 헌금은 하나님께 드리는 표현이므로 헌금을 바치는 방법을 중요하게 생각해야 한다. 다음과 같은 순서를 권장한다. (1) 헌금 시간을 알림(간단한 문장이나 성경 구절), (2) 헌금을 걷음, (3) 헌금을 바침(절정의 순간), (4) 봉헌 기도나 봉헌송. 구도자 친화적인 예배(seeker-friendly services)를 만들기 위해 헌금 시간이 공동의 행위인 것을 무시하고 돈을 받기 위해 교회의 후면 가까이에 헌금함을 놓는 것을 선호하는 교회가 많다. 만약 헌금을 단지 공과금을 지불하는 것으로 여긴다면 뒤에 헌금함을 두는 것으로 충분할 것이다. 그러나 헌금을 우리의 예물을 받으시는 분인 하나님과 함께하는 공동체적 예배 행위로 여긴다면, 헌금은 걸어서 하나님께 바쳐져야 한다. Ken Hemphill은 이렇게 말한다. "교회가 구원받지 못한 자들을 끌어들이는 일에 헌금이 걸림돌이 될 수도 있다고 생각하지 않도록 다음을 기억하라. 많은 비신자들은 탐욕과 싸우고 있다. 그들은 하나님의 사람들의 관대함을 보고 깊이 감동을 받을 수 있다. 삶의 이 부분에서 보여주는 우리만의 독특성이 비신자들에게 우리가 상상하는 것보다 더 강력한 간증이 될 수도 있다."(Ken Hemphill, *The Antioch Effect: 8 Characteristics of Highly Effective Churches* [Nashville: Broadman & Holman, 1994], 48-49.)

20 연도에서는 인도자의 본문은 바뀌어가면서 회중은 같은 구나 문장을 반복한다. 교독은 구를 반복하는 것이 없이 인도자와 회중이 내용을 나누어서 읽는 것이다(참조, 본서 5장).

내적 변화가 일어나는 수단과 방법을 제공한다.[21] 이것이 바로 대안 응답을 생략하는 것이 그렇게 황폐한 일이 되는 이유이다. 대안 응답의 생략은 지식은 있으나 그런 지식에 대한 책임에 즉각 응하도록 도전받지 않는 예배자들을 만든다.

위에서 언급한 예배 요소들의 종류를 살펴보면서, 예배자들에게 **가장 근본적인 수준에서** 무엇을 하도록 권할 수 있는지 생각해 보라. 그후 근본적인 변화를 **표현**하도록 언급된 행위들을 사용하라. 행위(예배 요소) 자체가 응답이 아니다. 행위가(행 2장에서 일어난 것과 같은) 응답을 **나타낸다**. 세 가지 범주를 가지고 내가 의미하는 바를 설명하겠다. 말씀을 들은 결과로서 가능한 세 가지 근본적인 변화의 유형으로서 "(소리를)울리다"(resound), "그만두다"(resign), "결단하다"(resolve)를 생각해 보라.

첫 번째 대안 응답은 말씀을 "울리도록"(resound) 회중을 권유하는 것이다. 영어 단어 "resound"는 다시 소리 내다(re = "다시"; sonare = "소리 내다")는 뜻의 라틴어 **레소나레**(resonare)에서 유래한다. 울린다는 것은 메아리치는 것, 메아리쳐오는 것, 되돌아오는 것이다. 대안 응답의 한 가지 종류는 공동체에게 그들이 들은 것을 메아리칠 기회, 즉 다시 진술할 기회를 주는 것이다.

들은 것을 서로 나누면서 자신들의 말로 메시지를 표현하는 것이 예배자들에게는 어려울 것이다. 이는 신조나 신앙 선언문을 말하는 것을 뜻할 수도 있다. 이것은 설교자에게서 나온 말에 "회신하는" 강력한 방법이다. 어떤 예배 요소들은 이것에 잘 어울린다. 그리고 이 요소들은 선포된 진리를 다시 말함으로써 예배자들이 변화되는 일에 도움을 준다.

---

21 말씀 예전이나 대안 응답의 특징을 절대적으로 구분할 수는 없다. 둘 다 변화적이고 정보적인 면이 있다. 그러나 각각은 정보나 변화의 주된 초점과 목적에 적합하다.

두 번째 대안 응답은 예배자들에게 "그만둘" 수단과 방법을 주는 것이다. 영어 단어 "resign"은 "취소하다"는 뜻의 라틴어 **레시그나레**(*resignare*)에서 유래한다. 우리는 보통 그만두는 것을 부정적인 단어로 생각한다. 우리는 다른 대안이 없고 그 시점에서 우리가 할 수 있는 더 나은 것이 없기 때문에 이것저것을 체념한다. 그러나 그만둔다는 말은 긍정적인 단어이다. 그만둔다(resign)는 것은 다시 서명하는 것(re-sign), 즉 우리의 경험을 새로운 렌즈로 보는 것이고, 그럼으로써 새로운 의미를 부여하는 것이다. 그만둔다는 것은 하나님의 말씀을 들은 결과로 사물을 다르게 보는 것이다. 이것은 말씀을 들은 결과로 권리나 소유를 포기하거나, 굴복하거나, 단념하거나, 양위하거나, 버리거나, 부인하거나, 내어주는 것이다. 말씀이 그러한 응답으로 예배자들을 인도할 때, 강단 초청, 세족, 간증, 기도 등이 그러한 응답을 도와줄 수 있다.

세 번째 대안 응답은 예배자들에게 영성 형성의 수단으로 무엇인가를 결단하도록 하는 것이다. 영어 단어 "resolve"는 "다시 풀다"는 뜻의 라틴어 **레솔바레**(*resolvare*)에서 유래한다. 결단하는 것은 묶은 것을 푸는 것, 변화를 위해 구성 요소를 분할하는 것, 해결하거나 설명하는 것, 의심을 없애는 것, 결정하는 것, 의도하는 것, 목적에 적응하는 것이다. 말씀은 우리를 결단의 자리로 이끌 때가 많다. 우리는 성령의 능력으로 통찰력을 얻고, 깨닫게 되고, 사물을 새롭게 보게 된다. 이것을 위해, 새로 받은 통찰력을 즐거워하거나, 해방됨으로써 얻는 자유를 기뻐하거나 그들이 이제 하고자 하는 것에 대해 노래하거나 말하도록 돕는 예배 요소가 회중에게 필요하다.

말씀에 적절한 대안 응답을 만들기 위해, 예배 건축가는 (1) 그날의 성경 말씀과 설교에 몰두하고 (2) 어떤 근본적인 응답이 논리적인지 결정하고 (3) 많은 예배 행위 중에 어떤 것이 예배자에게 근본적인 응답을 효과적으로 표현하는 데 도움이 될지 고려해야 한다. 예배자들에게 울리도록 할지(resound), 그만두게 할지(resign), 결단하게 할지(resolve) 결정하라. 그것이 결정되면, 근본적인 응답을 달성할 수 있도록 예배자들로 하여금 내어주고, 기뻐하고, 순종을 서약하고, 예물을 드리고, 증언하도록 도울 예배 행위들이 얼마든지 있다. 그 일을 하도록 도울 예배 행위들을 찾으라. 요약해서 말하자면, 다음의 세 단계를 밟으라.

① 가장 논리적인 근본적 응답을 결정하라(울리거나, 그만두거나, 결단하는 것)
② 이 응답에 어울리는 유형의 행위 목록을 만들라.
③ 구체적인 예배 행위를 선택하라.

2) 대안 응답의 순서 정하기

하나님과 공동체가 대화하는 이 부분을 어떻게 구성하는가? 다음은 몇 가지 고려할 사항이다.

① 변화를 일으키는 잠재력을 가진 예배를 준비할 수 있게 하나님이 당신을 인도하시도록 기도하라.
② 말씀 예전을 위해 한 것처럼, 설교 본문으로 사용된 성경 말씀을 고찰하라. 본문을 읽고 묵상하라. 본문을 연구하고 본문으로 기도하라.
③ 설교의 주요점을 숙고하라. 가능하면, 설교자에게 이것을 얻으라. 이 설교와 관련해서 떠오르는 찬송, 기도, 그리고 그 외의 예배 행위들의 목록을 간단히 만들라.

④ 말씀 예전이 변화의 목표, 대안 응답의 분위기를 나타내게 하라. 설교자가 회중들에게 생각하고 있는 변화의 목표를 갖도록 해 보라. 이것이 당신에게 목표를 지지하고 예배에서 이 부분의 분위기에 영향을 줄 아이디어를 갖도록 해 줄 것이다.

⑤ 어울리는 예배 행위 서너 가지를 생각하라. 당신이 이해할 수 있는 순서로 배열하라. 대개 순서 자체로는 옳고 그른 것이 없다. 자연스러운 대화를 만들 수 있도록 기도하면서 요소들을 선택하고 순서를 정하라. 이것은 아직 파송이 아님을 기억하고, 하나님께 직접 **응답하는 일**에 머물러 있으라. 파송에는 다른 예배 요소들이 필요할 것이다.

⑥ 참여가 열쇠이다. 대안 응답은 회중에게 하나님의 말씀에 응답할 시간과 방법을 주는 것이다. 어떤 희생을 치르더라도 수동적인 것을 피하라. 회중이 행동하게 하라. 결국, 이것은 **그들의** 응답이다.

⑦ 예배의 모든 부분에 필요한 시간을 판단하라. 때로 목회자들은 "예배에 더 추가한다"는 생각을 받아들이지 않는다. 예배를 더 길게 만들려는 생각이 아니라, 예배의 **모든** 부분에 시간이 얼마나 사용되는지 평가하는 것이다. 대안 응답은 긴 시간이 소요되어야 하는 것은 아니다. 필요한 시간은 예배의 다른 곳, 어쩌면 모임 예전에서 가져올 수 있다. 예배가 정시에 시작되고 인도자가 잘 준비되어 있다면, 대안 응답에서 많은 것을 이룰 수 있다.

⑧ 대화를 생각하라. 하나님이 무엇을 말씀하셨나? 회중이 어떻게 응답하는 것이 논리적인가? 예배가 대화가 되도록 유지하라.

⑨ 다양성을 고려하라. 예배의 이 부분에서 할 수 있는 것들은 많다. 판에 박힌 단조로움에 빠지지 않도록 하라. 각 대안 응답이

왜 똑같이 찬송, 강단 초청, 기도여야 하는가? 말씀의 목표에 충실하면서도 할 수 있는 것들은 무척 다양하다. 그리고 이 모든 것은 어떤 스타일에서도 가능하다.

⑩ 다감각적인 응답을 사용하라. 오감 중 한 가지 이상을 사용하면 응답의 효과가 커진다. 모든 감각을 사용하게 도전하라.

⑪ 진정으로 여러 세대를 아우르는 응답을 개발하라. 어린이와 청소년들도 하나님께 응답하기를 원한다. 그러므로 모든 연령대가 사용할 수 있는 예배 행위에 대해 생각하라.

⑫ 이때가 회중에게 몸의 사용(bodily action)을 권하기에 좋은 때이다. 회중이 일어서거나, 머리를 숙이거나, 무릎을 꿇거나, 손을 움켜잡거나, 손을 들거나, 손뼉을 치거나, 엎드리거나, 고개를 들 수 있는가? 교회마다 이런 것들에 대해 편안하게 느끼는 정도가 다를 것이다. 그럼에도 불구하고, 예배 인도자는 응답에 몸의 사용 방법을 생각해야 한다.

⑬ 공동의 응답을 가능한 많이 하도록 조장하라. "우리"라는 말을 전면에 있게 하라. 물론, 그리스도인의 직업 섬김에 대한 부름처럼 개인적인 응답이 적절할 때가 있다. 그래도 모든 개인의 결정에 놀라운 공동적인 면이 있다. 공동체 안에서 외관상 개인적으로 결정해야 하는 것이라고 여겨지는 곳에까지 공동체 의식을 만들도록 노력하라.

다음과 같은 단계별 계획으로 요약할 수 있다.

① 성령의 인도를 위해 기도하라.
② 성경 말씀을 읽으라.

③ 몇 가지 핵심 구절/단어, 생각 등을 기록하라.
④ 어떤 것이 가장 논리적인지 결정하라. 즉, 울리는 것(resound), 그만두는 것(resign), 결단하는 것(resolve).
⑤ 본문에 응답하는 데 가능한 것들이 무엇인지 고민하라.
⑥ 서너 개의 예배 요소를 선택하라.
⑦ 논리적인 순서로 정렬하라.
⑧ 응답 유형이 한 가지 이상인지 유의하라(상징적, 실천적, 영적 등).
⑨ 참여도를 점검하라(사람들이 적극적으로 참여하는가?)
⑩ 이 순서를 명확하게 작성하라.

3) 대안 응답 인도하기

대안 응답은 변화가 일어나는 시간이다. 그래서 목회자적인 인도자, 즉 예배에서 역사하는 성령의 사역에 민감하고, 사람들과 조화를 이루는 사람이 필요하다. 당신은 이 부분의 거룩한 대화에 어울리는 태도를 나타내면서 인도해야 한다. 또한 다른 사람들을 훈련해서 응답하는 일을 돕게 하라. 이것은 참여를 구축하는데 더욱 앞선 방법이다.

회중이 하나님께 "네"라고 말하기를 모색하는 단계에서는 당신 스스로를 그들의 주최자로 생각하라. 당신은 그들의 예배 여정에 그들과 동행하고 있다. 인도자로서, 당신은 안내자 역할을 한다. 예배의 이 부분에서, 당신이 회중에게 하라고 권하는 일을 그들이 신뢰할 수 있도록 특별히 준비해야 한다.

응답이 간단명료하게 되도록 하라. 예배 요소를 장황하게 하거나 응답을 강요하지 말라. 단순히 회중이 응답을 시작할 수 있게 하고, 하나님이 그것을 가지고 그분이 바라시는 것을 하시게 하라. 우리가 성령의 능력을 믿고 예배가 하나님께 속한 것임을 믿는다면, 우리는 결과에 대해서 성령을 신뢰할 수 있다. 너무 많은 설명을 하지 말라. 응답을 설명하거나 준비하는 데 오랜 시간이 소요된다면, 계획을 다시 하라. 간단히 하고, 말은 최소한으로 하라.

5. 결론

이 장에서 나는 대안 응답에 대해 기술했다. 이것은 하나님과 백성 간의 예배 대화를 가능케 만들기 원하는 예배 인도자의 기쁜 사역이다. 예배 건축가는 기도하고 생각하며 이 과제에 접근하겠지만, 그는 공동체가 말씀에 응답하는 수단과 방법을 작동시키기만 한다는 것을 기억하라.

모든 사람들이 이 대화를 계속할 수 있게 하실 분은 성령이시다. 미트 맨이 그것을 잘 말해주고 있다.

> 계몽주의 이후 서구 세계의 종교적 열망은…인간의 이성이 실재라고 결정한 것에 제한될 수 없는 신적 신비감을 재발견하는 것이다. 예배의 목표는 바로 **하나님을** 경험하는 것이다. 하나님은 자신이 원하시는 대로 말씀하시고 행하실 것이다. 하나님이 예배의 주체시라면, 예배 인도자는 공동체가 경험할 것을 통제할 수 없다. 예배 인도자와 공동체가 만드는 예배 경험은, 하나님의 시간에서는 어쩌면 순간이 될 수도 있는 한 시간 동안, "하나님께서 나오는 것이지, 우리에게서 나오는 것이 아닌"(고후 4:7, 표준새번역) 초월적인 보배를 담는

질그릇, 즉 쉽게 깨지고, 쉽게 버려지고, 쉽게 잊히고, 쉽게 대체되는 질그릇일 뿐이다.[22]

6. 주요 용어

강단 초청(altar call). 구원이나 혹은 목회자가 지정한 다른 목적을 위해 하나님께 순종하게 하는 수단으로, 사람들에게 예배 공간의 앞으로 나와서, (보통 기도대에) 무릎을 꿇거나 서 있도록 초청하는 것. 말씀에 대한 응답이다.

세족(foot washing). 예수님의 본(요 13:1-17)을 따른 겸손한 섬김의 상징으로, 예배에서 물대야와 수건을 가지고 서로의 발을 씻기는 것을 재현하는 것.

묵상(meditation). 본문이나 영적인 사고를 말없이 깊이 생각하는 것.

간증(testimony). 나누고자 하는 하나님의 역사나 경험을 개인이 말로 증언하는 것.

7. 참고 문헌

Webber, Robert E. *Planning Blended Worship: The Creative Mixture of Old and New*. Nashville: Abingdon, 1998.

---

22 F. Russell Mitman, *Worship in the Shape of Scripture*(Cleveland: Pilgrim, 2001), 56-57.

∞ 참여하기

성찬식을 하지 않는 예배에서 말씀에 대한 응답을 강화하도록 시도해 보라. 다음은 그렇게 하기 위한 계획이다.

1. 당신이 속한 교회의 예배 계획 담당자들과 설교자와 만나라.
2. 이 장의 끝부분에 있는 "대안 응답의 순서 정하기"를 다시 보라.
3. 실제 설교 본문과 설교의 목표를 사용해서, "대안 응답의 순서 정하기" 바로 다음에 있는 단계별 계획에 따라서 해 보라.
4. 기도하면서 잘 개발시킨 대안 응답을 만들라. 정기적으로 해오던 것 말고 새로운 것을 시도해 보라.
5. 후에 다시 만나서 어떻게 진행되었는지 토론하라.

THE WORSHIP ARCHITECT

8 ◆ 다섯 번째 내력벽

파송 예전

탐구하기

8장을 읽기 전에, 다양한 행사의 목록을 만들라. 예를 들면, 시 행사(civic events), 스포츠 행사, 사교 모임 등. 그리고 이런 행사들이 보통 어떻게 끝나는지 기록하라. 예를 들면, 지역 학부모 모임이 어떻게 끝나는가?

1. 이런 것들 중에 어떤 것들 혹은 모든 것들이 예배를 마치는 데 좋은 방법이 될까? 왜 그런가 혹은 왜 그렇지 않은가?
2. 이런 행사들의 성격과 예배의 성격은 어떻게 다른가?
3. 이것이 예배를 마치는 방법에 영향을 끼치는가? 왜 그런가 혹은 왜 그렇지 않은가?
4. 예배를 어떻게 시작해야 하는지 상기하라(4장을 참조하라). 예배가 어떻게 시작되어야 하고 어떻게 끝나야 하는지에 있어 유사점들이 있다고 생각하는가? 그렇다면, 그것들은 어떤 것들인가?

이 질문들을 계속 생각하면서, 이제 8장을 읽으며 생각의 폭을 더 넓혀 보자.

파송 예전은 오늘날 하나님과 백성 간의 대화에서 가장 간과되는 부분 중 하나이다. 많은 교회에서 빨리 해산하고자 이것을 제외시켰다. 이것은 장시간의 찬양과 설교를 하는 2중 구조 형식을 사용하는 예배에서 특히 그렇다.

만약 예배에서 설교가 가장 중요한 순서로 간주되고 말씀에 대한 응답의 순서는 포함되어 있지 않다면, 해산은 오히려 기능적인 일이 되기 쉽다. 이렇게 된 것은 불행한 일이다. 왜냐하면 파송 예전을 하나님과 공동체 간의 중요한 대화의 한 부분으로 이해하면 큰 유익이 있기 때문이다.

예배의 네 번째, 곧 마지막 내력벽을 세우는 것은 하나님과 그분의 백성이 "작별 인사"를 교환하는 공간을 만드는 것이다. 관계있는 사람 간의 교제에서는, 만나는 방법만큼 헤어지는 방법도 중요하다. 파송 예전[1]은 공동체적 예배의 마지막 움직임인데, 이 예전에서 우리는 모일 때와 같이 의도적으로 "흩어질" 계획을 한다. 우리가 하나님의 영과 함께 세상으로 다시 들어가면서, 우리는 여전히 그리스도의 몸이지만 더 이상 물리적으로 모여 있지 않기 때문에, "하나님 앞에 모인 공동체"와 "하나님을 섬기는 흩어진 공동체"를 연결하기 위한 계획을 세워야 한다.

파송 예전은 대화의 다른 부분들처럼 길지는 않다. 예배에서 가장 짧은 부분이다. 그러나 짧다는 것을 중요하지 않다는 것으로 여기는 실수를 하지 말라. 집에 손님이 오셨을 때, 작별 인사하는 데는 몇 분이면 된

---

1 예배의 네 번째 움직임에 "해산"(dismissal)이라는 용어가 종종 사용되는데, 이 단어는 사업 같은 기능적인 접근법을 나타낸다. 해산되는 것은 순전히 수동적인 수용성을 수반한다. 파송 받는 것은 행동을 수반한다. 그래서 나는 "파송"이라는 용어를 선호하는데, 이것은 우리에게 복과 권능을 주어, 흩어져 있는 동안 선교하도록 하는 하나님의 행위를 말한다. 성경에 있는 하나님과 사람의 대화는 "끝이다"(해산)라는 말이 아니라, "가서 내가 명한 것을 행하라"(파송)는 하나님의 말로 마친다. 로마 가톨릭의 성찬 예배를 나타내는 "미사"(Mass)라는 단어는 "당신은 보냄을 받았다"라는 의미의 라틴어 미토 미스(*mitto miss*)에서 유래한다.

다. 그러나 떠나는 것이란 우리가 헤어져 있는 중에도 여전히 관계를 맺고 있음을 말한다. 가족이나 친한 친구가 함께 시간을 보낸 후에 헤어질 때, 그들은 다음과 같은 말로 감정을 교환한다. "건강히 지내," "잘 지내," "잘 되기를 바래," "기도할게," "곧 다시 보자," "문제 없기를 바래," 혹은 "사랑해." 우리가 헤어지는 방법은, 헤어져 있으면서 우리가 어떻게 관계를 맺는지 그리고 다시 만날 때까지 무엇을 할지에 대한 질문에 답한다.

1. 하나님이 우리를 파송하신다

우리를 예배로 부르신 분이 하나님이신 것처럼, 모인 공동체로부터 우리를 파송하시는 분도 하나님이시다. 하나님이 대화를 시작하시고, 하나님이 대화를 끝맺으신다. 이것은 이해하고 있어야 할 중요한 관점이다. 이것은 파송 예전을 교회 주보의 한 항목으로 보는 것과 하나님과 백성 간의 중요한 순간으로 보는 것과의 차이다. 파송 예전은, 하나님이 그리스도의 이름으로 세상을 축복하도록 우리에게 복 주시는 시간이다. 공동체로 말씀을 들은 결과로서 특별한 방법으로 살도록 하나님이 우리를 위임하시는 시간이다. 우리는 말씀에 대한 응답으로서 하나님의 영광을 위하여 행하겠다고 한 일을 잘 해낼 수 있도록 복을 받고 흩어져야 한다.

파송 예전은 성경적 예배의 가장 오랜 전통이다.[2] 구약 성경과 신약 성경의 여러 곳에서 파송 예전의 전통을 찾을 수 있다. 그뿐만 아니라, 교회는 수세기 동안 파송 예전을 예배의 주요 행위로 확립해왔다. 사실, "미

---

2 Hughes Oliphant Old, *Leading in Prayer: A Workbook for Worship*(Grand Rapids: Eerdmans, 1995), 349.

사"(Mass)라는 단어는 "당신은 보냄을 받았다"는 의미의 라틴어 **미토 미스**(*mitto miss*)에서 파생되었다. 하나님의 복과 위임을 받고 예배자를 보내는 관습에는 계속 지속되어온 깊은 선례가 있다. 파송 예전의 주요한 두 부분은 **"축도"**(benediction)**와 "권면"**(charge)이다. 이 두 용어에 대한 자세한 내용은 다음과 같다.

축도는 성전 예배의 절정 중 하나였다. 희생제물이 드려졌을 때, 대제사장은 백성을 향해 손을 들고 축복했다(레 9:22-23). 아론이 이스라엘의 첫 대제사장으로서 사용할 수 있도록 하나님은 모세를 통해서 "아론의 축복"이라고 알려진 말씀을 주셨다.

> 여호와께서 모세에게 말씀하여 이르시되 아론과 그의 아들들에게 말하여 이르기를 너희는 이스라엘 자손을 위하여 이렇게 축복하여 이르되 여호와는 네게 복을 주시고 너를 지키시기를 원하며 여호와는 그의 얼굴을 네게 비추사 은혜 베푸시기를 원하며 여호와는 그 얼굴을 네게로 향하여 드사 평강 주시기를 원하노라 할지니라 하라(민 6:22-26).

후에, 예수님의 시대에도 파송 예전은 회당 예전의 절정이었다.[3] 예수님은 제자들을 위해 복을 주시고 위임하는 예전을 자주 사용하심으로 그 전통을 지속하셨다. 복음서에 여러 곳이 있지만, 특히 두 곳에서 잘 나타나고 있다.[4] 대위임령(Great Commission)에는 예수님이 부활하시고 승천하시기 전에 하신 권면과 축도가 포함된다.

---

3 Ibid.
4 참조, 요 20:21.

> 그러므로 너희는 가서 모든 민족을 제자로 삼아 아버지와 아들과 성령의 이름으로 세례를 베풀고 내가 너희에게 분부한 모든 것을 가르쳐 지키게 하라 볼지어다 내가 세상 끝 날까지 너희와 항상 함께 있으리라 하시니라(마 28:19-20).

권면(가라, 세례를 베풀라, 제자 삼으라, 가르치라)과 축도(너희와 항상 함께 있으리라)를 주목하라. 그리고 삼위일체를 강조하는 것에도 주목하라. 축도는 하나님의 백성을 유익하게 하기 위해 신성의 모든 위격, 즉 성부, 성자, 성령을 부르며 그 이름으로 복을 선언하는 좋은 기회이다.

누가복음과 사도행전의 저자인 누가는, 예수님이 축도와 권면을 사용하셨음을 나타내고 있다. 누가복음-사도행전은 복음서의 마지막에 축도를, 그리고 사도행전의 처음에 예수님이 승천하시기 바로 직전의 권면을 기록하고 있다.

> 예수께서 그들을 데리고 베다니 앞까지 나가사 손을 들어 그들에게 축복하시더니(눅 24:50).

> 오직 성령이 너희에게 임하시면 너희가 권능을 받고 예루살렘과 온 유대와 사마리아와 땅 끝까지 이르러 내 증인이 되리라 하시니라(행 1:8).

흥미롭게도, 누가복음은 예수님이 축도의 전통과 관계가 있음을 시작과 끝에서 보여준다. 예수님이 나셨을 때, 의롭고 경건한 제사장 시므온은 "…아기[예수]를 안고 하나님을 찬송하여…시므온이 그들에게[마리아와 요셉] 축복[한다]…"(눅 2:28, 34). 축복이 있은 후에, 예수님이 "이스라엘 중 많은 사람을 패하거나 흥하게…[하기]위하여 세움을 받았[음]"(눅 2:34)을 나타내는 예언자적인 권면이 있었다.

성경에 있는 파송 관습은 뜻 깊은 것이어서 그후 오랜 세월 동안 교회의 관습이었다. 고대 문헌에서 볼 수 있는 것처럼, 고대 교회는 예배의 마지막에 정규적으로 축도를 했다. 비록 축도는 중세기에는 지지를 덜 받았지만, 종교개혁 때 회복되어 개신교 예배의 분명한 특징이 되었다. 마틴 루터는 축도를 재강조하는 데 기여한 사람으로 여겨진다. 루터는 예수님이 이 땅을 떠나실 때 아론의 축복을 사용하셨을 것이라고까지 주장한다(참조, 눅 24:50).[5] 종교개혁가들은 축도를, 한 그리스도인이 다른 그리스도인들을 위해서 기도하는 것이라고 이해한 것이 아니라, 하나님이 아브라함과 사라에게 주신 언약의 복, 즉 그들의 영적인 자손들이 믿음으로 자손 대대로 넘겨주는 복을 주는 것으로 이해했다.

2. 파송 예전의 목적

파송 예전의 목적은 예배자들이 하나님의 뜻을 행하도록(권면) 축복함으로써(축도) 능력을 부여 받는 것이다. 이것은 두 개의 주요 부분, 즉 축도와 권면으로 구성된다. 물론 이 두 주요 구성 요소를 둘러싸거나 꾸미기 위해 보통 다른 예배 행위들도 사용된다.

첫째, 축도(benediction)는 축복(blessing)이다. 영어 단어 "benediction"은 라틴어에서 왔는데, "bene"는 "좋은"(good)을 의미하고, "diction"은 "말"을 의미한다. 축도하는 것은 좋은 말을 하는 것이다. 라

---

5   Old, *Leading in Prayer*, 349.

틴어 **베네디코**(*benedico*)는 "좋게 말하다"는 의미다. 예를 들면, 스페인 사람들이 쓰는 간단한 작별인사 "아디오스"(*Adiós*)는 "하나님과 함께 가라"는 진정한 축복의 말이다.

종교적인 축도는 하나님을 대신해서 다른 사람에게 하는 말이다. 축도는 하나님이 다른 사람의 삶을 풍요롭게 하실 것을 믿고 그렇게 되기를 원하는 것이다. 보통 "하시기를"(may)이라는 말이 사용된다. 예를 들면, "하나님이 당신과 함께 가시기를!" 혹은 "하나님이 당신에게 평안을 주시기를!" 그러나 이 "하시기를"이라는 말은 희망 사항(wishful thinking) 이상의 말이다. 이것은 오히려 선언(pronouncement)이다. 성경적으로 말해서, 축도는 하나님이 다른 사람을 위해 무엇인가 하실 것을 희망하는 것, 그 이상이다.

축도에는 믿음이 들어있는데, 하나님이 그분의 모든 자녀에게 은혜를 베푸실 것을 우리가 마땅히 기대할 수 있음을 상기시켜 주는 것이다. 즉, 과거에 그분의 선택된 백성을 이롭게 하신 하나님이 오늘날도 똑같이 행하실 것을 기억하는 방법이다.

아론의 축복이 "여호와께서 [어떤 일들을]…하시기를"로 되어 있음을 주목하라. 어떤 일이란, 복을 주고, 지키고, 웃으며, 은혜를 베풀고, 얼굴을 들고, 평강 주는 것을 말한다. 사도 바울의 서신서에는 축도가 많이 있다. 그는 데살로니가 교회를 향해 다음과 같이 선언한다.

> 주께서…너희 마음을 굳건하게 하고 우리 주 예수께서 그의 모든 성도와 함께 강림할 때에 하나님 우리 아버지 앞에서 거룩함에 흠이 없게 하시기를 원하노라(살전 3:13).

둘째, 권면(charge) 혹은 도전(challenge)이다.[6] 도전이란 의지의 표명이다. 이것은 축복의 "목적"(so that)이다. 우리는 목적을 위해서 복을 받는다. 우리는 단지 자신이 복을 받기 위해서가 아니라, 하나님의 나라의 시민으로서 주도적인 삶을 살기 위해 복을 받는 것이다. 이것이 바로 축도만으로는 충분하지 않은 이유다. 우리는 축복의 목적과 일치한 삶에 우리 자신을 헌신하지 않고는 복을 주거나 받기를 원치 않는다. 권면이 없는 축도는 섬김과의 연결이 없다. 축복이 없는 권면은 섬김에 필요한 능력에 대한 의식이 없다. 축도와 권면 둘 다 공동체가 하나님과의 대화를 충실하게 끝마치는 데 필요하다.

좋은 도전은 보냄을 받았다는 느낌을 줄 것이다. 권면은 "가라"(Go)로 시작하는 경우가 많다. 간단한 예를 들면, "평안히 가서 주를 사랑하고 섬기라," "가서 제자 삼으라," "우리 주 예수 그리스도의 은혜와 성령의 능력으로 가서 하나님의 영광을 위해 세상을 변화시키라." 우리가 하나님의 임재 안에 있음으로 인해 변화되었다면, 우리는 변화되었고 특별한 목적을 위해 능력을 받았다는 의식을 가지고 떠나야 한다.

공동체로서, 우리는 하나님으로부터 메시지를 받았고 그리스도의 식탁에서 영양을 공급받았다. 그러나 이런 자양물은 우리만을 위한 것이 아니라 세상을 위한 것이기도 했다. 각 예배의 마지막에는, 우리가 다시 예배하러 공동체로 모일 때까지 그리스도를 위해 담대히 사는 목적을 가지고 우리를 세상으로 보내는 예배 행위 몇 가지가 있어야 한다. 예배를 향한 하나님의 목적은 세상을 변화시키는 변화된 마음을 만드는 것이다.

이제 축도는 기도가 아니라는 것을 깨달았을 것이다. 축도는 **선언**

---

6 전통적으로 권면이라는 말을 쓰지만 나는 도전이라는 말을 선호한다. 나는 의도적으로 두 단어를 상호 교환적으로 사용한다.

(pronounced)하는 것이지 기도하는 것이 아니다. 기도는 하나님을 향한 것이고, 축도는 사람을 향한 것이다. 마침 기도를 하기 원한다면, 그렇게 하라. 그러나 그것을 축도가 아니라 마침 기도라고 부르라. 그 차이는 두 가지 방법, 즉 (1) 사용하는 언어를 통해(하나님이 아니라 사람에게 말함) 그리고 (2) 전달 방법을 통해(눈을 감고 하나님께 기도하는 것이 아니라 사람을 보면서 말) 알 수 있다. 사람들의 전통적인 응답은 축도를 확인하고 그것을 받았음을 인정하기 위해 공동의 목소리로 "아멘" 하는 것이다.

3. 파송 예전의 정신

파송 예전의 정신은 보통 하나님을 만남으로 인한 기쁨, 하나님을 섬길 기회를 가짐으로 인한 감동, 하나님의 명령을 완수하도록 권능을 받음으로 인한 권위이다. 궁극적으로, 파송 예전은 즐거운 것이다. 왜냐하면 우리가 함께 하나님의 임재 안에 있었고, 하나님의 말씀을 들었고, 그리스도의 식탁에서 먹었고, 말씀에 응답하기 위해 머물러 있었기 때문이다. 더구나, 우리는 기독교 공동체에서 하나님을 만났다가 동료 예배자들에게서 떠나가지만 다시 예배하기 위해 곧 모일 것이라는 소망이 있다. 하나님을 만나고, 하나님을 사랑하는 사람들과 만나는 것보다 더 좋은 것이 무엇이겠는가?

파송 예전에는 또한 감동이 있다. 왜냐하면 우리는 성찬식에서 혹은 말씀에 대한 대안 응답에서 우리가 약속한 삶을 살기를 열망하기 때문이다. 우리가 그리스도의 이름으로 무엇을 할지는 성찬식이나 대안 응답에서 이미 정해졌다. 이제는 성령께서 시작하실 시간이다. 파송 예전은 내용과 느낌에 있어서 선교적이다. 이것은 우리가 다시 만날 때까지 동면

하면서 성도들을 안전하게 보존하는 것이 아니라, 우리를 감동해서 우리가 다시 만날 때까지 하나님의 나라에서 선교사로서 살도록 하는 것이라는 말이다. 고민거리가 되는 "광고"라는 순서가 들어가기에 논리적으로 맞는 곳이 바로 파송 예전이다. 많은 예배 건축가들은 교회 활동 광고 순서의 위치를 놓고 고심한다. 광고가 예배 시작의 앞에 놓이면, 그것은 사무적인 일이 된다. 하나님과의 대화 중간에 놓이면 대화에 방해가 된다. 그러나 광고가 있어야 한다면, 그것을 교회의 사명을 고무하는 것으로 보고 결과적으로 그 목적을 위하여 예배자들을 축복하고 도전하는 것과 연결시키는 것이 아마도 가장 좋을 것이다.[7]

축도와 권면이 이루어질 때 또한 권위에 대한 의식도 있다. 파송 예전의 어조는 지나치게 권위적이지 않은 명령이 되어야 할 것이다. 이것은 긍정적이고 소망이 있고 믿음이 충만하게 전달될 때 설득력이 있다.

파송은 양들에게 깊이 헌신된 목자의 목회적인 행위이다. 성경의 예들에 의하면, 파송은 하나님의 대리자로 부름을 받은 사람들이 행하는 제사장적인 기능이다.[8] 제사장, 선지자, 왕 같은 특정 지도자들만이 하나님을 대신해서 말씀을 선언할 적절한 자격이 있었다. 그들의 말은 예배자들에게 하나님으로부터 직접 오는 것으로 받아들여졌다. 축도는 예배자들과 예배 받는 분 간의 신원 확인의 수단이 되는 역할을 했다.

---

7 광고를 말로 할 때는 다음과 같은 것을 고려하라. (1) 무엇인가를 꼭 강조해야 하는 경우를 제외하고는 이미 인쇄되어 있는 내용을 읽지 마라. (2) 작은 그룹들에 관한 광고는 하지 말고, 모든 사람에게 관련된 것들만 알리라. (3) 한 인도자를 정해놓고 그가 필요한 것을 분별해서 광고하게 하고 다른 사람들에게 광고하도록 하지 마라. (4) 광고는 사전에 서면으로 제출하도록 해서, 각광을 받으려고 하거나 매주 같은 것을 되풀이하려는 사람들이 길고 즉흥적인 광고를 하는 일이 없도록 하라.

8 누가 축도를 할 자격이 있는지는 각 교단이나 전통의 규정에 달려있거나, 개 교회가 할 수도 있다. 성경에는 이에 대한 직접적인 가르침이 없고 예만 있을 뿐이다. 인도자가 자격을 갖추었는지 그렇지 않은지가 파송의 예배 행위의 제사장적이고 목회적인 성격을 바꾸지는 않는다.

[대제사장 아론은] 이스라엘의 이름을 그의 흉배에 붙이고 지성소로 들어갔다 나왔다. 그의 축복은 주님이 모든 이스라엘에게 자신의 이름을 붙이는 수단이었다. 이 축도에서 주님의 이름을 부름으로, 하나님의 이름, 신분, 임재가 그분의 백성에게 옮겨졌다. 축복은 일종의 인침이다.

근본적으로 축도는 하나님과 백성, 백성과 하나님의 관계이다. 파송 예전의 어조는 그 관계의 본질을 반영해야 한다.[9]

4. 파송 예전의 움직임

파송 예전은 근본적으로 예배자들이 세상으로 돌려보내지는 움직임으로서 모임에서 해산으로 향한다.

그림 8.1 파송의 움직임

이것은 "마치는" 것이 아니라 "보내는" 것이다. 예배 건축가는, 예배자들이 하나님의 임재 안에 있었던 것과 하나님의 나라에 살도록 권능을 부여받은 것을 축하하도록 디자인된 예배 요소들의 결합을 의도적으로 결정해야 한다. 공동체적 예배의 이 마지막 움직임은 하나님의 뜻을 행

9　Gerrit Scott Dawson, *Jesus Ascended: The Meaning of Christ's Continuing Incarnation* (Phillipsburg, NJ: P & R, 2004), 122.

하도록 공동체가 인도되는 가운데 말씀에 대한 응답으로부터 직접 흘러나와야 한다. 우리는 상하고 죽어가는 세상에 하나님의 임재를 나타내며 살도록 거룩하고 신비로운 방법으로 흩어진다.

5. 실천하기

1) 파송 예전에 적절한 예배 요소

예배의 다른 세 가지 움직임처럼 파송 예전도 다양한 예배 요소를 사용할 것이다. 파송 예전이 가진 임무의 제한성으로 볼 때, 사용할 수 있는 예배 요소들이 비교적 얼마 되지 않을 것이다. 필요에 따라 사용할 수 있는 예배 행위 몇 가지를 다음에 제시한다.[10] 필수 항목인 축도와 권면과 함께, 매주 선택할 수 있는 예배 요소 목록을 계속 확장해 가기를 바란다.

- 성경 말씀으로 축도
- 도전/권면
- 평화를 나눔
- 회중 노래
- 짧은 합창 또는 후렴
- 침묵
- 광고

---

10 예배의 다른 움직임에서 효과적으로 사용될 수 있는 요소들도 있다는 것을 기억하라.

- 퇴장[11]
- 후주[12]

2) 파송 예전 요소의 순서 정하기

파송 예전 요소들의 필수적인 순서는 없다. 축도와 권면이 포함되어야 하는데, 순서는 상관없다. 파송 예전에 관해서 기억해야 하는 핵심은 **의도성**(intentionality)이다. 예배자들을 어떻게 떠나게 할지에 대한 방법에 대해서 생각해서, 하나님과 함께한 시간을 고려해 보았을 때 타당한 것을 해야 한다.

파송 예전을 준비하고 수행할 때, 다음과 같은 것들을 고려하라.

① 그날 말씀의 주요 강조점(내용을 재진술하지 않고 내비치기만 할 것이지만)을 상기하라.
② 그날의 성찬이나 대안 응답을 고려하라.
③ 회중을 알라. 회중의 상황에 맞게 그들을 축복하고 도전하라. 인도자가 예배자들과 더 많은 관계를 가질수록 축복과 도전은 더욱 유익하게 될 것이다.
④ 사람들을 선교에 연결할 수 있도록 소속 교회의 사역과 선교 활동에 대해 알고 있으라.

---

[11] 퇴장은 사람들이 예배로부터 세상으로 나가는 육체적인 움직임을 그려준다. 이것은, 하나님의 백성이 신성한 모임 속으로 들어오는 것을 상징하는 입장에 반대되는 것이다. 퇴장은 성가대, 성직자들, 무용하는 사람들 같이 회중을 대표하는 사람들이 할 수도 있고, 전 회중이 할 수도 있다.
[12] 후주는 마지막에 연주되는 오르간 독주곡이나 다른 악기 연주를 말한다. 요즘에는 예배자들이 퇴장하기 전에 앉아서 후주를 듣는 것이 보편화되었다. 이것은 공연으로 생각하는 것이 적합하다. 보통 하나님의 백성이 예배당을 떠나는 것을 격려하기 위해 사용된다.

⑤ 하나님과의 대화라는 맥락 안에서 파송 예전을 하라. 가능하면 예배 요소들이 대화를 유지할 수 있게 하라.

⑥ 창의적으로 하라. 파송 예전을 부수적인 것으로 생각해서 예배 계획 과정에 중요하지 않은 일처럼 옆으로 제쳐 놓지 말라. 파송 예전에서 예배 요소를 수행하는 방법은 많이 있다. 예를 들면, 축도를 노래로 하거나 재현하거나, 어린이들이 어른을 축복하거나, 성도들이 세상으로 흩어지는 것을 상징하는 퇴장 행렬 같은 것들이다. 상상력이 풍부한 다양성을 제공하라.

파송 예전 요소들이 논리적으로 맞고 대화가 유지된다면, 어떤 순서라도 효과적일 수 있다.

3) 파송 예전을 효과적으로 인도하기

파송 예전을 수행하는 예배 인도자의 준비와 태도가 세상에서 중요한 영향을 미칠 것이다. 파송 예전은 예배에서 "아무렇게나 해버리고 마는" 부분으로 예배자들에게 비쳐질 수도 있고, 하나님과의 만남에 대한 감격적인 감탄을 터뜨리는 지점이 될 수도 있다. 예배를 시작하든 마치든, 예배 인도자는 동일한 기쁨과 감격의 태도와 행실을 보여야 한다. 바뀌는 것은 내용과 사용되는 제스처이다.

파송 예전을 용이하기 위해, 인도자는 다음을 고려해야 한다.

- 축도와 도전의 말을 암기하는 것을 비롯해서 할 말을 미리 준비하라.
- 적절하게 표현하라.

- 목회자적/제사장적 태도를 나타내라.
- 열정을 전달하라.
- 마음을 끄는 눈빛으로 사람들의 얼굴을 바로 보라. 눈을 마주치라. 그들의 영에 하나님의 축복의 말을 하라. 기도하는 것처럼 고개를 숙이고 눈을 감지 말라.
- 짧게 하라. 하나님과의 대화는 대부분 마쳤다.
- 사람들의 얼굴을 보면서 "이제 축복의 말을 받으십시오"라는 전통적으로 하는 말로 축도를 시작해 보라.
- 상징적인 제스처로 손을 들고 축도를 하라. 이것은 예수님과 다른 사람들이 축복할 때 사용한 제스처다(참조, 눅 24:50).
- 다른 사람에게 어떻게 보일지 알 수 있도록 거울 앞에서 제스처와 얼굴 표정을 연습하라. 다른 사람에게 당신의 파송 예전 인도를 평가해 주도록 주기적으로 부탁하라. 우리가 어떻게 하고 있을 것이라고 스스로 생각하고 있는 것과 실제는 다를 때가 있다.
- 꼿꼿하고 분명하게 말하라.
- 축도에 성경 말씀을 사용하라. 하나님의 말씀보다 더 잘 할 수는 없다. 성경에는 사용할 수 있는 축도가 많이 있다. 예배의 시작과 마지막에 사용할 본문의 목록을 갖고 있으라. 사용할 수 있는 성경 구절을 발견하거나 다른 적절한 말이 생각나면 그 목록에 첨가하라. 성경의 축도를 말할 때는 배경이나 성경 구절에 대한 언급을 하지 말고 단순하게 축도하라.
- 삼위일체의 형식, 즉 성부, 성자, 성령의 이름으로 축도를 마치는 것을 고려하라.
- 축도에 대한 응답으로서 예배자들이 공동으로 "아멘"이라고 말하도록 교육하고 권하라.

- 당신의 집에서 손님을 접대했을 때처럼 파송을 하라. 대화가 마치고 손님을 느닷없이 아무렇게나 문 밖으로 내보내지는 않는다. 선한 주인은 손님의 안녕을 빌 것이고, 그들의 여정에 용기를 북돋울 것이고, 다시 오는 것을 환영한다는 것을 느끼게 할 것이다.
- 한 예배 요소에서 다음 요소로 부드럽게 인도하도록 연습하라.

6. 결론

이 장에서 나는 파송 예전의 중요성을 설명하려고 노력했다. 이것은 "한 주간 평안하세요"라고 부수적으로 하는 말도 아니고, 설교의 요점을 되풀이하는 마침 기도도 아니다. 목회자로서 파송 예전을 인도하라. 즉, 축복하고 도전하며 하나님의 백성을 세상으로 이동시키는 하나님의 도구로서 파송 예전을 인도하라.

7. 주요 용어

축도(benediction). "좋은 말"을 뜻하는 라틴어에서 파생. 예배의 마지막에 예배자들을 축복하기 위해 인도자가 선언하는 말.

권면(charge). 축도와 함께 회중들에게 하나님의 나라의 시민으로서 하나님의 뜻을 이루도록 도전하는 말.

미토 미스(*mitto miss*). "당신은 보냄을 받았다"는 의미의 라틴어로, "미사"(Mass)라는 단어가 여기서 파생되었다.

후주(postlude). 예배의 마지막에 예배자들을 세상으로 보낼 때 영감 있는 음악을 들려주는 악기 연주.

퇴장(recessional). 보통 노래나 음악이 연주되는 중에, 성직자, 성가대, 그리고 모든 인도자들이 앞에서 뒤로 통로를 통해 걸어 나가면서 예배 공간을 조직적으로 떠나는 것. 입장(processional)의 반대이다.

8. 참고 문헌

Webber, Robert E. *Planning Blended Worship: The Creative Mixture of Old and New*. Nashville: Abingdon, 1998. Esp. chap. 5.

_____. *Worship Old and New: A Biblical, Historical, and Practical Intro duction*, rev. ed. Grand Rapids: Zondervan, 1994. Esp. chap. 17.

참여하기

파송 예전에 관련된 예배 건축과 리더십 기술을 함양하기 위해 다음 세 가지를 적용해 보라.

적용 1: 성경의 축도를 찾기
데살로니가전후서를 살펴보라. 최소한 세 개의 축도를 찾으라. 3X5 크기의 카드에 적어서 암기하라.

적용 2: 파송 예전 디자인하기
예배를 마무리할 네 개의 예배 요소(두 개의 축도와 두 개의 권면)를 선택하라. 그것들을 논리적인 순서로 배치하라. 회중의 참여를 위해 필요한 모든 정보를 포함해서 그것들이 예배 순서지에 있는 것처럼 가지런히 적으라.[13]

적용 3: 파송 예전 인도하기
파송 예전 인도를 함께 연습할 수 있는 파트너 두 사람을 찾으라. 성경의 축도와 도전을 암기하라. 파트너와 함께(혹은 파트너에게) 파송 예전을 진행해 보라. 파트너의 참여를 위해 필요한 자료라면 어떤 것이든 그들이 가질 수 있도록 하라. 축도를 할 때, 그들의 눈을 똑바로 쳐다보라. 축복하는 제스처로 손을 들라. 파트너에게 코치의 역할을 해주기를 부탁하고, 마칠 때 개선을 위한 평가를 부탁하라. 역할을 바꾸어서 세 사람이 모두 축도를 하고, 받고, 또 평가할 기회를 가지라.

---

[13] 주보에는 예배자들이 참여하는데 필요한 모든 정보를 담고 있어야 한다. 너무 적거나 너무 많은 내용을 담지 않도록 하라. 다음의 질문을 해 보라. '참여자들이 예배의 행위에 온전히 참여하기 위해서 어떤 것을 알아야 하는가?'

단계 3

하나님과의 만남을 위한
문과 창문 만들기

건축가의 관점으로 본 문과 창문

건축가는 창문을 건물의 눈으로 여긴다. 창문은 입주자를 위해 자연광이 들어올 수 있게 한다. 창문은 빛이 어떻게 건물로 들어오는지를 조절한다. 어떤 창문은 밝은 직사광선을 공간 안으로 들어오게 한다. 스테인드글라스 같은 종류의 창문은 메시지를 전달하도록 예술적으로 만들어진 장려한 색깔로 태양 광선을 비추게 한다. 창문은 빛이 들어오도록 한다.

창문은 또한 볼 수 있게 한다. 안에 있는 사람들이 밖을 볼 수 있다. 창문이 있기 때문에 거주자들이 건물 밖의 경치를 볼 수 있다. 이런 면에서, 창문은 안에 있는 사람들이 그들에게 닿을 수 없어 보이는 것들과 연결하도록 돕는다. 창문은 또한 다른 사람들이 건물 안을 볼 수 있도록 한다. 창문은 지식과 관계를 위한 양방향 수단이다.

문은 사람들이 건물로 들어오거나 나갈 수 있도록 한다. 문도 역시 관계의 접근(access)을 제공한다. 문은 위험한 것이 들어오지 못하게 함으로써 건물을 보호하는 데 도움이 된다. 소중한 것을 보호한다.

근본적으로 문과 창문은 빛, 시야, 접근을 제공하는 수단이다. 그것들은 구조물 너머에 있는 것을 인지하게 해서 구조물의 기능을 확장한다.

THE WORSHIP ARCHITECT

9 • 기도를 통해 하나님 만나기

예배의 심장을 담아내기

탐구하기

9장을 읽기 전에, 동료들과 함께 모여서 예배 중의 기도에 관해 나누라.

1. 어린 시절의 기억 중에 공동체적 예배 중의 기도와 관련되어 생각나는 것이 있는가?
2. 공중 기도를 잘하는 사람으로 생각나는 사람은 누구인가? 이유는 무엇인가?
3. 공중 기도에 방해가 되는 것은 어떤 것인가? 이유는 무엇인가?
4. 다음 문장을 완성하라. 우리 교회의 공중 기도에서 한 가지를 고칠 수 있다면,
   나는 _____ 하겠다.

이 질문들을 계속 생각하면서, 이제 9장을 읽으며 생각의 폭을 더 넓혀 보자.

돈 서먼(Don Sherman)은 내가 한때 목사로 섬겼던 교회에 출석했다. 그는 매주 앞줄 가까이에 앉았다. 얼마 되지 않아서 나는 그가 예배 시간의 대부분을 눈을 감고 있다는 것을 알게 되었다. 어느 날 교회를 나서면서, 돈은 자신의 행동에 대해 설명했다. "목사님, 저는 예배 시간이나 목사님께서 설교할 때 잠을 자는 것이 아니라는 것을 알려드리고 싶습니다." 나는 미소를 지으며 "다행이네요"라고 대답했다. "저는 기도하러 교회에 옵니다. 저를 의지하는 사람들이 있는데 저는 그들을 기도로 올려드립니다. 그렇게 하기로 헌신했습니다. 목사님께서 제가 오랫동안 눈을 감고 있는 것을 보셨을텐데, 사실 그건 기도하고 있는 중이었습니다. 그것이 제가 교회에 오는 이유입니다."

기도는 우리가 예배 시간에 하는 행위일 뿐만 아니라 그것이 바로 예배가 된다. 처음부터 시작해보자. 공적 예배에서 시간을 들여 기도하는 것 그리고 다양한 유형의 기도를 하나님과 대화하는 수단으로 사용하는 것은 옳은 일을 뿐만 아니라 필요한 일이기도 하다. 좀 더 큰 그림으로 보면, 전체 예전을 기도로 보아야 한다. 이 기본 요점을 잘못 이해하면 예배를 잘못 이해하게 된다. 예배 **중의** 기도(Prayer *in* worship)는 좋은 것이다. 기도**로서의** 예배(worship *as* prayer)는 보다 나은 것이다. 기독교 예배는 근본적으로 모든 예배 행위들로 구성되는 것으로 보아야 하는데, 이 행위들이 모여서 세상, 그리스도의 교회, 그리고 하나님의 나라의 시민으로서 우리 자신을 위한 하나의 포괄적인 기도가 된다.

> [근본적으로] "공적 기도"는 예배의 시작부터 끝까지 전체 예배의 경험을 말한다. 내가 말하는 예배의 종류는 세계 속에서 하는 세계를 위한 기도이다…예배의 모든 행위는 이렇게 말한다. "하나님, 우리는 주의 이야기를 기억하고 전 세계, 전 우주가 주

의 아들 안에 모여서 그 안에 있는 주의 목적을 이루기를 기도하기 위해 여기에 있습니다!" 이런 종류의 기도는 하나님이 과거에 행하신 구원의 행위를 공적으로 기억하고, 미래에 하나님이 모든 피조물을 다스리실 것을 기대하는 공적인 방법이다.[1]

이 장은 예배 **중의** 기도에 할애하겠지만, 전체 예전은 하나님을 향한 기도라는 주장으로 시작했음을 기억하자.

1. 현재의 상황

오늘날 많은 교회에서 예배 시간에 기도하는 것이 줄어들었다. 어떤 교회에서는 거의 사라졌다. 안타깝게도, 현대적 스타일 예배에서는 더 그런 것 같다.[2] 이 예배 스타일은 장시간의 찬송과 장시간의 설교/가르침에 거의 전적으로 할애하는 경향이 있다.

찬송과 설교에 주어진 시간이 늘어나면서, 다른 순서들이 빠져 나갔는데, 가장 대표적인 것이 기도와 성경 낭독이다.[3] 이 일은 보통 알지 못하는 사이에 일어난다. 우리는 예배를 정기적으로 평가하지 않기 때문에, 어떤 것들은 눈에 띄지 않게 빠져나간다. 이런 일이 일어나는 다른 이유

---

1 Robert E. Webber, *Ancient-Future Worship: Proclaiming and Enacting God's Narrative*(Grand Rapids: Baker Books, 2008), 149-50.

2 Constance Cherry, "My House Shall Be Called a Hous of…Announcements," *Church Music Workshop*, January-April 2005를 보라. 이 논문은 내 연구 결과인데, 예배 스타일과, 기도와 성경봉독을 포함한 다양한 예배 요소에 들인 시간 간의 직접적인 관계를 보여준다.

3 Cherry, "Announcements," 33.

는, 예배 기획자들이 회중은 그렇게 하는 것을 더 좋아할 것이라고 추측하기 때문이다. 또한 비신자들의 선호도를 토대로 하다 보니, 꼭 있어야 하는 예배 행위를 줄이거나 없애는 교회들도 있다. 그들은 전도의 관점에서 그렇게 하는 것을 정당화한다.

어차피 비신자들이 얼마나 오랫동안 기도에 참여할 수 있겠느냐는 것이다. 신학자 스탠리 그렌츠(Stanley Grenz)는 다음과 같이 말한다.

> 현대의 상황을 자세히 보면, 우리가 우리 교회는 기도하지 않는 교회의 전형이라는 것을 쉽게 인정하는 것 같다.[4]

현대의 예배 인도자들은 공중 기도에 우선순위를 두지 않는 것을 쉽게 여기고 그것을 용인한다. 그러나 예배 인도자들은 기독교 예배가 공중 기도를 위한 중요한 장이 되도록 열심히 지켜야 한다. 이 문제를 고려하면서, 다음의 질문을 생각해 보라.

- 공동체적 예배 중의 기도가 당신에게 얼마나 중요한가?
- 당신이 기획한 예배에서 기도에 주어진 시간이 당신이 생각하는 기도의 중요성을 잘 반영하는가?
- 다른 예배 요소에 우선해서 기도를 선택해야 한다면, 실제 기도 시간을 갖기 위해 어떤 것을 포기하겠는가?
- 기도보다 더 강조되는 것은 어떤 것인가?
- 중보 기도는 성경적 예배를 위해 필요한 것인가?

---

4 Stanley Grenz, *Prayer: The Cry for the Kingdom*, rev. ed.(Grand Rapids: Eerdmans, 2005), 3.

나는 예배 중의 기도에 관해 세 가지를 가정하면서 시작하겠다. 이 가정은 이 장 전체를 뒷받침하는 것이다.

① 기도는 예배의 우선순위이다.
② 예배에 알맞은 기도의 유형이 많다.
③ 기도를 인도하고, 기도를 제자도의 한 형태가 되게 하는 것은 예배 인도자(목회자들 그리고 다른 인도자들)의 책임이다.

이 장은 공중 기도에 관해 아홉 가지 고려사항을 제시하고, 예배에서 사용할 수 있는 다양한 유형의 기도를 알아보고, 효과적인 공적 기도 인도를 위한 제안을 할 것이다.

그리스도인들이 공적 예배에서 기도하는 것이 하나님을 기쁘시게 한다고 믿을만한 충분한 이유가 있다. 예배의 중심적인 이런 항목들을 도외시하지 않고, 우리는 교회가 처음부터 받았던 성경의 명령을 완수할 것이다.

2. 공중 기도에 대한 본질적인 고려사항

우리가 공중 기도 인도에 전념할 때 고려해야 할 몇 가지 중요한 기도의 일반적 특징이 있다. 예배에서 드려진 기도의 다음 아홉 가지 특징은 우리를 성경적, 신학적, 역사적 기도에 이르도록 인도하는 역할을 한다.

1) 기억(Remembrance)

모든 예전적 기도는 기억으로 시작한다.[5] 사실, 하나님의 언약 백성이 하나님의 구원의 역사를 기억하는 것은 성경적 기도의 기초이다.[6] 유대-기독교 전통 안에서 기도에 참여하는 것은 하나님이 전 역사를 통해서 행하신 놀라운 구원의 방법을 회상하고 되찾는 것이다. 그렇게 함으로써, 현재의 하나님을 장래에도 동일한 구원의 하나님이 되시도록 하는 것이다. 하나님은 어제나 오늘이나 영원토록 동일하시기에, 전 역사를 통하여 한결같이 행하실 것이라고 분명히 믿을 수 있다.

히브리인의 기도를 보면, 보통 옛적에 하나님이 이스라엘을 어떻게 구하셨는지를 기억해 달라고 하나님께 간구한다.[7] 이렇게 함으로써, 이스라엘은 하나님이 장래에도 같은 방법으로 신실하게 행하실 것이라 주장하는 것이다. "하나님은 언약을 기억하시며, 그에 따라서 행하신다."[8]

구약에 많은 예들이 있지만,[9] 예루살렘에서 있었던 국가적인 회개에서 했던 에스라의 기도만큼 뛰어난 것은 없을 것이다(느 9:6-37). 이 기도에서 에스라는, 하나님이 어떻게 모든 것을 창조하셨으며, 아브라함을 히브리 민족의 아버지로 부르셨고, 바로에게서 이스라엘 사람들을 구하셨고, 광야에서 낮에는 구름 기둥으로 밤에는 불 기둥으로 이스라엘 사람들을 인도하셨고, 계명을 주셨고, 그들이 금송아지를 숭배할 때 이스라엘을 용서해 주셨고, 그들을 인도하셔서 가나안을 정복하게 하셨던 것 등, 이루

---

5 Craig Erickson, *Participating in Worship: History, Theory, and Practice*(Louisville: Westminster John Knox, 1989), 56.
6 여기서 내가 말하는 것은 특히 간구/중보 기도이다.
7 하나님의 놀라운 역사를 암송하는 것을 미라빌리아 데이(*mirabilia Dei*)라고 한다.
8 Erickson, *Participating in Worship*, 54.
9 참조, 대상 16:8-36; 합 3:1-19; 시 83, 106.

신 일들의 이야기를 회상하고 있다. 기도의 전체 내용은 하나님의 선하심과 용서에 대한 기억이다. 그리고 바로 이것을 토대로 에스라는, 돌아오는 이스라엘 사람들에게 그들과 조상들의 반역에 대한 용서를 구하면서 앞으로 신의를 지킬 것을 약속하도록 인도한다.

신약에서도 기억이라는 동일한 방법을 사용한다. 기억으로서의 기도의 예는 사도행전 4:23-31에 나타난다. 베드로와 요한은 날 때부터 걷지 못했던 성전 문에 있던 사람을 고치는 기적으로 인해 유대 당국에 의해 감옥에 갇혔다. 그들은 밤새 갇혀 있은 후에 심문을 받고 풀려났다. 풀려난 후에 베드로와 요한은 동료들에게 가서 그 사건에 대해 알려주었다. 그후 그들은 "한마음으로 하나님께 소리를 높여 [기도하기를]"

> 대주재여 천지와 바다와 그 가운데 만물을 지은 이시요 또 주의 종 우리 조상 다윗의 입을 통하여 성령으로 말씀하시기를 어찌하여 열방이 분노하며 족속들이 허사를 경영하였는고 세상의 군왕들이 나서며 관리들이 함께 모여 주와 그의 그리스도를 대적하도다 하신 이로소이다 과연 헤롯과 본디오 빌라도는 이방인과 이스라엘 백성과 합세하여 하나님께서 기름부으신 거룩한 종 예수를 거슬러 하나님의 권능과 뜻대로 이루려고 예정하신 그것을 행하려고 이 성에 모였나이다 주여 이제도 그들의 위협함을 굽어보시옵고 또 종들로 하여금 담대히 하나님의 말씀을 전하게 하여 주시오며 손을 내밀어 병을 낫게 하시옵고 표적과 기사가 거룩한 종 예수의 이름으로 이루어지게 하옵소서 하더라(행 4:24-30).

첫째, 창조에서부터 다윗 왕, 그리스도의 고난의 사건까지 하나님의 장대한 명성을 다시 말했다는 것을 주목하라. 하나님이 역사하시고 능력을 보이신 특정한 때를 적절히 상기하고 있다. 제자들의 현 상황에서 그와 동일한 능력이 그들에게 필요했다.

둘째, 그런 기도의 결과를 주목하라.

> 빌기를 다하매 모인 곳이 진동하더니 무리가 다 성령이 충만하여 담대히 하나님의 말씀을 전하니라(행 4:31).

믿는 사람들의 기도의 결과는 그 기도에서 하나님이 어떻게 기억되었는지와 일치한다. 그들은 담대함을 위해 기도했고, 하나님은 옛적에 그들의 조상들에게 주셨던 것처럼 담대함을 주셨다.

기도에서 기억이라는 특징은 **대 감사**(Great Thanksgiving)로 알려진 기도에서 가장 명백하게 나타난다.[10] 이 주요한 성찬 기도는 교회 역사의 초기에 만들어졌다.[11] 빵과 잔을 받도록 이끄는 이 기도의 주된 특징은 이야기이다. 즉, 창조로부터 시작해서 전 역사를 통하여 하나님이 행하신 구원의 이야기를 말하는 기도이다. 여기에는 여러 역사적인 구원의 예들이 포함되고, 예수 그리스도의 삶, 죽음, 부활에 초점을 맞추고, 그리스도의 재림에 대한 기대로 마친다. 수세기 동안 이 기도의 많은 형태들이 있었지만, 그 모든 것들 중에 가장 뛰어난 것은 하나님이 백성을 구하기 위해 역사하신 많은 방법들을 이야기 하는 **연도**(litany, 連禱)이다. 대 감사 기

---

10 대 감사는 성찬식에서 하는 주된 기도이다. 이것을 성찬 기도(Eucharistic prayer), 캐논(canon), 아나포라(anaphora), 축성 기도(prayer of consecration)라고도 한다.

11 이 기도의 가장 초기의 예들 중 하나는 3세기 로마 교회 사제였던 Hippolytus의 저작으로 알려진 *The Apostolic Tradition*에서 발견할 수 있다. 이 기도의 형식은 이때까지 상당히 발전되었다. 대 감사에 대한 자세한 내용은 James F. White, *Introduction to Christian Worship*, rev. ed.(Nashville: Abingdon, 1990), 227-32를 보라.

도를 하는 것은 하나님이 행하신 일을 기억하는 것이며, 그 위대한 구원을 인하여 찬양이 넘치게 하는 것과 같다. 예전적 기도는 하나님의 구원 역사를 기억하는 데 근거를 두고 있다.

2) 공동체(Corporate)

많은 예배 기도들은 다른 무엇보다도 공동체의 기도이다. 예배에서 하나님은 공동체적 예배를 드리는 성도들과 만나신다.[12] 그러므로 예배에서 기도는 **본래** 많은 개인들이 동시에 자신들의 기도의 목소리를 내는 것(많은 사람이 많은 기도를 하는 것)이 아니라, 연합된 공동체가 하나님께 하나의 기도(많은 사람이 모여서 하나의 기도를 하는 것)를 올려드리는 것이다. 테어도어 제닝스(Theodore Jennings)는 직설적으로 말했다.

> 기도란 공동체의 것이다. 그렇지 않다면 그것은 기도가 아니다.[13]

기도의 공동체적인 성격은 예배에서의 기도의 형성과 인도에 깊은 영향을 끼친다. 많은 경우 예배 인도자들이 공동체를 대신해서 큰 소리로 공동체의 기도를 하기 보다는 공동체가 듣고 있는 가운데 **자신들의** 기도를 큰 소리로 하는 것으로 보인다. "공적 기도는 개인 기도를 공적으로 하는 것이 아니다."[14] 기도를 하나님의 백성의 공동체적인 표현으로 보거나, 혹은 동시에 행해지는 다수의 개인적인 기도 내용이 일치한 것으로

---

12 참조, 본서 1장.
13 Theodore Jennings, *Life as Worship: Prayer and Praise in Jesus' Name*(Grand Rapids: Eerdmans, 1982), 37.
14 William H. Willimon, *A Guide to Preaching and Leading Worship*(Louisville: Westminster John Knox, 2008), 29.

보아야 한다. 인도자들이 "나"(I)를 사용해서 기도한다면 신학적인 오해의 위험이 있다.[15]

예배자들이 기도를 인도자와 하나님 간의 개인적인 경험으로 보고 자신들은 단지 그 대화를 엿듣고 있는 것으로 인식할 수 있다. 이것은 사제들이 백성에게서 멀리 떨어져서 들리지 않는 조용한 소리로 기도했던 중세의 불행한 모습과 다르지 않다.[16] 예배자들은 연합된 참여자라기보다는 구경꾼이 되었다. 예배 중의 모든 기도는 비록 보통 인도자가 하지만, 공동체가 함께 말하는 것으로 이해해야 한다.

기도의 공동체성을 확인하는 한 가지 방법은 예배자들에게 기도의 끝에 "아멘" 하도록 권하는 것이다. "아멘"은 "신실하다, 신뢰하다, 확고하다"는 뜻으로 해석된다. 보통 "그렇게 될지어다"로 번역한다. 즉, 기도한 것을 공동체가 확증하거나 동의하는데 사용된다. 보통 인도자는 들을 수 있는 목소리로 기도하고, 공동체는 공동으로 아멘 함으로써 그 기도의 내용을 인증한다. 고대 유대와 기독교 예전의 마지막에 회중이 "아멘"이라고 말했다(대상 16:36; 느 8:6; 고전 14:16). 큰 소리로 아멘이라고 말하면서, 공동체는 그 내용에 동의하고 그것을 자신의 것으로 삼는다.

독특하게, 아멘은 인도자에게 정직을 유지하게 하는 하나의 수단이 된다. 랄프 마틴(Ralph Martin)은, 사도행전에서 바울은 아멘 할 수 없는 기도(이해할 수 없는 기도)에 대해 경고했다고 지적했다.[17] 이 경우, "아멘"은

---

15 시편에서 인칭 대명사를 사용하는 것을 가리켜서 기도에 "나"를 쓰는 선례라고 하기도 한다. 그러나 많은 시편이 "나"를 사용하지만 사실상 모든 경우에 개인적인 것으로 이해하지는 않는다. 사실 어떤 시편들은 일인칭 대명사를 사용하지만 명백히 공동체를 대표해서 말하고 있다.

16 James F. White, *A Brief History of Christian Worship*(Nashville: Abingdon, 1993), 88.

17 Ralph Martin, *The Worship of God: Some Theological, Pastoral, and Practical Reflections*(Grand Rapids: Eerdmans, 1982), 35.

보류된다. 이러한 보류는 필요한 일이기는 하지만 불행한 일이기도 하다. 기도가 공동체에 의해 이해되고 승인되지 않는다면 공동체의 확증은 그 목적에 기여하지 못한다. 마틴은 계속해서 이렇게 말한다.

> 기도와 예배라는 공적인 일에서 일어나는 모든 것을 듣고, 이해하고, 시험하고, 통제하는 것은 교회 전체의 책임이다. 이것은 지대한 영향을 끼치는 고려사항이며, 목회자의 독점에 대한 모든 생각…그리고 일반적으로 회중에게 의미가 없는 예배의 모든 특이성들을 효과적으로 점검한다.[18]

간단히 말해, 공동체의 "아멘"은 인도자에게 기도 내용의 책임을 묻는다. 현대의 많은 교회에서는 회중보다는 기도하는 사람이 "아멘" 하는 것이 흔하다. 그러나 이렇게 하는 것은 단어의 의미나 수세기 동안 행해온 기독교 예배의 관습을 따라가지 않는 것이며, 사실, 불필요한 일이다. 이것은 기도하고 나서 "아멘"이라고 말함으로써 스스로에게 동의하는 것이다. 아멘을 회중이 하도록 돌려주는 것은 예배 중의 기도를 공동체적 드림(corporate offering)으로 확립할 수 있게 돕는 훌륭한 방법의 하나이다. 공중 기도의 마지막에 하는 "아멘"에 대해 설명해주고 힘 있게 "아멘" 하도록 권면할 때 예배자들에게 가치 있는 예배가 된다.

3) 다방향 기도(Multidirectional Prayer)

예배의 공중 기도는 두 방향, 즉 상향(upward)과 외향(outward)으로 움

18　Ibid., 35-36.

직일 능력을 갖는다.[19] 기도에 대해 가장 일반적인 견해는 상향적이라는 것이다.[20] 왜냐하면 기도는 우리를 초월하여 존재하는 하나님께 우리의 찬양과 간구를 올려드리는 것으로 종종 묘사되기 때문이다. 이것은 기도의 수직적인 면이라고 불리기도 한다. 즉, 사람으로부터 하나님께로 올라가는 (그리고 하나님이 사람들에게 대답하시는) 기도를 말한다.

어떤 의미에서 모든 기도는 상향적이다. 왜냐하면 모든 기도는 하나을 향하는 것이기 때문이다. 그러나 다른 의미에서 보면, 기도의 아름다운 다른 면이 있다. 즉, 기도의 외향성이다. 우리가 하나님께 기도하지만, 세계의 비전이 우리 앞에 놓여있기에 우리 기도의 초점은 황폐한 세계 공동체를 향해 밖으로 움직인다. 우리는 우리 자신이나 우리가 아는 사람들을 위한 간구를 넘어선다. 우리 기도의 비전은 세계의 구석구석에서 고통 받은 사람들을 포함하도록 확장된다. 이런 예는 이스라엘에 대한 하나님의 목적에서 발견된다. 하나님은 이스라엘과 언약을 세우시고 그들을 통해 땅의 모든 나라가 복을 받도록 하셨다.

> 하나님이 이스라엘의 변화 이상의 것을 위해서 그들과 언약의 관계에 들어오신 것처럼, 그분은 예배가 우리 자신의 필요 이상에 부합되기를 의도하신다. 하나님과 우리의 만남은 이 세상에서 하나님이 움직이시고 행하실 보다 큰 공간을 만들려는 것이다. 즉, 우리의 비전이 변화되어서, 하나님의 시

---

19 Robert E. Webber Institute of Worship Studies의 학생이었던 Christine Longhurst에게서 많은 도움을 받았는데, 그의 박사학위 논문에서 기도의 원심적인 성격(centrifugal nature of prayer)에 관해 많은 통찰을 제공하고 있다. Christine Longhurst, "Enhancing Corporate Prayer at the River East Mennonite Brethren Church, Winnipeg, Manitoba, Canada"(PhD diss., Robert E. Webber Institute for Worship Studies, 2006).
20 하나님은 어디에나 존재하시지만, "위에" 계신다고 표현한 구절들이 성경과 전통에서 두드러진다.

각으로 이 세상을 보게 하려는 것이다. 예배를 통하여 우리는 하나님 목적의 넓은 지평을 어렴풋이 보기 시작한다.[21]

공중 기도는 우리가 그 "넓은 지평"을 표현하는 주된 방법들 중 하나이다. 예배 인도자들은 사도 바울의 다음과 같은 가르침을 의도적으로 따르려고 해야 한다.

…간구와 기도와 도고와 감사를 하되 임금들과 높은 지위에 있는 모든 사람을 위하여 하라 이는 우리가 모든 경건과 단정함으로 고요하고 평안한 생활을 하려 함이라 이것이 우리 구주 하나님 앞에 선하고 받으실 만한 것이니(딤전 2:1-3).

외향적 기도에 우리의 울부짖음과 애통이 수반되는 것은 당연하다. 깨어진 세상 공동체를 위하여 하나님께 묻기까지 하면서 말이다. 애통하는 기도가 현대 예배에서는 잘 사용되지 않지만 성경에 뿌리를 둔 기도 형식이다. 우리가 즐거워하는 자들과 함께 즐거워한다면, 우는 자들과도 함께 울어야 한다(롬 12:15).[22] 외향적인 기도를 한다는 것은 고통 받는 모든 사람들과 연대하여 서는 것이다. 예배신학자 돈 샐리어스(Don Saliers)는 다음과 같이 말했다.

세계를 위한 그리스도의 지속적인 기도에 동참하는 것은 깊

---

21 June Yoder, Marlene Kropf, and Rebecca Slough, *Preparing Sunday Dinner: A Collaborative Approach to Worship and Preaching*(Scottdale, PA: Herald, 2005), 338.

22 애통해 하는 것에 대해서는 John D. Witvliet, "Praise and Lament in the Psalms and in Liturgical Prayer," in *Worship Seeking Understanding: Windows into Christian Practice*(Grand Rapids: Baker Academic, 2003), 39-63의 설명을 보라.

은 사회 현실로부터 빠져 나오는 것이 아니라 그것에 더욱 깊이 뛰어드는 것이다.[23]

이것이 기도의 수평적 혹은 외향적인 면이다. 즉, 하나님의 나라가 온전히 임할 때를 기다리며, 우리가 알지도 못하는 사람들을 위해 기도하기 위해 우리 눈으로 우리 세상의 지평을 살펴보면서 드리는 기도이다.

4) 침묵(Silence)

우리는 보통 기도할 때 말을 너무 많이 한다. 예수님은 말을 많이 해야 우리의 기도가 들려질 것이라고 생각하는 것에 대해 경고하셨다(마 6:7). 개인 기도든 공적 기도든, 사람들은 기도에 있어서 하나님**께** 말하는 **우리를** 강조하는 경향이 있다. 물론 우리는 하나님께 말해야 하고 또 그렇게 하도록 권장되어야 한다. 그러나 기도에서 **듣는** 부분이 지나치게 과소평가 되어 있다. 침묵의 시간이 있어야 한다. 성경은 기도를 두 당사자 간의 대화로 이해한다. 기도에서 우리가 하나님께 말하는 것만 있다면, 우리는 진정한 기도를 경험하지 못한 것이다. 침묵이 중요한 이유는 그 가운데 우리는 우리에게 말씀하는 하나님께 우리의 귀를 기울이기 때문이다. 많은 사람이 침묵을 "개인적으로" 하나님께 기도하는 시간으로 착각한다. 침묵은 **하나님**이 **우리**에게 말씀하시는 때이다. 그러므로 잠잠히 있는 기술을 연습해야 한다.[24] 때로 예배자들은 침묵을 아무것도 일어

---

23 Don Saliers, *Worship as Theology: Foretaste of Glory Divine*(Nashville: Abingdon, 1994), 126-27.
24 Ronald B. Allen은 예배에서의 침묵을 주장하기 위해 사용된 성경 구절이 잘못 사용된 예를 설득력 있게 인용한다. 예를 들어, 예배에서 침묵하도록 하는 말로 "너희는 가만히 있어 내가 하나님 됨을 알지어다"(시 46:10)를 사용하는 것에 대해 이의를 제기한

나지 않는 것, 즉 어떤 분명치 않은 목적을 위한 빈 공간쯤으로 잘못 생각한다. 침묵을 **아무것도 아닌 것**으로 생각하지 말아야 한다. 침묵 가운데 중요한 어떤 일이 일어나고 있다. "음악에서 휴지(rest)가 음악이 없는 것이 아니라 복잡한 음악 기호들의 일부인 것처럼, 침묵은 기도 중에 우리가 말하는 것의 일환이고 말하는 법의 일환이다."[25]

침묵에는 많은 유익이 있다. 어떤 예배자들은 정신없이 바쁜 세상에서 평화롭고 고요한 순간을 제공한다는 이유로 침묵을 좋게 여긴다. 그러나 이것이 기도에서의 침묵의 목적이 아니다. 침묵 기도의 유일한 목적은 **하나님께 듣는 것**이다. 분명 이것은 훈련과 연습이 있어야 하는 기술이다. 침묵은 우리가 하나님께 말씀드리는 것에 대응되는 것이다.

우리는, 잔잔한 배경음악을 들으며 말없이 있는 것이 아니라, 진정한 침묵, 순전한 침묵에 대해 말하고 있다. 침묵이 실제로 침묵이 되게 하라. 하나님께 드린 기도의 말들이 본질적으로 공동체적인 것처럼 침묵도 그렇다는 것을 기억하라. 함께 중보의 소리를 내는 것이 공동체라면, 함께 기다리고 듣는 것도 마찬가지로 공동체이다.

회중이 침묵의 아름다움과 필요성에 익숙해지려면 시간이 걸리겠지만, 그렇게 될 것이다. 짧은 시간부터 시작하라. 침묵에 익숙하지 않다면 30초를 한 시간처럼 느낄 수 있다. 거기에서 시작해서 할 수 있는 만큼 늘려가라. 예배 공동체가 침묵을 공동의 행위로 여길 수 있도록 그들에게 침묵으로 초청하는 말을 통해 돕고, 기회가 있을 때 가르치라.

다. 더 정확히 말하면, 이 구절은 다른 비슷한 구절들(합 2:20; 습 1:7)과 함께 "곧 멸망될, 하나님의 적이 되는 나라들을 향하고 있다." 더 자세한 내용은 Ronald B. Allen, "The Context of Silence," *Worship Leader*, September-October 1998, 10을 보라.

25 Clayton J. Schmit, *Too Deep for Words: A Theology of Liturgical Expression*(Louisville: Westminster John Knox, 2002), 118.

5) 기록된 기도와 즉흥 기도(Written and Spontaneous Prayer)

공동체적 예배의 기도의 말들은 어디에서 오는가? 그 내용은 어떻게 구성되는가? 인도자들은 무엇을 이용해서 기도의 내용을 가져오는가? 기도서에 있는 기도를 사용하는가? 바로 지금 머리에 떠오르는 대로 말하는가? 이런 질문들로부터 다음의 질문이 제기된다. 기도는 기록된 것이어야 하는가, 아니면 즉흥으로 해야 하는가? 양자택일의 질문이지만 대답은 "둘 다 맞다"이다.

역사적, 성경적 패턴에 따르면 기록된 기도와 즉흥 기도가 모두 공동체적 예배에 유익하다. 초기 문서는, 기독교 공동체가 준비된 기도를 사용했음을 보여주고 있다.[26] 또한 그들은 자유롭게 기도하기도 했다. "예언자들은 그들이 원하는 만큼 감사할 수 있다"는 허락을 받았다.[27]

존 웨슬리는 기록된 기도와 즉흥 기도 둘 다 권장했다. 한 번은 웨슬리가 주일 예배에 참석했을 때, 설교는 기록된 것을 읽고 기도는 즉흥적으로 하는 것을 보고 놀랐다. 그는 기록된 기도를 인정하면서, "하나님께 드리는 말이 최소한 우리가 동료들에게 말하는 말만큼 신중하게 정돈되어야 되지 않는가"라고 탄식하며 그의 일기에 실망을 표현했다.[28] 그러나 즉흥 기도에 관해서 웨슬리는 "나의 마음은 너무 가득 차서, 우리가 익숙해 있는 기도의 형식에 나 자신을 가두어 놓을 수 없다"고도 말했다.[29] 이

---

[26] Justin Martyr의 *The First Apology*와 *Didache*의 예를 보라.

[27] *Didache* 10:6.

[28] John Wesley, January 2, 1737, Journals and Diaries 1(1735-1738), in *The Bicentennial Edition of the Works of John Wesley*, ed. Richard P. Heitzenrater, vol. 18, CD-ROM edition(Nashville: Abingdon, 2003).

[29] Wesley, April 1, 1738, Journals and Diaries 1, in *The Bicentennial Edition of the Works of John Wesley*.

문제의 결론을 내리자면, 웨슬리는 "나는 특정한 경우에 맞게 형식이 있게 혹은 없게" 기도한다고 주장했다.[30]

결정을 내리기가 언제나 쉬운 것은 아니었다. 많은 경우 이 고민의 결과는 기록된 기도 **혹은** 즉흥 기도였다. 현대 기독교 예배에서는 대다수의 전통이 이 둘을 사용한다. 사실, 성경과 역사의 관습에 이 두 가지 기도 모델의 전례가 있다.

즉흥 기도의 첫 번째 예는 자유롭고 준비하지 않은 기도를 권장하는 예배에서, 특히 공동체가 중보 기도를 할 때 사용된다. 초대 교회는 성도들이 기도에 온전히 참여하도록 권장했다. "반세기 후에 히폴리투스(Hippolytus, *Ap. Trad.*, 22.5)에 의해 입증되었던 순교자 저스틴(*I Apol.*, 65)의 기록에 의하면, 세례 받은 사람이 처음으로 하는 것은 성도들의 공동 기도에 동참하는 것이었다."[31] 어린이와 청년들은 성도들이 큰 소리로 기도하는 것을 들으면서 기도하는 것을 배운다. 모든 연령대의 사람들이 예배에서 즉흥 기도에 들어갈 수 있도록 권장해야 한다.

즉흥적으로 기도하는 한 가지 예는 **"초청 기도"**(bidding prayers)로 알려진 기도이다. 이것은 교회에서 오랜 역사를 가지고 사용된 기도 형태이다. 가장 오래된 문서에 의하면, 첫 3세기 동안 회중(세례 받은 사람들로만 구성됨)은 인도자가 주제를 말하면 기도하도록 "초청"(bidden)되었다.

먼저 집례자(서방 교회) 혹은 집사장(동방 교회)이 주제를 알

---

30 John Wesely, April, 1738, The Works of John Wesley: The Jackson Edition, "An Extract of the Rev. Mr. John Wesley's Journal"(February 1, 1738-November 29, 1745), in *The Bicentennial Edition of the Works of John Wesley*, ed. Richard P. Heitzenrater, vol. 18, CD-ROM edition(Nashville: Abingdon, 2003).

31 Cheslyn Jones, Geoffrey Wainwright, Edward Yarnold SJ, and Paul Bradshaw, eds., *The Study of Liturgy*, rev. ed.(London: SPCK; New York: Oxford University Press, 1992), 229.

려주고, 기도하도록 회중을 초청한다. 모두 무릎을 꿇고 얼마 동안 침묵으로 기도한다. 그후 신호에 따라 회중은 일어서고, 집례자가 모두의 간구를 짧게 요약해서 기도한다. 회중은 개인으로서 기도하기 위해서는 무릎을 꿇지만, 교회의 공동 기도는 제사장적인 일이어서, 제사장적인 자세로, 즉 일어서서 기도한다. 그러므로 끝맺는 기도를 할 때 집례자만이 아니라 모두가 일어선다.[32]

기도의 주제는 산 자, 병든 자, 출타 중인 자, 추수를 위한 좋은 날씨, 사람과 짐승들의 안전, 도시의 안전, 갇힌 자, 예비 신자, 거룩한 교회의 평화, 기타 등등이었다.[33] 처음에, 초청 기도는 침묵으로 드려졌다. 현대는 회중이 이 기도를 큰 소리로 하는 것이 드물지 않다. 어느 쪽이든 초청 기도는 즉흥적이다.

즉흥 기도의 두 번째 예는 한국 교회에서 흔한 **통성 기도**(Tongsung Kido)이다. 인도자가 하나의 주제를 준다는 것에 있어서 초청 기도와 비슷하다. 하지만 이 통성 기도에서는 모든 예배자가 동시에 큰 소리로 기도한다. 인도자가 기도를 시작하면 회중이 동시에 함께 한다. **통성 기도**는 미국에서 부흥회에서 사용되었는데(비록 그렇게 불리지는 않았지만), 목회자가 능력으로 설교하도록 혹은 죄인들이 회심하도록 예배자들이 함께 큰 소리로 기도했다.

이런 기도가 오늘날 서구의 많은 회중들에게는 이상하게 들릴 것이

---

32 Dom Gregory Dix, *The Shape of the Liturgy*(New York: Seabury, 1983), 42. 중보 기도의 초기 역사에 대한 자세한 내용은 James F. White, *Introduction to Christian Worship*, 147-49를 참조하라.

33 Ibid., 43.

다. 이 기도가 너무 혼란스럽다고 생각하는 사람들도 분명 있을 것이다. 그러나 많은 사람이 큰 소리를 내며 기도하는 떠들썩한 소리를 혼란으로 여기지 말아야 한다. 이것은 불협화음이지만 혼돈은 아니다. **통성 기도**가 공동의 기도보다는 개인적인 기도를 강조하는 것은 아닐까 생각할 수도 있다. 개인들의 기도로 구성되어 있지만, 이것은 개인적인 기도가 아니다. 여전히 공동체 의식이 있다. 통성 기도는 최소한 다음의 두 가지 면에서 공동체적이다.

첫째, 동일한 주제로 모두가 기도한다.

둘째, 동시에 기도한다.

그렇게 함으로써 공동체가 하나의 커다란 기도를 올려드리는 것이다.

공적 예배에서 즉흥적으로 기도하는 방법은 많다. 초청 기도와 **통성 기도**는 단지 두 가지 예에 불과하다. 예배에서 즉흥적으로 기도하는 것은 최소한 두 가지의 긍정적인 경험을 갖게 한다.

첫째, 기도의 즉각성(immediacy)에 대한 의식이다. 준비되지 않은 자유로운 기도, 특히 간구와 중보 기도를 하는 것은 하나님이 공동체에 내재하심, 즉 가장 가까이에 임재하고 계시다는 것을 나타낸다. 하나님이 우리 심장의 부르짖음에 가까이 계심을 아는 것은 큰 위안이 된다.

둘째, 즉흥 기도는 공동체 안에서 온전한 참여를 위한 훌륭한 기회가 된다. 예배자들에게 자유롭게 기도할 기회가 주어지면, 모든 참여자들이 공적으로(publicly) 감사, 찬양, 간구, 중보 기도를 할 문이 열려있는 것이다. 회중 속에서 한 사람 한 사람이 하나님께 올려드리는 기도의 목소리들이 울리는 소리는 참으로 아름다운 소리이다. 자유로운 기도는 기독교 예배의 역사에서 계속되고 있으며 공동체에 많은 것을 제공한다.

준비된 기도[34]도 기독교 예배에서 똑같이 인상적인 역사를 가지고 있다. 준비된 기도들의 수준은 다르다. 준비란 형식과 내용을 미리 생각하는 것을 뜻하는데, 방법은 다양하다. 한 가지 방법은 예배 인도자가 기도의 구조와 성격(회개, 기원, 간구 등)을 마음속으로 검토해 보고, 기도의 내용을 형성하는 데 어울리는 말, 이미지, 성경 구절들을 미리 생각하는 것이다. 그후 기도할 때, 인도자는 그런 자원을 이용한다. 이것은 자유롭게 준비된 기도가 된다. 동일한 기도 안에서 형식과 자유의 혼합이 생겨난다. 이것은 때로 구조(structure)/반구조(antistructure)라고 불린다.[35]

표준적인 기도 형식에는 구조가 주어져서 인도자가 순서대로 단어들을 배치하면 된다. 형식은 수세기에 걸쳐서 널리 사용된 역사적인 기도 전통에 연결된다는 데 있어서 가치가 있다. 또한 형식은 기도의 내용이 기도의 목적에 맞도록 함으로써 공중 기도의 높은 진실성을 보장할 수 있도록 돕는다. 구조는 의도된 목적으로 기도의 길을 안내한다. 동시에 반구조는 실시간으로 즉흥 기도가 이루어지는 자유가 있는 곳에서 영향을 끼친다. 구조와 반구조가 제휴된 모델은 준비된 기도와 즉흥 기도가 아름답게 긴장을 유지한다.

다른 수준의 준비는 성경 본문을 기도로 이용하는 모델일 것이다. 믿음의 성도가 드렸던 기도를 후에 계속 사용하는 것은 부적합한 것이 아니다. 가치 있는 좋은 기도는 다시 사용할 수 있다. 왜냐하면 어느 시대 교회의 기도든지 반복(다시 기도)하기에 적합할 수 있기 때문이다.

종종 우리의 영적 선조들의 기도는 시간이 흘러도 변함이 없다고 느낀

---

34 준비된 기도는 보통 기록된 기도의 형식을 취하지만 꼭 그래야 하는 것은 아니다. "준비된 기도"라고 말할 때 내가 의미하는 것은 원고를 작성하든 그렇지 않든 사전에 생각하고 만들어진 기도이다.

35 구조/반구조 이론은 *The Ritual Process*(Chicago: Abingdon, 1969)에서 Victor Turner가 개발한 것이다.

다. 성경의 기도를 현대에 사용하기 위해 재구성하는 관습은 성경 그 자체만큼이나 오래되었다. 성경의 인물이 이전의 자료, 즉 선조의 기도나 고대 예전에서 사용된 기도의 내용을 반영하는 경우가 많다. 많은 예들이 있지만 다음의 세 가지로 충분할 것이다.

첫 번째 예는 마리아의 예이다. 누가복음 1:46-55에 있는 마리아의 기도(*Magnificat*, 마리아 찬가)는 사무엘상 2:1-10에 기록된 한나의 기도와 놀랄 만큼 닮았다.[36] 형식과 내용이 유사하다. 마리아가 감동을 받아서 한나의 기도를 자신의 것으로 변형해서 기도한 것 같다.[37] 이 경우, 성경의 구전은 수태 고지에서 마리아가 경험한 것에 가장 잘 맞으면서도 그 시대에 맞는 기도를 마리아에게 제공했다.

두 번째 예는 선지자 요나의 예이다. 요나가 물고기 뱃속에 있을 때, 필사적인 기도를 했다(욘 2:2-9). 유진 피터슨(Eugene Peterson)은 요나의 기도를 흥미롭게 관찰하면서 적어도 열 개의 시편 말씀의 인용이 있음을 언급한다.

> 요나가 기도했다는 것은 놀랄만한 일이 아니다. 절박한 상황에 처할 때 우리는 보통 기도한다. 그러나 요나가 기도했던 방법은 놀랄만한 것이다. 그는 "정해진"(set) 기도를 했다. 요나의 기도는 자신의 즉흥적인 표현이 아니다. 이것은 다른 것을 완전히 본뜬 것이다. 요나는 기도를 배웠고 배운 대로 기도했다. 그의 기도 학교는 시편이다…기도의 한 단어도 자신

---

[36] *The New Interpreter's Bible*, vol. 9(Nashville: Abingdon, 1995), 55.

[37] 한나의 기도도 유대 전통의 기도를 다시 구성한 것으로서 여기에는 모세의 노래(출 15장; 신 32장)가 암시되고 있다. William S. Baker, "Prayers: Carefully Written or Spontaneous?" in *Reformed Worship*, no. 1, September 1986, 11을 보라.

의 것이 아니다. 요나는 모든 단어를 시편에서 가져왔다. 단 어뿐만 아니라 형식도 본뜬 것이다.[38]

피터슨은 기도가 즉흥적일수록 더욱 참되다는 생각은 잘못된 판단이라고 결론짓는다. 요나는 그 반대의 경우를 보여주었다. 그가 가장 취약한 위치에 있을 때 그는 배운 기도를 했다. "그 말은 복잡한 우리 삶에 적합한 기도 형식을 배운다는 것을 뜻한다."[39]

세 번째 예는 예수님의 예이다. 십자가에 달린 가장 통렬한 순간에 우리의 구세주는 즉흥적인 말로 소리치지 않았다. 그보다는 십자가에서 죽음을 맞이할 때, 그의 입술에는 시편 22:1의 기도 "내 하나님이여 내 하나님이여 어찌 나를 버리셨나이까"가 있었다.

물론 다른 종류의 준비된 기도들도 있다. 인도자가 기도서[40]에 기록된 것으로 기도하거나 완전한 형식으로 기도를 작성해서 원고를 읽으며 기도할 수도 있다. 그런 기도는 신실과 진정으로 작성된다면 다른 어떤 기도만큼 진실하다. 기록된 기도를 사용할 때는, 읽는 것처럼 들리지 않도록 인도자는 예배에 앞서 큰 소리로 기도해야 한다. 연습이 필요하다. 인도자가 자연스럽고, 속도가 적절하고, 진심 어리게 들리는 정도로까지 자기 것이 되게 하면 어색함에 이목이 끌리지 않는다.

나는 예배 중의 어떤 기도들은 반드시 준비해서 하기를 제안한다. 왜냐하면 우리가 예배를 인도할 때 우리는 다른 사람들을 대신해서 기도하는 것이기 때문이다. 우리가 하는 기도는 우리들만의 것이 아니다. 함께

---

38 Eugene H. Peterson, *Under the Unpredictable Plant: An Exploration in Vocational Holiness*(Grand Rapids: Eerdmans, 1992), 100-101.
39 Ibid., 101.
40 기도서의 예로서, *The Book of Common Prayer*(New York: Seabury, 1979).

모인 그리스도의 몸의 기도이다. 그러므로 우리가 진실하고, 신학적으로 예리하고, 회중에게 의미 있고, 교회의 오랜 전통 안에서 기도하고 있다는 것을 분명히 할 수 있도록 준비해야 한다. 간단히 말해, 우리는 "우리가 기도해야 할 것에 대해 기도"해야 한다. 개인 의견보다는 하나님의 관점에 따라 기도하는 것을 배워야 한다. 이것의 지름길은 없다. 기도를 인도하려면 하나님의 마음과 뜻을 분별하도록 먼저 기도로 하나님과 시간을 보내야 한다. 우리가 다른 사람들을 대신해서 사용하는 말을 준비하는 데 관심을 가지면 우리의 기도는 더 깊고, 더 풍부하고, 더 회중에 관계있게 될 것이다.

기록된 기도에 대해 보통 다음의 두 가지 반대가 있다.

첫째, 기록된 기도는 보통 성령에 의해 감동 받은 것으로 여겨지지 않는다. 성령께서는 기도를 하는 순간에만 우리를 인도하실 수 있기에 미리 기도에 대해 생각하는 것은 성령의 기능을 제거한다는 잘못된 생각이 널리 퍼져있다. 그러나 이것에 대한 성경적인 증거는 전혀 없다.

둘째, 기도는 마음으로부터 나와야 하는 것이기 때문에 무엇인가를 훌륭하게 말하는 것에 대해 관심을 갖지 말아야 한다는 것이다. 기도를 미리 만드는 목적은 "훌륭한" 기도로 다른 사람들에게 감동을 주려는 것이 아니다. 준비된 기도의 취지는 하나님과 공동체를 위하여 기도의 목적에 충실 하는 것이다. 사실, 기도를 준비하는 것은 마음으로부터 기도하는 것이다. 왜냐하면 마음을 시험하고 살펴보았기 때문이다. 또한 마음으로부터 기도하는 것은 신실함, 열정, 진실함과 관계가 있다. 이런 모든 것은 기록된 기도든 즉흥 기도든 기도하는 데 있어 똑같이 가능한 것들이다.

어쨌든 예수님은 시편 22편으로 기도하셨을 때 마음으로부터 기도하신 것이 아닌가? 이 주장에 따른다면, 예수님은 마음으로부터 기도하시기 위해 십자가에서 자신의 말을 만들어 내야 하셨다. 그렇지 않으면 그 기도는 자격을 잃게 된다.

공동체적 예배에서 기록된 기도가 주는 유익들이 있다. 무엇보다도 그것은 공동체로서 큰 소리로 기도할 수 있는 방법을 마련해준다는 것이다. 기록된 기도는 우리의 기도를 함께 할 수 있도록 사용된다. 암송 기도(예를 들면, 주기도)와 기록된 기도는 우리에게 하나가 된 공동체로서 하나님께 말할 수 있게 한 목소리로 기도하기 위한 길을 제공한다.

기록된 기도는, 다른 사람들이 표현한 하나님과 기독교 신앙에 대한 진리를 통해 우리가 그들의 아름다움과 상상력이 풍부한 생각을 알아갈 때, 하나님에 대한 우리의 비전을 넓혀 줄 수 있다. 우리는 다른 사람들의 뛰어난 기도를 사용할 기회를 갖고 나면 우리들이 기도에 사용하는 말들이 얼마나 제한되어 있었는지를 금방 안다. 우리는, 기도에 대한 다른 사람들의 새로운 견해를 대하고 나면, 우리들의 기도에 헛된 반복이 있었음을 알게 된다.

교회는, 예배 안의 기록된 기도와 즉흥 기도 간의 잘못된 긴장을 거부하고 두 기도를 지혜롭게 사용하면서 둘 다 수용하는 것이 온당할 것이다. 다음과 같이 깨닫는 것이 지혜로운 일이다.

> 우리 기독교 예배의 기도는…다양한 원천과 기독교 역사의 많은 과정으로부터 온다. 교회의 역사만큼 오래된 것들도 있고, 일정한 때에 처음으로 사용되는 것들도 있다. 많은 기도들이 그 중간 어딘가에 해당된다. 현대 그리스도인들은 교회의 유산인 위대한 기도의 보물 창고로부터 많은 기도를 되찾고 있다. 기도에 있어서 옛것과 새것 간의 이런 균형이 기독

교 예전의 위대한 장점의 하나이다.[41]

6) 삼위일체(Trinitarian)

기독교 예배의 기도는 필연적으로 삼위일체적이어야 한다.[42] 예전 기도는 "삼위일체 하나님의 신비를 표현한다. 이것은 성부로부터, 그리스도의 이름을 통하여, 그리고 성령의 임재와 능력 안에서 비롯되어 다시 하나님께 드려지는 것으로 이해해야 한다."[43] 이런 패러다임이 일반적이고 적절한 것이지만, 성경과 역사에는 언제나 어떤 기도는 삼위 하나님의 특정 위격(성부만이 아니라)에게 드렸다는 전례도 있다. 즉, 성부께서 부여하신 역할에 기초하여 예수 그리스도와 성령께 기도를 드린다. 그러므로 교회는, "주 예수여, 이 죄인을 긍휼히 여기소서"라고 기도할 수 있다. 마찬가지로, "성령이여 오셔서, 능력으로 주의 교회를 새롭게 하소서"하고 기도할 수 있다.[44] 예배 인도자들이 성부 하나님, 성자 하나님, 성령 하나님과의 관계를 조성하도록 기도의 언어를 신중하게 선택하는 것은 바람직할 뿐만 아니라 대단히 중요하다.

큰 소리로 기도하는 것은 기도로 다른 사람들을 제자 훈련하는 것이다. 경솔하게, 우리가 삼위일체적인 기도를 드리는 데 실패하면, 우리는 하나님에 대해 피폐한 시각을 전달하는 위험을 무릅쓰게 된다. 그러나 예배에서 삼위일체적인 기도의 언어를 나타내면, 우리는 기도에 동참하

---

41 Susan J. White, *Foundations of Christian Worship*(Louisville: Westminster John Knox, 2006), 28.
42 참조, 본서 1장(예배는 삼위일체적이다).
43 Erickson, *Participating in Worship*, 29.
44 그리스도께 기도한 초기의 기도에는 Christe eleison("그리스도여, 자비를 베푸소서")와 Maranatha("주 예수여, 오소서")가 있다.

는 사람들에게 필연적으로 하나님에 대한 신학적인 이해를 알려주고 형성하게 될 것이다. 삼위일체의 신비는 기도 공동체 안에서 증거된다.

7) 형성하는 기도(Formational Prayer)

우리가 어떻게 기도하느냐가 우리가 믿는 것에 영향을 미칠 것이고, 결국은 우리가 어떻게 사느냐에 영향을 미칠 것이다. 고대 문구인 **렉스 오란디 에스트 렉스 크레덴디**(*lex orandi est lex credendi*)는 "기도의 법이 믿음의 법이다"라고 해석된다. 5세기의 수도사 아퀴테인의 프로스퍼(Prosper of Aquitaine)[45]가 말한 것으로 알려진 이 문구는 다음 둘 중 하나로 받아들여질 수 있다.

교회의 기도/예배 관습이 교회의 믿음을 형성한다.
교회의 믿음이 교회의 기도/예배 관습을 형성한다.

이것은 양자택일이 아니라, 기도의 법과 믿음의 법 간의 변증적인(dialectical) 관계이다.[46] 변증적이지만, 두 견해는 반드시 동등한 것은 아니다. 많은 사람은 전자가 더 맞을 것 같다고 설득력 있게 주장한다. 즉, 예전(liturgy)이 신조(doctrine)를 형성한다는 것이다.[47] 어떤 사람들은 "예전은 주된 신학이고, 여기에서 이차적인 신학 혹은 신조들이 파생된다"고까지 말한다.[48]

요점은 이것이다. 즉, 기도로서의 예배는 우리를 형성한다. 예배에 온

---

45 Simon Chan, *Liturgical Theology: The Church as Worshiping Community*(Downers Grove, IL: InterVarsity, 2006), 48. *Lex orandi est lex credendi*에 대한 Chan의 설명은 도움이 된다.

46 Ibid.

47 Ibid., 48-49.

48 Ibid., 49; Aidan Kavanagh, *On Liturgical Theology*(New York: Pueblo, 1984), 7-8.

전히 그리고 빈번히 참여하면, 시간이 흐르면서 우리는 변화된다.

예배를 전부 기도로 보는 것에 더하여, 예배에 포함된 특정한 기도들은 우리를 특정한 방법으로 형성할 잠재력을 갖고 있다. 죄책감으로부터 해방을 가져다주는 회개-사죄의 선언(confession-absolution) 기도가 전형적인 예다.[49] 마찬가지로, 치유와 온전함을 위한 기도는 우리의 상함을 고치고 회복과 화해를 제공한다. 성도의 기도는 동료들이 중보 기도를 하는 것을 들음으로 오는 힘을 공동체에게 제공한다. 그들의 필요가 기도로 올려질 때 그들의 영이 격려를 받는다. 예배의 많은 종류의 기도는 예배자들을 형성하는 역할을 한다. 공동체적 예배의 기도 인도자는, 특정 기도들이 예배자들을 형성하는 데 도움을 줄 수 있는 많은 방법들에 지혜롭게 주의를 기울여야 한다.

8) 향과 기도(Incense and Prayer)

기도와 관련해서 향을 사용하는 것은 성경의 여러 곳에서 나타난다. 시편은 기록하기를, "나의 기도가 주의 앞에 분향함과 같이 되며…"(시 141:2)라고 한다. 제사장으로서 사가랴의 역할은 성전에서 향을 피우는 것이었다. "모든 백성은 그 분향하는 시간에 밖에서 기도"(눅 1:10)했다. 사도 요한은 향이 가득 담긴 그릇(향로로 더 잘 알려진)은 성도들의 기도(계 5:8)라고 표현했고, 그 환상에서 한 천사가 "많은 향을 받았으니 이는 모든 성도의 기도와 합하여…향연이 성도의 기도와 함께…하나님 앞으로 올라가는지라"(계 8:3-4)라고 기록했다.

향은 많은 개신교 전통에서는 자주 사용되지 않는다. 향에 대해 알레

---

49 Chan, *Liturgical Theology*, 148.

르기 반응을 일으키는 사람들이 있을 수도 있다는 것을 고려해야 하지만, 그럼에도 불구하고 구약 성경과 신약 성경은 향의 사용을 예배에서 기도를 드리는 것과 관련짓는다.[50]

9) 기도 자세(Prayer Postures)

수세기에 걸쳐서 여러 기도 자세가 사용되었다. 손을 펴고 얼굴을 위로 향하고 서 있는 것은 예수님의 시대의 유대 전통과 초대 교회의 전통에서 일상적인 기도의 자세였다. 성경과 역사에는 무릎을 꿇고, 엎드리고, 앉고, 고개를 숙임 등의 예들이 있다. 손을 오목하게 오므리는 것(복을 받는 상징)과 다른 예배자들과 손을 잡는 것(하나됨의 상징)이 현대의 기도 자세에 포함된다. 제스처들은 중요한 의미를 갖는다. 왜냐하면 그것들은 예배자의 성향과 기도의 성격을 나타내기 때문이다. 지금까지 공중 기도의 성격에 대한 중요한 고려사항 몇 가지를 살펴보았다. 이제 청사진을 그리면서 공동체적 예배의 다양한 기도 유형을 살펴보자.

3. 예배를 위한 특정 기도

수세기에 걸쳐서 기독교 예배에서 여러 유형의 기도가 사용되었다. 각각 고유한 특징과 역할이 있다. 예배에서 다양한 기도를 사용하는 목적은 전통이나 예전의 정확성을 위한 것이 아니라, 하나님과 백성 간의 대화를 용이하게 하는 것이다. 대화의 가장 현시(顯示)적인 부분으로 여

---

50 참조, 출 30:1-8; 겔 8:11; 렘 41:5.

겨지는 것, 즉 우리가 하나님께 가장 직접적으로 말하는 수단이 되는 것은 예배 중의 기도이다. 여느 관계에서의 대화처럼 대화에는 단계가 있다. 예배의 기도 몇 가지를 연구하면서, 이것들을 예배자와 하나님 간의 대화의 직접적인 동인(動因)으로 생각하라.

흔히 사용되는 일반적인 기도 몇 가지, 즉 중보 기도, 기원 기도, 회개 기도, 조명 기도, 축복 기도를 다음에 설명한다. 각각의 기도를 소개하고 그것의 목적, 형식, 내용을 논의한다.

1) 중보 기도(Prayer of Intercession)

공동체적 예배의 중심적인 기도는 중보 기도이다.[51] 이 기도에는 여러 형태가 있으며, 사용되는 형태에 따라 다양한 이름으로 알려져 있다. 가장 흔한 두 가지 형태는 성도의 기도(prayers of the people)와 목회 기도(pastoral prayer)이다. 중보 기도는 공동체적 예배에서 기본적이고 필수적인 것이다(딤전 2:1-2). 하나님은 공동체가 그들의 중보와 간구[52]를 담대히 보좌로 가져오기를 기대하신다. 그곳에서 우리는 때를 따라 긍휼과 은혜를 받는다(히 4:16).

목적. 중보 기도의 목적은 서로를 위해 기도하라는 성경의 명령을 따르는 것이다. 주님이 우리를 돌보시기에, 우리는 우리의 짐을 주께 맡겨야 한다(벧전 5:7).

---

51 분명히, 간구와 중보 기도는 예배의 다른 기도에 포함되어 있다. 예를 들면, 회개 기도에서 우리는 하나님께 우리를 용서해 달라고 한다. 그것은 간구이다. 여기서 우리가 말하고 있는 것은 공동체와 세계의 문제를 종합해서 하나님께 말씀드릴 만큼 포괄적이고 실질적인 주된 중보 기도이다.

52 엄밀히 말하자면, 중보 기도는 다른 사람들과 세계의 기도 제목에 관해서 하나님께 요청하는 것이고, 간구는 자신들을 위해서 요청하는 것으로 이해한다. 둘 다 중보 기도에 포함된다.

형식과 내용. 중보 기도로 할 수 있는 네 가지를 제시한다.

(1) 찬양/회개/감사/간구(Adoration/Confession/Thanksgiving/Supplication, ACTS)

인도자는 전체의 기도를 이 방식에 따라서 한다.

(2) 제목에 따른 기도(Directed Prayer)

인도자는 기도 제목들을 말하고, 회중은 언급한 기도 제목을 위해 침묵으로 간구한다. 인도자는 이렇게 말할 수 있다. "병든 사람들을 위해 기도합시다"(침묵 기도) 혹은 "목회자들을 위해서 기도합시다"(침묵 기도).

(3) 화답 기도(Responsorial Prayer)

인도자가 다양한 기도 제목에 관해 간략한 중보 기도를 한다. 각 기도가 마쳐진 후, 공동체가 다음과 같은 후렴구로 응답한다. "주님, 자녀들의 기도를 들어주소서" 혹은 "주님, 우리의 기도를 들어주소서."

(4) 초청 기도(Bidding Prayer)

인도자가 기도 제목을 말하면 다수의 예배자들이 자발적으로 이름, 상황 등 언급한 기도 제목에 관련된 간략한 기도를 큰 소리로 한다. 인도자가 "하나님, 애통하는 자들을 위로해 주소서"라고 하면, 몇몇 사람이 슬픔에 쌓인 사람들의 이름을 크게 부른다. 뒤의 두 기도는 앞의 두 기도보다 더 많은 참여가 수반되는 것을 주목하라.

목회 기도는 중보 기도의 한 형식이다. 이 형식에서, 목회자는 제사장적인 역할을 취해서 공동체의 기도를 하나님께 올려드린다. 이때는 목자가 양들을 위해 기도하는 때이다. 목회자가 앞서 언급한 ACTS 구조를 사용할 수 있지만, 다른 훌륭한 것을 소개하면 다음과 같다.

① 하나님이 어떤 분이신지에 대한 일반적 찬양/경배/감사/높임
② 죄의 고백(앞 순서에서 회개의 기도를 하지 않은 경우)
③ 간구(교회 내의 사람, 사역, 필요를 위한 기도)
④ 중보(나라, 세계, 도움이 필요한 자들, 그리스도의 거룩한 교회, 기타를 위한 기도)
⑤ 하나님의 뜻에 순복(하나님의 사역에 우리 자신을 드림)
⑥ 마침(삼위일체 하나님으로 마침)

중보 기도는 어떤 형식이든지 예배에서 공적 기도의 핵심을 이룬다.

2) 기원 기도(Prayer of Invocation)

하나님이 예배 공동체 안에 임재하심을 고백하고 받아들이는 기도로 예배를 시작하는 것이 옳다. 이것은 하나님과 백성 간의 대화를 시작하고, 시작부터 하나님께 초점을 맞추는 훌륭한 방법이다. 기원(invocation)은 "부르다"(요청하다 혹은 호소하다)는 뜻을 가진 라틴어 **인보카레**(*invocare*)에서 유래한다. 기원은 하나님의 임재를 부른다. 하나님께 예수 그리스도를 통하여 임재하시기를 호소하는 것이다.

하나님의 임재를 요청하는 것이 잘못된 것은 아니지만(시편만 보더라도 그런 요청을 한 예가 많다), 인도자가 하나님의 임재를 **고백하고 받아들이는 것**으로 보는 것이 더욱 적합할 것이다. 왜냐하면 신학적으로 말해서, 하나님은 그리스도 안에서, 공동체가 모인 곳에 이미 임재해 계시기

때문이다(마 18:20). 어느 쪽이든, 우리가 예배를 통해 대화하게 될 분을 맞이하고 환영함으로써 하나님과 우리의 대화를 시작하는 것이 적절하다. 그렇다면, 기원이란 단지 부활하신 주 예수 그리스도 안에서 성령의 능력으로 예배자들 가운데 하나님의 임재를 확증하는 시작 기도이다.

목적. 기원의 목적은 예배의 시작에 하나님의 임재를 부르고(혹은) 받아들이는 것이다.

형식과 내용. 기원의 몇 가지 주요 특징을 다음에 정리해 놓았다.[53] 간단한 예를 오른쪽 행에 기록해 놓았다.

1. 하나님의 이름을 부른다. 기도의 대상이 하나님이심을 분명하게 한다.[54] 성경에 있는 수많은 이름을 이용한다.	오, 하나님,
2. 하나님의 속성을 말한다. 하나님의 많은 속성이나 약속들 중의 한 가지를 언급함으로 하나님의 본질을 선언하고 하나님의 성품을 확증한다.	하나님은 온 땅에 위대하십니다.
3. 예배에 하나님이 임재하시는 것과 관련된 간구를 한다. 예배하는 공동체를 위해 무엇을 해 주시기를 청한다. 즉, 임재해 계시고, 성령을 통해 운행하고, 우리의 찬양을 받으시고, 우리의 기도를 들으시고, 기타 등등을 해 주시기를 구한다.	하나님께서는 높은 곳에 계시며, 또한 우리 주 성자 예수 그리스도의 임재하심으로 가까이 계십니다. 주의 성령을 통하여, 그리스도의 임재하심을 우리에게 알려 주시사,
4. 뜻하는 결과를 말한다. 간구의 "목적"(so that)을 표현한다. 하나님께 임재해 계시기만을 구하지 말고, 왜 하나님의 임재를 청하는지를 말하라.	우리가 예배하고 주의 영광에 합당하게 주님의 이름을 높이게 하소서.
5. 간략한 송영과 함께 예수님의 이름 혹은 삼위일체의 이름으로 마친다.	성부, 성자, 성령의 이름으로 기도합니다. 아멘.

---

53 White, *Introduction to Christian Worship*, 147.

기원을 가리키는 다른 용어는 **"모음 기도"**(collect)인데, 이것은 "집례자가 예배를 시작할 때 모든 사람을 대신해서 그들의 기도를 하나로 모으기 위해 한 말"에서 이름이 붙여졌다.[55] 작은 한 가지 다른 점을 제외하고 형식과 목적은 모두 같다. 기원 기도의 주제는 공동체적 예배를 시작할 때 하나님의 임재를 고백하는 것인데, 모음 기도의 주제는 그날의 성경 봉독이나 교회력의 특정 주일에서 도출된다. 모음 기도는 역사적으로 보면 보통 모임 예전의 마지막 즈음에 위치하지만, 모임 예전의 어느 단계에서나 적합하다.

기원 기도 혹은 모음 기도는 예배 공동체가 그 모임의 성격을 하나님과의 공동체적 대화로 확증하는 데 기여한다. 이 기도가 **무엇으로** 불리는지는 중요하지 않다. 시작 기도(opening prayer)라고 불러도 상관없다. 기도를 통하여 하나님의 임재를 고백한다는 **것이** 기독교 예배의 기본이 된다.

3) 회개 기도

회개 기도는 초기부터 기독교 예전의 주요 부분으로서 기독교 예배에서 오랜 역사를 가지고 있다. 이 기도의 근거는 하나님의 거룩하심과 인간의 죄됨으로 인한 대립에 있다. 예배에서 하나님의 거룩한 임재를 경험하면, 우리는 하나님과 인간의 극명한 차이를 알게 된다. 이것이 이사야가 성전에서 하나님의 환상 중에 경험한 것이다(사 6:1-3). "거룩하다 거룩하다 거룩하다 만군의 여호와여 그의 영광이 온 땅에 충만하도다"(사 6:3)라고 선언한 스랍들의 말을 들었을 때, 이사야는 즉시 애통해 하며

---

[54] 우리가 하나님에 대한 성경의 이름을 분명하게 사용하지 않으면 이제는 더 이상 우리가 누구에게 기도하고 있는지 사람들이 알 수 있을 것이라고 생각할 수 없다.

[55] White, *Foundations of Christian Worship*, 33.

"화로다 나여 망하게 되었도다 나는 입술이 부정한 사람이요 나는 입술이 부정한 백성 중에 거주"(사 6:5)한다고 고백했다. 이사야와 하나님 간의 대화가 계속되는 길이 열릴 수 있도록, 이사야의 입술이 깨끗케 하되 용서가 선언되었다.

회개는 하나님과 사람 간의 올바른 관계를 회복해서 하나됨과 교제를 계속할 수 있게 한다. 시편 저자는 다음의 질문으로 이런 근거를 반영한다. "여호와의 산에 오를 자가 누구며 그의 거룩한 곳에 설 자가 누구인가[?]" 이것은 수사적(rhetoric) 질문이 아니다. 시편 저자는 "손이 깨끗하며 마음이 청결하며 뜻을 허탄한 데에 두지 아니하며 거짓 맹세하지 아니하는 자로다…이는 여호와를 찾는 족속이요 야곱의 하나님의 얼굴을 구하는 자로다"(시 24:3-4, 6)라고 답한다. 이 시편은 성전에 들어가기 전의 참회 의식의 일부로 사용되었을 수도 있다.[56]

회개 기도는 공동 회개의 기회를 제공한다(시 106:6). 우리는 공동으로 하나님과 관계를 맺고 있는 공동체로서 기도한다. 공동체의 언어로 기록되어 있지만, 회개는 보통 개인의 회개를 참작했을 것이다(시 51편). 이것은 기도 중에 침묵의 시간을 갖게 함으로써 가장 잘 행해진다. 회개 기도는 예배의 시작에 어울리지만, 다른 순서에서 부적절한 것은 아니다. 성찬에 앞서 함으로써 도움이 될 수도 있고, 설교의 응답으로도 적절하다.

목적. 하나님의 거룩하심과 인간의 죄성에 비추어, 회개 기도는 하나님과 바른 관계를 갖게 해서 우리의 예배가 죄로 인해 방해받지 않고 계속 될 수 있게 한다. 회개를 통해서 "기도의 문이 열린다."[57]

---

56 Hughes Oliphant Old, *Leading in Prayer: A Workbook for Worship*(Grand Rapids: Eerdmans, 1995), 80.

57 John Calvin, *Institute of the Christian Religion* III.4.II. John D. Paarlberg, "Genuine Sorrow…Wholehearted Joy: The Why, When, and How of Confession," *Reformed Worship* 34(December 1994): 5에서 인용.

형식과 내용. 회개는 세 단계의 움직임으로 구성된다. (1) 죄를 회개하도록 성경 말씀을 통한 초청 (2) 회개 (3) **사죄의 확신**(assurance of pardon)이다. 기도의 부분들을 아래에 소개한다. 오른쪽 행은 예문이다. 회개 기도에서 공동의 언어를 사용하는 것을 기억하라.

1. 하나님을 부른다.	용서하시는 하나님,
2. 우리가 죄를 지었음을 인정한다(죄성과 죄).	우리는, 우리 주 예수 그리스도의 명령을 순종하지 못한 죄인들입니다.
3. 하나님의 거룩을 말한다.	하나님은 본질상 거룩하신 분이시며, 모든 것에 완전하신 분이십니다.
4. 죄를 애통해 함을 표현한다.	우리는 하나님을 실망시켜드렸으며 하나님이 우리의 죄로 인해 애통해 하심을 인해 슬퍼합니다.
(침묵하며 개인의 죄를 회개할 수 있음)	
5. 하나님의 기다리심과 자비에 감사한다.	하나님의 기다리심과 자비는 측량할 수 없음으로 인해 감사합니다. 하나님의 한량없으신 사랑은 영원합니다.
6. 죄에 맞서도록 도와주시기를 기도한다.	성령의 능력으로 도우셔서, 모든 유혹을 이기게 하시사, 진리의 길을 걷게 하시며, 우리의 생각과 말과 행동으로 하나님께 영광을 돌리게 하옵소서.
7. 마침.	우리 주 예수 그리스도의 이름으로 기도합니다. 아멘.[58]

회개 기도 후에는 사죄의 확신 혹은 사죄의 선언이 있어야 한다. 약속의 말씀들은 예배자들에게 완전한 용서와 화해를 위해 하나님의 자비와 은혜를 신뢰할 수 있음을 상기시킨다. 죄책감과 죄와 실패의 짐을 느끼는 예배자들에게 모든 것을 용서받고 새로운 길을 자유롭게 걸을 수 있음을 상기시켜 주는 것은 마음을 든든하게 만든다. 사죄의 확신이 없는

---

[58] Constance Cherry가 작성함. 2008.

회개는 완전하지 않다. 우리는 회개하고서 잘 되기를 희망하며 끝내기를 원하지 않는다. 그보다는 우리는 용서를 받아들이고 은혜의 약속을 갖고 마친다.

다음은 사죄의 확신과 관련되어 주목해야 할 사항들이다.

- 이것은 기도의 일부가 아니며, 사람들에게 하는 말이다.
- 인도자는 회중의 얼굴을 직접 바라보며 하나님의 약속에 근거해서 그들에게 용서를 선언한다.
- 확신의 가장 좋은 원천은 (암기한) 성경 말씀이다. 예를 들면, "동이 서에서 먼 것 같이 하나님은 우리 죄과를 우리에게서 멀리 옮기셨습니다."[59]

때로 **"사죄의 선언"**(absolution)이라는 용어에 관해 혼란이 있다. 우리 죄를 용서하시는 분은 하나님이시지만, 우리는 그리스도 안에서 하나님의 자비를 신뢰함으로 서로에게 용서 받았음을 믿음으로 선언할 수 있다. 사죄의 선언의 능력을 과소평가하지 말라. "우리가 하나님을 만날 때, 우리의 죄를 회개해야 하는 만큼 하나님의 용서의 말씀을 받아야 한다."[60]

회개 기도는 공동체에게 하나님과의 올바른 관계로 예배에 들어 갈 수 있도록 용서받고 새롭게 되는 기회를 제공한다. 이것은 또한 사람들에게 하나님의 은혜로 진정으로 용서받았음을 확신케 함으로써 그들에게 죄책감에서 자유하게 하며 하나님께 사랑받고 용서받은 사람으로 살 용기를 준다.

---

59 참조, 시 103:12.
60 Chan, *Liturgical Theology*, 133.

4) 조명 기도(Prayer of Illumination)

조명 기도는 간략하지만, 공동체가 하나님의 말씀을 이해하도록 하나님의 도움을 구하는 특별한 기도이다. 우리는 인간의 능력만으로는 하나님 말씀의 의미와 목적을 완전히 이해할 수 없음을 인정한다. 하나님의 감동이 있어야 한다.

조명 기도는 진리에 우리의 마음을 열어 주시기를 하나님께 청하는 것이기 때문에, 그날의 주요 성경 말씀 낭독이나 설교 바로 앞에 위치한다. 이것은 예배의 두 번째 움직임인 말씀 예전의 시작에 가까이 위치하는 것이 가장 좋다. 이 기도는 성령께 하는데, 그 이유는 어두움에 빛이, 거짓에 진리가 임하게 하는 것은 성령의 역할이기 때문이다.

> 우리 주 예수 그리스도의 하나님 영광의 아버지께서 지혜와 계시의 영을 너희에게 주사 하나님을 알게 하고 너희 마음의 눈을 밝히사 그의 부름의 소망이 무엇이며 성도 안에서 그 기업의 영광의 풍성함이 무엇이며 그의 힘의 위력으로 역사하심을 따라 믿는 우리에게 베푼 능력의 지극히 크심이 어떠한 것을 너희로 알게 하시기를 구하노라(엡 1:17-19).

우리를 밝히사 하나님의 계시를 이해하게 하는 분은 성령 하나님이시다. 이 기도는 조명 기도, "계몽 기도"(prayer of enlightenment), 혹은 "이해를 위한 기도"(prayer for understanding)라고도 부를 수 있다. 명칭보다 중요한 것은 이것이 말씀 예전에 포함되어야 한다는 것이다.

목적. 조명 기도는 공동체가 하나님의 말씀을 경청하고 이해할 수 있도록 하나님의 능력을 구한다.

형식과 내용. 간단한 형식이면 충분하다. 다음에 예문과 함께 소개한다.

1. 성령 하나님을 부른다.	성령 하나님,
2. 말씀에 관해 요청한다.	성경 말씀을 통해 말씀하는 하나님의 음성에 주의를 기울이도록 우리를 도와주시옵소서. 우리의 마음을 여시어 우리 영 깊이 하나님의 진리를 받게 하시사,
3. 요청하는 목적을 말한다.	하나님의 능력으로 변화되어 다른 사람들에게 하나님의 은혜를 드러낼 수 있게 하옵소서.
4. 마침.	지금 이곳에 계심으로 인하여 감사합니다. 아멘.

조명 기도를 생략한다는 것은, 인간의 능력에만 의지해서 말씀을 이해할 수 있고 말씀(the word)을 통해서 말씀하시는(speaks) 하나님의 음성을 분별할 수 있다고 말하는 것이다. 이 기도는 예배 공동체에게 높은 곳으로부터 오는 도움을 청하도록 인도한다.

5) 축도

내가 축도를 예배의 일반 기도에서 다루고 있기는 하지만, 엄밀히 따지자면, 이것은 하나님이 아니라 예배자를 향하는 것이기 때문에 기도가 아니다. 축도한다는 것은 "좋게 말하다, 축복하다"는 뜻이다.[61] 축도는 어떤 사람이 다른 사람에게 좋은 말을 하는 것이다. 이것은 사람들에게 선언된 복이다(축도에 대한 자세한 설명은 본서 8장을 보라). 축도는 수세기 동안 유대-기독교 관습의 한 부분이었다.

---

61 라틴어 "베네디체레"(*benedicere*)에서 유래했다. "베네"(*bene*)는 "좋은"을, "디체레"(*dicere*)는 "말하다"를 의미한다.

축도는 일반적으로 인도자가 사람들에게 손을 들고 축복의 말을 하는 것으로 표현된다. 이 제스처는 다음과 같은 것을 상징한다.

첫째, 축복하는 사람은 하나님의 대리자이다. 손을 드는 것은 복을 말씀하는 하나님과 복을 받는 사람 간의 관련성을 시사한다.

둘째, 복이 사람들을 감싼다.

대부분의 교단은 축복하는 사람은 안수 받은 사람이어야 한다고 요구하지 않는다. 그리스도인이면 누구나 다른 그리스도인을 축복할 수 있다. 그러나 공동체의 영적 지도자가 축도하는 것이 적합하고 바람직하다. 이것은 오랜 세월 계속되어온 하나님의 대리인으로서의 사제/목회자 직분과 잘 어울린다. 사죄의 확신처럼 축도도 예배자들은 인도자를 쳐다보고 인도자는 그들의 눈을 보면서 직접 그들에게 말하는 것이다. 축도하는 사람의 얼굴 표정에는 기쁨과 확신이 있어야 한다. 왜냐하면 그는 하나님의 사랑을 전하고 있기 때문이다. 예배자들은 이런 상징적 제스처들을 기대하고 "좋은 말" 듣기를 기대하게 될 것이다. 왜냐하면 그 말은 소망과 능력을 말하며, 다시 만날 때까지 하나님이 그들을 돌보실 것이라고 그들을 안심시키기 때문이다.

목적. 축도의 목적은 예배자들이 하나님의 임재가 그들과 함께하며 영적으로 말해서 모든 것이 잘 될 것이라는 것을 알고 예배의 자리를 떠나도록 파송하는 것이다.

형식과 내용. 가장 좋은 축도는 짧은 성경 구절이다. 나는 예배 인도자들이 성경의 축도를 찾아 외워서 그 말씀을 선포하기를 권면한다. 성경의 말씀보다 더 나은 축도는 없다. 그러나 자신만의 축도를 작성하겠다고 하면 그 형식은 간단하다. 다음의 두 부분으로 구성된다.

---
1. 주께서 복을 주시기를.　　하나님이 당신의 몸과 마음과 영과 혼에 복을 주시며,

2. 주께서 평안을 주시기를.　　그리스도의 평안이 지금부터 영원까지 당신과 함께 하기를. **아멘.**[62]

축도는 모인 공동체로부터 흩어진다는 의도적인 측면이기 때문에 중요하다. 우리가 모일 때 의도적으로 하나님의 임재를 기원하는 것처럼, 우리가 흩어질 때도 하나님이 우리와 함께 가시는 시간을 계획한다. **샬롬**(Shalom), 즉 하나님의 풍성한 안녕(well-being)은 축도를 통해 전달된 하나님의 백성의 소망이다.

6) 그 외의 기도들

하나님과 사람들 간의 대화를 전달하는 기능을 하는 다른 기도들이 많이 있다. 찬양의 기도, 십일조와 헌금을 드리는 기도, **키리에 엘레이손**(*kyrie eleison*, "주여 불쌍히 여겨주소서"), 주기도, 말씀에 대한 응답으로 하는 결단과 헌신의 기도, 결정과 초청의 기도, 기타 등등이 있다. 하나님과 사람 간의 대화가 어떻게 드러나는가에 따라 어떤 기도가 어떤 예배에서는 유용한데 다른 예배에서는 그렇지 않을 수도 있다. 어떤 기도가 사용되든, 의도적으로, 전념해서, 익숙하게 인도하라. 이런 문제들을 다루면서 이 장을 마친다.

62　Constance Cherry가 작성함. 2008.

4. 예배에서 기도 인도하기

공적 기도는 개인 기도와는 다르다. 개인 기도는 우리 자신에게 책임이 있다. 우리가 친구 대 친구로 말하고 들으면서 하나님과 우리의 개인적인 관계를 육성한다. 그러나 공적 기도를 인도하는 사람은 공동체를 대신해서 기도한다는 더 큰 책임을 갖는다. 이것은 더 이상 "하나님과 나"의 일이 아니라, "하나님과 우리"의 일이다. 이것은 더 이상 당신이나 나에 관한 것이 아니라, 우리를 함께 부른 분과 말하기 위해 모인 공동체에 관한 일이다.

개인 기도는 개인적이다. 공적 기도는 대표적이다. 예배 인도자가 회중의 대표로서 말하는 것이다.[63] 예배 인도자는, 그들이 하는 기도는 그들 자신의 개인 기도가 아니라 성도의 기도라는 것을 분명히 해야 한다.

> [당신의 일은] 사람들에게 당신의 기도를 주는 것이 아니라 그들의 기도를 인도하는 것이다. 당신의 마음 깊은 곳에 있는 열망, 개인의 의심과 편견들은 흥미로운 것이겠지만 여기에서는 그렇지 않다. 당신에게 이 순간 회중 앞에 서는 특권(혹은 당신이 이것을 어떻게 보느냐에 따라 짐이 될 수도 있다)이 주어진 유일한 이유는 회중을 기도로 인도하는 것이다. 그들은 기도하기를 원하지, 아름다운 문구를 만드는 당신의 능

---

[63] 개인 기도와 공중 기도 간에 차이가 있지만, 이 둘이 관련이 없는 것은 아니다. 공중 기도를 인도하는 능력은 개인의 기도 생활과 깊은 관련이 있다. 자신의 기도 경험이 없이 공중 기도를 효과적으로 인도할 것이라 확신할 수는 없다. 인도자는 잘 표현된 기도(준비된 기도 혹은 즉흥 기도)를 준비할 수는 있겠지만, 예배자들은 이 기도가 신실한 신앙생활과 훈련이 있는 개인의 기도 생활로부터 나온 것인지 그렇지 않은지에 대해 바로 알게 될 것이다.

력으로 인해 황홀해지거나 분명하고 의미 있게 말하지 못하는 당신의 무능력으로 인해 당혹해지기 원하지 않는다…기도를 인도하는 데 있어서 당신의 역할은 주연 배우나 솔리스트가 아니라 지휘자나 코치의 역할이다.[64]

당신은 예배 인도자로서 공동체적 예배에서 효과적으로 기도하는 법을 배워야 한다. 공적 기도가 종교적인 말들로 엮어진 것에 지나지 않은 때가 너무 많다. 즉흥 기도에서 조차도 시간이 흐르면서 의식적인 특징이 발전된다. 때로 인도자들이 마음속에서 기도에 알맞은 말을 찾느라 말을 더듬는다. 그들은 같은 것을 계속 되풀이해서 말하고, 사람들의 필요와 관심사를 하나님 앞으로 가져가지 못한다. 이런저런 이유로, 이 장의 앞부분에서 주장한 것처럼 기도를 쓰는 것이 지혜롭다. 그러나 기도를 쓰는 것과 기록된 기도로 **기도하는 것**은 별개이다. 기록된 기도를 리듬감이 있게 그리고 기록되지 않은 것처럼 들리는 목소리로 기도하기 위해서는 연습이 필요하다.

다음은 미리 준비된 기도이든 그렇지 않든 공적으로 기도를 인도하기 위한 몇 가지 실질적인 요령이다.

① 관련 있게 하라. 예배의 모든 기도는 예배와 회중과 관련이 있어야 한다. 여기서 관련성이란 문화를 모방한다거나, 일상의 대중 용어를 사용한다거나, 지나치게 격식을 차리지 않는 것을 말하는 것이 아니다. 관련성은 회중을 아는 것과 관계가 있다. 당신의 기도가 **회중의** 삶에 직접적으로 관련이 있는가?

---

64 Willimon, *A Guide to Preaching*, 30.

② 장황한 말을 피하라. 기도에 관한한 많은 말은 좋지 않다. 말을 추가해서 기도를 길게 만들지 말라. 장황한 말은 보통 상투적인 문구로 가득하다. 기도가 너무 길거나 횡설수설하지 않도록 하기 위한 비결은 준비라는 것을 기억하라.

③ 상투적인 말을 피하라. 상투적인 말을 사용하면 기도를 의미 없게 만들어버린다. 예수님은, 기도할 때 "중언부언" 하지 말라고 경고하셨다.[65]

④ "나"가 아니라 "우리"라는 공동체적인 대명사를 사용하라.

⑤ "그저, 단지"(just) 이라는 말을 피하라. 즉흥 기도에서 "그저, 단지"라는 말을 지나치게 사용하는데 이것은 좋지 못한 습관이다. 예를 들어 이런 것이다. "주님, 오늘로 인하여 그저(단지) 감사합니다. 우리와 함께 하시기를 그저(단지) 원합니다." 이것은 우리가 "그저" 이것 혹은 저것을 구할 때, 우리는 하나님을 제한하고 있다는 것을 나타낸다. 전능한 하나님께 우리의 관심사를 과소평가해서 말하지 말아야 한다.

⑥ 고어(archaic language)를 피하라. "You"의 고어 "thee"와 "thou"를 쓰던 시대는 지났다. 그러나 흠정역 영어 성경을 계속 사용하는 사람들이 이 언어를 사용하는 것을 정중하게 받아들이라. 이것이 그들이 기도하던 관습이었다.

⑦ 성경에 기초한 이미지 언어를 사용하라. 성경 저자들은 궁극적으로 묘사할 수 없는 하나님을 묘사하고자 광범위한 이미지와 은유를 사용했다. 공동체가 하나님에 대한 개념을 경색시키지

---

65 예로서, "말하고 행한 모든 것에 함께 하소서," "두 세 사람이 함께 모인 곳에," "예물과 예물을 드린 사람을 축복합니다" 등. 당신도 다른 예를 들어보라.

않고 확장해 가도록 하나님의 이미지와 하나님의 이름들을 풍족하게 사용하라.

⑧ 하나님의 이름을 지나치게 반복하지 말라. 당신이 처음 하나님의 이름을 불렀을 때 하나님은 이미 들으셨다. "주님" 혹은 "아버지" 혹은 다른 하나님의 이름을 기도의 구두점처럼 사용하는 것을 극복하도록 노력하라. 몇 단어마다 하나님의 이름을 부르는 것은 헛된 반복이다. 친구와 대화하면서 친구의 이름을 많이 부르면서 말하는 것이 얼마나 지겨울지 생각해 보라.

⑨ 자연스러운 어조로 말하라. 기도할 때 "거룩한 목소리"로 바꾸지 말라. 진정성이 없어 보인다. 자연스러운 목소리를 유지하며 말하라.

⑩ 기도의 속도, 리듬의 다양성, 표현, 멈춤, 침묵, 기타 등등에 대해 생각하라. 어조를 적절히 다양하게 하라.

⑪ 기도는 하나님을 향하는 것이다. 어떤 기도든 사람들을 가르치려고 사용하지 말라. 기도 중에 설교를 다시 하려고 하지 말고 광고하려고도 하지 말라.[66] 회중이 알았으면 하는 정보를 말하지 말라.[67] 시금석은 이것이다. 기도는 우리에게가 아니라 하나님께 하는 것이라면, 하나님이 들으셔야 하는 것은 무엇일까? 그것만 기도하라.

⑫ 포괄적인 언어(inclusive language)를 사용하라. 회중 속에는 나이, 성별, 개인 상황, 교육 정도, 기타 등등이 다양한 사람들이

---

66 C. H. Spurgeon은 "설교에서는 설교하고, 기도에서는 기도하라"고 말했다. *Lectures to My Students*(New York: Sheldon and Company, 1875), 92를 보라.
67 경험이 많은 목회자가 이렇게 기도하는 것을 들은 적이 있다. "화요일 저녁 7시에 친교실에서 모이는 Upwards Basketball Ministry에 함께 해 주십시오."

있다는 것을 기억하며 기도하라.

⑬ 성경 말씀으로 기도하라. 많은 성경 구절들은 기도되어야 한다. 그것들로 당신의 기도의 기초가 되게 하라.

⑭ 공적 기도의 조언자를 구하라. 경험 많은 목회자나 평신도에게 당신의 기도를 듣고 평가해 주도록 부탁하라. 겸손하게 도움을 구하라. 우리는, 좋지 않은 습관이 어떻게 영향을 끼치는지 좀처럼 깨닫지 못한다. 공적 기도의 사역에 열심히 노력하라.

⑮ 당신의 공적 기도를 녹화 혹은 녹음하라. 이것은 누군가를 감동시키기 위한 것이 아니라, "주님께서 흥하시도록 우리는 쇠하여야" 하기 때문이다.

우리가 훌륭한 공적 기도자가 되도록 배워야 하는 중요한 이유는 아마도 큰 소리로 기도할 때 우리는 기도라는 방법으로 다른 사람들을 제자훈련시키기 때문일 것이다. 즉, 그때 우리는 다른 사람들에게 기도하는 법을 가르치고 있는 것이다. 당신의 공적 기도는 당신의 회중이 큰 소리로 듣는 유일한 기도일 것이며, 그들은 결국 당신처럼 기도할 것이다.

5. 결론

최근 여러 전통에서 공적 기도가 약화되었다는 것을 언급하며 이 장을 시작했다. 어떤 인도자들은 예배를 따분하게 만드는 기도가 많다고까지 말한다. 나는 공적 기도가 따분한 예배의 이유가 아닐 뿐만 아니라, 생동력 있는 방법으로 기도한다면 우리의 예배를 새롭게 하는 것이 될 것이라고 주장하며 이 장을 마친다. 우리는 요즘 인지적으로 설명되고 이해될 수 있는 것에 끌리면서 예배를 지나치게 지적으로 만들었을 수 있다.

결과적으로 우리는 초월의식(a sense of the transcendent), 즉 하나님 중심적인 예배의 특징인 신비를 잃었다. 기도는 설명할 수 없는 하나님과 인간의 놀라운 소통 경험에 참여하는 주된 방법 중 하나이다. 새로운 세대들은 예배에서 초월과 신비를 경험하기 원한다. 그들이 우리에게 상기시켜 준 것은, 결국 회중석에 있는 평신도인 돈 셔먼이 옳았다는 것이다. 예배는 기도이다.

6. 주요 용어

사죄의 선언(absolution). 죄를 고백한 사람들이 용서받았음을 선언하는 것.

사죄의 확신(assurance of pardon). 회개 기도 후 사람들에게 하는 용서의 확인.

초청 기도(bidding prayers). 인도자가 주제를 말하고 회중이 중보 기도를 드림.

모음 기도(collect). 보통 그날의 성경 주제에 기초하여 모임의 예전에서 사용하는 시작 기도.

대 감사(Great Thanksgiving). 찬양, 기억, 간구의 주된 성찬 기도.

기원 기도(invocation). 모임 예전에서 사용되며 예배에 하나님의 임재를 부르는(고백하는) 시작 기도.

키리에 엘레이손(*kyrie eleison*). "주여 불쌍히 여겨주소서"라는 의미의 헬라어.

연도(litany). 인도자의 기도문 사이에 회중은 기도 문구를 간헐적으로 반복하는 화답 기도(Responsorial prayer).

향로(thurible). 예배 중에 향을 태우는데 사용되는 용기.

통성 기도. 예배에서 동시에 큰 소리로 기도하는 것.

7. 참고 문헌

The Book of Common Prayer. New York: Seabury, 1979.

Bradshaw, Paul. *Two Ways of Praying*. 2nd ed. Nitro, WV: OSL Publications, 2008.

Old, Hughes Oliphant. *Leading in Prayer: A Workbook for Worship*. Grand Rapids: Eerdmans, 1995.

Prayers of the People: Patterns and Models for Congregational Prayer. Grand Rapids: Calvin Institute of Christian Worship and Faith Alive Christian Resources, 2004.

Stookey, Lawrence Hull. *Let the Whole Church Say Amen! A Guide for Those Who Pray in Public*. Nashville: Abingdon, 2001.

참여하기

다음을 시도해 보라!

1. 이 장에서 제공된 형식을 사용해서, 조명 기도를 작성해 보라.
2. 성경 말씀을 통합해서 다른 기도문을 작성해 보라.
3. 형식에 따라서 즉흥적으로 해 보라.
4. 모험심이 강한 사람이라면, 이번 주일에 예배를 인도하면서 기도해 보라.

10 ✦ 음악을 통해 하나님 만나기(I)

교회의 노래

탐구하기

10장을 읽기 전에, 당신이 갖고 있는 CD나 MP3 파일들을 살펴보라. 애창곡 중에서 예배 음악을 나타내는 것들이 있는가? 그렇다면, 어떤 것들인가? 두드러진 음악 스타일이 있는가?

1. 어린 시절의 교회를 떠올려보고 다음 질문을 생각해 보라.
   * 회중 노래에 대한 가장 어릴 적의 기억은 어떤 것인가?
   * 주로 어떤 스타일의 예배 음악이 불렸는가?
   * 노래 부르는 것이 활기가 있었나, 아니면 활발하지 못했나?
   * 노래에 어떤 악기가 사용되었나?
2. 현재 소속된 교회에 대해 생각해 보고, 다음 질문을 숙고해 보라.
   * 주로 어떤 스타일의 예배 음악이 불리는가?
   * 노래가 활기가 있는가, 아니면 활발하지 못한가?
   * 노래에 어떤 악기가 사용되는가?
3. 최근에 변화된 것이 있는가? 그렇다면, 어떤 것들인가? 이런 변화가 일어난 이유는 무엇인가?

이 질문들을 계속 생각하면서, 이제 10장을 읽으며 생각의 폭을 더 넓혀 보자.

1. 서론

기독교 예배에 노래가 없다면 어떨지 잠깐 상상해 보라. 예배당에 들어가서, 친구들과 인사하고, 자리에 앉는다. 그리고 오로지 말, 침묵, 상징만 사용해서 전체 예배가 진행된다. 이런 예배를 그려볼 수 있겠는가? 이것을 한 번이라도 상상할 수 있겠는가? 매주 그렇다면 어떻겠는가? 모임 예전의 찬양과 기도에, 그리고 성경 낭독과 설교에 말만 사용된다.

예배자들이 성찬식에 참여할 때 노래도 없고 음악도 없다. 강단 초청(altar call)이나 말씀에 대한 응답 시간에도 노래가 없다. 헌금 시간에도 음악이 없다. 파송 예전의 축도와 권면에도 그 어떤 음악도 없다. 이런 것들이 당신의 예배에 어떤 영향을 끼치겠는가? 당신은 어떤 것을 아쉬워하겠는가? 공동체는 무엇을 아쉬워할 것이라 생각하는가? 노래가 없는 예배가 성경적이라 할 수 있을까?

고대 이스라엘에서 노래가 끊긴 때가 있었다. 그들이 바벨론에 포로로 잡혀가 있을 때 하나님의 백성은 몹시 슬퍼했다. 시편 저자는 노래하는 소리와 악기 소리가 멈추었을 때의 비통한 상황을 이렇게 생생하게 묘사한다.

> 우리가 바벨론의 여러 강변 거기에 앉아서 시온을 기억하며 울었도다 그 중의 버드나무에 우리가 우리의 수금을 걸었나니 이는 우리를 사로잡은 자가 거기서 우리에게 노래를 청하며 우리를 황폐하게 한 자가 기쁨을 청하고 자기들을 위하여 시온의 노래 중 하나를 노래하라 함이로다 우리가 이 방 땅에서 어찌 여호와의 노래를 부를까 예루살렘아 내가 너를 잊을진대 내 오른손이 그의 재주를 잊을지로다 내가 예루살렘을 기억하지 아니하거나 내가 가장 즐거워하는 것

보다 더 즐거워하지 아니할진대 내 혀가 내 입천장에 붙을 지로다(시 137:1-6).

시편 저자의 고통은 명백하다. 공동체의 상실을 견딜 수 없었다. 성경 말씀은 똑같이 고통스러운 또 다른 상황에 대해 말한다. 이번에는 노래하는 자들이 아니라 하나님이 고통을 겪고 계신다. 하나님은 이스라엘 백성이 보여주는 위선으로 인해 노래하기를 멈추라고 명령하신다. 그들은 절기를 지키고, 엄숙하게 대회로 모이고, 번제를 드리는 등등의 일들을 통해 하나님을 예배하면서, 다른 사람들을 부당하고 거짓되게 대우하며 살고 있다. 하나님은 "네 노랫소리를 내 앞에서 그칠지어다 네 비파 소리도 내가 듣지 아니하리라 오직 정의를 물 같이 공의를 마르지 않는 강 같이 흐르게 할지어다"(암 5:23-24)라고 말씀하시며 노래를 중지하라고 하신다. 음악이 중지되어야 할 때가 있을 수 있다. 그러나 그런 때는 유대-기독교 예배 공동체에 있어 흔치 않은 예외다.

대부분의 사람들은 노래가 없는 예배를 생각하기 어려울 것이다. 우리는 시온의 노래를 부를 기회가 허락되지 않는다는 것이 처음에는 불안하다가 점점 고통스러워질 것이다. 그것은 아마도 우리가 하나님을 찬양하는 목소리를 가지고 창조되었기 때문일 것이다. 삼위 하나님을 찬양하는 노래를 부르는 것은 창조 이전부터, 그리고 전 시대에 걸쳐 유대-기독교 신앙을 가진 자들과 천상의 모든 피조물(계 5:11-14)의 영예로운 일이며 끊임없이 행하는 일이었다. 이것은 모든 나라, 족속, 방언에서 구원받은 자들이 영원한 나라에서 행할 일이 될 것이다(계 7:11-12). 노래는 기독교 예배에서 필수적인 것이라고 말하는 것은 대단히 절제해서 표현하는 것이다.

회중 노래는 모든 예배 음악의 중심이다. 회중 노래는 전 공동체를 위한 예배의 도구, 즉 그들이 함께 참여하는 예배 행위이기 때문에, 예배의 어떤 음악보다 중요하다. 이 장과 다음 장을 할애해서 교회가 하나님을 예배할 때 **함께** 노래하는 것에 대해 다룰 것이다. 이 장의 전반부에서는 예배에서의 음악의 목적과 필요성을 제시할 것이다. 후반부에서는 오늘날의 예배에서 다양한 종류의 회중 노래를 사용하는 것에 대한 근거를 제시하고, 오늘날의 예배자들에게 적합한 다양한 장르를 소개할 것이다. 회중 노래의 역사는 다루지 않을 것인데, 이에 대한 역사적인 발전 과정을 다루는 좋은 자료들이 많이 있다.

나는 노래의 일곱 가지 장르, 즉 계열들(families)에 대해 간략히 기술하고 예배 안에서 그것들의 목적, 위치, 사용에 초점을 맞출 것이다. 물론 더 많은 것들을 고려할 수 있고 또 그렇게 해야겠지만, 이것이 견고한 시작이 되어 줄 것이다. 다음 장에서는 음악 사역자(pastoral musician)의 특별한 역할에 대해 다룰 것인데, 특히 신학적, 음악적, 가사적으로 노래의 질을 평가하는 일에 관련되는 것을 다룰 것이다.

2. 회중 노래의 목적

그리스도인은 무엇을 노래하는가? 바로 하나님의 이야기를 노래한다. 예배란 기본적으로 하나님이 누구시며 어떤 일을 행하였는가, 즉 역사 속에서의 놀라운 구원 행위의 이야기를 선포하는 것이다.[1] 하나님의 이야기에는 창조, 창조주와 인간의 완전한 교제, 창조주로부터 멀어진 인

---

1 "새 노래로 여호와께 찬송하라 그는 기이한 일을 행하사 그의 오른손과 거룩한 팔로 자기를 위하여 구원을 베푸셨음이로다"(시 98:1).

간의 비극적인 소외, 예수 그리스도 안에서의 구속, 그리스도의 재림시에 이루어질 만물의 재창조, 영원한 하나님의 나라의 수립 등이 있다. 예배는 하나님이 행하신 일과 시작부터 끝날까지 행하실 일을 선포한 말씀, 성례, 제스처, 재현, 상징, 교회력 등등으로 선언한다. 그리스도인들은 하나님의 놀라운 역사를 노래한다. 미리암, 모세, 이스라엘 백성은 출애굽하고 나서 하나님의 구원의 이야기를 노래했다. 그래서 우리도 "말과 그 탄 자를 바다에 던지셨음이로다"(출 15:1, 20-21)라고 노래한다.

또한 마리아가 수태 고지를 듣고 응답하며 노래한 것도 하나님의 역사이다. 그래서 우리도 "내 영혼이 주를 찬양하며 내 마음이 하나님 내 구주를 기뻐하였음은 그의 여종의 비천함을 돌보셨음이라"(눅 1:46-48)고 마리아의 찬가(*Magnificat*)를 노래한다. 물론 모든 예배가 전체 이야기를 자세히 말하지는 않는다. 그렇게 하는 것은 불가능하고 그럴 필요도 없다.

그러나 시간이 흘러 그 이야기가 계속해서 들려질 때까지 매주 그 이야기가 설교 본문과 교회력의 주기[2]를 통해서 펼쳐진다. 이야기가 펼쳐지면서 노래가 불려진다. 하나님의 백성이 천상의 합창 소리와 함께 진리를 읊조리는 것이다. "성경 이야기의 처음부터 끝까지, 역사의 처음부터 끝까지, 그 이야기는 불려야 할 노래이다."[3]

그러므로 회중 노래의 목적은 하나님의 이야기를 말하는 것이다. 오랜 가스펠 송이 바로 이것을 우리에게 상기시킨다.

> 나를 위해 죽으신 그리스도의 놀라운 이야기를 노래하리라.
> 갈보리 십자가 위해 영광스런 천국을 떠나신 이야기를.

---

2 교회력은 본서 12장에서 다룰 것이다.
3 Paul Westermeyer, *The Heart of the Matter: Church Music as Praise, Prayer, Proclamation, Story, and Gift*(Chicago: GIA, 2001), 40.

나를 위해 죽으신 그리스도의 놀라운 이야기를 노래하리라.
수정같은 유리 바다에 모여 영광스런 성도들과 함께 노래하리라.[4]

3. 회중 노래의 필요성

그리스도인들이 신앙을 노래하는 것은 성경적인 예배에 온전히 참여하기 위해 필요한 것이다.[5] 상황과 때에 따라 예외는 있겠지만, 거의 모든 전통들의 규범적인 예배에는 공동체가 부르는 많은 노래들을 포함할 것이다. 기독교 예배에서 회중 노래가 없어서는 안 된다고 믿을 수 있는 훌륭한 이유가 적어도 여섯 가지가 있다.[6]

첫째, 교회가 노래하면서 탄생했기 때문에 우리도 노래를 부른다.[7] 노래하는 신약 교회의 뿌리는 노래하는 유대 공동체에서 찾을 수 있다. 구약 예배의 공동 노래는 가장 중요한 역할을 했다. 여호와께 부른 시편들이 처음에는 주로 유대인들로 구성되었던 기독교 공동체에 전해져서 자연스럽게 융합되었을 것이다. 동시에, 성전에서 사용되었던 노래의 형식들이 그리스도를 하나님으로 예배하는 교회에서는 불충분하게 되었다.

발전된 교리에는 발전된 형식이 요구된다. 결과적으로 그리스도를 찬

4　Francis H. Rowley.
5　나는 예배에서 노래하지 않는 몇몇 기독교 전통들을 존중하며 인정한다.
6　나는 Brian Wren(*Praying Twice: The Music and Words of Congregational Song* [Louisville: Westminster John Knox, 2000]과 Ralph P. Martin(*Worship in the Early Church* [Grand Rapids: Eerdmans, 1974])에서 많은 도움을 받는다. 이들의 저서가 이 섹션을 발전시키는데 있어서 내게 많은 영향을 주었다.
7　Martin, *Worship in the Early Church*, 39.

양하는 헬라어 찬송이 만들어졌고, 그것들 중의 많은 것이 일찍이 성경이 기록될 때 나타나고 있다.[8] 1세기의 교회는 노래하는 교회였고, 그 이후로도 계속 그랬다.

둘째, 성경이 예배에서 공동으로 노래하기를 명하므로 우리는 노래한다. 하나님이 구약의 성전 예전에 노래하는 것과 악기로 찬양하는 것을 포함시키신 것을 통해 이것을 알 수 있다. 노래들은 규정되어 있고 기술되어 있다. 레위인 성가대들은 노래하고, 일반 예배자들은 그 노래에 동참하도록 되어 있다. 시편에, 공동체를 향해 노래하라는 명령이 많다.

> 새 노래로 여호와께 노래하라 온 땅이여 여호와께 노래할지어다 여호와께 노래하여 그의 이름을 송축하며 그의 구원을 날마다 전파할지어다(시 96:1-2).

신약의 교회에서도 노래를 했다. 사도 바울은 몇 교회에게 노래하라고 썼다(고전 14:26; 엡 5:19; 골 3:16). 성경이 노래하도록 지시하므로 공동체는 노래한다. "노래하는 것은 선택 사항이 아니다. 명령이다."[9] 예배에서의 노래를 "명령"이라고 하는 것을 너무 대담한 일로 여기는 사람들도 있겠지만, 나는 그렇게 주장할 수 있다고 믿는다. 우리는 최소한 이렇게는 말할 수 있다.

> 기독교 예전에는 음악이 **있어야 한다**. 이것을 장황하게 논하는 것은 무의미하고 지루하리라는 것을 역사가 분명하게

---

8 학자들은 많은 신약의 찬송가를 발견한다. 예를 들어 빌 2:6-11; 골 1:15-20; 딤전 1:17; 계 4:11; 5:9-10을 보라.

9 Harold M. Best, *Music through the Eyes of Faith* (New York: HarperCollins, 1993), 185.

증언한다. 예전 행위는 분명 음악의 도움 없이 행해질 수 있다…그래서 기독교 예전에는 음악이 **있어야 한다**고 말할 수는 없다. 음악이 필요하지 않다. 그럼에도 불구하고, 예전은 음악을 절실히 필요로 한다는 것이 역사의 증언이다. 음악이 교회의 예전을 크게 향상시킨다는 것을 표현하기는 너무 신비롭지만, 교회는 그것을 늘 느껴왔다…교회가 모일 때 교회는 언제나 음악, 특히 노래로 **가득했다**.[10]

셋째, 우리가 노래하는 이유는 이것이 공동체의 주된 행위이기 때문이다. 이것은 개인주의를 허물고 함께한다는 의식을 구축한다. 다른 말로 하면, "우리가 함께 노래할 때 우리는 노래로 서로에게 속한다."[11]

함께 노래하는 것은 그리스도의 몸의 공동체성을 표현하는 방법이다. 1세기의 주교 안디옥의 이그나티우스(Ignatius of Antioch)는 공동체에게 하나가 되어 노래하도록 다음과 같이 촉구한다.

한 마음으로 함께 동참하고…경건한 노래를 함께 받아 그리스도를 통하여 성부께 한 목소리로 노래해서, 성부께서 당신의 노래를 들으시고 당신의 선한 행실을 통해 당신을 성자의 지체로 인정하시게 하라.[12]

이그나티우스는 믿음의 형제자매들과 목소리를 합함으로써 진실된

---

10 Nicholas P. Wolterstorff, "Thinking about Church Music," in *Music in Christian Worship*(Collegeville: MN: Liturgical Press, 2005), 11.

11 Wren, *Praying Twice*, 84.

12 Paul Wetermeyer, *Te Deum*(Minneapolis: Fortress, 1998), 62에서 인용.

기독교 공동체 의식을 분명 경험했을 것이다. 공동의 노래는 우리가 **함께** 노래하기 때문에, 공동체가 동시에 같은 진리를 선포하고, 같은 찬양을 하고, 같은 기도를 올려드릴 수 있는 주된 수단 중 하나이다.

넷째, 이것은 포괄적(inclusive)이기 때문에 우리는 노래한다.[13] 노래하는 것은 자격에 관계없이 모두에게 적합하다. 나이에 대한 자격 제한이 없다. 회중 노래가 갖는 기쁨 중 하나는 어린이, 청년, 장년이 노래한다는 것이다. 음악적인 자격 요건이 없다. 하나님께 기도와 찬양을 노래하기 위해서 가창 훈련이 요구되는 것은 아니다. 성직자여야만 하는 것도 아니다. 교회의 노래는 평신도와 성직자 모두가 똑같이 부르는 것이다.

이것은 전문가들만 위한 것이 아니라, 훈련받은 사람이든 아니든 모든 사람을 위한 것이다. 교육적인 자격 요건이 있지 않다. 교회의 신학을 노래하기 위해 신학 학위를 받아야 할 필요는 없다. 무엇을 이해하는 것은 정규 교육을 통해서만이 아니라, 보통 의미가 풍성한 가사를 반복해서 노래함으로써 된다. 중요한 질문은, "노래할 수 있느냐?"가 아니라 "부를 노래가 있느냐?"이다.[14] 함께 노래하는 것은 공동체가 예배에서 하는 가장 포괄적인 행위 중 하나다.

다섯째, 노래하는 것은 우리 믿음을 표현하는 도구이기 때문에 우리는 노래한다. 우리가 부르는 노래는 우리가 그리스도인으로서 믿는 것을 증언한다. 그 노래들은 정통 기독교 신앙과 행위의 신조들을 주장한다. 노래들은 우리가 객관적으로 믿는 것을 선포한다. 그 노래를 부르면서 우리는 그 신앙을 소유하게 된다. 신앙을 노래하는 것은 그 신앙을 **우리의** 신앙으로 만들도록 돕는다. 가사와 곡을 반복함으로써 노래의 의미를 우

---

13 Wren, *Praying Twice*, 88.
14 Donald P. Hustad, *Jubilate II: Church Music in Worship and Renewal*(Carol Stream, IL: Hope, 1993), 44.

리 안에 깊숙이 박히게 한다. 우리가 반복해서 부르는 노래의 가사들은 우리를 진리 안에서 살아가게 한다는 것을 자주 발견한다. 노래의 곡조와 가사들은 우리가 그것들을 가장 필요로 할 때, 때로는 수년이 지난 후에도 우리 안의 깊은 곳에 있는 샘에서 신비스럽게 솟아 나와서 다시 등장한다. 우리가 노래하는 신앙은 그 노래 덕분에 우리와 함께 남는다.

여섯째, 노래가 공동체에 많은 감동을 주기 때문에 우리는 노래한다. 감동은, 의미 있는 가사, 아름다운 곡조, 다양한 목소리가 합쳐져서 노래의 의미에 힘을 부여함으로써 일어난다. 노래는 적절한 반주의 도움을 받는다(혹은 목소리로만 하는 것이 가장 진정성이 있을 때는 반주 없이 한다). 감동은 활기차고 즐거운 노래를 부를 때뿐만 아니라 잊을 수 없는 엄숙한 애가를 부를 때도 일어난다. 어느 쪽에 해당되든 공동체는 성령의 능력 안에서 노래한 내용을 통해서 감동을 받는다. 사람 목소리의 감정과 아름다움에는 믿음과 소망뿐만 아니라 하나님의 나라에서 살 용기와 끈기를 갖게 하는 무언가가 있다.

하나님의 이야기를 노래할 타당한 이유들이 있다. 이런저런 이유로 회중 노래는 기독교 예배에서 없어서는 안 되는 것이다. "기독교 공동체는 노래한다. 그들은 합창단이 아니고 그들이 노래 부르는 것은 콘서트가 아니지만, 중요한 내적 필요로 인해 노래한다."[15]

---

15 Karl Barth, *Church Dogmatics* IV, Part Three, Second Half, trans. G. W. Bromiley(Edinburgh: T&T Clark, 1962), 867.

4. 회중 노래의 목록

기독교 예배에서 회중 노래의 중요성을 고려해 볼 때, 어떤 종류의 노래가 적합한지 숙고하는 것이 중요하다. 우리는 이 질문이 교회에서 많은 논쟁의 원인이 되었다는 것을 인정해야 한다. 회중이 어떤 노래를 불러야 하는지를 놓고 소위 예배 전쟁이 일어났다. 각 진영마다 확고한 의견을 표명했다. 각 진영은 대부분 오래된 것과 새로운 것, 전통적인 것과 현대적인 것, 현상 유지와 변화를 놓고 갈라졌다. 이런 양극화는 불행한 일이다. 왜냐하면 반드시 선택을 해야 하는 것처럼 어느 한 쪽에 초점을 맞추기 때문이다. 문제는 대개 선호도에 있다.

다양한 유형의 회중 노래가 현대 교회에 유용할 뿐만 아니라 필요하기도 하다는 주장에는 강한 장점이 있다. 예배 건축가들이 사용할 수 있는 음악의 종류는 엄청나게 풍부하다. 가능한 모든 것들을 열정적으로 신중히 사용하면 어떤 교회의 예배든지 풍요롭게 될 것이다. 이것을 염두에 두고, 회중 노래에서 선택할 수 있는 중요한 종류 몇 가지를 기술한다.

이에 앞서, 사도 바울이 기록한 신약의 말씀 두 군데를 간략히 살펴보고자 한다. 이것은 예배에서 여러 종류의 노래를 사용할 수 있는 근거가 될 것이다.

1) 시와 찬송과 신령한 노래

바울이 초대 교회의 성도들에게 쓴 많은 서신서 중에 우리의 연구에 특별히 관련이 있는 두 서신서가 있는데, 에베소서와 골로새서이다. 바울은 예배에서의 회중 노래에 관해 각 성도들에게 똑같은 가르침을 주고 있다. 즉, 시와 찬송과 신령한 노래를 부르라는 것이다. 바울이 성도 개인이 아니라 기독교 공동체에게 공동체적 예배의 행위에 관해 쓰고 있다는 점에서 이 말씀이 특별한 의미를 갖는다.

> 시와 찬송과 신령한 노래들로 서로 화답하며 너희의 마음으로 주께 노래하며 찬송하며 범사에 우리 주 예수 그리스도의 이름으로 항상 아버지 하나님께 감사하며(엡 5:19-20).

> 그리스도의 말씀이 너희 속에 풍성히 거하여 모든 지혜로 피차 가르치며 권면하고 시와 찬송과 신령한 노래를 부르며 감사하는 마음으로 하나님을 찬양하고(골 3:16).

바울이 말하는 "시와 찬송과 신령한 노래"는 무엇인가? 뚜렷하게 구별할 수 있는 세 가지 종류의 노래 형식을 말하고 있는 것인가, 아니면 이 용어들은 구약의 시가서에서 흔하게 사용되는 대구법의 기능을 해서 서로 호환할 수 있는 것들인가? 전적으로 이것 혹은 저것이라고 대답할 수 없을 것 같다. 70인역과 여러 다른 초기 헬라어 문서들을 비롯한 어떤 자료들에서는 이 용어들이 서로 호환성 있게 사용되기 때문에, 서로 다른 세 개의 형식을 뜻하는 것이라고 주장하기는 어렵다.[16]

더욱이 어떤 성경 번역가들은 "신령한"(성령의 감동을 받은) 이라는 용어가 시, 찬송, 노래, 이 세 단어를 모두 수식하고 있다고 믿는데, 그 결과 이 셋이 서로 다른 노래 형식이라는 견해는 모호해진다.[17]

---

16 Barry Liesch, *The New Worship: Straight Talk on Music and the Church*(Grand Rapids: Baker Books, 2001), 40.

17 Martin, *Worship in the Early Church*, 43. Martin은 독자들에게 어떤 학자들은 이 견해를 주장한다고만 알려주고 있다. 그는, 시, 찬송, 신령한 노래는 초대 교회에서는 분별할 수 있는 다른 장르였다는 견해를 지지한다.

또 어떤 사람들은 "신령한"이라는 형용사가 없이 "노래"라는 단어만 쓰면 비기독교적인 배경을 나타낼 수 있기 때문에 "신령한"이라는 단어는 "노래"에만 관련된다고 해석한다.[18] 많은 주석가가 "시와 찬송과 신령한 노래"라는 말은 사실은 예배에서의 노래의 다양성을 나타내는 것이라고 확신한다.[19] 바울이 신약의 예배에서 "일어나는 **다양한** 음악적 활동을 기술하기 위해" 세 가지 용어가 필요했던 것 같다.[20] 신약 학자 랄프 마틴은 이에 동의한다. "이 용어들 간의 명확한 구분은 어렵[지만]…현대 학자들은 다양한 음악 구성 형식을 다루기 위해 다양한 용어들이 느슨하게 사용된다는 것에 동의한다."[21] 마틴은 다음과 같이 상세히 설명한다.

> "시"는 구약 시편을 본뜬 기독교 시를 가리킬 수 있다. "찬송"은 좀 더 긴 작품일 것인데, 이런 찬송의 실례를 신약에서 찾을 수 있다는 증거가 있다. "신령한 노래"는 성령의 감동을 받은 예배자들의 단편적인 즉흥 찬양을 가리킨다…이런 "영감을 받은 시"는 분명 거의 가치를 인정받지 못했고, 그 내용들은 바로 잊혔을 것이다.[22]

노래의 다양성은 에베소와 골로새의 다원적 문화에 의해 한층 강화된다. 두 도시의 그리스도인들은 많은 문화의 사람들 속에서 살았다. 에베

---

18 Liesch, *The New Worship*, 41.
19 Ibid.
20 Ibid.
21 Martin, *Worship in the Early Church*, 47.
22 Ibid.

소는 특히 국제적인 도시였다.[23] 초대 교회의 다양성이 커지면서 다문화 환경으로 인해 분명 노래의 폭이 발전되었을 것이다.

"시와 찬송과 신령한 노래"가 의미하는 바에 대해 학자들 간의 완전한 합의는 없지만, 우리는 최소한 두 가지를 추론할 수 있을 것 같다.

(1) 노래의 다양성을 추론할 수 있다.

(2) 바울은 그것들을 사용하도록 명했다. "바울은 그리스도의 말씀이 우리 안에 **풍성히** 거하기를 원하고, 그 풍성함을 **표현의 풍성함**과 연결한다."[24]

새로운 신약 공동체의 강한 유대교 뿌리를 고려해 볼 때, 신약의 교회에서 구약의 시편이 예배에 포함되었으리라는 것은 의심할 여지가 거의 없다. 헬라 사회에서 일반적인 찬송 형식들이 그리스도를 하나님으로 찬송하는 노래를 만드는 데 사용되었을 것이라는 증거도 있다. 결국 성경의 시편은 부활한 주님에게 초점을 맞춘 초기 성도들에게 필요했던 명시적인 기독론적 주제를 제공해 주지 않았을 것이다. 그러므로 신약에 그리스도께 찬송하는 예가 많다는 것은 놀랄 일이 아니다.[25] 신령한 노래의 본질에 관해 다양한 의견이 있지만, 그 노래는 예배 공동체 안에서 즉흥적으로 일어났다는 것에 대해 전반적으로 의견의 일치가 있다.

전체의 논의를 고려할 때, 다양한 노래 형식들이 초대 기독교 공동체 안에서 사용되었다고 결론짓는 것이 합당하다. 요약하면 다음과 같다.

> 바울은 골로새 교회와 에베소 교회에 보낸 편지에서, 그리스도인들이 각종 기도를 표현하는 역사적인 시편들, 새로 등장

---

23 Liesch, *The New Worship*, 41.
24 Ibid., 42(강조는 원본에 있는 것이다).
25 신약의 찬송가에 대한 연구는 흥미롭다. 다음의 구절들은 그리스도를 노래하는 초기의 찬송가로 여겨지는 것들이다. 롬 3:24-26; 엡 5:14; 빌 2:6-11; 골 1:15-20; 2:12; 딤전 3:16 등. Martin, *Worship in the Early Church*, 47-52를 참조하라.

하는 교회의 새로운 신학을 가르치는 신선한 찬송, 그리고 이성적이기보다는 최소한 감정적이고 아마도 즉흥적이거나 방언을 사용했던 신령한 노래들을 비롯해서 회중 음악의 표현을 폭넓게 사용했다고 생각한다.[26]

예배에서 다양한 유형의 노래를 부르는 것에 대한 성경적 근거와 전례들이 있다는 것을 알기를 바란다. 그렇게 함으로써 우리는 초대 교회의 전통을 따른다. 그러나 다른 근거들도 있다.

첫째, 당신의 교회가 에베소나 골로새 교회처럼 다문화적이지 않을 수도 있지만, 그곳에 있는 다양성을 간과하지 말라. 다양한 연령, 인생 여정, 관점, 영적 성숙, 기타 등등이 있다. 예배 인도자가 많은 유형의 노래를 제공해 주는 것이 중요하다.

둘째, 많은 유형의 노래를 부르는 것은 교회의 폭과 깊이를 입증한다. 다양한 시대, 문화, 취향을 대표하는 노래들을 부름으로써, 우리는 교회가 하나요, 주도 하나요, 믿음도 하나요, 세례도 하나인 것을 선포한다. 우리에게는 각자가 선호하는 스타일이 있겠지만, 그것이 전 교회의 노래를 우리 지역 교회의 노래 목록에 추가하는 일을 막는 이유가 되어서는 안 된다. 그 일은 우리가 전 세계 그리스도인들과 하나가 된다는 선언이 된다.

셋째, 이것은 궁극적으로는 스타일이 아니라 기능에 관한 것이다. 우리는 스타일을 추구하는 예배 인도자가 되지 말아야 한다. 우리는 예배에서 찬양, 기도, 선포 등의 기능을 하는 노래들을 찾는 예배 인도자가 되어야 한다. 우리가 이런 것들을 찾을 때, 선호하는 스타일이 아니라 알맞

---

26 Donald P. Hustad, *True Worship: Reclaiming the Wonder and Majesty*(Wheaton, IL: Hope, 1998), 223.

은 노래에 의해 예배의 대화가 움직여 갈 것이다.

> 목표는 회중이 선호하는 스타일에 어울릴 알맞은 조합을 찾는 것이 아니라, 그들이 살아가는 말씀을 상기시키는 노래를 찾는 것이다. 시편, 라틴어 찬송, 헬라어 찬송, 종교개혁과 왓츠와 웨슬리의 찬송, 고교회(high church)와 저교회(low church), 영가(spirituals)와 **새크리드 하프**(Sacred Harp), 경배와 찬양, CCM 등 이런 모든 자원들은 회중들이 부르고 소중히 여길 노래들을 생산해 낼 수 있다…말씀의 높이와 깊이와 넓이를 담아 낼 음악을 한 세대가 모두 만들 수는 없다. 잃어버린 동전을 찾으려고 집을 뒤지는 여인처럼, 교회 음악가는 회중의 목소리에 어울리는 노래를 찾을 때까지 뒤져야 한다(눅 15장). 가서, 가장 있을 만한 곳이라고 생각되는 곳부터 시작해서, 모든 음악의 집을 샅샅이 뒤져라![27]

예배 건축가는 노래의 깊은 보물 상자 속에서 지혜롭게 선택해야 한다. 그 보물 상자에는 무엇이 있는가? 함께 찾아보자.

2) 회중 노래의 계열(families)

대부분 교회가 사용하는 노래의 목록은 한정되어 있다. 하지만 반가운 소식은, 노래의 다양성에 대한 인식이 증가하고 있다는 것이다. 최근

---

[27] Terry W. York and C. David Bolin, *The Voice of Our Congregation: Seeking and Celebrating God's Song for Us*(Nashville: Abingdon, 2005), 76.

에 출판된 찬송가들을 살펴보면 교회에서 사용할 수 있는 다양한 노래들을 볼 수 있을 것이다. 이것은 최근에 나타나고 있는 세계관인데, 문화들이 점차 빈번하게 교류할 때에만 계속 확장 될 것이다.

여기에서 나는 노래의 일곱 가지 계열[28]을 소개하고 각각에 대해 간단히 기술할 것이다. 대체로 사실로 여겨지는 것에 초점을 맞출 것인데, 물론 각각에 예외는 있다.

이어서, 각각이 예배에 특별히 기여하는 것들에 대해 말하고, 예배에서 가장 잘 사용될 수 있는 방법을 제안하고, 그리고 왜, 언제 이런 장르를 기독교 예배에서 불러야 하는지에 관해 요약하며 마칠 것이다. 노래의 각 계열에 관해 논의할 때, 기술적이고 문화적인 특징들을 주목하라.

(1) 시편(Psalms)

시편의 성경 구절을 노래하는 관습은 수천 년 동안 유대-기독교 전통의 일부였다. 시편은 고대 이스라엘의 성전 예전에서 잘 훈련된 레위인 음악가들에 의해 정성들여 불려졌다. 시편은 신구약 중간기에 회당 예전에 포함되어 중심적인 역할을 했다. 회당에서는 성전에서보다 더 간단하게, 그리고 찬트(chant)처럼 불려졌는데, 그 이유는 노래하고 악기를 연주할 레위인들이 없었기 때문이다. 시편을 노래하는 것은 신약 교회에서 계속되었다. 1세기에, "시편은 "교회 음악"이면서 "가정 음악"이기도 했다. 유대인과 초기 그리스도인들에게 시편은 일상의 중요한 일부였다."[29]

시편은 4세기에 등장해서 오늘날까지 계속되는 수도원 공동체 노래의

---

[28] 이 장은 서구 예배의 시각에서 쓰였다. 다른 기독교계의 회중 노래는 다른 과정을 지나 왔다.

[29] Emily R. Brink and Bert Polman, eds., *The Psalter Hymnal Handbook*(Grand Rapids: CRC, 1998), 18.

본체가 되었다. 수도원 공동체의 일은 끊임없이 기도하는 것이다. 기도 시간에 시편을 노래하는 것은 기도하겠다는 그들의 서약을 이루는 방법이었다. 시편은 주간(weekly) 미사의 정규적인 부분인데, 성서 일과 사이에 예전 행위에 동반되어 노래한다.

시편은 종교개혁가들의 예배 갱신에도 포함되었다. 특히 존 칼빈(John Calvin)은 예배자의 입에 순수한 하나님의 말씀만을 담고자 시편만 노래하도록 장려했다. 그는 시인들과 작곡가들에게 **운율 시편**(metrical psalms)을 만들도록 맡겼다. 운율 시편이란, 시편에 가능한 약간의 수정을 가해 표현을 바꾸어서 노래하기 쉽게 시 형식으로 만들어 놓은 시편이다. 본문을 악센트(accents) 패턴과 함께 한 절당 정해진 음절로 배열해서 박자를 맞추고(metered), 운을 맞추었다. 운율 시편으로만 되어 있는 **시편가**(psalters)를 만들었다. 시편은 계속해서 회중 노래의 본체가 되었다. 시편은 찬양, 애가, 간구, 신조 확인, 역사적 사건의 암송 등을 비롯한 폭넓은 주제를 제공한다. 시편은 그 시적인 아름다움, 정직성, 그리고 인간 감정의 표현이 뛰어나다. 오늘날 시편은 운율 시편, 찬송가, 경배와 찬양, 흑인 가스펠, 노래로 하는 응답, **교창**, 찬트, 재즈와 같은 여러 형식과 스타일을 통해 노래로 불리고 있다.

시편이 예배에 특별히 기여하는 것은 공동체에게 다음을 제공한다는 것이다. 즉, (1) 상상할 수 있는 모든 감정과 상황을 표현하는 방법 (2) 하나님과의 대화, 즉 찬양, 간구, 애가 등에 대한 많은 본문을 제공한다.

예배에서 사용할 수 있는 순서를 들자면 특히 모임 예전과 말씀에 대한 대안 응답이 포함된다. 시편에는 그렇게 폭넓은 주제와 감정이 있기 때문에 예배 순서의 거의 모든 곳에서 사용될 수 있다. 시편은 하나님을 찬양하는데 특히 도움이 될 뿐만 아니라, 간구/중보 기도에도 도움이 된다. 많은 시편은 계시, 즉 하나님에 대한 객관적 진리를 선포하는 것에 적합하다. 뿐만 아니라, 계시에 대한 응답에 적합한 시편들도 많다. 시편을 예배의 행위에 포함시키기 위한 방법은 많다.

시편을 부름으로써, 하나님을 찬양하고("여호와 우리 주여 주의 이름이 온 땅에 어찌 그리 아름다운지요"[O Lord, Our Lord, How Majestic Is Your Name]), 신뢰를 나타내고("독수리 날개 위에"[On Eagle's Wings]), 간구하고("나를 인도하소서, 오 하나님"[Shepherd Me, O God]), 애가를 부르고("여호와여 어느 때까지니이까"[How Long, O Lord]), 복을 선언하라("산을 향하여 내 눈을 들리라"[To the Hills I Lift My Eyes]).

(2) 칸티클(Canticles)

칸티클은 시편을 제외한 성경에 있는 노래들이다. 칸티클은 시적 구조와 내용에 있어서 시편과 비슷하다. 대부분 이야기체의 특징을 지니고, 하나님의 구원의 이야기를 전해준다. 시편처럼, 칸티클은 하나님 찬양과 그 찬양의 이유를 연결시킨다. 전형적인 예는 가장 오래된 칸티클인 모세와 미리암의 노래이다(출 15:1-18, 21). 이 노래는 히브리인들이 홍해를 지나는 기적적인 여정을 통해 애굽의 노예 생활로부터 구원받은 것을 축하한다. 구약의 다른 칸티클에는 이사야의 노래(사 26:9-21), 한나의 노래(삼상 2:1-10), 하박국의 노래(합 3:2-19)가 있다.[30]

신약에서 가장 잘 알려진 칸티클은 "유아기 칸티클"(infancy canticle)인데, 이는 예수 그리스도의 탄생에 초점을 맞춘 것이다. 여기에 해당되는 것은, 누가복음 1:46-55의 마리아의 찬가(*Magnificat*), 누가복음 1:68-79의 사가랴의 찬가(*Benedictus*), 누가복음 2:14의 천사의 찬송(*Gloria in*

---

[30] William J. Reynolds and Milburn Price, *A Survey of Christian Hymnody* (Carol Stream, IL: Hope, 1987), 2.

excelsis), 누가복음 2:29-32의 시므온의 찬가(*Nunc dimittis*)이다.[31]

시편처럼, 칸티클은 기독교에서, 특히 로마 가톨릭, 성공회, 루터교 전통에서 계속 사용되고 있다. 오늘날, 칸티클은 초교파적인 현대 노래책들은 물론 최근의 찬송가에 포함되어 있다. 그 중 하나인 "미리암의 찬송"은 현대적 예배 운동의 초기에 잘 알려진 찬양곡이 되었다.

> 나는 주께 노래하리라. 영광스럽게 승리하셨네.
> 말과 그 탄 자를 바다에 던지셨도다.
> 나의 하나님, 나의 힘, 나의 노래되신 주께서 나의 승리되시네.
> 주는 나의 하나님, 나는 주를 찬양하리라.
> 내 아버지의 하나님, 나는 주를 높이리라.[32]

칸티클이 예배에 특별히 기여하는 것은 하나님의 구원의 이야기를 그때와 지금 선포할 수 있도록 한 것이다. 칸티클의 이야기체적인 특징은 하나님이 누구시며 언약 백성에게 행하신 일이 무엇인지를 공동체가 반복해서 표현하는 수단이 된다.

예배에서 칸티클을 사용할 수 있는 순서를 들자면 특히 모임과 말씀 예전이다. 칸티클의 찬송 성향은 모임의 예전에 도움이 되고, 이야기체적인 특징은 말씀을 선포할 수 있게 한다. 칸티클은 하나님에 대한 찬양과 하나님의 기적적인 행하심을 연결시키기 때문에 계시/응답의 효과적인 조합을 제공한다.

칸티클을 부름으로써, 하나님의 구원의 이야기를 말하라("내 영이 주를

---

31 유아기 칸티클의 제목은 첫 가사를 따른 것이다.
32 작사자 미상.

찬양합니다"[My Soul Magnifies the Lord]).

(3) 찬송가(Hymns)

찬송가는 하나님을 향한 혹은 하나님에 대한 그리스도인의 객관적인 신앙을 단계적으로 발전시켜서 담아내는 잘 구성된 시다. 이것은 박자에 맞춰진 절(stanzas)로 표현되며, 기독교 공동체가 노래 부르도록 쓰인 것이다.[33] 위에서 언급한 것처럼, 가장 오랜 찬송가는 "그리스도 찬송가"들인데, 신약 교회가 주께 노래하기 위해 필요했던 것이다. 이런 찬송가의 상당수가 신약에 남아 있다. 본질적으로 신앙고백적인 것이 많은데, 새로운 성도들에게 신앙에 관한 것들을 가르치는 것이다.

고대 헬라 형식의 찬송가가 곧 쓰여졌다. 알렉산드리아 예비신자 학교의 수장이었던 알렉산드리아의 클레멘트(Clement of Alexandria, 약 170-220)는 "처음으로 헬라 사고로 기독교 진리와 가르침에 접근했던 사람이었는데…그의 찬송가에서 헬라 시의 정신과 기독교 신학을 결합시키려는 그의 노력을 볼 수 있다."[34]

4세기에는 라틴어가 헬라어를 대체했고, 라틴어 찬송을 쓰도록 촉진했다. 밀라노(Milan)의 주교인 암브로시우스(Ambrose, 340-397)와 아우렐리우스 클레멘스 프루덴티우스(Aurelius Clemens Prudentius, 348-413)는 기독교의 기본적인 가르침이 풍부한 찬송가를 썼다. 라틴어 찬송가는 중세기까지 계속되었는데, 주로 수도사들에 의해 계속되었고, 지역 교회의 미사는 회중이 노래하는 것보다는 점차 성직자 성가대와 그리고 다른 전문 음악가들이 노래하는 것으로 기울어졌다.

---

33 이 정의는 주로 지난 5세기 동안의 서구 찬송가를 가리키는 것이다. 찬송가는 천년 동안 존재해 왔지만 문화와 시대에 따라서 다른 형식을 띠었다.

34 Reynolds and Price, *Survey of Christian Hymnody*, 5.

마틴 루터가 등장하기까지는, 대부분의 예배자는 관객이었다. 루터는 성경이 자국어로 번역되어야 한다고 확신하고 독일어로 번역된 성경을 만들었다. 시인이자 음악가였던 루터는 이와 똑같은 열성을 가지고 사람들의 언어로 찬송가 가사를 만들어서 사람들이 공동의 노래에 동참함으로써 다시 한 번 예배의 참여자가 될 수 있게 했다. 잘 알려진 그의 찬송가인 "내 주는 강한 성이요"(A Mighty Fortress Is Our God)는 북미의 거의 모든 주요 찬송가에 실려 있다. 찬송가를 부르는 것은 천천히 발전되었고, 16세기 말이 되어서야 널리 알려졌다. 이윽고, 회중 노래는 개신교인들에게 있어 중요한 위치로 돌아왔다. 가톨릭 교회가 이 관습을 되찾는 데에는 더 오랜 시간이 걸렸다.

거의 500년 동안 찬송가 작사자와 작곡가들은 예배에서 함께 노래할 수 있도록 회중 노래를 교회에 제공했다. 루터교, 모라비아교, 감리교 같은 전통은 열광적으로 받아들였고, 침례교, 성공회, 그리도 대부분의 개혁 교단들은 예배에서 찬송가를 사용하는 데 더디었다. 그러나 어떤 경우든 찬송가를 부르는 전통은 결국 20세기 말에 이르러서는 예배 음악의 핵심이 되었다.[35]

찬송가가 예배에 특별히 기여하는 것은 객관적인 교리의 가르침을 제공하는데 중요한 역할을 한 것이다. 일반적으로 찬송가는 대부분의 다른 종류의 노래보다 기독교의 기본적인 가르침에 대해 상세히 다룬다. 이것은 주로 찬송가의 구조적인 형식 때문이다. 찬송가의 형식은 여러 절을 통해 확장되어 가기 때문에, 성경이나 신학의 진리에 관해 일관성 있게 전개되는 가르침 혹은 생각을 표현할 수 있다. 그 형식은 이런 목적에 적

---

35 찬송가는 많은 전통에서 계속적으로 두드러진 회중 노래가 되고 있지만, 다른 종류의 회중 노래로 대체되는 경우도 있다.

합하다. 왜냐하면 한 주제를 의미 있게 시작해서 원숙한 결론에 도달할 수 있을 만큼 형식이 크기 때문이다.

예배에서 찬송가를 사용할 수 있는 순서를 들자면 꽤 광범위하다. 왜냐하면 예배의 어떤 부분에서도 유용한 찬송가 가사가 많기 때문이다. 많은 찬송가는 우리가 예배로 부름 받을 때 하나님에 대해서 객관적인 기술을 해 주기 때문에 모임 예전에 좋다. 이런 찬송가는 예배의 시작에 하나님의 성품과 속성을 확인하도록 우리를 돕는다.

말씀의 선포에 유용한 성경 이야기를 제시하는 찬송가들뿐만 아니라, 말씀 예전에 적합한 예전 행위(예를 들어, 조명 기도의 역할을 하는 것)의 기능을 하는 것들도 많다. 많은 찬송가들은 권면하고, 죄를 깨닫게 하고, 영감을 줌으로써 말씀에 대한 상당한 응답의 도구가 된다. 그리고 축도에 적합한 축복의 말을 제공하는 찬송가가 있다. 어떤 찬송가는 계시의 수단이고, 어떤 찬송가는 예배자들이 응답하도록 돕는다. 거의 모든 찬송가 가사는 기도, 신앙고백, 찬양, 제자의 삶으로의 초대 등등의 어떤 예전적 기능이든지 할 수 있다. 찬송가는 예배의 여러 면에서 사용할 수 있는 것들로 풍부하다.

찬송가를 부름으로써, 교리를 가르치고("면류관 가지고"[Crown Him with Many Crowns]), 헌신을 표현하고("내 구주 예수를 더욱 사랑"[More Love to Thee, O Christ]), 성도들을 권면하고("성도여 다함께"[Come, Christians, Join to Sing]), 죄인들에게 죄를 깨닫게 하고("웬 말인가 날 위하여"[Alas! and Did My Savior Bleed]), 예전적 기능("주의 식탁에 모일 때"[As We Gather at Your Table])을 하도록 하라.

(4) 가스펠 송(Gospel Songs)

찬송가와 밀접한 관련이 있는 것이 **가스펠 송**이다.[36] 이것은 주관적인 증언이나 신뢰의 말을 전달하는 개인의 간증시이고, 하나님과의 관계에서 자신과 다른 사람에 대한(혹은 향한) 것이고, 후렴이 있고 박자에 맞춘 절(stanza)로 쓰였다. 가스펠 송은 찬송가와 닮은 중요한 한 가지가 있는데, 그것은 확장적인 구조이다. 이런 큰 형식은 작사자로 하여금 여러 절과 후렴을 충분히 이용해서 종교적 경험의 간증을 자세히 전개할 수 있도록 한다. 동시에, 찬송가와 가스펠 송은 상당히 다른데, 주요한 차이점 두 가지에 대해 이야기하겠다.[37]

찬송가와 가스펠 송의 첫 번째 차이는, 찬송가는 하나님에 대한 객관적인 지식을 반영하는데 반해, 가스펠 송은 일반적으로 하나님에 대한 주관적인 지식을 반영한다는 것이다. 가스펠 송에서, 작사자는 지식의 주요 근거를 개인의 경험에 호소한다. 찬송가에서는 가사의 진술을 성경과 교회에서 받아들이는 신앙에 근거한다. 이 말은, 가스펠 송에 있는 것은 성경과 전통을 통해서 입증될 수 없다고 말하는 것이 아니다. 단지 진리가 개인의 지식에 의해 확증된다는 것을 말하는 것이다.[38]

가스펠 송은 주관적인 경향이 있기 때문에 인칭 대명사가 많다. 어떤 사람들은 가스펠 송에서 "나/나를"이라는 말이 현저하게 많이 사용되는 것에 대해 반대하면서 지나친 개인주의를 우려한다. 그러나 가스펠 송에

---

36 "가스펠 송"과 "가스펠 찬송가"라는 용어는 상호 교환적으로 사용된다. 나는 "찬송가"라는 말과 혼동하지 않도록 "가스펠 송"이라는 용어를 선택했다.
37 찬송가와 가스펠 송에 대해서 기본적인 이해를 할 수 있도록 나는 이 두 형식을 비교하면서 일반화하는 것이다. 예외는 있지만, 그저 예외일 뿐이다.
38 여기서 나는 개인의 경험과 성경 말씀을 지식의 수단으로서 동등한 실행 가능성이 있음을 주장하는 것이 아니다. 찬송가와 가스펠 송은 주로 다른 원천에 의존한다는 것을 주장한다.

있는 "나"라는 단어는 시편에 있는 "나"와 유사하다.[39] "나/나를"은 **신자들 가운데 본질적으로 보편적인** 하나님에 대한 경험을 증언하기 위해 사용된다. 즉, 참으로 십자가 앞으로 나오는 자는 누구나 영적인 시각을 얻는다는 것이다. 이것은 개인 안에서 그리고 개인을 위하여 이루어지는 하나님의 일이지만, 그 일은 모두에게 공통된 일이고, 또 그렇게 이해된다.

여기서 나는 "개인의"(personal)라는 말과 "개별적인"(individual)이라는 말을 구별하고자 한다. 신자들이 신앙에 관련된 문제, 즉 구원, 확신, 신뢰 등에 있어서 개인의 경험을 가질 때, 이것은 그 사건과 내적으로 동일시되는 것을 인식하기 때문에 개인의(personal) 경험이다. 사실, "나/나를"이라는 대명사를 사용한다고 하더라도 가스펠 송을 함께 부르는 **모든** 성도들이 노래를 통해서 표현된 개인의 경험과 동일시 할 수 있다. 왜냐하면 이것이 개인의 경험이기는 하지만 이 사건들은 보편적으로 이해될 수 있는 것이기 때문이다. 우리는 예를 들어, 구속, 은혜, 신뢰를 공동체에서 일반적으로 받아들여지는 방법으로 설명할 수 있다. 결국, 공동체는 주관적인 경험을 객관적으로 설명할 수 있다. 개인의 경험은 내적인 것이지만 놀랄 만큼 사람마다 비슷하기 때문에, 모든 신자들은 가스펠 송으로 노래 불리는 것에 동질감을 갖는다. 비록 이것이 개인의 경험이기는 하지만, 공유된 경험이다. 이것은 단지 공유된 **느낌**(feeling)이 아니라 **사건에 대한 설명**(explanation of the event)이다. "나는 놀라움으로 서 있네"(I Stand Amazed)라는 가스펠 송을 생각해 보자.

  나사렛 예수의 임재 앞에, 나는 놀라움으로 서 있네.

---

39 모든 시편이 인칭 대명사를 개인주의적인 표현으로 사용하지는 않는다. 많은 경우에 "나/나를"이 사용되지만, 저자가 기대하는 것은 듣는 사람들이 저자와 동일시하는 것이다. 시편에서 표현된 감정은 모든 사람에게 공통적인 것이고 그렇게 이해되는 것이다.

예수, 죽을 수밖에 없는 더러운 죄인인 나를 사랑했네.[40]

노래하는 사람은 "나/나를"을 사용하고 있지만, 대부분의 그리스도인은 그 경험을 갖고 있을 것이다. 예수님이 우리 같은 죄인을 어떻게 사랑하실 수 있었나 하는 순전한 놀라움 말이다. 이 가스펠 송을 공동체로 부를 때, 우리는 그리스도인들에게 공통된 은혜를 서로에게 증언하는 것이다. 그러므로 "나/나를"이라는 말이 사용되어도 노래 부르는 사람이 증언하고 있는 그 경험에 보편적으로 동질감을 갖는다. 더욱이, 가스펠 송은 보통 다른 사람들에게 이와 같은 사건을 경험하도록 청한다.

반면 "개별적인"(individual)이라는 말은 정말로 공동체 보다는 개인이 더 이해하는 경험들을 가리킨다. 인칭 대명사가 사용되지만 노래에서 표현된 것에 대한 공동체의 경험이 두드러지게 비슷한 것이 아니라면 이 노래는 개인주의적이다. 사람들은 보편적으로 이해되지 않은 것을 노래할 수 있고, 그럼으로 인해서 "나/나를"이라는 말이 공동체 안에 있는 개인들에게 그야말로 다르게 이해될 수 있다. 그때, 많은 개인들이 같은 장소에서 같은 노래를 부르고 있지만, 서로를 교화하지 못하고, 공동체로서 노래하는 것을 시도하지도 못 할 수 있다. 예를 들어, 사람들이 이 노래를 부르고 있다고 하자.

주는 내 소망,
그 무엇도 주를 대신 할 수 없네.
그 누구에게서도 주의 따뜻한 품을 느낄 수 없네.[41]

40　Charles H. Gabriel, 1905.
41　Kelly Carpenter, "Draw Me Close," ⓒ Mercy/Vineyard Publishing, 1994.

다른 사람이 껴안는 것의 따뜻함이 어떻게 느껴질지는(또는 누가 누구를 껴안는지) 공동체에게 자명하지는 않다. 이 가사에 수반되는 것을 모든 회중이 동일하게 이해한다고 추정할 수 없다. 그 의미가 많이 다양하다. 이것이 공동체로서 노래하는 것을 가장 어렵게 만드는 것이다. 더구나, 그 노래는 다른 사람들에게 같은 사건을 경험하도록 청하지 않고 개별적인 의미로 남아있다.

가스펠 송만이 인칭 대명사를 선호하는 장르가 아니다. 다른 종류도 그렇다. 일단, 요점은 인칭 대명사가 다른 방법으로 사용된다는 것이고, 일반적으로 말해서 가스펠 송에서 사용되는 인칭 대명사는 보편적으로 이해되는 경험을 나타낸다는 것이다. 그러므로 그것들은 모인 예배자들의 교화에 기여하고, 예배의 수평적인 면을 강화한다.

찬송가와 가스펠 송의 두 번째 차이는 후렴에 있다.[42] 가스펠 송은 특히 **후렴**으로 유명하다. 후렴은 매절의 마지막에 반복되는 부분이다.[43] 대개 후렴은 절의 요점을 강화하고 예배자들에게 진리가 뜻하는 바를 강조하는 기회를 제공한다. 예를 들어, "예수를 나의 구주 삼고"(Blessed Assurance)의 후렴구("이것이 나의 간증이요, 이것이 나의 찬송일세. 나 사는 동안 끊임없이 구주를 찬송하리로다")는 신자의 구원의 확신으로 인한 개인의 찬양을 표현한다.[44] 후렴구는 전도 집회(camp meeting) 시절에 회중에게 노래 부르는 것에 참여하는 것을 조성하려는 수단으로 개발되었다.

---

42 후렴이 있는 찬송가가 몇몇 있다. 예를 들어 "묘한 세상 주시고"(For the Beauty of the Earth)와 같은 찬송이다. 그러나 이런 경우는 드물며, 간략하고 일반적으로 개인적인 성격을 띠지 않는다.

43 많은 사람이 후렴을 "코러스"라고 잘못 부른다. 코러스는 독립적인 짧은 노래이다. 이것에 관해서는 이 장의 후반부에서 살펴볼 것이다. 후렴이란 언제나 찬송가의 절에 붙어있는 것이다.

44 작사: Finny J. Crosby, 1873.

미국 개척자 시대에는 노래책이 드물었고 성인들 대부분이 문맹이었기 때문에, 노래 인도자는 절(stanzas)을 노래했고 회중은 후렴구를 노래할 때 동참했다. 간단한 가사를 자주 반복함으로써 예배자들이 후렴구를 쉽게 부를 수 있게 했다.

후렴구의 발전에 있어서 흥미로운 현상이 생겼는데, 부흥기 한참 전에 쓰인 고전적인 찬송가에 후렴구를 추가하는 것이다. 예를 들어, 아이작 왓츠(Isaac Watts)의 찬송가 "만왕의 왕 내 주께서"(Alas! and Did My Savior Bleed)는 18세기 초에 절(stanza)만 있는 찬송가 형식으로 처음 만들어졌다. 19세기 전도 집회 시절 즈음에 후렴구 "십자가 십자가"(At the Cross)가 왓츠의 찬송가에 덧붙여졌다. 어떤 찬송가에는 두 편을 모두 실어놓았다. 후렴구 없는 것은 찬송가이고, 후렴구가 있으면 가스펠 송으로 분류된다. 노래를 찬송가로 여겼기 때문에 절의 내용은 객관적이다. 그러나 후렴구의 개인적이고 주관적인 어조를 주목해 보라.

> 십자가 십자가 내가 처음 볼 때에 나의 맘에 큰 고통 사라져
> 오늘 믿고서 내 눈 밝았네 참 내 기쁨 영원하도다![45]

이런 경우, 후렴구는 찬송가의 객관적인 진술에 대한 주관적인 해설이 되었다.

가스펠 송이 예배에 특별히 기여하는 것은, 개인의 경험을 표현하게 하고 그렇게 함으로써 그리스도의 몸을 고양시키는 수단이 되었다는 것이다. 하나님이 예수님 안에서 자신의 영광을 위하여 어떻게 우리를 변화시키셨는지 서로 말하고 듣는 것은 우리에게 유익을 준다.

---

45 후렴 작사: Ralph E. Hudson(1843-1901), 후렴 작곡: John H. Heweitt(1801-90).

예배에서 가스펠 송을 사용할 수 있는 순서를 들자면 말씀에 대한 응답이다. 가스펠 송은 보통 신자들의 삶에서 하나님의 사역과 은혜를 증언하는 데 있어 뛰어나다. 그래서 응답의 노래로 유용하다. 가스펠 송은 물론 주제에 따라서 예배의 다른 순서에서도 사용될 수 있다. 순전한 찬양("그 큰일을 행하신"[To God Be the Glory]), 영감("하나님의 독생자"[Because He Lives]), 성결("주의 음성을 내가 들으니"[I Am Thine, O Lord]), 간증("예수 안의 승리"[Victory in Jesus]), 간구("십자가로 가까이"[Jesus, Keep Me Near the Cross])에 적합한 가스펠 송이 많이 있다.

가스펠 송을 부름으로써, 개인의 경험을 표현하고("예수를 나의 구주 삼고"[Blessed Assurance, Jesus Is Mine]), 증언하고("내게 있는 모든 것을"[I Surrender All]), 성도들을 권면("주의 친절한 팔에 안기세"[Leaning on the Everlasting Arms])하도록 하라.

(5) 코러스(Choruses)

"경배와 찬양곡"(praise chorus)으로도 불리는 **코러스**는 짧은 개인의 찬양이나 헌신의 노래로 정의되는데, 보통 하나님을 향한 혹은 자신과 하나님에 대한 친밀하며 응답 지향적인 뜻을 표현하며, 절(stanza)이 없으며 반복해서 부른다. 코러스는 4부 화음이 아니라 제창을 하도록 만들어졌다.[46] 어떤 면에서 코러스는 가스펠 송의 후렴구와 유사하지만, 코러스는 절에 첨부되어 있는 것이 아니라 독립적이다. 보통 시 형식을 사용하지 않는다. 즉, 박자(meter)와 운(rhyme)이 없다.[47]

---

46 찬양 코러스의 발전에 관한 간략한 역사에 대해서는 나의 글 "Merging Tradition and Innovation in the Life of the Church," in *The Conviction of Things Not Seen: Worship and Ministry in the 21st Century*, ed. Todd E. Johnson(Grand Rapids: Brazos, 2002), 24-27을 참조하라.

47 Graham Kendrick의("비추소서," Shine, Jesus, Shine)와 Keith and Kristen Getty의("In

코러스는 단축된 구조로 인해 다른 노래 형식보다 가사가 짧다. 그러므로 코러스가 전달하는 것은 그 크기로 의해 범위가 좁게 한정되어 있다. 코러스의 형식은 잘 발달된 교리적 논증에 적합하지 않다. 가사는 단순히 사실을 진술하는 정도로 해 두어야 한다. 코러스는 견실하게 연결된 교리보다는 "단편적인 생각"(thought bites)을 갖는다. 인칭 대명사들의 사용을 통해 입증되는 것처럼 개인적인 표현들이 지배적이며, 하나님과 노래하는 사람 간의 친밀감을 고양한다.[48]

코러스가 예배에 특별히 기여하는 것은 여러 가지가 있다. 많은 코러스는 성경 말씀에서 온 것으로서 성경의 개념과 이미지를 간략하게 언급한다. 하나님을 친밀하게 부르는 수단을 제공함으로써 하나님의 임재 의식을 고양시킨다. 상당수의 코러스는 즐거운 분위기를 띠고 있으며 영감을 불러일으키도록 되어 있는데, 축제적인 예배를 수립하는데 도움이 된다. 보다 활발한 코러스는 몸을 움직이도록, 즉 손뼉치고, 손을 흔들고, 손을 들도록 장려한다. 코러스는 현대 악기에 적합하고 현대문화를 잘 표현한다.[49]

예배 순서에서 코러스를 사용하는 것은 독특하고 흥미로운 도전이 된다. 현대적 예배에서 코러스가 감당한 공통적인 역할은 단연코 모임 예전에서 오랜 시간 노래할 수 있도록 한 것이다. 이것이 종종 "예배 시간"(time of worship)으로 잘못 표현되었다. 예배 코러스는 보통 예배의 전반

Christ Alone")을 포함해서 예외가 되는 좋은 곡들이 있다. 그러나 이런 노래들은 사실 현대적인 찬송가(hymn)이다.

48 찬양 코러스의 경우, 나는 인칭 대명사가 가스펠 송에서 사용된 것과는 다르게 사용된다고 생각한다(위를 보라). 종종 "나/나를"을 사용하는 코러스는 일반적인 경험을 표현하는 것이 아니라 개인적인 경험이나, 적어도 다양한 해석을 할 수 있는 경험을 표현한다.

49 코러스에 관해서 주의해야 할 것이 있다. 많은 사람이 그것들에 대해 분명히 표현하려고 시도했다. 나는 여기에서 이것들을 거론하지 않고, 다음 장에서 노래를 평가하는 것에 관련된 것들을 언급하겠다.

부에 놓이는데, 연이어서 노래함으로써 예배 시간의 절반까지 차지한다. 이렇게 많은 시간 동안 코러스를 계속해서 부르도록 하는 이유로 다음을 든다.

(1) 이것은 예배 분위기를 만드는 데 도움을 준다.

(2) 예배자들을 하나님의 임재 안으로 이끄는 데 도움이 된다.

(3) 설교자를 위해 준비할 수 있는 분위기를 만듦으로써 설교를 고무시킨다.

나는 예배에서 코러스를 배치하는 것에 대해 다른 접근법을 제안하고자 한다. 예배의 구조는 계시와 응답의 순서로 구성되는 것을 기억하라. 하나님은 계시하시고, 예배자들은 계시에 응답한다. 이 움직임이 성경에서 나타나고, 예배 건축가가 예배를 디자인하는 기초를 형성한다. 우리가 본 것처럼, 계시는 그리스도 안에 있는 하나님에 대한 진리를 제시하는 것을 말한다. 응답은 계시를 통해서 선포된 진리에 대한 사람들의 대답이다. 계시와 응답은 두 단계로 구조를 통제한다는 것도 기억하라. 즉, 전반적인 단계(말씀/성찬)와 내부적인 단계인데, 예배의 각 부분 안에서 계시/응답에 대한 여러 경우를 말한다.

계시/응답을 기억하고 있으면 예배 건축가가 찬양 코러스의 적절한 사용에 관해 결정하는 데 도움이 된다. 많은 찬양 코러스는 주로 응답에 어울리는 내용으로 구성되어 있다. 코러스는, 하나님이 예배자 개인들에게 어떤 분인지를 표현하고, 하나님의 속성을 강조하며 하나님을 찬양하는 수단도 제공한다. 대부분의 찬양 코러스는 예배에서 응답을 위한 도구로 가장 잘 어울린다. 계시의 도구가 되는 경우는 적다. 주로 형식이 간결하기 때문에, 계시를 전개시키는 것에는 해당되지 않는다. 찬양 코러스는 응답의 노래에 어울린다. 코러스는 **예배자가** 행하거나 경험해야 할 것을 진술한다.

문제는, 현재 실행되고 있는 것을 보면, 예배에서 코러스를 처음에 배치함으로써 계시의 역할을 하게 한다는 것이다. 그것은 코러스가 감당할 수 없는 역할을 하도록 요청하는 것이다. 찬양 코러스를 비판하는 사람들은 주로 찬양 코러스를 반복해서 부르는 것이 지겹고 무의미하다고 불평한다. 이런 불평에 합당한 다른 이유들이 있을 수 있겠지만, 나는 계시가 아직 일어나지 않았는데 예배자들에게 응답하라고 한다는 것에 더 깊은 이유가 있다고 믿는다. 무엇인가 순서가 맞지 않다고 예배자들이 직감적으로 느끼고 있을 수 있다. 찬양 코러스에 대한 많은 부정적인 반응들은 그것을 알맞은 기능에 맞게 사용하면 경감될 수 있을 것이다. 코러스가 응답의 도구에 충실할 수 있게 할 때 최선의 역할을 한다.

이런 면에서, 코러스는 예배 순서에 다음과 같은 방법으로 효과적으로 배치될 수 있다.

(1) 예배 전체를 통해서 내부적인 대화, 즉 하나님과 공동체의 대화를 담는 계시/응답이라는 형식에서 응답 부분.

(2) 설교에서 진리가 계시되거나 선포되고 난 **후** 말씀에 대한 응답으로 오랜 시간 동안 노래하는 것.

(3) 자체적으로 예배 행위가 되는 "의식적인 노래"(ritual song)(예를 들면, "내 눈을 여소서"[Open My Eyes, Lord]는 조명 기도로, "주께 경배 드리세"[Come, Now Is the Time to Worship]는 예배로의 부름에 적합하다). 이것은 찬양 코러스가 모임 예전에서 잘 사용될 수 없다고 말하는 것은 아니다. 분명 유용한 것들이 있다. 코러스를 사용해서 예배의 목적에 도움이 되게 하는 보다 나은 기능이 있다. 그러나 코러스가 모임 예전 전체를 차지하지 말아야 한다.

코러스를 부름으로써, 계시된 진리에 비추어 하나님께 개인적으로 혹은 공동체적으로 응답("주의 말씀은 내 발의 등이요"[Thy Word Is a Lamp unto My Feet])하거나, 기도, 신앙고백, 봉헌("나는 제물이오니"[I Am an Offering]) 같은 예배 행위를 노래로 할 수 있도록 하라.

(6) 떼제(Taizé)

떼제는 프랑스 동남쪽에 있는 작은 공동체 떼제에서 비롯된 회중 노래 조직이다. 떼제는 마을을 가리키기도 하고, 로저(Roger) 형제로 알려진 로저 루이스 슈츠-마르소슈(Roger Louis Schutz-Marsauche)가 시작한 종교 공동체를 가리키기도 한다. 1940년 7월, 스물다섯 살의 개신교 목사인 로저 형제는 기도하며 가난한 자들을 섬기는 공동체를 세우기를 바라면서 자신의 고향 스위스에서부터 프랑스로 여행했다. 홀로 살며 기도에 전념하면서, 그는 전쟁 피난민, 특히 나치를 피해서 온 유대인들을 감춰주기 시작했다. 결국, 여러 남자들이 로저 형제의 활동에 동참해서 화해의 공동체를 만들었다. 1949년에 그들은 수도 서원을 하고, 독신, 공동체 생활, 단순한 생활을 받아들였다. 형제들은 처음에는 개신교도들로 구성되었지만, 가톨릭교도들도 포함하게 되었다.

현재, 떼제는 최소 25개국에 공동체가 조직된 초교파적인 종교 단체이다. 20대에게 떼제는 유명하다. 매년 수천 명의 젊은이들이 전 세계에서 이 공동체에 와서 삶의 변화를 가져오는 영적인 순례를 한다.

떼제 공동체에서는 하루에 세 차례 묵상 예배 시간을 갖는데, 거기에서 독특한 스타일의 예배 노래가 생겨났다. 예배는 주로 노래로 하는 기도, 묵상, 침묵으로 이루어지고, 성찬식을 할 때도 있다. 떼제 음악은 단순하고, 반복적이며, 기도의 성격을 띤다. 즐거운 곡에서도 묵상의 분위기를 나타낸다. 세계 각지에서 온 수많은 순례자들을 고려해서 대부분의 가사는 세계 공통어 역할을 하는 라틴어로 되어 있다. 하지만 다양한 현대어로 번역한 가사들도 사용한다. 다양한 사람들이 노래에 동참하기 쉽도록 음악은 간단하고 반복적인 후렴구, 카논(canon), 오스티나토(ostinato)와 같은 방법을 사용한다. 떼제 음악 스타일의 다른 특징은 어쿠스틱 악기, 독창, 단성부 합창, 노래가 진행되면서 목소리들이 더해지며 부르는 것(layered singing), 악기들이 더해지는 것(layered instrumentation), 천천히 하다가 중간 빠르기로 하는 것 등이다. 떼제 음악에서 자주 사용되는 음악 효과 중 하나는 부드럽게 했다가 강하게 그리고 다시 부드럽게 하는 강약(dynamic)의 변화이다. 이런 효과를 달성하기 위해 노래를 부르는 동안 목소리와 악기 연주가 더해지다가 감해지면서 아치 형태의 음악을 듣게 된다. 떼제 노래의 주 작곡가는 공동체 형제인 자크 베르티에(Jacques Berthier)였다. 그가 세상을 떠나고, 지금은 다른 작곡가가 떼제 예배에 어울리는 찬트를 만들고 있다. 로저 형제가 말한 다음의 내용은 떼제 예배 음악의 본질을 잘 나타내고 있다.

> 살아있는 하나님과 교제하는 데 있어서, 홀로 있을 때 절정의 순간에 마음속에서 침묵으로 계속해서 끝없이 노래하며 묵상 기도를 하는 것만큼 도움이 되는 것은 없다. 단순한 상징들의 아름다움을 통해 하나님의 신비를 감지할 수 있을 때, 그 신비가 너무 많은 말로 인해 질식되어 버리지 않을 때, 다른 사람과 함께하는 기도가 단조로움과 지루함이 전혀 없이 우리에게 이 땅위에서의 천국의 기쁨을 일깨워준다.[50]

떼제가 예배에 특별히 기여하는 것은 묵상적인 노래로 공동체를 돕는

---

50 Taizé Communities and Brother Roger of Taizé, *Prayer for Each Day*(Chicago: GIA, 1988), v.

능력이다. 단순하고 반복적인 예배 음악과 잊히지 않는 찬트 같은 음색들이 독특하게 섞여 있는 것이 시사하는 것은 모든 연령대, 특히 젊은이들의 호기심을 불러일으키는 고대와 미래가 연결된 경험이다. 청소년들은 신비스러운 소리와 단순하고 진정한 것에 이끌린다. 현란함과 화려함은 없고, 오직 마음에서 나오는 정직하고 깊은 묵상의 표현만 있다. 이머징 예배자들은 떼제 음악에서 위안을 얻는다.

예배 순서에서 떼제가 사용될 수 있는 곳은 기도 시간이나 응답 시간이다. 대부분의 떼제 음악은 기도이기 때문에, 노래로 불리는 기도로서 가장 의미 있게 사용된다. "주여, 나의 기도를 들어주소서"(O Lord, Hear My Prayer)는 아름다운 기도로의 부름 혹은 기도의 응답이다.

아마 북미에서 가장 잘 알려진 떼제의 노래 기도는 "예수여, 나를 기억하소서"(Jesus, Remember Me)일 것이다. 예수님의 십자가 옆에 달렸던 강도의 이 기도는 우리도 구원해 달라고 하나님께 부르짖으면서 **우리의** 기도가 된다. 떼제의 노래는 말씀에 응답하는 데에도 잘 어울린다. 묵상적인 코러스를 오랜 시간 동안 부르는 것은 묵상과 숙고의 기회가 된다. 우리로 하여금 말씀의 메시지에서 쉼을 얻도록 한다. 떼제는 노래로 불려진 묵상이다.

떼제를 부름으로써, 묵상과 숙고를("아무것도 불안하게 할 수 없다"[Nothing Can Trouble]), 말로 표현할 수 없는 기도를("주를 찬양합니다"[Adoramus Te]) 하게 하라. 전 세계 그리스도인들의 이런 기도의 말들은 당신에게 도움이 될 것이다.

(7) 영가(Spirituals)

"영가"라는 용어에는 엄밀히 말하자면 두 가지 유형의 노래가 포함된다. 즉, 흑인 영가(Negro spirituals)[51]와 백인(혹은 애팔래치아, Appalachian) 영가(White spirituals)[52]이다. 본서의 목적상, 우리는 흑인 영가가 회중 노래에 끼친 영향을 중심으로 살펴보려고 한다. 흑인 영가(앞으로는 "영가"라고 부른다)는 18-19세기의 미국 노예들의 노래에 그 뿌리를 두고 있다. 노예들이 노예선에 발을 디뎌놓았을 때 그들의 애절한 음악이 시작되었다. 그들은 "슬픈 애가를 불렀다…그들은 구타당하는 것에 대한 두려움, 음식, 특히 향토 음식을 먹고 싶은 마음, 그리고 자신들의 고향으로 돌아갈 수 없는 것을 표현하는 노래를 불렀다."[53]

농장에서 불리던 노예들의 노래는 여러 목적에 사용되었다. 이 시기에 노예들의 노래의 주요한 세 가지 음악 형식이 등장했다.[54]

첫 번째 유형은 필드홀러(field-hollers)로서 밭에서 일하는 일꾼들이 의사소통하던 노래이다. 물, 음식, 도움을 요청하는 역할을 했다. 또한 외로움, 슬픔 혹은 기쁨의 고함 소리였다. 노예들은 밭에서 일할 때 말하지 못하게 되어 있었지만, 노래는 할 수 있었다. 그래서 그들은 백인 감시자들이 알지 못하는, 그들의 생존에 대단히 중요한 의사소통을 만들었다.

---

51 "흑인 영가"(Negro spirituals)라는 용어는 유서 깊은 노래의 범주를 존중하는 적절한 용어이다. "Negro," "African American," 그리고 "Black"이라는 용어는 대부분의 음악학 연구가와 찬송가 학자들이 상호 교환적으로 사용하는 말이다.

52 백인 영가는 일종의 미국 민요(American folk song)로서, 남북 전쟁 이전에 개척지의 부흥 운동과 전도 집회에서 발전되었다. 단순하지만 활기찬 곡조를 열정적으로 부르는 것을 조성하고자 셰이프 노트 음악책들(shape-note tune books)이 출판되었다. 백인 영가의 발전은 흥미로운 일이다. 이것을 통해 감동적인 곡조와 가사를 가진 노래들을 갖게 되었다.

53 Ecroyd Claxton, *Minutes of the Evidence…Respecting the Slave Trade*, 34. D. J. Epstein, Sinful Tunes and Spirituals: Black Folk Music to the Civil War(Urbana, IL: University of Illinois, 2003)에 인용. Andrew Wilson-Dixon, "Church Music of African-American," *The Complete Christian Library of Christian Worship*, vol. 4, bk. 1(Nashville: StarSong, 1994), 241에 인용.

54 Angela M. S. Nelson, "The Spiritual: In the Furnace of Slavery, a Lasting Musical For Was Forged," *Christian History*, no. 31, 1991, 30-31.

두 번째 유형은 노동가(work songs)이다. 노동가는 보통 일의 움직임과 리듬이 일치되어 있는데, 일상의 허드렛일의 단조로움을 없애고 대단히 힘든 노동의 신체적인 압박을 경감하는 데 도움이 되었다.

세 번째 유형은 18세기에 시작된 영가로서, 노동가와 상대되는 종교적인 노래이다. 영가는 대부분 성경의 이야기, 특히 구원과 구원자(다니엘, 모세, 엘리야, 에스겔, 예수 등)의 이야기를 바탕으로 한다. 많은 선율에서 느린 템포와 긴 음가(note value)는 즉흥적으로 노래 부를 수 있는 시간을 제공했다. 이것은 아프리카계 미국인 전통에서 생긴 음악의 표준이 되는 특징이다. 노예들에게 읽고 쓰는 것이 허락되지 않았기 때문에, 영가는 1세기 이상 구전으로 전해졌다. 이런 영가들은 "종이가 아니라 순전히 소리로만" 존재했다.[55] 마침내 영가를 기록하게 되었을 때, 피스크 쥬빌리 싱어스(Fisk Jubilee Singers, 테네시 주 네쉬빌에 있는 피스크대학교의 예전 노예들의 대학 합창단) 같은 그룹들은 영가를 공연하기 시작했다.

1871년에 시작된 전국 순회공연을 통해 영가가 많은 사람에게 알려졌고 학교를 위한 기금을 마련하게 되었다. 아프리카계 미국인의 첫 찬송가인 『신령한 찬송과 노래 모음집』(A Collection of Spiritual Hymns and Songs)은 아프리카감리교성공회교회(African Methodist Episcopal Church)의 설립자인 리처드 알렌(Richard Allen)이 1801년에 편집했다. 그러나 20세기 후반이 되서야 현재 찬송가들 속에 영가가 정식으로 포함되었다.

영가를 나타내는 가장 두드러진 음악적 특징의 하나는 선창(call)과 응답(response) 형식인데, 시작 부분이 되는 진술이나 질문을 독창자가 노래하면 사람들이 응답하는 것으로 구성된다. 노래 전체에서 이 대화가 변

---

[55] Alice Parker, *Creative Hymn-Singing*, 2nd ed.(Chapel Hill, NC: Hinshaw Music, 1976), 58.

경되어가며 계속된다. 선창과 응답은 익히기 쉬운데, 말이 많이 필요하지 않고 반복함으로써, 노래 부르는 사람들이 바로 익힐 수 있게 되어 있다. 다음 곡들이 그 예다. "거기 너 있었는가"(Were You There When They Crucified My Lord), "주께서 한 마디도 말씀치 않으셨다"(He Never Said a Mumblin' Word), "길르앗의 향료"(There Is a Balm in Gilead), "신자 되기 원합니다"(Lord, I Want to Be a Christian), "오라, 주님의 병거"(Swing Low, Sweet Chariot).

영가는 표현력이 풍부하며, 곡조, 빠르기, 화음이 굉장히 자유롭다. 대부분이 즉흥적이어서 노래 부르는 사람의 개인적인 표현을 가능하게 한다. 영가는 손을 흔들고, 춤을 추고, 손뼉을 치고, 몸을 굽히고, 발을 구르는 등 온 몸을 사용하며 노래한다. 영가의 진짜 연주는 가끔 작은 타악기를 사용하는 것 말고는 무반주로 한다. 사람 목소리의 아름다움은 영가의 진수를 나타낸다. 활기찬 리듬 역시 빠른 템포의 영가들의 중요한 특징이다.

영가가 예배에 특별히 기여하는 것은 그들의 인간적인 감정에 있다. 어떤 예배 음악도 인간의 영을 그렇게 깊고 애절하게 표현할 수 없다. 영가는 예배자들에게 하나님을 경험하는 감정적인 분출구 역할을 한다.

영가가 예배 순서에서 사용될 수 있는 곳은 가사에 따라서 예배 움직임의 모든 부분에서 사용될 수 있다. 어떤 것은 모임에, 어떤 것은 말씀, 성찬/응답, 파송에 유용하다. 많은 영가는 특히 말씀에 대한 응답에 적합한데, 그 이유는 영가가 지닌 표현력이 풍부한 가사와 음색이 예배자로 하여금 하나님께 정직하게 말하도록 하고, 하나님께 구원을 요청하게 하기 때문이다.

영가를 부름으로써, 공동체가 하나님께 풍부한 감정 표현을("길르앗의 향료"), 구원해 달라는 요청을("나의 주께서 다니엘을 구하지 않으셨는가?"

[Didn't My Lord Deliver Daniel]) 하게 하라. 예배자들이 그들의 영을 정직하게 쏟아 놓을 준비가 되어 있을 때, 영가가 그것을 촉진한다.

(8) 흑인 가스펠(Black Gospel)

미국 남북 전쟁 후에, 아프리카계 미국인 교회에서 농장 노래는 결국 다른 음악 장르에 길을 내 주었다. 19세기 말, 미국에서 여러 음악 양식들이 발전되었다. 래그타임(ragtime), 블루스(blues), 재즈(jazz) 등이 그것이다. 이것들은 상호의존적인 음악 형식으로서 서로 많은 영향을 끼치고 있다. 이런 유형들이 발전하면서, 재능 있는 그리스도인 음악 지도자들 덕분에 흑인 가스펠이 탄생했다. 흑인 가스펠 노래 형식에 있어 다음의 두 작곡가가 특히 영향력이 있다.

한 작곡가는 감리교 목회자인 찰스 틴들리(Charles A. Tindley, "We'll Understand It Better By and By"와 "Stand By Me")로, 그는 설교를 했을 뿐만 아니라, 회중들에게 곡과 가사를 써서 새로운 노래를 부를 수 있게 했다.[56] 필라델피아에 있는 그 교회는 이 노래 유형이 발전되는 장소가 되었고, 활기 있는 예배 음악으로 뛰어난 명성을 얻었다.

다른 한 중요한 작곡가는 "주님여, 이 손을 꼭 잡고 가소서"(Precious Lord, Take My Hand)로 가장 잘 알려진 재즈 피아니스트 토마스 도시(Thomas A. Dorsey)인데, 그는 "모든 흑인 가스펠 가수와 작곡가 중에 가장 영향력 있는 사람이다."[57] 그는 "20세기 도시-영가(urban-Spiritual) 형식과 스타일에 "가스펠"이라는 이름을 처음으로 적용한 사람이다."[58]

---

56 흑인과 백인 가스펠 음악 전통에서 이것은 일반적인 관습이다. 그래서 가사와 음악은 분리될 수 없는 것이다.

57 Andrew Wilson-Dickson, *The Story of Christian Music: From Gregorian Chant to Black Gospel*(Minneapolis: Fortress, 1992), 204.

58 Melva Wilson Costen, *African American Christian Worship*(Nashville: Abingdon,

흑인 가스펠 음악은 발전된 형식에 있어서는 "영가, 운율 찬송가, 즉흥 찬송가, 블루스, 래그타임, 재즈, 19세기 유로-아메리칸 가스펠 찬송가" 음악 표현의 퓨전이다.[59] 흑인 가스펠은 노래 형식 장르이면서, 연주 스타일이기도 하다. 이것은 명사이기도 하고 동사이기도 하다. 흑인 가스펠을 노래할 수 있고, 어느 노래든 "가스펠화"(gospelize) 할 수 있다.[60] 즉, 어떤 노래도 흑인 가스펠 스타일로 연주할 수 있다. 이것들을 식별할 수 있는 특징들은 감동적인 가창의 다양성과 범위, 즉흥적인 기술, 화려한 노래와 악기의 선율, 활기찬 리듬, 다양한 빠르기(노래와 악기 연주를 극적으로 장식할 수 있게 하는 느린 템포, 정교한 리듬과 당김음 패턴을 충분히 이용하는 빠른 템포)인데, 이것은 흑인 가스펠의 표준적인 특징이다.[61]

이런 특징 외에 흑인 가스펠의 가장 중요한 특징은 반주로 풍부한 화음을 내는 것이다. 특히 7도 화음과 9도 화음을 최대한 활용한 화려한 화음 형식을 사용하는 데, 이는 재즈와 블루스 유산의 직접적인 영향이다.

흑인 가스펠은 영감 있고 파급성이 있는 음악으로 인해 문화를 초월하게 되었다. 흑인 가스펠은 예배자들로 하여금 목소리, 몸, 감정, 영으로 참여하게끔 이끌릴 수밖에 없도록 촉구하는 능력이 있어서, 다양한 예배 현장에서 환영받고 있다. 흑인 가스펠 합창단은 이런 유형의 음악을 제시하는 데 탁월한 힘이 있다. 대부분의 흑인 가스펠 합창단의 힘은 놀랄만하고, 회중에게 영감을 갖게 한다. 영가는 제한된 어쿠스틱 악기를 사용했는데 반해, 오늘날의 흑인 가스펠은 피아노, 전자 오르간, 전자 기타, 베이스 기타, 색소폰, 타악기의 사용을 좋아한다.

1993), 102.
59 Ibid.
60 Ibid.
61 Ibid., 103.

흑인 가스펠이 예배에 특별히 기여하는 것은 자유로우면서도 보편적인 표현이다. 흑인 가스펠에는 기쁨의 찬양에서부터 애가에 이르기까지 예배자들의 모든 주제와 감정을 표현할 능력이 있으며, 소극적인 예배자들의 영을 자유롭게 함으로써 가슴속에서부터 하나님께 노래하는 감정적인 경험에 동참하도록 만든다. 흑인 가스펠은 무장을 해제시키는 음악이다. 즉, 무슨 일이 일어났는지 인식하기 전에 당신을 예배 공동체로 끌어 들인다. 수동적인 예배자들조차 그 어느 누구나 알 수 있는 가사, 즉 정직하고도 보편적으로 이해할 수 있는 가사가 함께 있는 음악을 그 자체로서 저절로 느끼지 않을 수 없다.

간단히 말해, 흑인 가스펠은 예배에 중요하다. 왜냐하면 하나님이 예배자의 삶에 직접 행하신 일과 관계된 감정을 만들어내는 표현력이 뛰어난 가사와 음악을 통한 보편적인 호소력이 있기 때문이다.

흑인 가스펠이 예배 순서에서 사용될 수 있는 곳은 가사 그리고 어느 정도는 곡의 템포에 달려있다. 주제가 다양하기 때문에, 이것은 모임, 말씀, 성찬/응답, 파송 등, 어디에도 유용하다. 많은 아프리카계 미국인 교회들은 예배의 시작에 경건함을 확립할 방법으로 느린 템포를 이용하지만, 보다 빠르고 리드미컬한 많은 곡들은 모임 예전에서 찬양하는 마음을 만들어 가는 데 도움이 될 것이다. 이 전통에 속한 많은 곡들은, 그것들의 간증적인 성격을 고려해 볼 때, 말씀에 대한 대안 응답의 일환으로서 뛰어나다. 틴들리의 노래 "We'll Understand It Better By and By"의 후렴구는 말씀에 대한 응답으로서 적합한 권면의 전형적인 예이다.

> 머지않아 아침이 오면,
> 하나님의 성도들이 본향에 모일 때,
> 우리가 어떻게 이겨냈는지 그 이야기를 말하리.

우리는 머지않아 더 잘 알게 되리니.[62]

예배에 흑인 가스펠을 어떻게 효과적으로 포함시켜야 할지에 대해 결정할 때, 노래의 가사와 템포를 중요하게 고려해야 한다.

흑인 가스펠을 부름으로써, 영감 있는 힘찬 가스펠 곡이나("왕의 대로를 걸어가며"[Walking Up the King's Highway]) 생각이 깊고 보다 엄숙한 표현("이 모든 것을 통해"[Through It All])을 통해 공동체가 유익을 얻게 하라. 사람들은 예배하러 올 때 다양한 감정을 가지고 온다. 흑인 가스펠은 사람들에게 감동이 될 수 있는 점을 찾아서 그들로 하여금 수많은 방법으로 하나님과의 대화 속으로 들어갈 수 있도록 할 것이다.

(9) 세계의 노래(Global Song)

우리는 얼마나 놀라운 시대를 살고 있는가! 여행과 기술의 진보로 우리는 전에 없이 전 세계 사람들과 문화를 접하게 되었다. 대부분의 사람들은 이제 다른 나라를 직접 방문하지 않더라도 최소한 텔레비전과 인터넷을 통해서 여러 문화를 경험할 수 있다. 요컨대 작은 세상인 것이다. 일반적으로 문화에 적용되는 것이 기독교 세계에서도 적용된다. 그리스도인들이 다문화를 경험하는 주된 방법 중 하나는 음악이다. "21세기 기독교 음악의 세계적 태피스트리(tapestry)는 우리 삶의 가닥들을 놀라울 만한 새로운 방법으로 함께 엮어가고 있다."[63]

세계 경제, 세계 시장, 세계 공동체와 같은 상용어에서 볼 수 있듯이

---

62 어떤 사람들은 이 후렴이 "우리 승리하리"(We Shall Overcome)라는 노래에 영향을 주었다고 생각한다.
63 Roberta R. King, "The Impact of Global Christian Music in Worship," Fuller Theological Seminary's *Theology, News & Notes*, Spring 2006, 6. 허락을 받아 인용.

점차 세계화되는 시대가 등장한 것을 보여주는 증거가 우리 주변에 많이 있다. 많은 문화의 **세계의 노래들이** 점차 본국 외의 예배에 등장하고 있다. 기독교 지도자들이 예배에서 다른 문화의 노래를 부르는 즐거움과 복을 발견하면서 세계적으로 신선한 움직임이 진행 중이다.

"세계의 노래"가 의미하는바를 이해하기 위해 다음의 정의를 보자.

> 세계 기독교 음악이란 어떤 음악이든지 세계 기독교 교회에서 발견되는 음악을 말한다. 특히, 보통 자국어로 노래 부르고 주변의 음악 전통에 충실하게 연주하는 비서구 세계의 음악을 말한다.[64]

서구의 시각으로 볼 때, 세계의 노래는 다른 문화의 고유한 기독교 노래이다. 많은 다른 나라의 노래들은 20세기 말이 되어서야 교단들의 찬송가에 실렸다. 그 시점까지는 거의 서구 유럽의 노래들만 찬송가에 포함되었다. 회중 노래가 영어가 아닌 다른 언어로 등장한 것은 선교를 위해 다양한 언어로 번역된 서구 찬송가인 경우가 많았다. 모든 문화에서 각각의 언어로 이 노래들을 부를 것을 기대했다. 이러한 관습의 결과로, 비서구문화의 예배자들이 자신들의 문화의 스타일, 언어, 전통으로 자신들의 예배를 표현할 노래를 만들거나 사용하도록 권장하는 일을 거의 하지 못했다.

다행스럽게, 기독교 세계 복음화의 철학이, 서구의 예배 방법이 모든 다른 문화의 예배 방법보다 우수하다는 생각으로부터 변화하고 있다. 이런 변화와 함께, 현지의 노래가 **불릴 수 있어야** 할 뿐만 아니라 그렇게 하

---

[64] Ibid.

도록 **권장해야** 한다는 시각을 갖게 되었다. 더욱이, 다른 문화의 노래들이 문화를 넘어서 예배에서 필요할 뿐만 아니라 정당한 위치를 차지해야 한다고 점차 믿고 있다. 전 세계의 신학교와 컨퍼런스의 과정들을 통해서 노래의 다양성에 탄력이 붙고 있다. **민족 찬송학**(Ethnodoxolgy)[65]은 전 세계 기독교 예배에서 민족과 찬양에 관한 연구를 함양하는 학문으로 높이 평가되며 급진전하고 있다. 의심의 여지없이, 다른 문화의 예배 형식과 내용에 점차 관심이 늘어나고 있다.

우리의 세상이 진보적인 기색을 보임에 따라, 자신들의 문화와 또한 다른 문화에 속한 노래들을 예배에 포함하는 것에 대해 때로 반대가 일어난다. 어떤 사람들은 왜 우리가 교회에서 아무도 모르는 언어로 노래를 부르는지 모르겠다고 하거나 그 음악이 노래하기 어렵다고 한다. 그러나 세계의 노래를 부를 좋은 이유들이 있다. 다른 나라의 예배 노래를 부를 때, 하나님에 대한 우리의 시각이 넓어진다. 모든 문화는 하나님의 이야기에 관해서 고유한 시각을 갖고 있다. 홀로 완전한 시각은 없다. 우리가 하나님 세계의 다른 지역에서 살고 있는 그리스도인들의 시각으로 하나님을 보도록 할 때, 하나님을 더욱 깊이 이해하게 된다. 우리가 다른 나라의 예배 노래를 부를 때, 그것은 우리와는 다른 상황 가운데 있으면서 예수 안에서 하나님을 예배하는 우리 형제자매의 삶을 소중하게 여기는 수단이 된다. 예를 들어, 어떤 신자들은 그들의 믿음 때문에 심한 고통을 받는다. 우리가 그들의 노래를 부르는 것을 그들이 결코 듣지 못할 것 같지만, 그럼에도 불구하고 우리는 그들의 고통과 연대하여 노래할 수 있으며 결국 서로를 격려할 수 있다.

---

65 민족 찬송학은 많은 문화의 사람들과 찬양에 대한 연구를 하는 새로운 학문이다. http://www.worldofworship.org를 참조하라.

우리는 지역적으로 노래하면서 세계적으로 기도한다. 세계의 노래를 부르는 가장 중요한 이유는, 이것이 영원한 교회의 노래이기 때문이다. 예수 그리스도의 교회는 "각 나라와 족속과 방언에서…보좌…앞에 서서 큰 소리로 외쳐 이르되 구원하심이 보좌에 앉으신 우리 하나님과 어린 양에게 있도다"(계 7:9-10) 하는 사람들로 구성된다. 마지막 때에, 우리는 영원한 나라에서 한 노래를 부를 것이다. 그것을 지금 시작할 수도 있다.

세계의 노래가 예배에 특별히 기여하는 것은 그것이 다양성 가운데서 강한 기독교 공동체 의식을 불러일으킨다는 것이다. 원근 각지에서 하나님을 찬양하는 많은 목소리에 진정으로 한 목소리를 보태려고 하는 예배자는 모든 족속과 민족의 노래를 즐거워하는 하나님의 비전에 감동받게 될 것 같다.

세계의 노래가 예배 순서에서 사용될 수 있는 곳은 그 노래의 목적에 달려있다. 예배 건축가는 수많은 곡들 중에서 선곡하기 때문에 어떤 것들은 모임, 말씀, 성찬/응답, 파송 등, 어디에도 어울릴 것이다. 어떤 노래는 계시의 역할을 할 것이고, 어떤 노래는 응답의 역할을 할 것이다. 어떤 노래는 기도의 기능을 할 것이고, 어떤 노래는 찬양의 기능을 할 것이다. 다시 말하지만, 우리는 이렇게 물어야 한다. "이 노래는 무엇이 되려고 하는가?" 그것에 따라서 사용하라.

세계의 노래를 어떻게 소개해야 하는지에 대해 특별히 고려해야 한다. 그것들이 맞게 사용되는 것이 중요하다. 주장을 밝히거나 정치적으로 옳다는 것을 나타내기 위해 사용되어서는 안 된다. 교육 목적이 아니라 예배 요소로서 그 노래들이 소개되어야 한다는 것을 분명히 하라. 당신은 지도자로서(가급적 그 노래가 속한 문화 출신이면서) 지식이 많은 사람에게 문화, 언어, 그 노래가 묘사하고 있는 하나님에 대한 시각에 대해 가르쳐 달라고 부탁하라. 할 수 있는 한 최선을 다해 그 곡의 진정한 연주

관습을 파악하도록 노력하라.[66] 그 노래가 당신의 일부가 되게 한 다음에 다른 사람들, 즉 성가대, 예배팀, 선창자(cantor)에게 가르치라.

어린이들은 다른 문화의 노래들을 배우고 싶어 한다. 이것이 세대들이 함께하는 경험이 되게 하라. 인도자들이 익숙해지면 부드럽게 그 노래를 인도해서 회중이 참여하도록 하라. 천천히 신중하게 하고 열정을 유지하라. 당신의 열정이 열정을 낳는다. 과도하게 설명하지 말라. 예배자들이 그 음악을 경험하도록 하라. 간단한 것부터 시작해서 쌓아가라.

세계의 노래를 부름으로써, 하나님의 광대하심을 즐거워하고, 다양한 하나님의 창조를 즐거워하고, 하나님이 모든 나라 사람을 똑같이 사랑하신다는 것을 예배자들에게 상기시키고, 그리스도인의 깊은 공동체 의식을 조성하게 하라("우리는 행진한다"[*Siyahamba*], "희망의 노래"[*Canto de esperanza*], "언제 어디서든지"[*Don'na Tokidemo*]).

5. 결론

이 장에서, 나는 전반적으로 회중 노래의 필요성을 보여주고, 특별히 노래의 다양한 계열(families)에 대해 설명하려고 했다. 모든 회중에게는 그들이 가장 편안해 하는 노래의 계열이 적어도 하나는 있다. 그것이 그들의 예배 목소리를 대변한다. 그러나 우리가 좀 더 큰 원을 그려서 때때

---

66 어떤 사람들은 서구 예배자들은 비서구 노래들을 포함시키지 말아야 한다는 입장을 취한다. 왜냐하면 그들이 그 노래들이 연주되어야 할 토착적인 방법을 진정으로 담아낼 수 없고 생색내려는 것으로 나타날 수 있기 때문이다. 그들은, 잘 하지 못하는 것은 폐가 될 뿐만 아니라 그 문화의 사람들에게 무례한 일이 된다는 이론을 내세우는 것이다. 나는 다르게 생각한다. 우리의 방법으로 가능한 한 그것들을 진정으로 표현하도록 모든 노력을 강구할 때, 보다 큰 목적, 즉 하나님의 영광을 위해 천국을 기대하는 다양한 그리스도인들의 공동의 노래를 나누는 일에 기여한다.

로 몇 가지 다른 장르의 노래를 포함할 수 있다면 도움이 되는 좋은 일이다. 우리는 비록 우리의 전통을 대변하는 한 가지 유형의 노래에 집중하겠지만 시간이 흐르면서 우리가 전체 교회의 노래를 부를 수 있도록 적절한 때 그리고 적절한 곳에 다른 유형의 노래를 포함하기 시작할 수 있다는 것을 상상하는데 그림 10.1이 도움이 될 것이다.

그림 10.1 컨버전스를 나타내는 원형

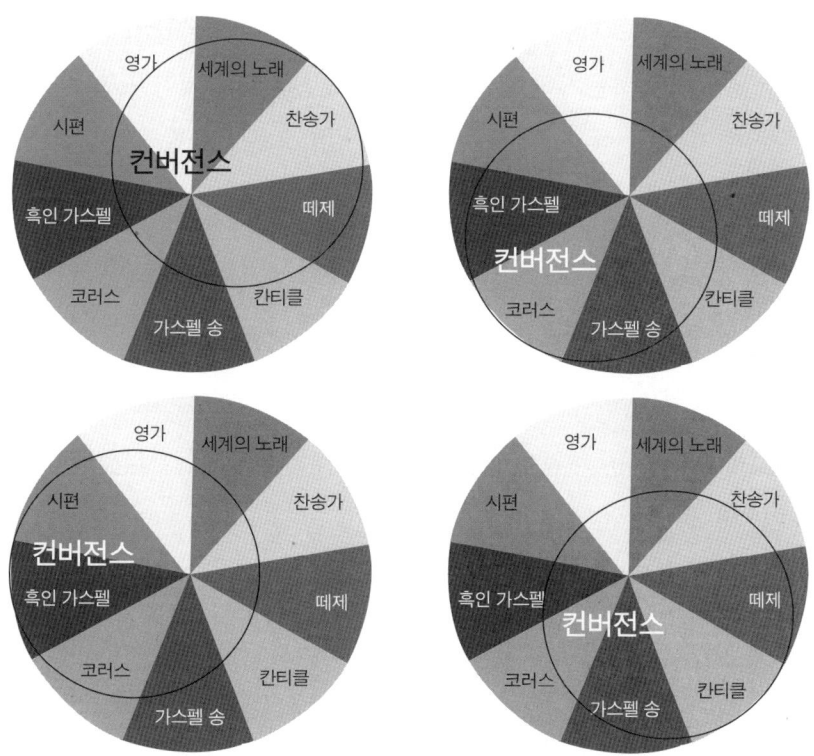

예배 건축가들이 폭넓게 다양한 노래들을 포함시키기를 바란다. 그렇게 하면, 예배에 보다 넓은 창문을 제공하게 될 것이다. 창문은 빛이 들어오도록 한다. 음악은 우리의 예배를 밝혀준다. 창문은 또한 양방향으로, 즉 밖에서 안으로 그리고 안에서 밖으로 볼 수 있게 한다. 우리가 노래할 때, 우리는 하나님을 향해 "밖을" 본다. 동시에, 하나님은 "안을" 들여다보시고 노래에 동참한다(습 3:17). 많은 노래를 지혜롭고 활발하게 사용함으로써 하나님에 대한 비전과 서로에 대한 비전을 크게 해 줄 것이다.

이 장에서는 예배에서 우리가 **왜** 노래하는지 그리고 **무엇을** 노래하는지를 진술하려고 시도했다. 다음 장에서는 예배 건축가들이 **어떤** 예배 노래를 불러야 하는지에 대해 평가할 수 있도록 도울 것이며, 최선의 선곡을 할 수 있게 해서 그 곡들을 최선의 방법으로 사용함으로써 공동체가 하나님과 대화하는 일에 도움이 되도록 할 것이다.

6. 주요 용어

교창(antiphon). 시편의 본문과 함께 교대해서 부르는 시편의 반복되는 절이나 구.

칸티클(canticle). 성경에서 시편 외에 있는 찬송이나 노래의 가사.

코러스(chorus). 짧은 개인 찬양이나 헌신의 노래로서 보통 하나님을 향한 혹은 자신과 하나님에 대한 친밀하며 응답 지향적인 뜻을 표현하며, 절(stanza)이 없으며 반복해서 부른다.

민족 찬송학(ethnodoxology). 전 세계 기독교 예배에 있어 민족과 찬양에 관한 연구.

세계의 노래(Global song). 다른 나라의 기독교 노래로서 현지 언어와 진정한 연주에 특별한 주의를 기울여서 예배에 사용되는 노래.

가스펠 송(Gospel song). 주관적인 증언이나 신뢰의 말을 전달하는 개인의 간증시이고, 하나님과 관계를 맺고 있는 자신과 다른 사람에 대한(혹은 향한) 것이고, 후렴이 있고 박자에 맞춘 절(stanza)로 쓰였다.

찬송가(hymn). 하나님을 향한 혹은 하나님에 대한 그리스도인의 객관적인 신앙을 단계적으로 발전시켜서 담아내는 잘 구성된 시로서, 박자에 맞춰진 절(stanzas)로 표현되며, 기독교 공동체가 노래 부르도록 쓰인 것이다.

운율 시편(metrical psalms). 보통 규칙적으로 일어나는 강약 음절의 패턴(박자, meter)을 사용하고, 운(rhyme)같은 표준적인 시의 도구에 따라 표현을 바꾸어서 시구(poetic verse)로 쓴 시편.

시편가(psalter). 음악에 맞춘 시편으로만 구성된 노래책.

후렴구(refrain). 가스펠 송의 각 절의 끝에서 반복되는 간단한 부분으로서 노래의 주제를 요약하는 역할을 한다.

떼제(Taizé). 프랑스의 떼제 공동체 특유의 묵상적인 노래로서, 단순하고, 짧고, 반복적이고, 찬트 같은 스타일이다.

7. 참고 문헌

Abbington, James, comp. and ed. *Readings in African Americam Church Music and Worship*. Chicago: GIA, 2001.

The African American Heritage Hymnal. Chicago: GIA, 2001.

Best, Harold M. *Music through the Eyes of Faith*. New York: Harper-Collins, 1993.

Costen, Melva Wilson. *African American Christian Worship*. Nashville: Abingdon, 1993.

Eskew, Harry, and Hugh T. McElrath. *Sing with Understanding: An Introduction to Christian Hymnology*, 2nd ed. Nashville: Church Street, 1995.

Farlee, Robert Buckley, and Eric Vollen, eds. *Leading the Church's Song*. Minneapolis: Augsburg Fortress, 1998.

Foley, Edward. *Foundations of Christian Music: The Music of Pre-Constantinian Christianity*. Collegeville, MN: Liturgical Press, 1996.

Hawn, C. Michael. *One Bread, One Body: Exploring Cultural Diversity in Worship*. Herndon, VA: Alban Institute, 2003.

Lovelace, Austin C. *The Anatomy of Hymnody*. Chicago: GIA, 1965.

Parrish, V. Steven. *A Story of the Psalms: Conversation, Canon, and Congregation*. Collegeville, MN: Liturgical Press, 2003.

Routley, Erik. *Christian Hymns Observed: When in Our Music God Is Glorified*. Princeton: Prestige, 1982.

Stapert, Calvin R. *A New Song for an Old World: Musical Thought in the Early Church*. Grand Rapids: Eerdmans, 2007.

Watson, J. R., ed. *An Annotated Anthology of Hymns*. New York: Oxford University Press, 2002.

Westermeyer, Paul. *Te Deum: The Church and Music*. Minneapolis: Fortress, 1998.

―――. *The Heart of the Matter: Church Music as Praise, Prayer, Proclamation, Story, and Gift*. Chicago: GIA, 2001.

Wilson-Dickson, Andrew. *The Story of Christian Music: From Grego-

rian Chant to Black Gospel. Minneapolis: Fortress, 1992.

York, Terry W., and C. David Bolin. *The Voice of Our Congregation: Seeking and Celebrating God's Song for Us*. Nashville: Abingdon, 2005.

참여하기

주요 출판사에서 1995년 이후에 출판된 최근의 찬송가를 참조하라.

1. 주제별 목록을 보고 이 장에서 논의한 노래 장르의 예를 살펴보라. 각 장르마다 최소한 두 개의 예를 찾아보라.
2. 찾은 노래를 살펴보라. 가사와 곡의 음색을 자세히 살펴보라. 이 곡들을 모임/말씀/성찬(혹은 대안 응답)/파송 예전의 순서 어디에서 사용할 수 있는가? 어떤 곡이 기도, 신앙고백 같은 특별한 예배 행위의 역할을 할 수 있는가?

THE WORSHIP ARCHITECT

11 · 음악을 통해 하나님 만나기(II)

"건전한" 음악 지도자에 관하여

> **탐구하기**
>
> 11장을 읽기 전에, 친구들과 함께 모여서 예배 인도자가 갖추어야 하는 좋은 자질의 항목을 작성해 보라. 얼마나 많이 만들 수 있을지 보라. 그 다음에, 이 자질들이 어떤 범주에 속하는지 살펴보라. 높은 순위를 차지하는 특징(범주)은 어떤 것인가?
>
> 이 질문들을 계속 생각하면서, 이제 11장을 읽으며 생각의 폭을 더 넓혀 보자.

공동체적 예배는 다른 것들과는 경우가 달라서 음악을 배열하는 일에 특별한 리더가 있어야 한다. 이 일은 음악회의 프로그램이나 교육 기관의 음악 교과과정을 만드는 것과는 다르다. 물론 공통적인 것들도 있지만, 기독교 예배를 위한 음악에서만 필요한 고려사항들이 있다. 적절한 음악을 선곡하는 것뿐만 아니라 다른 것들도 고려해야 한다. 즉, 음악이 공동체에서 **어떻게** 기능할 것인가, 예전의 **어느 곳**에 위치해야 할 것인가, **어떤** 음악이 교회의 문화적 배경에 적절할 것인가 하는 등등의 문제이다. 음악이 하나님과 백성 간의 대화에서 특별한 역할을 감당하도록 하기 위해서는 많은 각도에서 심사숙고해야 한다. 이런 독특한 고려사항이 있기 때문에 뛰어난 리더들이 있어야 한다. 음악과 예배를 여러 관점에서 생각하면서 그 결과들을 종합적으로 다룰 수 있는 사람들이 있어야 한다. 이 일에는 "음악 사역자"(pastoral musician)가 필요하다.

음악 사역자는 전적으로 하나님을 영화롭게 하는 궁극적인 목적을 위해 신학적, 상황적, 문화적인 고려사항들을 숙고하며, 예전 행위에 도움이 될 음악을 선곡하고 사용하는 데 숙련된 기술과 하나님 앞에서 책임감을 지닌 리더이다.

"음악 사역자"라는 용어는 기독교의 어떤 계열에서는 두르러진 역할을 해 왔고, 어떤 계열에서는 알려지지 않았지만, 많은 장점을 갖고 있는 용어이다. 음악 사역자에 대해 먼저 기술한다. 그들은 다음과 같은 사람들이다.

- 기독교 신앙을 받아들이고 그에 따라 산다.
- 영적 성숙을 이루어 간다.
- 예배 사역에 대한 소명 의식이 있다.[1]
- 예배와 음악 사역에 주된 책임이 있다.[2]
- 음악과 예전의 관계를 이해하고 있다.
- 음악은 가사(the text)를 돕는 역할을 한다는 것을 이해한다.
- 탁월함에 대해 하나님과 다른 사람에게 책임을 진다.

---

[1] 이것은 공식적인 소명 증명서가 있어야 한다(그럴 수도 있지만)는 것을 말하는 것은 아니다. 음악 사역자는 자격증이 있는지 없는지보다는 예배와 음악 사역을 행하는 **방법**에 관련되어 있다.

[2] 이 일은 파트타임이나 풀타임일 수도 있고, 무보수이거나 보수를 받으며 할 수도 있다.

- 자신의 의무를 전체적인 관점에서 본다. 보다 큰 예배의 목적, 교회력 등에 민감하다.
- 믿음의 공동체 그리고 그 공동체 안에서 음악이 담당하는 역할의 특수한 성격을 이해한다.
- 음악을 위해서가 아니라 보다 큰 목적을 위해서 음악을 선곡하고 사용한다.[3]
- 기독교 공동체 그리고 그 공동체가 음악을 통해서 진리를 선포하고 진리에 응답해야 하는 필요를 심사숙고한다.
- 수동적인 음악이 아니라, 모든 예배자가 참여하는 음악에 주된 관심을 갖는다.
- 예배자들을 청중의 역할에서 적극적인 참여자의 역할로 옮겨 가도록 추구한다.
- 스타일뿐만 아니라 음색에 있어서 폭넓은 노래에 관심을 갖는다.
- 복음에는 기쁨에서 슬픔까지, 위로의 감정에서 확신의 감정까지 다양한 감정을 불러일으킨다는 것을 이해한다.
- 신학적인 분별력이 있다.
- 예배 공동체로 하여금 창조부터 종말까지 하나님의 이야기 전부를 노래하도록 돕는다.

이 장에서 나는 음악 사역자의 중요한 책임 여덟 가지를 자세히 다룰

---

3 Nicholas P. Wolterstorff는 "기능적" 음악과 "절대적" 음악 사이에 있는 구분은 인위적인 것이라고 믿는다. 그는 모든 음악은 기능이 있기 때문에 절대적 음악이라는 것은 없다고 주장한다. 우리는 기독교 음악이 마치 절대적 음악의 서자처럼 예배의 목적을 돕는 것이며 그러므로 열등한 것이라고 여겨서는 안 된다. Wolterstorff's "Thinking about Church Music," in *Music in Christian Worship: At the Service of the Liturgy*, ed. Charlotte Kroeker(Collegeville, MN: Liturgical Press, 2005), 3-16을 보라.

것이다. 그 책임은, 예배 노래를 평가하고, 문화적 배경을 고려하고, 회중 노래의 역할을 이해하고, 회중 노래의 기능을 이해하고, 음악 원리에 근거해 결정하고, 회중이 하나님의 이야기를 노래하도록 돕고, 예배 순서에 의도적으로 노래를 배치하고, 음악적 구조(순차와 순환)를 인식하는 것이다.

1. 예배 노래 평가하기

본서 10장에서 기독교 예배에서 사용할 수 있는 회중 노래의 많은 계열을 소개했다. 각 유형은 예배 인도자들이 선곡할 수 있는 엄청난 목록의 일부이다.[4] 각 장르 안에서 탁월한 선택, 적절한 선택, 형편없는 선택을 할 수 있다. 각 노래 **계열**은 예배에 적합하고 공동체가 하나님과 대화하는 것을 촉진할 수 있는 많은 가능성을 제공하지만, 장르 안에 있는 모든 곡이 사용하기에 적절한 것은 아니다.

어떤 노래들은 신학적으로 약하거나 좋지 않기도 하고, 가사가 설득력이 없거나 예술성이 없는 것들도 있다. 때로 음악이 따분하거나 가사와 전혀 맞지 않을 때도 있다. 어떤 노래가 예배를 위해 선택되거나 선택되지 말아야 하는 이유는 여러 가지가 있을 수 있다.

그렇다면 인도자는 공동체적 예배에 적합한 음악을 어떻게 선택하는가? 그것은 누구에게 묻느냐에 따라 다르다. 어떤 인도자들은 최근의 예배 밴드 CD를 살펴보고 가장 유명한 예배 히트송 중에서 선곡하고, 어떤

---

[4] 본서 10장에서 언급한 것보다 더 많은 장르가 있다는 것을 기억하라. 그것은 그저 시작에 불과했다.

사람들은 노래책들을 보고 "성령의 인도를" 받는다.[5] 어떤 사람들은 자신들의 취향에 따라 선곡하고, 어떤 사람들은 회중들의 애창곡을 물어서 선곡한다. 어떤 경우든 문제는 공동체적 예배에 **적합한** 음악을 결정하는 가장 좋은 방법이 무엇이냐 하는 것이다. 의도했든 그렇지 않았든 언젠가는 예배 인도자가 선곡한 모든 노래가 평가된다. 평가의 범위는 간단한 의견("좋습니다")에서부터 종합적이고 생각이 깊은 평가("객관적인 방법을 적용해서 이 곡의 가치를 평가했습니다")에 이르기까지 이를 수 있다.

예배의 노래를 평가하고 선곡하는 것에 대한 논의를 시작하면서, 나는 세 가지 가정을 제시하고, 노래 선곡의 중요성에 대한 근거를 제시한다.

1) 가정

나는 회중 노래를 평가하고 선곡하는 데 다음 세 가지를 가정한다.

가정 1: 모든 노래는 불릴 가치가 있다. 이것은 당연하게 들릴지 모르나, 때로 우리는, 어떤 곡이 출판되었으므로 그 곡은 인정받은 것이라고 무의식적으로 가정한다. 어떤 곡이 악보나 CD로 존재한다고 해서 그 곡이 예배에 좋은 음악으로 자격이 있다는 것을 의미하지는 않는다.[6] 우리가 좋아하는 작곡가들에게도 형편없는 곡, 좋은 곡, 매우 좋은 곡들이 있다. 모든 노래의 가치는 노래 그 자체로 평가되어야 한다.

5　신학교의 내 학생 중의 한 명이 자신이 사는 지역의 교회 음악가와 이야기를 나누었다. 그 음악가는 예배가 시작되기 한 시간 전에 음악을 선곡한다고 한다. 그 이유는 "성령께서 그때 역사하셔서 제공하실 것이기" 때문이라고 한다.

6　이것이 예배 인도자들의 딜레마다. "예배 아티스트"라는 이름하에 연주하는 많은 기독교 밴드들의 딜레마이기도 하다. 그러나 이런 밴드들이 연주하는 음악은 회중 예배를 생각하고 만들어진 것이 아니다. 안타깝게도 분별력이 없는 인도자들이 CD에 "예배"라는 단어가 있으면 교회에 속한 것이라고 추정한다. 이런 음악의 많은 것들은 회중이 사용하기에 적절하지 않다.

가정 2: 회중 노래의 계열은 모두 동등하게 철저한 점검을 받아야 한다. 총애를 받는 곡이라도 세심한 평가에서 예외가 되지 않는다. 가스펠송과 찬송가를 똑같은 수준으로 평가해야 하며, 코러스와 영가를 똑같은 정도로 평가해야 한다. 평가 기준이 어느 정도 다를 수는 있지만, 모든 곡을 주의 깊게 고려해서 적합한 곡만 선택되도록 해야 한다.

가정 3: 선곡을 책임지는 사람들은 그들이 공동체에게 노래 부르도록 한 곡에 대해 하나님께 책임을 져야 한다. 음악을 선택하는 것은 큰 영적 책임을 짊어진 거룩한 의무이다. 우리의 선택이 가져올 영향은 엄청나다. 왜냐하면 우리가 보게 될 것이지만 선곡은 노래를 부르는 사람들에게 엄청난 영향을 끼치기 때문이다.

이와같은 가정들이 예배 건축가들에게 예배시에 사용될 노래를 평가할 수 있는 눈을 준다.

2) 선곡의 중요성

플라톤(Plato)은 "내게 한 국가의 노래를 쓰도록 하라. 그러면 나는 그 국가의 법률을 누가 만들었는지 상관하지 않는다"고 말했다. 그는 전 민족을 형성하고 그들에게 영향력을 끼치는 노래의 힘을 염두에 두고 있었다. 결국 법률은 문화에 영향을 끼치는 노래에 표현된 이념에 의해 적절히 만들어질 것이라 생각된다.

이것은 꽤 대담한 말이기는 하지만 요점은 잘 이해된다. 1960년대 미국의 청소년문화에 끼친 대중음악의 영향을 보면 무슨 의미인지 알 것이다. 「뉴스위크」(*Newsweek*)지의 한 칼럼니스트가 이렇게 말했다.

많은 러시아인은 비틀즈 음악으로 상징되는 서구문화의 힘은 우리 공산주의의 속을 비게 만들었고, 그것이 완전히 무너질 때까지 그 권위를 서서히 침식시켰다고 스스로 믿는다.[7]

세속 음악(secular music)에 적용되는 것은 종교 음악(sacred music)에도 적용된다. "내게 교회의 찬송가와 음악을 쓰도록 하라. 그러면 나는 누가 신학을 쓰든 거의 상관하지 않는다."[8] 이것은 플라톤의 주장과 같다. 펜이 칼보다 강하다. 이유에 대해서는 다음에 다루겠지만, 두 가지 가설을 제시한다.

(1) 노래는 반복함으로써 우리의 생각에 영향을 끼친다. 수년 동안 같은 노래를 부르면 메시지를 깊이 새겨 두게 된다.

(2) 가사에 음악이 더해지면 노래의 메시지에 크게 부가되는 감정적 요소가 이입된다.

그러므로 노래 가사의 선택은 예배 건축가가 하는 가장 중요한 일 중 하나이다. 왜냐하면 그들이 선택한 가사로 회중의 신학이(그럼으로 해서 세계관이) 형성되기 때문이다. 이것은 엄청난 책임이다.

예배에서 **어떤** 노래를 부를지 선택하는 것은 중요한 일임을 확신하기 바란다. 예배 건축가는 그들의 회중이 믿게 될 것을 결정하는 데 있어 엄청난 힘을 갖는다. 우리가 예배자의 입술에 놓일 말들을 선택하기 전에, 우리는 먼저 많은 기도와 성찰을 해야 한다. 예배 인도자가 예배 노래에 관해 판단하는 것을 돕기 위해 어떤 객관적인 평가 방법이 필요하다. 나는 어떤 노래를 예배에서 사용할 수 있는지 결정하는 데 도움이 되도록 그 노

---

7 Jonathan Alter, "You Say You Want a Revolution…," *Newsweek*, September 22, 2003, 37.
8 R. W. Dale, *Nine Lectures on Preaching Delivered at Yale, New Haven, Connecticut*(London: Hodder & Stoughton, 1952), 271. Franklin M. Segler and Randall Bradley, *Christian Worship: Its Theology and Practice*, 3rd ed.(Nashville: B&H, 2006), 106에서 인용.

래에 관해 물어 볼 수 있는 질문 목록을 구성했다. 예배 건축가는 예배 기획팀, 찬양팀, 교회 스태프과 같은 그룹과 함께 노래를 평가해야 한다. 이렇게 함으로써 과정이 객관성을 갖게 되고, 인도자가 예배에 관한 문제에 있어서 다른 사람들을 성숙하도록 이끌 수 있는 좋은 기회가 된다.

3) 평가의 단계

기독교 예배의 노래는 적어도 세 가지 영역에서 평가되어야 한다. 즉, 신학적, 가사적, 음악적 견고성(strength)이다. 노래를 평가하고 이 장의 마지막에 있는 차트에 "약함", "보통", "강함", "매우 강함"이라고 순위를 매기기 시작해도 좋다. 다음에 있는 각 평가 질문은 괄호 안에 있는 추가 질문을 사용함으로써 간략히 설명한다. 이 보조 질문들은 매우 강함(선호한다)에서 약함(선호하지 않거나 미심쩍다)으로 진행된다.[9]

(1) 신학적 견고성

예배 노래의 신학적 견고성을 결정하기 위해 가사에 대해서 다음의 질문을 해보고 노래가 신학적인 가치/진실성이 있는지 살펴보라.

- 가사가 진실한가?(가사의 모든 진술이 온전히 성경에 따른 진실을 말하는가? 이것이 온전한가, 즉 말하는 이야기가 **전체** 이야기를 하는가? 미심쩍거나 애매한 신학을 말하는 구절이 있는가? 중요한 요점이 빠졌는가?)
  - 가사가 나의 신학에 맞는가?(가사가 일반적으로는 나의 신학 진

---

9 이런 평가치들은 나의 견해이다. 각자 다른 관점을 갖고 평가할 수도 있다.

영을, 구체적으로는 나의 교단의 견해를 나타내는가? 이것이 개혁주의신학, 웨슬리신학, 로마 가톨릭신학 등을 나타내는가? 교리적인 면에서 이 노래가 다른 것들보다 더 정확한가? 은혜의 수단, 자유 의지, 개인 구원 등에 관해서 가사의 진술이 받아드릴 수 있는 것인가, 아니면 나의 신학 전통에 상반되는 생각을 나타내는가?)

● 가사가 성경적인 그리스도인의 경험을 나타내는가?(가사가 성경과 일치되게 그리스도인의 삶을 설명하는가, 아니면 그리스도인의 삶에 대해 세속적인 견해를 내세우는가?)

● 가사에 명백히 성경의 내용을 암시하는 것이 있는가?(성경에 근거한 것이라 할 수 있는 단어, 구절, 이미지가 있는가, 아니면 이 노래가 분명히 성경의 내용을 암시하지 않은 것들을 통해 소통하는가?)

● 가사가 성경의 가르침을 흠 없이 나타내는가?(노래의 진술이 성경을 잘 이해하고 있음을 보여주는가? 당신이 이해하는 말씀의 의도와 가장 잘 일치되도록 성경적 통찰이 분명히 표현되는가, 아니면 가사가 말씀의 배경과 일치되지 않는 성경의 가르침을 담고 있는가?)

● 가사가 성경에 있는 하나님의 이름과 칭호(title)를 일관되게 사용하는가?(성경에서 불리는 방법대로 하나님의 이름이 불리는가, 아니면 하나님을 대명사로만 나타내거나 성경에서 사용되지 않는 이름과 칭호로 나타내는가?)

● 가사에 하나님의 완전한 본성에 대한 언급이 있는가?(가사가 성부, 성자, 성령 삼위 하나님을 언급하는가? 가사가 삼위 하나님 중의 한 분의 이름을 언급하고 그 하나님의 행위를 분명히 가리키고 있는가, 아니면 삼위 하나님을 언급하지 않는가?)

● 가사가 충분히 발전된 신학적 견해를 나타내는가, 아니면 신학의 "단편적인 생각"만을 제공하는가?(가사가 교리적인 면에서 얼

마나 발전되었는가? 가사가 잘 설명된 교리적 진리를 담고 있고 명백히 진술되고 변호되었는가, 아니면 가사가 성경 구절과 신학적 견해를 거의 혹은 전혀 다루지 않고 교리적 진술만 암시되어 있는 분리된 내용들을 제시하는가?)

(2) 가사의 견고성

예배 노래의 가사에 대한 견고성을 결정하기 위해 가사에 대해서 다음의 질문을 해보고, 그 노래에 가사의 가치/진실성이 있는지 살펴보라.

- 가사가 잘 구성되었는가?(가사가 인식할 수 있는 형식으로 분명하게 조직되었는가, 아니면 가사가 일관성 없이 하나의 생각에서 다른 생각으로 움직이는 것 같은가?)

- 노래 가사가 완전한 문장을 사용하는가?(가사가 완전하고 논리 정연한 문장인가? 구두점이 적절하게 사용되는가, 아니면 불완전한 구절들이 겹겹이 쌓여 있는가?)

- 가사가 시적 장치를 효과적으로 사용하는가?(가사에 운, 은유, 통찰력 있는 이미지가 사용되는가, 아니면 시적 아름다움으로 가사를 다루려는 노력을 거의 혹은 전혀 하지 않는가?)

- 가사의 시가 회중의 상상력과 연결되겠는가?(작사자가 사용한 시적 이미지가 예배자의 상상력을 고취시키는가, 아니면 상상력이 거의 혹은 전혀 일어나지 않는가?)

- 가사에 사용되는 단어를 이해할 수 있는가?(예배자들이 일반적으로 이해하기 쉬운 단어나 구절을 사용하는가, 아니면 일반적으로 회중이 사용하지 않는 고어나 특수한 단어를 사용하는가?)

- 생각의 논리적인 흐름이 있는가?(가사가 명백하게 논리적으로 진

행되는가, 아니면 노래 부르는 사람들이 작사자의 의도를 추정하게
끔 만드는 생각의 간격들이 있는가?)
- 가사가 분명한가, 아니면 모호한가?(이미지를 사용하는 경우에도 가사를 완전히 이해할 수 있는가, 아니면 모호하거나 혼란스럽기까지 한 것 같은가?)
- 가사가 영감을 주거나, 교화(edify)하는가?(가사가 신자들을 세우는데 기여하는가, 아니면 그리스도인들을 격려하고 믿음을 고취시키지 못하는 진술을 하고 있는가?)
- 가사가 음악에 어울리는가?(가사가 음악에 잘 맞는가? 음악의 소리와 가사가 같은 정신을 담고 있는가, 아니면 가사와 음악이 음색과 정신에 있어서 동떨어진 것 같은가?)

(3) 음악적 견고성

예배 노래의 음악적 견고성을 결정하기 위해 음악에 대해서 다음의 질문을 해보고 그 노래가 음악적 가치/진실성이 있는지 살펴보라.

- 악구(musical phrase)가 잘 구성되어 있는가?(전반적인 곡의 형식을 인식할 수 있도록 뚜렷이 조직되어 있는 것처럼 보이는가, 아니면 악구가 전체적으로 임의대로 작곡되었는가?)
- 선율(melody line)을 기억할 수 있는가?(선율이 쉽게 기억될 수 있을 만큼 듣는 사람들의 관심을 끄는가, 아니면 앞뒤가 맞지 않고 기복이 심해 보이는가?)
- 곡이 보통 사람이 부르기 쉬운가?(훈련받지 않는 평범한 사람들이 대체로 쉽게 익힐 수 있는 곡인가, 아니면 상당히 많은 노력을 들여서 배워야 하는가?)

- 노래 부르는 사람들이 지속적으로 참여할 수 있을 만큼 곡이 흥미로운가?(지루해 보이지 않을 만큼 곡에 충분한 움직임, 즉 선율의 상승과 하강, 리듬의 움직임, 절정에 다다른 느낌 같은 움직임이 있는가, 아니면 작곡에 대한 관심이 거의 없이 고정적인 것처럼 보이는가?)[10]
- 곡조가 가사에 어울리는가?(곡조가 가사에 잘 어울리는가? 음악의 소리와 가사가 같은 정신을 담고 있는가, 아니면 가사와 곡조가 음색과 정신에 있어서 동떨어진 것 같은가?)

이 장의 마지막에, 각 노래의 신학적, 가사적, 음악적 견고성 평가 용지가 있다. 고려할 수 있는 평가 기준들이 분명히 더 있지만, 이 도구가 예배 건축가에게 선곡에 관해 비평적으로 생각할 수 있게 해주고, 그 과정에서 다른 사람이 참여할 수 있는 토론의 장을 마련해 줄 것이다.

예배 노래 선곡 책임자들이 계속해서 그들의 평가 기준을 심사숙고하고 조정하고 평가 기준을 개선함으로써 그들의 공동체가 회중 노래의 가치를 판단하는데 보다 나아지기를 바란다.

2. 문화적 배경 고려하기

모든 음악 사역자들은 각자의 배경 속에서 섬긴다. 모든 사역 배경은 고유하다. 이 두 문장은 음악 사역자들이 자신들이 사역하는 배경을 고

---

[10] 찬트 선율 같은 곡은 의도적으로 그 자체로서 선율의 활력을 제공하지 않는다. 찬트의 경우 선율은 본문을 읽기 위해서 있는 것이다. 많은 찬트 선율이 아름답기는 하지만, 아름다운 선율이 목적이 아니라 본문을 전달할 목적으로 억양을 넣는 것이다.

려하는 토대를 만든다. 모든 교회는 공동체를 형성하는 각자의 역동적인 요소들이 있다. 거기에는 회중의 이웃(도심, 교외, 시골, 기타), 역사적 뿌리, 교단, 인종적 성향, 신학적 책무, 세대 간의 계층, 교육적 수준, 사회경제적인 상태, 기타 등등 같은 것들이 포함된다. 성숙한 음악 사역자는 회중을 구성하고 있는 많은 측면들을 발견하는 데 충분한 시간을 들일 것이다. 그들은 공동체를 교화하고 그 안에서 의미를 표현하기 위해 회중 노래가 사용되는 방법들을 기도하며 분별할 것이다.

모든 노래가 모든 공동체에 알맞은 것은 아니다. 어느 교회에 어울리는 것이 다른 곳에서는 어울리지 않을 수도 있다. 배경 차이로 인해 생기는 직접적 결과가 있다. 어떤 노래가 질이 높은 것으로 평가되었다 하더라도, 그것이 어떤 특정한 회중에 적합할지에 관해서는 여전히 의문이 있다. 각 노래에 대해서 다음과 같은 사항을 더 고려해 봐야 할 것이다.

- 가사가 우리 회중의 경험에 대해 말하는가?(가사가 우리 회중이 공감할 수 있는 이미지와 언어를 사용하는가?)
- 이것은 우리 회중이 **잘** 부를 수 있는 노래인가?(모든 회중이 최대한으로 노력한다고 고려하더라도, 이 노래가 우리 회중이 음악적으로 소화할 수 있는 범위 안에 있는가?)
- 이 노래가 나의 예배 공동체의 관점을 대변하는가?(가사의 뉘앙스가 나의 교회가 수용하는 신학적, 역사적, 사회학적 이념을 반영하는가?)
- 노래에 사용된 이미지, 은유, 아이디어, 기타 등등을 우리 회중이 이해하는가?(언어 사용이 회중이 이해하고 인정할 수 있는 방법으로 소통하는 데 도움이 되는가?)
- 회중의 모든 그룹을 포괄하는가?(**모든** 사람들이 이해할 수 있는 노래인가, 아니면 회중 안에서 소집단만 이해할 수 있는 노래인가?)

배경을 이해하고 대변하는 것은 음악 사역자의 중요한 책임이다. 어떤 노래가 문화적 배경에 관련되지 않으면, 믿을 만하다고 여겨지지 않을 것이고, 결국 당신의 회중 노래 목록에서 탈락될 것이다. 음악 사역자는 "해당 회중의 능력과 자원을 감지하고 나서, 그 고유한 능력과 자원으로 하나님에 대한 찬양을 표현하는 음악을 쓰거나 선택해야 한다."[11]

3. 회중 노래의 역할 이해하기

기독교 예배에서의 회중 노래의 역할을 숙고하기 위해, 먼저 예배의 기본적인 구조를 기억해야 한다. 구조의 가장 기본적인 요소는 두 가지, 즉 계시와 응답이다.[12] 하나님은 성경 본문, 설교, 노래, 그 외의 예배 요소들을 통해서 말씀하신다. 그렇게 해서 하나님은 진리를 계시하신다. 이 계시는 이제 계시를 받는 사람들로부터 자연적으로 응답을 불러일으킨다. 가장 단순한 형식으로 보면, 예배의 만남은 하나님으로부터의 계시와 그에 따른 사람들의 응답으로 구성된다.

이 2중 구조는 예배에 관한 많은 성경의 묘사에서 볼 수 있다(출 3장; 느 8장; 사 6장; 눅 1장; 행 2:42 등). 하나님은 개인들에게 다가와 말씀하신다(계시). 그리고 사람들은 하나님의 임재와 메시지에 반응한다(응답). 이러한 성경의 패턴은 계시와 응답이라는 예배의 본질적인 두 행위에서 반영된다. 이것은 거시적으로는 말씀/성찬의 형태로, 미시적으로는 연속적인 많은 작은 행동들을 통해 계시/응답이 일어난다. 특히 미시적으로 보

---

11 Paul Westermeyer, *The Heart of the Matter: Church Music as Praise, Prayer, Proclamation, Story, and Gift*(Chicago: GIA, 2001), 18.
12 본서 1장과 3장에서 보다 자세히 논의되었다.

면, 예배가 펼쳐지면서 하나님과 공동체 간에 일련의 작은 대화들이 다양한 요소들을 통해 오고간다. 이것이 대화 속 대화를 만든다.

회중 노래의 역할은 예배의 대화를 만들어 내는 것을 돕는 것이다. 다른 역할은 할 수 없다. 왜냐하면 회중 노래는 대화 구조의 일부이거나 아니면 다른 목적에 기여하는 무관계한 독립체이거나 둘 중 하나가 되는데, 후자의 경우가 되면 예배에 알맞지 않게 되기 때문이다. 회중 노래는 계시나 응답(혹은 둘 다)을 용이하게 해야 한다. 노래가 계시의 역할을 하게 할지, 아니면 응답의 역할을 하게 할지는 예배 건축가가 결정해야 할 것이다. 지금까지 우리는 이 두 용어의 의미에 대해서 어느 정도 일반적인 이야기를 했다. 그러나 어떤 노래가 계시의 역할을 할 것인지 혹은 응답의 역할을 할 것인지를 평가하기 위해서는 이 용어들이 의미하는 것을 분명히 하는 것이 중요하다.

계시는 기독교 공동체에 선포된 하나님의 말씀이다. 삼위 하나님에 관한 그리고 백성과 하나님의 관계에 관한 진리를 의도적으로 제시하는 것을 말한다. 계시를 진리가 가장 의도적으로 발전되고 전달되는 예배의 사건(4중 구조의 두 번째 움직임인 말씀 예전)으로 생각하라.[13] 계시는 주로 말씀 낭독과 설교를 통해서 온다. 여기에서 계시는 거시적인 기능을 한다. 즉, 하나님의 이야기에 관한 객관적이고도 영감을 받은 정보를 제시하는 데 할애된 예배의 큰 부분으로서의 기능이다. 그러나 진리를 명백히 제시하는 계시는 전 예배에서 다양한 다른 방법으로 전달된다. 즉, 회중 노래, 간증, 기도, 준비된 음악, 기타 등등이다. 계시는 이런 방법들을 통해 보통 미시적인 기능을 한다. 즉, 대화의 작은 단편들로서의 기능인데, 이것들이 결합되면 모임/말씀/성찬/파송이라는

---

13 말씀 예전에 관해서는 본서 5장을 보라.

커다란 대화를 형성하는 것을 돕는다.

응답은 계시를 통해 선포된 진리에 대한 하나님의 백성의 대답이다. 응답을 사람들이 대답하거나 혹은 반응할 수 있도록 사람들에게 주어진 준비된 혹은 즉흥적인 기회로 생각하라. 계시에서 그랬던 것처럼, 응답도 거시적, 미시적 두 단계로 일어날 수 있다. 거시적으로 보면, 응답은 계시에 알맞은 주의 식탁이나 대안 응답에 회중이 참여하는 것이다. 그렇게 함으로써 응답은 4중 구조 예배 순서의 세 번째 움직임이 되는 예배의 중요한 부분이 된다. 그러나 진리에 대한 응답은, 계시에서도 그랬던 것처럼, 전 예배에서 많은 예배 요소들을 통해 다양한 방법으로 전달된다. 이 경우, 응답은 주로 미시적인 기능을 한다. 즉, 대화에서 단편적으로 "대답하는 것"인데, 그것들을 가지고 커다란 대화를 형성하는 것을 돕는다. 이제 계시와 응답이라는 이 구조적 고려사항을 일반적으로는 예배 요소에 적용하고, 구체적으로는 회중 노래에 적용해 보자.

어떤 예배 요소든 이것이 하나님, 믿음의 문제 혹은 그리스도인의 경험에 대한 진리를 선포할 때 계시의 도구가 된다. 이와 같이, 회중 **노래**도 본질적으로 진리를 선포할 때 계시의 도구가 된다. 예배 노래의 내용이 주로 하나님, 믿음, 그리고 그리스도인의 경험에 관한 사실을 공표하거나 전하는 데에만 목적을 두면, **계시**의 역할을 하고 있는 것이다. 예를 들어, 시편 90편을 다른 말로 바꾸어 표현한 찬송가 "예부터 도움 되시고"(O God, Our Help in Ages Past)는 하나님의 영원한 본질을 묘사하고 있다.

> 이 천지 만물 있기 전 주 먼저 계셨고,
> 온 세상 만물 변해도 주 변함 없도다.
> 주 앞에 억천만 년이 한 날과 같도다.

이 세상 백 년 살아도 꿈결과 같도다.[14]

이 가사는 객관적이고 확신에 찬 말로 하나님에 대한 진리를 **계시한다**. 어떤 예배 요소든, 선포된 진리가 예배 공동체에 의미하는 바를 표현할 방법을 제공할 때, 그것은 응답의 도구가 된다. 노래는 공동체에게 부여되는 계시의 의미를 공동체가 표현하도록 돕는 예배 요소의 역할을 할 수 있다. 예배 노래의 내용이 주로 공동체가 하나님의 계시에 대답하는 것을 돕는 데에만 목적을 두면, **응답**의 역할을 하고 있는 것이다. "예부터 도움 되시고"에 대한 응답은 현대적 코러스인 "Be Still and Know"가 될 수 있다. 다음의 노래는 각 줄을 세 번씩 부른다.

> 가만히 있어 내가 하나님 됨을 알지어다.
> 전능하신 하나님이 우리 하나님이시다.
> 오 주님, 우리가 주님을 신뢰합니다.[15]

다양한 예배 구성 요소들이 계시나 응답의 역할을 할 수 있다. 대부분 예배 요소들의 말들은 하나님에 대한 진리의 선포(계시)나 신자들이 그 진리를 어떻게 받았는지에 대한 정직한 표현(응답)이 되는 경향이 있다. 예배 건축가의 할 일은 각 노래의 본질을 결정해서 그에 따라 사용하는 것이다. 예배에서 음악의 역할은 계시와 응답을 토대로 해서 대화를 용이하게 하는 것이다.

---

14 3절과 4절. Isaac Watts 작사.
15 작자 미상.

4. 회중 노래의 기능 이해하기

우리가 살펴 본 것처럼, 하나님의 백성으로서 함께 노래하는 것은 기독교 예배에서 필수적인 것이다. 그러나 회중 노래가 예배에서 예전적으로 어떤 기능을 하는지에 대한 문제가 여전히 있다.[16] 노래를 부르는 것은 단지 우리가 노래하는 것을 좋아하기 때문에 혹은 즐기기 위해서나, 분위기를 만들기 위해서나, 설교를 "준비"하기 위해서 하는 것이 아니다. 노래는 예배에서 중요하고 특별한 기능을 수행한다.[17]

사실, 노래들이 예배를 시작부터 끝까지 진행시켜 나간다. 우리가 모임, 말씀, 성찬/응답, 파송을 지나갈 때, 노래가 하나님과 백성 간의 많은 대화의 말들을 제공한다. 노래는 우리에게 단지 기도하라고만 요청하지 않는다. 어떤 노래들은 사실 기도를 제공한다. 노래는 단지 선포의 시간만을 준비하는 것이 아니다. 어떤 노래들은 선포한다. 예배 노래는 단지 각각의 예배 요소들이 함께 흘러가도록 돕기만 하는 것이 아니다. 노래가 **바로** 예배 요소들이다.

예배에서 노래는 여러 가지 주된 예전적 기능을 갖는다. 즉, 선포, 기도, 찬양, 권면, 그리고 행동하도록 요구한다.[18] 노래는 그것이 삼위 하나님의 진리, 경이, 행위를 공표할 때 **선포**로서의 기능을 한다. 즉, 하나님의 본질, 성품, 행위의 여러 측면들을 선언하고 설명한다. 이런 노래들은 보통 성경적, 신학적 가르침을 제공한다. 그 노래에는 기독교 신앙의 교

---

16 본서 3장에서 "예전"(liturgy)을 "백성의 일"(work of the people)이라고 설명했다. "예전적 기능"(liturgical function)은 노래들이 예배의 행위에 기여하는 방법을 가리킨다.

17 우리가 주로 논의하는 것은 회중 노래의 음악이 아니라 가사다.

18 이 부분에 있는 내용들은 Constance Cherry, Mary Brown, and Christopher Bounds, *A Song for All Reasons: The Worship Leader's Guide for Choosing Songs*(출판되지 않음, Indiana Wesleyan University, 2008)에 있는 것들이다.

리적인 요점에 관한 것들을 포함된다. "교회의 많은 음악적 유산은 해석 (exegetical)하거나 선포(proclamatory)하는 내용이다. 음악은 하나님의 말씀을 선포하고, 해석하고, 펼친다."[19] 선포에는 전도가 수반될 수 있다. 즉, 노래를 통해서 예수 그리스도의 복음을 선포하는 것이다. 또한 여기에는 개인 경험에서 나오는 증언이 포함될 수 있다. 즉, 그리스도 안에 있는 하나님에 대한 경험을 노래로 간증하는 것이다. 선포의 주제는 실질적인 노래 가사, 즉 사고의 발전을 통해 기본적인 진리를 다루는 확실한 가사를 통해 이루어진다. 어떤 노래들은 예배에서 선포의 기능을 한다.

어떤 노래들은 **기도**의 기능을 할 수 있다. 특히 간구나 중보 기도이다. 그 노래들은 회중이나 개인의 감정, 정서, 열망을 하나님께 말한다. 하나님께 간구하는 노래에는 기원(하나님 임재의 요청), 회개(용서의 요청), 애통(하나님께 고통의 외침을 들어달라는 요청), 조명(성령께 이해할 수 있도록 도와달라는 요청) 등 기타의 노래들이 있다. 많은 노래들은 기도이다. 그 노래들은 하나님을 향하는 노래라는 것에 있어서 주목할 만하다.

어떤 노래들은 **찬양**이라는 예전적 기능을 한다. 그 노래들은 하나님의 본질, 성품, 구원의 역사로 인해 삼위 하나님을 높인다. 훌륭한 찬양의 노래들은 하나님의 속성을 진술할 뿐만 아니라 그 속성들을 하나님이 행하신 구체적인 행위나 사건과 연결시킨다. 하나님은 그분의 인격과 행위로 인해 높임을 받으신다. 하나님의 속성들은 그 행위들과 분리되지 않는다.[20] 예배가 펼쳐지면서 찬양이 중심이 될 것이다. 말로 하는 찬양도 적절하지만, 많은 노래들은 노래로 불린 찬양으로서의 역할을 잘 한다.

회중 노래에서 얻을 수 있는 또 다른 예전적 기능은 **권면**이다. 권면은

---

19 Westermeyer, *The Heart of the Matter*, 32.
20 이것이 시편이 기독교 예배에 아름다운 자료를 제공하는 이유이다. 시편에는 하나님의 속성들이 하나님의 사역과 자주 연계된다.

격려와 교화의 사역이다. 노래를 통해서 신자들은 서로 더 깊은 제자의 삶과 경건을 촉구할 수 있다. 신자들은 동료들에게 말함으로써 노래의 수평적인 면에 참여해서 서로에게 그리스도인의 높은 이상적인 삶에 오르도록 권면한다(참조, 골 3:16. 바울은 권면과 공동의 노래를 가까이에서 다루고 있다). 공동체에게 승리의 삶을 살도록 촉구하는 데 많은 노래들이 유용하다.

행동하도록 요구하는 노래들도 중요하다. 이런 노래들은 다른 사람들을 섬기며 기독교 신앙에 따라 살겠다는 예배자의 결단을 표현한다. 행동하도록 요구하는 노래들은 예배자들에게 선포된 말씀에 구체적인 방법으로 응답하도록 요청한다. 이 노래들은 예배자가 할 일을 분명하게 선언하며 하나님께 도움을 요청한다. 이 노래들은 예배에서 선포된 하나님의 계시의 말씀과 일치되게 하나님께 응답하는 수단을 예전에 제공한다. 행동하도록 요구하는 노래들은 그 노래가 사람들에게 진리와 정의를 노래하도록 이끈다는 면에서 선지자적이다. 이 노래들은 참된 예배와 정의로운 삶을 연결하고 주께서 예배자들에게 요구하는 것, 즉 정의를 행하며, 인자를 사랑하며 겸손하게 하나님과 동행하는 것(미 6:8)을 공표하는데 열심이었던 구약 선지자들의 전통에 서 있다. 고통과 불공평의 실례들이 밝혀지고 묘사되는 것과 함께, 하나님의 백성에게 이 세상의 참혹한 일들을 지속시켜가는 체제들 속에서 사랑과 변화의 대행자들이 되도록 촉구한다.

노래의 특별한 기능을 결정하는 것은 비교적 쉽다. 먼저 이 간단한 질문을 해 보라. 이 노래가 되고자 하는 것은 무엇(예배로의 부름, 축도, 기타)인가? 회중 노래의 기능에 대해 생각하면서 다음의 예를 고찰해 보라. 현대 코러스인 "정결한 마음 주시옵소서"(Create in Me a Clean Heart)의 가사를 읽어보라. 이 코러스는 어떤 기능을 하려고 하는가?

> 정결한 마음 주시옵소서, 오 주님,
> 정직한 영을 새롭게 하소서(반복).
> 나를 주님 앞에서 멀리하지 마시고
> 주의 성령을 거두지 마옵소서.
> 그 구원의 기쁨 다시 회복시키시고
> 변치 않는 맘 내 안에 주소서.[21]

위의 코러스는 회개의 기도를 노래로 하는 좋은 예다. 다음 가스펠 송의 한 절과 후렴은 사죄의 확신을 노래로 하는 예가 될 것이다.

> 놀랍다 주님의 큰 은혜 우리의 죄를 속하시려,
> 갈보리 십자가 위에서 어린양 보혈을 흘렸네.
> 주의 은혜 우리의 죄를 다 씻었네.
> 주의 은혜 우리의 죄를 다 씻었네.[22]

때로 노래에는 하나 이상의 기능이 있다는 것을 알았을 것이다. 예를 들어, 한 노래에 권면과 행동의 요구가 모두 있을 수 있다. 주제들이 보통 겹친다. 그러나 보통 하나의 주된 기능이 뚜렷할 것이다. 노래에서 말하고자 하는 **중심**이 무엇인지 물으라. 그것에 따라 결정하고, 그 노래가 주로 뜻하는 바대로 예전에 기여하도록 하라.

회중 노래가 예배에서 하나님과의 대화를 촉진하는 데 있어 특별한 기능을 가졌다고 생각하는 것은 많은 사람이 주장하는 음악의 목적과 상당

---

21 작자 미상, © 1986 Maranatha! Music.
22 "놀랍다 주님의 큰 은혜"(Grace Greater than Our Sin) Julia H. Johnston 작사(1849-1919).

히 다른 견해이다. 어떤 사람들은 음악을 "도구"라고 말한다. 그 말은, 음악은 보다 중요한 무언가를 성취하기 위한 수단이라고 말하는 것이다. 예를 들어, 음악은 개인들이 어떤 특정한 방법으로 느끼는 감정, 그리고 설교의 목표에 호의적으로 응답할 것 같은 감정적 환경을 제공하는 수단으로 볼 수 있다. 혹은 교회가 기독교에 익숙하지 않은 사람들을 끌어들일 수 있는 오락으로 볼 수도 있다. 이런 경우에, 음악은 감정적 영향력이나 출석 증가를 위한 도구이다.

그러나 음악을 이런저런 목적들을 위한 도구로 생각하는 것은 예배의 참된 요소로서의 음악을 잘못 이해하는 것이다. 음악이 숨은 동기, 즉 목적을 위한 수단으로 사용된다고 말하는 것이다. 우리는 음악이 하나님과 공동체의 대화에서 예전적 기능을 수행하면서 예배 전체의 소통(감정적 연결까지)을 위한 정당한 목소리를 제공하는 것으로 생각해야 한다. "음악은 예배를 돕는 것도 아니고 예배를 생산해 내는 도구도 아니다. 음악은 고유하게 하나님께 드려진 예물이다. 수단이며 목적이다."[23]

노래를 부르기 위한 목적으로 노래를 부르는 것이 아니다. 노래를 부르는 것은 주요 목표를 달성하기 위한 부차적인 수단도 아니다. 예배 인도자가 선택하는 각 노래는 예전적인 목적에 기여한다. 먼저, 어떤 노래들이 어떤 방법으로 기능하는지에 대해 생각하라. 간단히 이렇게 질문하라. 이 노래의 중심이 선포, 기도, 찬양, 권면, 행동의 요구 중 무엇인가? 그후 좋은 예배 건축가로서, 이 노래가 의도한 기능에 기여하도록 예배에 배치하라. 이것이 일관되게 행해질 때, 우리의 노래들은 우리를 하나님께 연결해 줄 것이다. 그 노래들은 예배의 대화를 촉진하기 때문이다.

---

23 Harold M. Best, *Music Through the Eyes of Faith* (New York: HarperCollins, 1993), 9.

5. 음악적 원리에 근거해 결정하기

나는 회중 노래를 비롯해서 예배에 사용되는 모든 음악 형식에 관련된 일반 원리를 제시하면서 이 장의 첫 부분을 마치겠다. 이 원리는 예배 건축가가 모든 예배 음악에 관한 결정을 하는 데 있어 견고한 기초가 되도록 하기 위해 마련된 것이다.

① 예배 음악은 음악 이상의 목적에 기여한다. 우리는 음악을 위한 음악에 참여해서는 안 된다. 회중 노래를 포함한 모든 음악은 "기능적인 예술"이다. 즉, 하나님의 이야기를 말하고, 예배의 대화를 촉진하는 것이 그 목적이다. 이렇게 함으로써 모든 음악은 하나님을 영화롭게 한다.

② 예배 음악(여기서 나는 노래의 음악적 요소만을 말한다)은 언제나 가사의 종이다. 가사가 그에 수반되는 곡보다 더 중요하다. 왜냐하면 가사가 메시지를 가장 명시적으로 전달하기 때문이다. 음악은 중립적이지 않다. 음악은 분명히 무언가를 전달하지만, 그것의 메시지는 함축되어 있어서 더욱 알기 어렵다. 음악의 메시지는 문화적 환경을 통해 받게 된다. 예를 들어, 단조는 서구문화에서는 엄숙하고 묵상적인 분위기를 시사한다. 이것은 조건 반사적이다. 그러므로 음악은 문화에 따라 다르게 들릴 것이기 때문에 보편적인 의미를 갖지 않는다. 음악의 소리와 가사는 둘 다 중요하지만, 음악은 가사를 향상시키거나 가사에 힘을 준다. 그 반대가 아니다.

③ 예배에서 음악은 공연에 초점을 맞추어서는 안 된다. 음악은 오락이 아니다. 음악은 연주자들이 수동적인 청중을 감동시키기 위한 장을 마련해 주기 위해 존재하는 것이 아니다. 모든 음악가들은, 어

떤 스타일을 사용하든, 공연하는 기분에 빠질 수 있다. 회중 노래는 다수의 예배 음악이 되어야 한다. 왜냐하면 이것은 한 사람 혹은 몇몇 사람의 목소리가 아니라 많은 사람의 목소리로 구성된 노래이기 때문이다. 그러므로 회중 노래는 공연 지향적이지 않고, 연주자와 청중을 위한 공연의 장도 아니라, 모든 예배자들의 공동의 활동에 훨씬 더 적합하다.

④ 음악은 계시와 응답을 위한 수단을 제공한다. 음악의 가사가 그리스도 안에 있는 하나님에 대한 진리를 공표할 때는, 가사는 계시로서의 기능을 수행한다. 가사가, 공동체가 하나님께 생각, 뜻, 느낌을 표현하는 말을 제공할 때는, 응답을 위한 수단인 것이다.

⑤ 음악은 모든 광범위한 기능에 기여한다. 노래는 많은 예배 행위들을 촉진한다. 사실, 노래는 예배의 요소이다. 즉, 기도, 신앙고백, 찬양, 간증, 선포, 권면, 기타 등등이다.

⑥ 음악은 주로 공동의 행위이다. 개인의 음악 순서는 올바른 이유로, 올바른 사람에 의해서, 올바른 곳에서 드려질 때는 부적절하지 않다. 그러나 대부분의 예배 음악은 함께 모여서 그 소리를 내는 데 참여한 공동체의 음악이어야 한다. 왜냐하면 삼위 하나님과 대화하는 것은 공동체이기 때문이다.

⑦ 예배 음악은 하나님의 성품을 반영해야 한다.[24] "매체는 메시지이다"라는 말은 매체 자체(이 경우는 예배 음악이다)가, 의도된 것이든 그렇지 않든, 중요한 무언가를 전달한다는 것을 나타내는 말이다. 예배 음악은 하나님의 광휘, 아름다움, 장엄함, 선함에 부합해야 한

---

24 Dan G. McCartney는 "Music and the Worship of the Living God," *Modern Reformation*, November-December 2002, 14에서 이것을 "관련성 원칙"(Correspondence principle)이라고 부른다.

다. 예배에 알맞은 것이 되기 위해서 음악이 웅장하고 허세를 부리는 것이어야 한다는 말이 아니다. 단순한 곡도 그런 속성을 묘사할 수 있다. 내가 하고자 하는 말은, 성경적 예배에서 사용되는 음악은 일반적으로 하나님에 대한 기독교적인 견해에 상충되는 아이디어나 견해를 나타내지 않아야 한다는 것이다. 더 정확히 말하면, 음악은 하나님의 성품을 나타내야 한다.

6. 공동체가 하나님의 이야기를 노래하도록 돕기

본서 10장에서, 공동체가 예배하기 위해 모일 때 그들은 하나님의 이야기를 노래한다는 것을 발견했다. 이것은 성령의 능력으로 모든 것을 창조하고 재창조하는, 그리스도 안에 계신 하나님의 메시지이다. 이 이야기는 교회력을 통해 계속해서 이야기된다. 많은 예배 요소들을 사용함으로써 매주 다양한 측면들이 전달된다. 많은 이야기가 노래로 불린다.

나는 음악 사역자들이 하나님의 이야기를 노래하는 계획을 **어떻게** 세울 수 있을지에 대한 패러다임을 제시하고, 일반적으로 음악이, 특히 회중 노래가 어떻게 하나님의 이야기를 전달할 수 있을지에 대해 충분히 생각할 수 있는 방법을 제안할 것이다.

예배는 실질적인 메시지를 가지고 모임, 말씀, 성찬/대안 응답, 파송을 진행해가야 한다.[25] 우리가 배운 것처럼, 예배는 대화를 통해 진행된다. 그리고 대화의 내용은 무언가에 근거를 두어야 한다. 기독교 예배에서, 그 내용은 하나님의 이야기이다. 하나님의 은혜로운 이야기의 한 면 혹

---

25 나는 메시지를 설교와 같은 것으로 보지 않는다. 나는 이 용어를 넓은 의미로 사용한다.

은 많은 면들이 모임 예전에서 시작해서 장려하게 전해지면서 파송 예전에서 마친다. 이것이 어떻게 이루어지는가? 본서 4장에서 제안한 것처럼, 일반적인 것에서 구체적인 것으로 움직이면서 예배를 움직여 가는 것이 가장 타당하다. 훌륭한 이야기들이 그런 것처럼, 시작에는 배경이 설정되고, 인물들이 소개되고, 관계가 기술된다. 언제나 줄거리의 매개변수들이 세워져야 한다. 장이 계속되면서, 독자는 이야기의 구성 속으로 점점 더 깊이 이끌려 들어가고, 인물들에 더욱 관여하게 되고, 관계들의 감정에 크게 싸이게 된다. 정말로 훌륭한 이야기는 독자들이 스스로를 줄거리의 일부로 상상하게 만든다.

예배의 줄거리는 그것과 같다. 삼위 하나님을 주요 인물로 소개하면서 이야기의 일반적인 부분을 시작한다. 하나님의 속성을 노래하고, 하나님이 모든 백성을 위해서 행하신 놀라운 일들을 반복하는 것이다(모임). 예배가 진행되면서, 그 이야기는 더욱 구체적이 되어 예배자들은 하나님과 그들의 관계에 대해 더욱더 알아간다(말씀). 줄거리가 더욱 구체적이 되면서 예배자들은 점차적으로 관여하게 된다. 긴장이 더 고조되고 참여자들은 구성과 소구성에 참여하게 된다. 결국 이야기의 감정은 절정에 이르러 의지적으로 맡기게 되고(성찬 혹은 대안 응답), 이야기는 결단으로 향해 간다(파송). 본질적으로 예배가 진행되어 가는 것은 여정이며, 하나님의 이야기의 진리가 그 여정의 실체를 형성하고,[26] 등장인물들(하나님과 백성)은 새로운 단계의 관계에 접어든다.

그림 11.1이 이 진행을 보여주고 있다. 그림에서 원은 기독교 예배의 기본적인 내용을 나타낸다.

이 원에서 언급된 특별한 것들은 하나님의 이야기의 측면들이다. 그

---

26 예배를 변화적인 여정으로 설명하는 것에 대해서는 본서 1장을 참조하라.

것들이 기초를 형성하고, 예배에서 사용되는 요소들의 주된 재료를 제공한다. 그 원들은 특별한 방법으로 서로에게 관계되어 있다.

첫째, 원은 크기가 큰 것에서 작은 것으로 움직인다. 이것은 이야기의 일반적인 부분(큰 원)에서 구체적인 부분(작은 원)으로 움직이는 것을 묘사한다.

둘째, 각 작은 원들은 그것을 둘러싸고 있는 원의 부분 집합이다. 이것은, 하나님의 이야기의 측면들이 독립적이지 않다는 것을 나타낸다. 이야기의 구체적인 부분을 말할 때, 그 줄거리는 더 큰 배경을 제공하는 보다 큰 줄거리에 둘러싸인다.

그림 11.1 **예배의 진행**

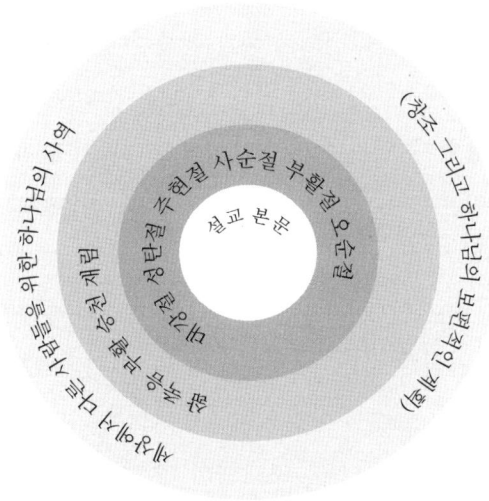

원의 둘레가 되는 **첫 번째 외곽원**은 세상에서 다른 사람들과 함께하는 그리고 다른 사람들을 위한 하나님의 행위의 큰 이야기를 나타낸다. 이 행위는 창조에서 시작하는데, 하나님은 우주를 말씀으로 창조함으로써

하나님의 본질과 하나님이 계획하신 목적을 표현하신다. 세상에서의 하나님의 행위는 창조로 끝나지 않는다. 오히려 성경은, 하나님은 자신이 창조하신 것들의 삶에 친밀하게 관여하셨고, 계속 그렇게 하신다는 것을 드러낸다. 하나님의 행위에는, 인간과의 관계를 추구해 가면서, 놀라운 구원의 역사와 더불어 우주적이고 보편적인 계획이 포함된다.

이 원은 가장 일반적인 것이다. 따라서 첫 번째 원 안에는 많은 것들이 포함된다. 하나님의 이야기를 노래하는 것은 **하나님이 일반적으로 어떤 분이신지**(영원한 분, 본질상 거룩한 분, 삼위일체, 모든 것에 완전한 분, 모든 사람을 사랑하는 자비한 분 등등) 그리고 **하나님이 일반적으로 행하신 일이 무엇인지**(모든 것을 창조하고, 모든 것을 지속시키고, 모든 것들에게 공급하고, 구원하기 위해 개입하는 것 등등)를 말하는 노래를 부르는 것이다. 이런 일반적인 수준으로 하나님의 이야기를 노래하는 것은 평생이 걸려도 할 수 없다. 왜냐하면 하나님의 성품과 행하심에 관한 주제는 다함이 없기 때문이다. 성도들이 "큰 이야기"를 노래할 수 있도록 하기 위해 음악 사역자들이 이용할 수 있는 여러 스타일의 노래들이 많이 있다.

두 번째 큰 원은 그리스도 사건을 나타낸다. 이것은 그리스도의 온전한 역사, 즉 주님의 삶, 죽음, 부활, 승천, 재림이다. 그리스도 사건은 가장 중요한 구원 역사인데, 구원은 하나님이 자신의 형상으로 만드신 자들에게 주시는 것이다. 이것은 인간을 위한 하나님의 보편적인 계획의 구체적인 부분이다. 그래서 이것은 세상에서의 하나님의 행위라는 큰 원에 싸여있다. 그리스도 사건은 하나님의 일반적인 계획의 부분 집합이다. 그리스도 사건을 하나님의 전반적인 계획의 표현으로 본다면, 그것을 전체와의 적절한 관계 안에서 보는 것이다.

우리가 그리스도 사건의 이야기를 노래할 때, 우리는 그리스도의 위대한 사역, 성부의 뜻에 순복하심, 이 땅에서의 주의 사역, 삼위 하나님과의 관계, 그리고 기타 등등을 말하는 노래를 부르는 것이다. 이 이야기의 원은 그리스도의 사역의 주요 측면들 중 하나를 말하는 노래들을 사용할 것이다. 즉, 가르치시고 치료하시는 이 땅에서의 주의 사역, 고난, 부활, 부활 후의 현현, 승천, 재림 혹은 영원한 나라와 통치의 확립이다.

안으로 들어가서, **세 번째 원**은 그리스도 사건의 구체적인 이야기들을 말하는 수단으로서 교회력의 기념일들을 나타낸다. 교회력의 목적은 그리스도인 예배자들로 하여금 하나님이 그분의 아들을 통해 주신 구원을 기념할 기회를 갖도록 하는 것이다. 우리는 그리스도의 삶, 죽음, 부활이라는 주요한 장들(chapters) 중 하나를 시연하는 예배 행위에 참여한다. 교회력의 구체적인 절기는 그리스도 사건의 절기를 기억하고 기념할 기회를 제공한다. 그러므로 교회력을 지키는 것은 그것을 둘러싸고 있는 원(그리스도 사건)을 가리키며, 그것은 또 그것을 둘러싼 원, 즉 하나님이 어떤 분이신지와 하나님이 행하신 일의 "큰 이야기"를 가리킨다.

가장 작은 네 번째 원은 말씀 예전을 위한 성구집 낭독 및/또는 설교 본문을 나타낸다. 설교 본문과 그날의 성경 말씀 낭독은 예배자들에게 그 주일에 대해 가장 구체적으로 생각하도록 이끌어 준다. 본문과 설교는 하나님의 이야기 안에서 한 사건을 대표하는 중요한 진리 한 가지에 대해 말한다.

다른 원들처럼 설교와 성경 낭독은 밖으로 향한다. 그것들은 교회력이라는 배경 안에서 보이는데, 교회력은 그리스도 사건에 귀를 기울이며, 언제나 세상 속에서 하나님이 행하신 일과 관련해서 보이는 것이다.

예배의 움직임은 보통 가장 일반적인 것에서부터 가장 구체적인 것으로 진행해 간다. 이것은 일반적으로 예배자들에게 하나님의 이야기 속으로 들어가서, 예배가 발생될 때 하나님과 사람 그리고 사람과 하나님 관계의 특별한 양상에 자신들을 맡기도록 돕는 다양한 예배 요소들을 사용함으로써 진행해 간다.

음악 사역자는 이야기 줄거리의 발전, 일반적인 것에서 구체적인 것으로의 움직임, 우리가 예배라고 부르는 여정을 인식하고 있다. 그는 하나님의 이야기를 전달하는 노래를 선택하는 데 관심을 가진다. 음악은 예배의 내용을 위한 도구이다. 이것은 이야기가 들려지는 주된 방법이다.

다음의 역삼각형(그림 11.2)은 여러 가지를 묘사한다.

첫째, 삼각형은 모든 원들과 접촉되어 있다. 이것은, 음악은 이야기의 모든 면들을 말하는 적절한 매체라는 것을 가리킨다. 노래들은 하나님에 대한 일반적인 진리를 전달하고, 그리스도의 삶의 이야기를 말하고, 교회력을 기념하고, 그리고 특정 성경 본문을 해석하면서 예배자가 그 본문에 응답할 수 있도록 한다. 이야기의 모든 부분은 노래로 불려진다.[27]

둘째, 삼각형은 뒤집어져 있어서 삼각형의 가장 넓은 부분은 가장 큰 원(하나님의 일반적이고 큰 역사를 나타낸다)과 일치한다.

위는 넓고 아래는 좁은 삼각형의 형태는 바깥의 큰 원에서부터 안으로 들어오며 작아지는 원의 진행과 일치한다. 하나님의 이야기가 일반적인 것에서부터 구체적으로 것으로 진행해 가면서 음악의 선택도 일반적인 하나님의 속성과 행하심에 대한 기념과 인정에서부터 이야기의 구체적인 면을 고려하는 것으로 진행될 것이다. 말씀 예전으로 움직여 가면서 음악의 선택이 더욱 구체적이 된다. 말씀에 대한 응답으로 선택된 음악은 가장 구체적이다.

음악 사역자가 감당할 중요한 역할 중의 한 가지는 이야기꾼(storyteller)의 역할이다. 그들은 하나님의 백성이 하나님의 이야기를 노래하도록 도와줌으로써 하나님의 이야기를 말한다.

---

27 기독교의 대부분의 기간 동안 전체 예배를 노래로 했다.

그림 11.2

7. 예배 순서에 노래를 의도적으로 배치하기

우리가 논의한 것처럼, 예배에 적절한 노래를 선택하는 것은 중요하다. 이것은 공동체가 부르기에 가장 좋은 노래가 **어떤** 것인지를 결정하는 것에 관한 문제이다. 노래의 자격 요건이 정해지고 선곡이 되었다고 가정하면, 이제 문제는 각 노래를 예배 순서의 **어디에** 배치하는가이다.

이것은 당연한 일이라고 생각할 수 있지만, 놀랍게도 많은 음악 사역자들은 4중 구조 예배 순서의 각 부분마다 가장 잘 사용되는 노래들이 있다는 사실을 생각하지 않는다.

당신의 교회에서 사용되는 회중 노래 목록을 생각해 보라. 회중이 알고 있는 전체 노래의 목록을 만들어 보라(다음 페이지의 양식을 참조하라). 목록을 만든 후에, 각 노래의 가사를 살펴보라. 예배 순서에서 논리적으로 어디로 가야 할지 생각해 보라. 다음의 질문이 도움이 될 것이다.

① 이 노래의 목적은 무엇인가?(이 노래의 임무는 무엇인가? 권면하는가? 가르치는가? 회개하는가? 찬양하는가? 기도하는가? 죄를 깨닫게 하는가?)
② 이 노래의 **주된** 메시지는 무엇인가?
③ 가사에만 근거해 볼 때, 이 노래는 무엇을 표현하려고 하는가?
④ 말하는 "주체"는 누구인가?(개인 예배자? 하나님? 회중? 회중 안의 소집단?)

이런 것들에 비추어 볼 때,

① 이 노래는 하나님과의 대화에서(4중 구조 예배 순서) 어디에 가장 잘 어울리는가?
② 이 노래는 계시하는가, 아니면 응답하는가?
③ 이 노래는 선포하는가, 아니면 표현하는가?
④ 이 노래는 예배를 시작하는가, 아니면 예배를 끝맺는가?

이런 질문에 대답하고 난 후, 다음의 양식을 사용해서 당신의 평가를 기록해 보라. 그룹으로 하기를 추천한다. 음악가들과 음악가가 아닌 사람들이 같이 하라. 공동 작업이 당신의 팀에게 큰 통찰력을 줄 것이다. 양식을 작성할 때, 어떤 노래에 대해서는 여러 개의 범주나 혹은 모든 범주에 표시하고 싶은 생각이 들것이다.

  이런 유혹을 피하라. 각 노래마다 한두 개까지만 선택하도록 제한하라. 목적은 예배에서 각 노래의 최적의 위치를 찾는 것이다.

  단순히 이렇게 질문하라. 이 노래는 예배의 어떤 부분에 가장 자연스럽게 속하는가? 이렇게 질문할 수도 있다. 이 노래는 하나님에 대한 일반적인 진리를 표현하는가, 아니면 하나님의 속성이나 행하신 일의 특정한 면에 대한 특정 진리를 표현하는가?

4중 구조 예배 순서에서 노래 배치하기

	모임	말씀	성찬혹은응답	파송
시편				
노래 제목				
노래 제목				
(이 범주에 속한 노래를 모두 나열하라)				
찬양 코러스/현대 예배 노래				
노래 제목				
노래 제목				
기타				
찬송가				
노래 제목				
노래 제목				
기타				
가스펠 송				
노래 제목				
노래 제목				
기타				
영가				
노래 제목				
노래 제목				
기타				
흑인 가스펠				
노래 제목				
노래 제목				
기타				
세계의 노래				
노래 제목				
노래 제목				
기타				
의식 노래(Ritual Song)				
노래 제목				
노래 제목				
기타				
그 외의 노래				
노래 제목				
노래 제목				
기타				

예배 순서에서 노래를 배치하는 것에 대해 충분히 고려한 후에 그 선택이 타당하고 포괄적인 접근이었는지 확실히 할 수 있도록 마지막으로 점검하라. 전반적인 노래 선택과 배치가 음악 사역자로서의 자신의 가치관과 일치하는지 확실히 할 수 있도록 다음의 몇 가지 질문을 해 보라.

① 이 예배에서 사용되는 모든 노래들이 균형 잡힌 예배 경험을 제공하는가?(찬양, 경배, 헌신, 기도, 선포 등의 노래들이 있는가?)
② 객관적인 노래와 주관적인 노래의 균형이 있는가?
③ 하나님에 대한 언급이 풍부한가?
④ 공동의 언어가 지배적인가?
⑤ 이 예배에서 사용되는 모든 노래들이 그리스도인의 삶의 광범위한 경험과 감정을 표현하는가?

8. 음악적 구조(순차와 순환) 인식하기

회중 노래 유형에 대해 생각할 때 구조적인 중요성과 의미를 고려하는 것이 도움이 된다. 세계의 노래에 관한 연구의 전문가인 마이클 환(Michael Hawn)이 이 일에 도움이 되는 사람이다.[28] 환은 대부분의 회중 노래를 둘 중 하나의 구조적 형태로 축소한다. 즉 순차적(sequential) 구조와 순환적(cyclic) 구조이다. 순차적 구조는 노래 부르는 사람에게 순차적으로 생각하라고 요구한다. 즉, 정보를 연역적으로 처리하는 것이다. 이

---

28 이 부분은 C. Michael Hawn, "Form and Ritual: Sequential and Cyclic Musical Structures and Their Use in Liturgy," in *Gather into One: Praying and Singing Globally*(Grand Rapids: Eerdmans, 2003), 7장에서 많은 도움을 받았다.

런 구조적 형태의 노래 가사들은 선형적인 사고를 요구한다. 생각의 발전을 하나씩 하나씩 따라가는 것을 말한다. 순차적 노래들은 명제적인 경향이 있다. 이 노래들은 노래 부르는 사람에게 추론의 방향을 따르길 요청한다. 이것은 보통 믿음의 진술이라는 논리적 결단으로 결론짓는다.

순차적 구조는 신학적인 주장을 하거나 신자의 영적인 경험을 자세히 설명하는 데 필요한 많은 말들에 적합하다. 이것은 작사자가 많은 가사의 영역을 다루도록 하는 수단을 제공한다. 서구 찬송가는 순차적 구조의 전형적인 예를 보여준다.[29] 여러 절이 있는 찬송가의 체제는 신학적 진리를 진술하고 발전해 가도록 하는 많은 공간을 제공한다. 순차적 구조는 쓰인 말에 의존한다. 이 형식에서 사용된 엄청난 양의 말로 볼 때 가사는 씌어져야 한다. 한 번 듣고 외워서 노래하기에는 말이 너무 많다.

후렴구를 제외하고는, (곡은 매절마다 반복하지만) 그 가사는 일반적으로 반복되는 내용이 없다. 환이 말하는 것처럼, "순차적 구조는 본질적으로 형식에 있어서는 문학이다."[30] 순차적 구조는 또한 다음과 같다.

> 비교적 폐쇄적인 구조이다. 즉 길이나 경험의 질을 대략 예측할 수 있다. 가사나 음악에서 상당한 변화와 즉흥성의 여지가 없다. 더욱이, 음악과 가사 모두 페이지에 담겨 있는 것처럼 찬송가를 노래 한 후에 더 묵상하거나 분석하기 위해 보존되고 다시 읽힐 수 있다.[31]

이와는 대조적으로, 순환적 구조는 노래 부르는 사람에게 순환적으로

29　Ibid., 225.
30　Ibid., 228.
31　Ibid., 230.

생각하라고 요구한다. 즉, 정보를 귀납적으로 처리하는 것이다. 명제적으로 생각함으로 인해 많은 말이 필요하게 되는 것이 아니라, 순환적 가사는 몇 개의 단어를 사용한다. 적은 말이 환영 받는다. 왜냐하면 노래의 효과성은 논의에 의존하기보다는 주제와 변형, 즉 먼저 진술된 하나의 생각(주제, theme)과 매번 반복할 때마다 나타나는 즉흥적인 첨가(변형, variations)에 의존하기 때문이다. 순환적 구조는 노래 부르는 사람에게, 가사가 여러 번 반복을 통해 순환할 때, 겹겹이 쌓인 의미를 생각하도록 요청한다. 첫 명제를 설명함으로써 노래가 발전되어 가는 것이 아니라, 노래가 반복되면서, 공동체가 음악적 즉흥성, 신체적 움직임 등등의 방법을 통해 첫 진술한 것에 참여함으로써 발전된다.

순환적 구조는 기도를 노래로 하는 것에 적합한데, 왜냐하면 몇 마디로 한 기도("예수여, 주의 나라에 들어가실 때 나를 기억하소서"[Jesus, remember me when you come into your kingdom])[32]가 반복되고 변형됨으로써 점차적으로 예배자들의 가슴속으로 깊숙이 들어가서 그곳에서 남아있기 때문이다.

순환적 구조에서는 말이 적게 사용되기 때문에 구전으로 전달되는 데 용이하다.[33] 일반적으로 인쇄가 필요치 않은데, 그 이유는 이 노래들은 배우고 부르는 데 거의 어려움이 없기 때문이다. 이런 이유 때문에, 순환적 구조는 여러 세대의 관심을 끌기 쉽다. 이 노래들은 접근하기 용이해서 모든 사람들이 참여하기가 쉽다. 순환적 구조는 관계적이다. 즉, 모든 연령대가 참여할 뿐만 아니라 노래 부르는 사람들의 다양한 해석을 신뢰한다. 훈련이 필요하지 않다. 노래가 계속되면서 공동체가 참가해서 기여

---

32 Taize Community, 1981; © 1981 GIA Publications.
33 Hawn, *Gather into One*, 232.

한다. 비서구문화의 많은 세계의 노래와 서구문화의 경배와 찬양 음악은 순환적 음악을 대표한다. 무엇보다도 이 두 유형은 가사와 음악의 반복에 의존해서 의미를 전달한다. 노래 부르는 사람들과 음악가들은 노래가 되풀이 될 때 여러 겹의 음악에 관여하면서 그 노래를 꾸민다. 의미는 반복을 통해 이해된다. 환은 순환적 구조를 다음과 같이 요약한다. "순환적 구조를 가진 음악은 대개 문학성보다는 구전에 의존하며, 단조로움,[34] 의례(ritual performance), 창의적인 사고, 집중적인 기도 의식(sense)에 의존한다."[35] 환은 결론적으로 다음과 같이 비교한다. "순차적 구조는 주로 내용 지향적인 반면 순환적 구조는 공동체 구축에 중점을 둔다."[36]

지혜로운 음악 사역자들은 순차적, 순환적 구조가 서로 다른 목적에 기여한다는 것을 안다. 순차적 구조는 교회의 교리를 알려주고, 가르치고, 진술하는 가사의 중요성을 전달하기 위해 회중 노래에서 필요하다. 본서 10장에서 언급한 것처럼, 찬송가는 공동체에게 그들의 신앙을 함께 노래하는 수단을 제공하는 데 특히 유용하다. 신앙의 진술은 시적 장치를 이용해서 잘 구성된 절 안에서 진술된다. 순차적 구조는 가사의 풍부한 발전을 위한 충분한 공간을 제공한다. 공동체는 순차적 구조에 의존해서 발전된 진리를 전달한다. 순환적 구조도 묵상을 위해서 회중 노래에서 필요하다. 이 구조는 예배자들이 넓은 내용보다는 깊이 들어가는 몇 마디의 말을 노래하는 수단을 제공한다.

음악 사역자들이 다음 두 가지를 이해하는 것이 중요하다.

첫째, 두 구조 모두 어떻게 공동체에게 필요하며 또 유용한가?

---

34 Hawn은 단조로움은 지루한 것이 아니라, "의식이 이루어지는 안전한 환경을 만드는" 반복적인 예전 행위라고 한다.
35 Ibid., 234.
36 Ibid.

둘째, 예배 순서에서 두 구조를 어떻게 효과적으로 사용하는가?

"이것의 핵심에는…예배 기획자들이 적절한 음악 스타일과 가사의 주제를 선택할 뿐만 아니라 어떤 신앙 공동체의 특정한 의례와 의식(rites and rituals)을 지원하는 가장 적절한 음악 구조를 찾아야 한다는 필요성이 있다."[37] 예전에는 발전된 진리의 진술문들이 요구될 때도 있고(순차적 구조), 계속해서 강조하는 짧은 신앙의 표현들이 요구될 때도 있다(순환적 구조). 환은 순차적 음악 구조는 의식 행위에 **이어서** 가장 잘 사용된다고 말한다.[38] 예를 들어, 찬송가는 예전 행위에서 방금 경험된 것을 설명한다.

순환적 음악 구조는 의식 행위 **중에** 가장 잘 사용된다.[39] 의식 행위와 노래 부르는 것은 하나가 된다. 이것은 주로 실용적인 이유 때문인데, 즉 사람들은 노래책을 들고 있거나 스크린에 있는 가사를 읽지 않고 노래하면서 행위를 수행할 수 있다. 그들은 자유롭게 노래하고 움직이고 예배 행위들을 동시에 수행할 수 있다. "순환적 구조는 참석한 모든 사람들에게 노래 부르는 것을 통해 더욱 온전히 참여할 기회를 갖게 한다…순환적인 노래들은 주로 구전에 의해 전해지기 때문에…회중은 전 의식에서 그들의 참여를 찾거나 인식한다."[40]

음악 사역자들이 예전을 위해 언제 어떻게 이 형식들 사이를 부드럽게 넘나드는지 알면 회중들에게는 도움이 된다. 양자택일이라는 사고방식을 피하는 것이 가장 좋다. 한 형식이 다른 형식을 배제하면서 사용될 필요는 없다. 단지 각 구조가 제공할 수 있는 것(그리고 제공할 수 없는 것)을

37　Ibid.
38　Ibid., 238.
39　Ibid., 239.
40　Ibid.

이해하라. 둘 다 가치 있는 목적에 기여하며, 또한 그렇게 하도록 해야 한다. 예배자들은 이것으로 인해 더욱 풍성해 질 것이다.

9. 결론

본서 10장에서, 나는 기독교 예배에서 다양한 유형의 회중 노래를 사용하는 것에 대한 논거를 제시했다. 이 장에서는, 음악 사역자에 대해 기술하고 논의했다. 이 두 장의 결론으로서 교회 음악가이자 교수인 폴 웨스터메이어(Paul Westermeyer)의 말로 맺는 것이 가장 좋을 것이다.

[우리에게 필요한 것은] 예배 공동체로부터 나오는 음악적인 삶이다. 그런 음악적인 삶은 음악 리더들의 능력과 이해를 암시한다. 이것은 특정한 시간과 장소에서 사람들의 노래를 위한 음악적 구문을 만드는 것을 의미하고, 앞서 살았던 사람들과 뒤에 올 사람들을 진지하게 여기는 것을 의미한다. 이것은 사람들을 생각 없는 반복으로 달래서 잠재우거나 상업적인 피상성으로 조작할 대상으로 취급하는 것이 아니라, 존중히 대하는 것을 의미한다. 이것은 예배 공동체의 한 부분으로서의 기능을 하는 합창단과 악기 연주자들이 이끄는 활기찬 회중 노래를 의미한다. 이것은 옛 음악과 새로운 음악, 가장 단순하고 가장 복잡한 음악, 대중음악과 순수 예술 음악, 현재의 소리와 앞으로 올 소리를 의미한다. 이것은 교회의 보편성을 상기시켜주고 고립 너머로 우리를 이끌어 주는 다문화 음악을 의미한다. 이것은 사회의 폭력으로부터 우리를 격리시

키는 달콤한 소리만 계속해서 사용하는 것을 피하는 것을 의미한다. 간단히 말해, 이것은 특정한 시간과 장소에서 세상을 위해 복음의 풍부함에 응답하기를 구하는 음악을 의미한다.[41]

10. 주요 용어

음악 사역자(pastoral musician). 전적으로 하나님을 영화롭게 하는 궁극적인 목적을 위해 신학적, 상황적, 문화적인 고려사항들을 숙고하며, 예전 행위에 도움이 될 음악을 선곡하고 사용하는 데 숙련된 기술과 하나님 앞에서 책임감을 지닌 리더.

11. 참고 문헌

Kroeker, Charlotte, ed. *Music in Christian Worship: At the Service of the Liturgy*. Collegeville, MN: Liturgical Press, 2005.

Leaver, Robin A., and Joyce Ann Zimmerman, eds. *Liturgy and Music: Lifetime Learning*. Collegeville, MN: Liturgical Press, 1998.

Routley, Erik. *Church Music and the Christian Faith*. Carol Stream, IL: Agape, 1978.

Westermeyer, Paul. *The Heart of the Matter: Church Music as Praise, Prayer, Proclamation, Story, and Gift*. Chicago: GIA, 2001.

---

41 Paul Westermeyer, "Beyond 'Alternative' and 'Traditional' Worship," *Christian Century* 109/10(March 18-25, 1992): 301.

참여하기

다른 장르를 대표하는 노래 두 곡을 선택해서 노래 평가를 실습해 보라. 다음의 양식을 사용하라.
(당신에게 중립적일 노래 혹은 당신이 모르는 노래를 택해서 해 보라)

노래 평가 양식

	약함	보통	강함	매우 강함

신학적 견고성
가사가 순전히 진실한가?
가사가 나의 신학 전통에 맞는가?
가사가 성경적인 그리스도인의 경험을 나타내는가?
가사에 명백히 성경의 내용을 암시하는 것이 있는가?
가사가 성경의 가르침을 흠 없이 나타내는가?
가사가 성경에 있는 하나님의 이름과 칭호를 일관되게 사용하는가?
가사에 하나님의 완전한 신의 본질에 대한 언급이 있는가?
가사가 충분히 발전된 신학적 견해를 나타내는가, 아니면 신학의 '단편적인 생각' 만을 제공하는가?

가사의 견고성
가사가 잘 구성되었는가?
가사가 완전한 문장을 사용하는가?
가사가 시적 장치를 효과적으로 사용하는가?
가사의 시가 회중의 상상력과 연결될 것인가?
가사에 사용되는 단어가 이해되는가?
논리적인 생각의 흐름이 있는가?
가사가 분명한가, 아니면 모호한가?
가사가 영감을 주거나 교화(edify)하는가?
가사가 음악에 어울리는가?

음악적 견고성
악구(musical phrase)가 잘 구성되어 있는가?
선율(melody line)을 기억할 수 있는가?
보통 사람이 부르기 쉬운 곡인가?
노래 부르는 사람들이 지속적으로 참여할 수 있을 만큼 곡이 흥미로운가?
곡조가 가사에 어울리는가?

12 ✦ 교회력을 통해 하나님 만나기

전체 이야기 기억하기

탐구하기

12장을 읽기 전에, 당신이 매년 기념하는 개인 행사의 목록을 만들어 보라.

1. 당신이 고대하고 있는 순서대로 행사의 순위를 정해 보라.
2. 당신의 교회가 지키는 교회력 절기의 목록을 만들어 보라.
3. 우선순위가 높다고 생각되는 순서에 따라 순위를 정해 보라.
4. 당신은 당신의 회중이 교회력 절기를 지키는 것을 어느 정도로 고대한다고 생각하는가?

이 질문들을 계속 생각하면서, 이제 12장을 읽으며 생각의 폭을 더 넓혀 보자.

"다시 그때가 되었다." 사람들은 자주 이런 말을 한다. 이 말이 뜻하는 것은, 시간은 반복된다, 어떤 사건들은 반복된다, 그래서 "다시 그때가 되었다"는 말이다. 다시 그때가 되었기 때문에, 우리는 자동차 보험료를 내고, 운전 면허증을 갱신하고, 잡지 구독을 갱신하고, 세금을 낸다. 이런 일들은 달력에 있는 날짜에 따라 약정된 때에 규칙적으로 반복된다. 어떤 일들은 특정한 날짜에 반복되지만 정기적이지는 **않다**. 잘 들어보라. 사람들이 이렇게 말하는 것을 들었을 것이다. "당신 생일이 다가왔네. 어떻게 축하해야 할까?" 혹은 "성탄절이 다시 돌아 왔다니 믿을 수가 없군! 예배 계획을 세우고 가족과 친구들과 함께 시간을 보낼 계획을 세우자." 생일과 성탄절은 우리가 계속해서 지키는 행사를 대표하는데, 그 행사가 달력에 있는 날짜와 관련이 있어서만이 아니라, 무엇보다도 그 행사가 우리에게 특별한 의미가 있다고 생각하기 때문이다.

우리가 달력을 보고 때가 되었음을 알지만, 이런 종류의 행사들은 우리가 의미를 부여했기 때문에 반복된다. 우리가 교회력을 지킬 때도 그와 같다. 즉, 어떤 행사들은 의미가 있기 때문에 반복되는 것이고, 그렇기 때문에 그 행사들의 날짜가 우리의 영적인 삶의 달력에 지정된다. 이렇게 해서, 그 행사들은 감사함으로 기억된다. 어쩌면 보다 더 중요한 것은, 우리가 교회력을 지킬 때, 우리는 우리 신앙의 깊은 진리로 우리의 관심을 이끌고 하나님을 계속해서 만날 수 있는 새로운 가능성을 우리에게 주는 하나님의 영의 움직임에 우리 자신을 내어 놓는다는 것이다.

과거에 수많은 방법으로 역사한 하나님은 현재의 우리로 하여금 기억하도록 도우셔서 우리가 미래에 다른 사람이 되게 하는 분이시다. 중요한 "하나님의 사건"을 기억하는 데 있어서, 우리는 "다시 그때가 되었네"라고 말할 수 있다. 하나님이 과거에 행하신 것을 상기하는 시간만이 아니라 하나님이 현재 어떻게 하고 계시는지 기념하는 시간이다.

시간은 그리스도인에게 가장 중요한 실체이다. 어쩌면 기독교의 전 기반은 하나님은 첫 창조 행위로서 **시간을 창조하셨다**는 사실뿐만 아니라(참조, 창 1:3-5), 하나님은 예수님의 성육신으로 시작해서 **시간 속에 사셨다**는 사실에 놓여 있다. 어떤 사람들은 "하나님은 역사의 시간 속에서 일어난 실제 사건들을 통해서 계시되었기 때문에 그리스도인들은 시간이 없이는 하나님을 알지 못한다"고까지 말한다.[1]

하나님은 시간을 창조하셨고, 시간 속에서 역사하셨고, 시간에 의미를 부여하셨다. 영원한 하나님(하나님의 본질은 우리가 생각하는 시간에 의해 제한 받지 않는다)은 시간의 한계 안에서 모든 피조물과 관계하신다(하나님은 피조물과 관계를 갖기 위해서 시간을 제정했다). 그러므로 우리가 우리 삶의 시간들을 창조주와의 관계에서 보는 것이 당연한 일이다. 이 관계는 하나님이 시작하신 일, 즉 자신의 백성을 위한 놀라운 구원의 역사에 기초한다.

이 장에서, 나는 일반적으로 제기되는 몇 가지 질문과 그에 대한 답변을 통해 교회력에 관한 지식을 제시할 것이다. 그 질문은, 교회력이 무엇인가, 왜 교회력을 지켜야 하는가 하는 것들이다. 그리고 교회력의 주요 절기의 개요를 설명할 것이다. 다시 말하지만, 교회력에 관해서 전반적으로 살펴보는 것은 본서의 한계를 넘어서는 것이다. 그러나 나는 개요를 소개하고 나서 독자에게 더 깊은 연구에 도움이 되는 자료들을 소개할 것이다.

---

1 Hoyt L. Hickman, Don E. Saliers, Laurence Hull Stookey, and James F. White, *The New Handbook of the Christian Year*(Nashville: Abingdon, 1992), 16.

1. 교회력(Christian Year)이란 무엇인가?

교회력(church year, liturgical year, Christian calendar라고도 한다)[2]은 우리가 아니라 하나님의 행적에 따라 때를 표시해 둔 일 년 동안의 달력을 가리킨다. 이것은 그리스도의 삶과 사역의 주요한 두 주기(cycle)를 기념하는 것으로 이루어진다. 즉, 성탄절 주기와 부활절 주기이다. 이 둘이 합쳐서 일반 주기(temporal cycle)로 알려진 절기를 형성한다. 주기가 마치면 교회력도 일반 달력처럼 처음부터 다시 시작한다. 성육신 하신 하나님, 예수 그리스도를 고대하는 **대강절**(Advent)에서 시작해서 하나님의 나라에서의 그리스도의 최종적인 완전한 통치를 고대하는 **그리스도 왕 주일**(Christ the King Sunday)로 마친다. 그 가운데 있는 모든 것은 하나님이 백성을 위해서 행하신 놀라운 역사를 가리킨다. 특히 하나님의 큰 구원의 역사인 그리스도 사건인데, 즉 예수 그리스도의 탄생, 삶, 죽음, 부활, 승천, 재림을 가리킨다. 사실, 교회력은 예수님에 관한 것이다.

기본적으로 교회력은 하나님이 세상에서 행하신 일에 기초해서 때를 표시한다. 일반 달력이 공적으로 기념하는 날짜나 절기들이나 때를 표시하는 것처럼, 교회력도 **시간의 영적인 리듬**에 맞춰 그리스도인들이 기념하는 날짜나 절기들이나 때를 표시한다. 근본적인 질문은 이것이다. 즉, 나는 하나님의 행위의 리듬에 맞춰 내 삶을 살기 원하는가, 아니면 문화 활동의 리듬에 맞춰 살기를 원하는가? 물론 "이것 아니면 저것"이라는 식으로 간단하게 판단할 수 있는 것은 아니다. 왜냐하면 교회력과 태양력이 교차하기 때문이다. 앞으로 살펴보겠지만, 이 둘은 완전히 분리될 수

---

[2] 이 용어들은 사실상 서로 교체해서 사용할 수 있다. 나도 그렇게 사용한다. 어떤 것을 사용해도 문제없지만, "Christian year"가 교회력의 주 초점인 그리스도를 분명하게 가리키므로 이 용어를 선호한다.

없다. 그러나 **우리가 갖는 중요성** 면에서는 분명 어느 한 쪽이 우세할 것이다. 수세기에 걸쳐, 그리스도인들은 교회력에 맞춰진 삶에 심오한 의미가 있음을 발견하고 교회력을 삶의 모든 기준점으로 삼았다.

2. 성경은 시간에 대해 어떻게 말하는가?

신약은 "시간"이라고 번역되는 중요한 두 단어를 사용한다. 각 단어는 시간의 다른 면을 묘사하고 있다. **카이로스**(*kairos*)라는 단어는 하나님의 관점에서 중요한 순간, 즉 "하나님이 새로운 차원의 실재(reality)를 성취하실 알맞은 혹은 적절한 때"를 가리키는 시간을 말한다.[3] 이것은 고유하고 중대한 때, 즉 엄청난 영향력의 가능성이 있는 순간이나 혹은 성육신과 그리스도의 재림처럼 일들이 적절히 준비되어 있는 순간을 가리킨다. 이것은 마가가 "때(**카이로스**)가 찼고 하나님의 나라가 가까이 왔으니…"(막 1:15)라고 할 때 사용한 단어이다. 이것은 하나님의 관점으로 볼 때, 중대한 순간에 예수님은 자신의 지상 사역(하나님의 나라가 너희에게 다가왔다)을 시작하셨다는 것을 말하는 것이다.

헬라어 **크로노스**(*chronos*)도 신약에서 시간에 사용되지만, 이것은 달력 혹은 시계의 시간을 가리킨다. 즉, 달력에서 인식할 수 있는 시점들을 나타내는 날짜들을 말한다. 이 단어에서 "연대기"(chronology)라는 말이 나왔다. **크로노스**는 우리가 휴대 단말기나 부엌에 걸려있는 달력에서 표시하고 측정할 수 있는 시간이다. 이 단어는 마태가, "이에 헤롯이 가만히

---

3 James F. White, *Introduction to Christian Worship*, rev. ed.(Nashville: Abingdon, 1990), 54.

박사들을 불러 별이 나타난 때(크로노스)를 자세히 묻고"(마 2:7)라고 할 때 사용한 단어이다. 여기서 때는 사건의 실제 날짜와 시간을 가리킨다.

교회력은 **카이로스**와 **크로노스**가 놀랍도록 뒤섞여 있다. 깊은 영향력을 끼치는 고유하고 중대한 때에 초점을 두고 있다. 즉, 알맞은 때가 되었을 때(**카이로스**), 하나님이 백성에게 선하게 행하셨던 순간들에 초점을 두고 있다. 이런 사건들을 기억하기 위해, 우리는 우리의 달력에 그 일들에 대한 날짜를 부여해서(**크로노스**), 하나님이 예수 그리스도 안에서 행하신 모든 것을 잊지 않고 반복적으로 하나님을 찬양하고 감사할 것이다. 그리스도인들에게 있어서는 **카이로스**가 **크로노스**에게 그 의미를 부여한다. 교회력은 시간의 연대기적인 단위(**크로노스**)를 사용해서 일(days), 주(weeks), 계절(seasons)을 표시하지만, 그 의미는 그것들이 나타내는 중대한 사건(**카이로스**)에 있다.

아남네시스(*anamnesis*)라는 신약의 또 다른 단어는 우리가 교회력을 이해하는 데 도움을 준다. **아남네시스**는 "기억하다"는 뜻의 동사에서 나온 명사이다. 그러나 이 단어의 헬라적 의미는 기억하는 것을 서구식 사고방식으로 생각하는 것, 즉 완전히 끝난 사건을 과거로부터 상기해 내는 것과는 같지 않다. **아남네시스**는 적극적인 기억(active remembrance)을 묘사한다. 성경적인 의미에서의 기억은 현재와 과거가 하나로 합쳐지는 것이다. 이것은 하나님이 인간을 유익하게 하기 위해 과거에 행하신 일이 현재에도 동등하게 역사하고 유효하다고 주장하는 것이다. 그러므로 우리가 교회력을 기념하고 하나님이 행하신 놀라운 역사에 참여할 때, 우리는 이미 끝난 사건을 상기하는 것이 아니다. 우리는 그 사건에 의해서(비록 끝난 것으로 보이지만) 하나님은 **지금도** 우리에게 선하게 행하심을 믿음으로써 하나님의 역사를 상기하는 것이다.

요약하면, 성경은 시간에 대한 하나님의 관점을 중대한 것이 일어나기 위해 모든 것들이 알맞게 되어 있는 때로 말한다(**카이로스**). 또한 성경은 시간에 대한 사람의 관점을 사건이 일어나는 날짜와 시간으로 말한다(**크로노스**). 우리가 하나님의 목적들이 인간의 사건들과 교차하는 그런 때들을 기억(**아남네시스**)할 때, 우리는 과거에 일어났던 사건만이 아니라 그와 똑같은 사건이 어떻게 신자들에게 그 목적을 계속 이루어 가고 있는지로 인해 하나님을 찬양함으로써 기억한다.

3. 왜 교회력을 지키는가?

유대-기독교 전통은 그 시작부터, 하나님이 일반적으로는 역사 속에, 특별하게는 언약 백성의 삶에 어떻게 개입하셨는지를 주기적으로 반복해서 기념했다. 하나님이 일찍이 백성을 위해 행하신 것은 모든 참된 신자를 위한 것이다. 우리는 이런 많은 일들을 기억하는 방식의 하나로서 신앙에 중요한 날들을 기념한다. 교회력을 지키는 데에는 두 가지 중요한 목적이 있다.

첫째, 교회력이 하나님의 이야기를 말한다는 것이다. 우리는 본서 11장에서 예배의 음악과 관련해서 이것을 상당히 자세히 논의했다. 교회력은 하나님이 기적적으로 개입하셨던 역사의 사건들을 되새기고 기념한다. 교회력의 초점은 하나님의 가장 위대한 개입의 역사인 예수님께 두고 있다. 하나님의 이야기는 지금까지 있었던 가장 위대한 이야기이다. 그러므로 하나님의 나라가 온전히 시작될 때까지 되풀이 할만하다.

둘째, 이것이 우리 자신의 영적인 순례를 안내한다는 것이다. 예수님의 제자들처럼, 우리는 영적인 변화의 여정 중에 있다. 우리가 교회력을 지킬 때, 우리의 여정은 우리 주님의 여정을 비추기 시작하고 그와 똑같은 리듬에 의해 우리의 여정이 만들어 진다.

간단하게, 교회력은 일 년 동안 복음의 선포를 위해 배열된다. 예수님은 시간에 맞춰 우리와 함께하신다. 교회력을 지키면 예배의 초점이 우리가 아니라 그리스도께로 맞춰지게 한다. 이것은 시간의 흐름만이 아니라 우리 삶에 있는 그리스도의 임재를 기념한다.

4. 교회력은 어떻게 발전되었는가?

교회력이 어떻게 발전되었는지에 대한 간단한 대답은 이것이다. "시간이 흐르면서"(말장난 하려는 것이 아니다!). 교회력은 400년 가량 걸려서 4세기 말에 상당히 발전된 상태에 이르렀다. 교회력의 씨앗은 교회가 처음 시작된 날부터 예배의 한 부분으로 존재했다.

교회력 준수는 고대 이스라엘의 축제와 절기에 그 뿌리를 두고 있다. 히브리 시간관은 선형적(linear)이 아니라 순환적(cyclical)이었다. 그 개념은 교회력이 일련 단위로 되풀이되는 것에 많이 기여했다. 축제일과 절기들은 하나님이 세우셨다. 연간 유대력은 노동(농사 달력과 관련된 많은 특별한 날들)과 휴식(일곱째 날인 안식일이 기본적인 시간의 단위였다)의 리듬이 특징이다. 연중 세 절기 때는 예루살렘으로 순례했는데, 12세 이상의 유대인 남자는 적어도 매년 한 절기에는 그렇게 해야 했다. 그 세 절기는, 유월절(무교절로 끝이 났다), 칠칠절(오순절), 초막절(장막절)이다.

각 축제는 농경적인 중요성과 관련되어 있을 뿐만 아니라, 이스라엘 역사에서 하나님이 행하신 일에 귀를 기울였다. 그 일은 대단히 중요한 일인데, 애굽으로부터의 구원, 시내 산에서의 율법 수여, 율법의 공중 낭독이다. 신년 축제(*Rosh Hashanah*), 대 속죄일(*Yom Kippur*), 성전 봉헌절

(Hanukkah) 등은 특별한 날에 속했다. 유대력에는 이스라엘 하나님의 인자함을 기억하는 날과 절기들이 많았다. 독실한 유대인에게는 많은 의미가 있는 것이었다. 이스라엘에게 있어서 예전력(liturgical calendar)을 준수하는 것은 하나님의 이야기를 말하고 또 말하는 것이었으며, 그들의 영적인 여정에 의미를 부여하는데 도움이 되었다.

가장 초기의 그리스도인들은 주로 유대인이었다. 그들이 처음부터 똑같은 많은 성일들을 지키는 것은 당연했다. 어쨌든 예수님은 율법을 완성하러 오신 것이지 폐하러 오신 것이 아니다. 그러므로 신약에서 우리는 유대인 신자들이 성전에서 기도 시간을 지키고, 회당에 참석하고, 안식일을 신성하게 하는 것을 본다. 결국 유대 관습에 기독교적인 의미와 해석이 스며들었다. 바울이 고린도 교회에 쓴 편지에 그것이 발견된다.

> 우리들의 유월절 양이신 그리스도께서 희생되셨습니다 그러므로 우리는 묵은 누룩, 곧 악의와 악독이라는 누룩을 넣은 빵으로 절기를 지키지 말고, 성실과 진실을 넣어서 만든, 누룩 없이 된 빵으로 지킵시다(고전 5:7b-8, 표준새번역).

새로운 성일과 절기들이 곧 추가되었다. 초기 그리스도인들은 예전력의 리듬과 유익을 버리지 않았다. 그 대신 그들은 하나님의 이야기와 예전력이 주는 영적인 깊이를 계속해서 음미하면서 어떤 절기는 중단하고, 어떤 절기는 계속하고, 기독교 절기를 추가했다.

초기에 교회력의 핵심은 주일의 단순한 주간 리듬이었다. 가장 초기의 그리스도인들은 고대 이스라엘로부터 7일간의 주간 형태를 물려받았다. 유대인들은 하나님이 창조하시고 일곱째 날에 쉬신 것을 기념하며 일곱째 날(금요일 해 질 때부터 토요일 해 뜰 때까지)을 휴식의 날로 지켰다.

유대 신자들은 안식일을 지키고 또한 예배, 성찬, 친교를 위해 주의 첫째 날에 만나면서 처음에는 이틀을 예배의 날로 삼았다. 1세기 교회는 주의 첫째 날에 주님의 부활을 기념하여 일요일을 "주의 날"로 불렀다. 매주 첫째 날에 모임으로써, 신자들은 부활을 증언했다.[4] 주의 날에 부활을 기념하는 짧은 주간 주기(weekly cycle)는 수세기에 걸쳐 교회력이 자라난 씨앗이었다.

> 교회력의 가장 오랜 요소인 이것[주의 날]은 연중 절기들이 발전되어간 핵이며, 그것 자체로 여전히 기독교의 모든 신비의 핵심을 유지하고 있다. 역사적으로 이것은 최초의 기독교 축제일이다. 신학적으로 이것은 모든 구원의 섭리를 요약한다. 목회적으로 이것은 지역 교회가 자신을 교회로 깨닫게 되는 날이고, 모든 성도들이 하나님의 전체의 이야기 속에서 자신들을 찾도록 부름 받은 날이다.[5]

창조와 재창조의 주간 리듬이 없이는 교회력의 다른 나머지 것들에 대한 기반이 없다. 주의 날은 모든 것의 기초이다.

2세기 말에는 모든 교회에서 부활절 축제인 **파스카**(Pascha)를 기념했다. 여기에다 부활절 후 50일째 날인 **오순절**(Pentecost)이 추가되었다. 부활절과 오순절 사이의 기간은 **기쁨의 50일**(Great Fifty Days)로 알려지게 되었다. 오순절은 기쁜 부활절 절기의 마지막을 나타냈다. **사순절**(Lent)

---

[4] 주일(Lord's Day)의 의미에 대한 더 깊은 논의를 위해서는 본서 2장을 보라.

[5] Mark Searle, "Sunday: The Heart of the Liturgical Year," in *Between Memory and Hope: Readings on the Liturgical Year*, ed. Maxwell E. Johnson(Collegeville, MN: Liturgical Press, 2000), 59.

은 3세기에 추가되었다. 로마 황제 콘스탄틴(Constantine)이 312년에 회심하면서, 기독교는 허락된 것만이 아니라 명령되었다. 이것으로 인해 교회력이 더욱 발전하게 되었고, 교회 지도자들은 이 기회를 이용했다. 일요일은 321년에 칙령에 의해 휴일로 공인되었다. **성탄절**(Christmas)과 **주현절**(Epiphany)은 4세기에 추가되었고, 부활절 철야와 축제는 **부활절 성삼일**(Easter Triduum)로 확장되었는데, 즉 **세족 목요일**(Maundy Thursday), **성금요일**(Good Friday), 성토요일의 **부활절 철야**(Easter Vigil)이다. 4세기의 자료인 스페인 여인 이지리아(Egeria)의 일기에는, 이때까지 이런 행사들이 예루살렘에서 확고히 자리를 잡았고 극화되어(dramatically) 지켜졌다는 주목할 만한 기록이 남아 있다. 4세기 말까지 정립된 교회력의 주요 절기와 날들과 함께, 교회력은 문화와 교단의 신조에 따라 다양한 수준으로 기념되고 있다.

5. 교회력 준수의 유익

나는 하나님이 교회력 준수의 주된 수혜자이시기를 바란다. 왜냐하면 날과 절기를 지키면서 우리는 하나님께 그분의 언약적인 자비, 특히 예수 그리스도 안에 있는 그 자비로 인하여 찬양과 감사를 드리기 때문이다. 그렇지만 믿음 공동체가 교회력을 따름으로써 얻는 것이 분명히 있다. 특히 그것을 준수하는 데에는 교리적인 가치가 있다.

- 교회력은 보다 큰 이야기를 드러낸다(하나님의 이야기).
- 교회력은 그리스도에 대한 조직적인 진리를 제시한다(조직신학이 전개된다).

- 교회력은 본질적으로 그리스도 중심적이다(예수 그리스도의 사역이 설명되고 기념된다).
- 교회력은 시간을 성스럽게 여긴다(모든 시간은 거룩하다. 세속적인 시간 대 성스러운 시간이라는 이분법을 타파한다).

교회력을 준수하는 데에는 또한 특별한 가치도 있다.

- 예배 인도자들에게 예배를 미리 계획할 수 있게 한다. 어떤 주일에 하나님의 어떤 이야기가 들려질지 알게 하기 때문이다.
- 복음을 전달하는 데 균형을 갖게 한다. 교회력을 성실히 따르면, 복음의 **모든 것**을 주장할 수 있다. 이것은 예배 인도자들에게 자신들이 불편해 하거나 잘 알지 못하는 하나님의 이야기의 부분들을 책임지게 하며 빠뜨리지 않도록 한다(하나님의 가혹한 심판을 다루는 구절들을 생각나게 한다).
- 달력과 연관된 사건들보다 그리스도께서 계속해서 예배의 초점이 되시도록 확실히 하는 데 도움이 된다. 오순절보다 독립기념일을 중요시 여기는 것에 변화를 줄 확실한 근거를 제공한다.

마지막으로, 교회력 준수에는 복음적 유익이 있다. 우리가 복음을 선포하면 우리는 복음적인 것이다. 교회력은 예수 그리스도의 모든 복음을 선포한다. 복음 사건은 우리가 아는 것처럼 시간 안에 가시적인 장소가 있다. **모든** 교회력을 성실히 준수하는 교회들은 날과 절기를 기념함으로써 예수 그리스도의 복음의 메시지를 공표한다. 그렇게 함으로써, 믿지 않는 사람들에게 예수 그리스도를 믿도록 하는 기회가 되며, 예수님을 따르는 사람들에게는 다음 단계의 제자도로 나아가게 하는 기회가 된다. 교회력을 지키는 것은 언제나 응답을 요구한다. 사실, 응답은 교회력의 적절한 시행에 내재되어 있는 것이다. 그것은 공동체의 영적 여정에서 **카이로스**가 **크로노스**가 되는 이런 감동적인 기회들을 무시하지 않도록 예배 인도자들을 촉구한다.

6. 교회력 개요

교회력에 대한 간단한 개요를 다음의 표에 제시한다. 이것과 관련해서 두 가지를 언급해야 한다.

첫째, 이 목록은 기본적인 내용에 불과하다. 교회력의 역사적인 발전과 신학적인 의미를 다루는 책들은 방대하다. 나의 목적은 단지 독자들이 절기들이 어디에서 시작하고 어디에서 끝나는지 그리고 어떻게 논리적으로 펼쳐지는지 알 수 있도록 방향을 잡아주는 것이다. 이번에 처음으로 교회력을 접해 보는 것이라면, 나는 이 장의 마지막에 제안해 놓은 것들부터 시작해서 여러 자료들을 조사해 보고, 수년 동안 교회력을 지키는 데 전념해온 경험 많은 리더들과 대화하기를 강력히 제안한다.

둘째, 교회력은, 가장 일반적으로는 완전한 주기를 지킬 것을 권하지만, 당신의 환경에 도움이 되고 적절하다고 여길 만큼 간단하게 할 수도 있고 복잡하게 할 수도 있다. 어떤 전통에서는 교회력에 **성인 주기**(sanctoral cycle)를 비롯해서 십여 개의 성일(holy days)을 배정하고, 어떤 전통에서는 주요 날과 절기만 지킨다.

당신의 교회력의 복잡성에 관계없이, 나는 두 가지를 촉구한다.

첫째, 간단한 형식으로라도 교회력을 **모두** 지켜라. 당신이 지키기 원하는 주요한 날/절기를 선택하고 다른 주요한 날/절기들은 내버려 두지 않도록 하는 것이 중요하다. 교회력은 하나님의 전체 이야기, 복음 전체를 말한다는 것을 기억하라. 교회력에서 어떤 것들이 빠지면 이야기를 균일하지 않게 말하거나 더 심하게는 일부분들이 빠진 이야기를 말하는 위험을 무릅쓰게 된다. 책을 읽기 시작했는데, 어떤 장(chapters)들은 건너뛰고 나서 마지막 장을 읽는다고 생각해 보라. 줄거리 전체를 따라가거나 작가가 의도한 의미를 모두 이해할 수는 없을 것이다. 교회력에서도 그렇다. 하나님의 이야기의 일부만을 선포하면 하나님의 역사의 온전한 의미를 불충분하게 인식하게 되거나 심하게는 잘못 이해하게 된다.

둘째, 교회력이 다른 달력들보다 으뜸이 되게 하라.[6] 예배 건축가로서, 공동체의 삶을 우리보다는 하나님과 하나님의 사역을 중심으로 맞추는 것이 중요함을 회중들에게 보이라. 우리 삶의 많은 부분이 이미 우리를 중심으로 돌고 있다. 교회력은 성령을 통하여 예수 그리스도 안에서 행하신 하나님의 역사가 최우선이라는 것을 강화하는 수단이다. 이것은 예수님이 주님이시라고 공표하는 한 방법이다. 우리가 종려주일, 오순절, 재의 수요일 혹은 성토요일 같은 날들이 현충일, 어버이날 혹은 보이 스카우트 주일보다 더 주목을 받도록 하면, 우리는 다음과 같이 말하는 데 성공하는 것이다. "예수 그리스도의 복음을 가장 중대하게 선포하는 때들이 우리가 모이고 우리의 기독교 신앙의 기초를 두는 때가 될 것이다."

다음은 교회력의 개요이다. 여섯 가지 주요 절기와 오순절 이후의 기간(평상절기, Ordinary Time)을 나열하고[7] 그 절기의 용어, 기간, 그 절기

---

6   사회마다 시간을 체계화하는 목적으로 여러 달력이 있다. 북미문화에서는 일반 달력, 학교 달력, 상업 달력, 농업 달력 등이 있다.

7   로마 가톨릭 교회력에는 주현절이 절기(season)가 아니라 날(day)이다. 주현일과 재의 수요일 사이의 주간(weeks)을 평상 절기(Ordinary Time, 또는 비절기 기간, 일반 주기)라고 부른다. 오순절에서도 마찬가지다. 오순절은 날이다. 오순절과 대강절 첫째 주일 사이에 있는 긴 주간(weeks)도 평상 절기라고 부른다. 개신교인들은 일반적으로 이런 명칭을 쓰지 않고 종종 계속해서 절기로 부른다. White의 *Introduction to Christian*

와 관련된 하나님의 역사와 주요 주제, 그리고 그 절기를 대표하는 데 상징적으로 사용되는 색을 설명한다. 어떤 경우는 그 절기 안에서 중요한 의미를 갖는 날을 나열한다.

대강절(Advent)

단어의 의미:	"오다"(coming)라는 의미를 가진 라틴어 **아드벤투스**(*adventus*)에서 유래
시작:	성탄절 전 넷째 주일
끝:	성탄절 이브
하나님의 역사/주요 주제:	
	* 수태 고지
	* 성육신을 고대함
	* 구세주의 임함을 기념하기 위한 준비
	* 세례 요한의 선지자적인 외침
	* 구약 선지서
	* 그리스도의 강림에 관한 세 가지를 인식함(그리스께서 육신의 몸으로 **오셨고**, 그리스도께서 지금도 우리 안에 그리고 우리 가운데 계시며 또한 세상 끝날에 재림하실 **것이다**)[8]
색:[9]	보라색
	파란색
	흰색(성탄절 이브)

Worship, 71을 참조하라.

8 그리스도의 오심에 대한 세 가지 인식이 성찬에 관한 바울의 가르침에 나타난다. "너희가 이 떡을 먹으며 이 잔을 마실 때 마다[현재], 주의 죽으심을[과거] 오실 때까지 전하는 것이니라[미래]"(고전 11:26). Paul Bosch, *Church Year Guide*(Minneapolis: Augsburg, 1987), 88을 참조하라.

9 다르게 지정되지 않는 한, 이 색깔들은 절기의 색을 나타내는 것이지 특정한 날을 나타내는 것이 아니다. 절기에 대한 간략한 개관 후에 각 색깔의 상징적 의미를 설명하는 도표가 있다.

성탄절(Christmas)

단어의 의미:	"그리스도의 미사"(Christ's mass)에서 파생
시작:	성탄절(12월 25일)
끝:	1월 5일(12일간)
하나님의 역사/주요 주제:	
	* 예수님의 탄생을 기념함
색:	흰색
	금색

주현절(Epiphany)

단어의 의미:	"나타남"(manifestation)을 의미하는 헬라어 **에피파네이아**(*epiphaneia*)에서 유래
시작:	1월 6일(주현절 날)
끝:	재의 수요일 전 날[10]
하나님의 역사/주요 주제:	
	* 이방인을 포함해서 전 세상에 하나님을 계시(나타냄)
	* 예수님을 메시아로 계시한 것을 기념함
	* 아기 예수님을 경배하기 위해 박사들이 방문함
	* 예수님의 세례
	* 예수님이 행하신 첫 번째 기적
	* 예수님의 지상 사역(가르침, 고침, 선포) 강조
	* 산상 변모 주일(Sunday of Transfiguration)이 절정이 됨
다른 날들:	산상 변모 주일은 사순절 전 마지막 주일에 지킨다. 이 날은 예수님이 산 위에서 베드로, 야고보, 요한 앞에서 변화해서 엘리야와 모세와 함께 있었던 것을 회상한다.
색:	녹색

사순절(Lent)

단어의 의미:	낮 시간이 길어지는 "봄"을 의미하는 앵글로색슨어 렉텐(*lecten*)에서 유래
시작:	재의 수요일(부활절 40일 전)[11]
끝:	성토요일
하나님의 역사/주요 주제:	
	* 예수님의 시험, 갈등, 고통, 죽음을 회상
	* 그리스도의 수난에 비추어 우리의 제자도를 묵상함
	* 문답 교육(영성 형성 교육 시간)
	* 세례 서약의 갱신
	* 영적 훈련의 기회
	* 자기 부인(self-denial)을 권면함
	* 회개하도록 함
	* 고난주간에서 절정을 이룸 +종려주일/고난주일에서 시작함 +예수님의 마지막 지상 7일을 따라간다(예수님의 부활 전 마지막 3일은 대성삼일[Great Triduum]이라고 불리며 연속적으로 예배의 날로 여긴다) +세족 목요일(다락방에서 유월절을 기념하고 제자들의 발을 씻김; 겟세마네 동산에서 기도함, 배신당하고 붙잡힘) +성금요일(빌라도와 헤롯 앞에서 심문 당하고, 십자가에 달림) +성토요일(부활절 철야로 마침)
다른 날들:	재의 수요일은 우리가 죽음을 면할 수 없음과 죄악됨을 상기하며 지킨다. 재는 죽음을 면할 수 없음과 회개의 상징
색:	보라색

---

10 교회력의 나머지 날짜들은 부활절로부터 계산되는 점을 고려해 볼 때 변동적이었다. 부활절은 봄의 첫 날 3월 21일이나 그후에 오는 첫 번째 보름달 이후의 일요일로 정해진다.

11 일요일은 언제나 부활을 축하하는 "작은 부활절"로 인식되었고, 40일에 포함되지 않고 계산되었다.

부활절(Easter)

단어의 의미:	춘분[12]이 축일인 앵글로색슨의 여신 *Eastre*에서 유래. 초대 그리스도인들은 새로운 유월절과 관련된 단어인 **파스카**(pascha)를 선호함
시작:	부활주일
끝:	부활절 후 50일
하나님의 역사/주요 주제:	
	• 예수님의 부활을 기념
	• 새로운 삶, 빛, 자유를 인식
	• 부활 후 예수님의 나타남과 그분의 가르침을 강조
	• 승천을 포함
다른 날들:	승천일은 부활주일 후 40일째 되는 날, 즉 부활절 후 여섯째 목요일에 지킨다. 여러 전통에서는 부활절 후 일곱째 주일 즈음에 지킴
색:	흰색
	금색

오순절(Pentecost)

단어의 의미:	'50'을 의미하는 헬라어 **펜테코스테**(*pentekoste*)에서 유래
시작:	부활절 후 50일
끝:	대강절 첫째 주일 전날
하나님의 역사/주요 주제:	
	• 성령의 선물을 기념
	• 교회의 탄생을 기념

---

12 *The Special Days and Seasons of the Christian Year: How They Came About and How They Are Observed by Christians Today*, comp. Pat Floyd(Nashville: Abingdon, 1998), 18을 참조하라. "Easter"라는 명칭의 원천에 관해서 여러 이론이 있다. 그중 하나는, Easter가 중세 영어 단어인 *ostern*에서 기원한다는 것이다. 이 단어는 태양이 떠오르는 나침반 방향(동쪽 방향)과 관련이 있다.

	∗ 교회를 위한 영적 능력을 인식함
	∗ 하나님의 능력을 받고 즐거워하도록 함
다른 날들:	삼위일체 주일은 오순절 후 첫째 주일에 오며, 성부, 성자, 성령 삼위 하나님을 기념한다.
색:	빨간색

평상 절기(Ordinary Time)/오순절 후 절기

단어의 의미:	"ordinary"는 예수 그리스도의 메시지를 전파하는 교회의 지속적인 사역을 가리킨다. 이 메시지는 예수님의 가르침, 치료, 회복, 화해, 용서 등으로서 그리스도를 따르는 사람들에게 기대되는 평상의 일과 사역이다.[13]
시작:	오순절 다음날
끝:	대강절 전 토요일
하나님의 역사/주요 주제:	
	∗ 교회의 확장과 사명을 기념
	∗ 하나님의 선교의 확장과 지역, 국내, 세계 공동체의 문제와 관심에 참여함
다른 날들:	만성절(11월1일)은 과거, 현재, 미래의 모든 세대 모든 지역의 그리스도인들을 하나의 큰 믿음 공동체로 인식한다. 그리스도 왕 주일은 오순절/**평상 절기**의 마지막에 대강절 전 주일에 지킨다. 이 날은 예수님의 성육신에서부터 영광 중에 다스릴 마지막 주권에 이르기까지 전체를 기념한다.
색:	녹색

    교회력에서 사용된 색은 상징적이다. 즉, 서구문화가 어떤 일이나 사건을 색과 관련시켰기 때문에 그 의미를 갖게 된다. 그러므로 이것은 임의적인 것이지만, 하나님의 이야기의 특징들이 색을 비롯한 상징을 통해

---

13 이 절기를 왕국절(Kingdomtide, 혹은 신정절)이라고 부르기도 한다.

서 전달됨으로써 교회력에 놀라운 풍부함을 더할 수 있다. 조금씩 다르기는 하지만, 다음은 상당히 공통적으로 사용하는 색의 차트이다.

색	상징적 의미
보라색	회개, 충성
파란색	마리아와 관계됨, 소망, 고대함
흰색	순결, 기쁨, 경축
금색	풍부함, 기쁨
빨간색	불꽃, 피
녹색	성장, 생명, 완수
검정색	죄, 죽음, 죽음을 면치 못함

개정 공동 성구집(Revised Common Lectionary)은 교회력의 소중한 일부분이라는 것을 기억하는 것이 중요하다. 3년 주기로 배정된 성경 말씀은 예전력 준수와 일치한다(RCL은 본서 5장에서 설명했다).

7. 결론

예배 건축가는 교회력에 성실히 참여함으로써 그리스도를 다시 제시하도록 예배를 계획할 기회를 갖고 있다. 우리는 하나님의 이야기를 말하고, 죽음에서 부활에 이르는 그리스도의 여정과 맞추어 가려는 시도로 우리 자신의 영적 여정을 시작하기 위해서 그렇게 해야 한다.

따라서 우리의 과제는 예배 자체를 위해서 다양성을 만들어 냄으로써 예배에 흥미를 갖도록 만드는 것이 아니다. 관련성을 위하여 다양성이 필요하지만, 다양성은 진실성이 없이는 가치 없는 것이다. 교회력의 주기는 일 년 동안 그리스도의 인격과 사역에 연결되어 순례함으로써 그리스도와 함께하는 삶의 소중한 수단이다. 교회력은 하찮은 것에 매혹되어 버리는 상태로 전락할 수도 있고 그리스도와의 깊은 교제가 펼쳐지는 수단으로 자랄 수도 있다. 모든 활동에 적절하게 수반되어야 하는 것은 후자에 해당되는 진실성이다.[14]

8. 주요 용어

대강절(Advent). "오다"(coming)를 뜻하는 라틴어 **아드벤투스**(*adventus*)에서 유래

성탄절(Christmas). 두 영어 단어 "Christ's Mass"의 단축형

부활절 성삼일(Easter Triduum). 교회력에서 가장 거룩한 삼 일. 세족 목요일 일몰에서부터 부활절날 일출까지. 대성삼일(Great Triduum)이라고도 한다.

부활절 철야(Easter Vigil). 부활절 전야에 열리는 예배로 철야로 시작해서(무덤에 계신 그리스도를 회상함) 부활을 공표하면서 마친다(그리스도의 승리를 회상함). 부활절 철야는 교회의 초기에 예비 신자들이 세례받는 때가 되었다.

주현절(Epiphany). "나타남"을 뜻하는 헬라어 **에피파네이아**(*epiphaneia*)에서 유래.

기쁨의 50일(Great Fifty Days). 부활절 날부터 오순절까지의 50일.

사순절(Lent). 낮 시간이 길어지는, "봄"을 뜻하는 앵글로색슨어 렉텐

---

14 Hickman et al., *Handbook of the Christian Year*, 35.

(*lecten*)에서 유래.

세족 목요일(Maundy Thursday). "명령"을 뜻하는 라틴어 **만다툼**(*mandatum*)에서 유래. 제자들에게 서로 사랑하라고 한 그리스도의 새 계명을 뜻한다(요 13:34).

평상 절기(Ordinary Time). 오순절 이후로, 교회력의 가장 긴 절기.

파스카(Pascha). 원래는 유대 전통에서 유월절에 관련되어 언급되며, 기독교 전통에서 부활절을 의미하는 것으로 바뀌었다.

오순절(Pentecost). "50"을 뜻하는 헬라어 **펜테코스테**(*pentekoste*)에서 유래.

성인 주기(sanctoral cycle). 성인, 순교자 등의 죽음을 기념하는 주기.

일반 주기(temporal cycle). 부활절 주기와 성탄절 주기. 교회력의 여섯 가지 주요 절기와 날들.

9. 참고 문헌

Bosh, Paul. *Church Year Guide*. Minneapolis: Augsburg, 1987.

Floyd, Pat, comp. *The Special Days and Seasons of the Christian Year: How They Came About and How They Are Observed by Christians Today*. Nashville: Abingdon, 1998.

Hickman, Hoyt L., Don E. Saliers, Laurence Hull Stookey, and James F. White. *The New Handbook of the Christian Year*. Nashville: Abingdon, 1992.

Liturgical Year. Supplemental Liturgical Resources 7, the Ministry Unit on Theology and Worship for the Presbyterian Church(U.S.A.) and the Cumberland Presbyterian Church. Louisville: Westminster

John Knox, 1992.

Talley, Thomas J. *The Origins of the Liturgical Year*, 2nd ed. Collegeville, MN: Liturgical Press, 1986

참여하기

전에 경험이 없었던 새로운 날이나 절기를 접해 보라.

1. 당신의 동네에서 당신보다 더 광범위하게 교회력을 지키는 목회자나 예배 인도자를 찾으라. 커피숍에 그를 초대해서 면담하라.
2. 다른 사람을 만나서 그 교회가 절기와 날을 지키는 방법과 그 관습이 그에게 주는 개인적인 의미에 대해 알아보라.

THE WORSHIP ARCHITECT

단계 4

예배에 스타일 추가하기

건축가의 관점으로 본 기초들

건축가들에게 스타일은 이상한 개념일 수 있다. 스타일은 보통 그 스타일의 사용이 인기를 잃고 난 후에나 정의된다. 그와 같이 스타일은 거꾸로 영향을 미친다. 이것이 사용되고 난 후에 완전히 정의된다. 어떤 건축가들은 스타일이 본래의 특성을 발휘하기 전에 스타일을 정의하려고 할 수도 있는데, 이것은 보통 미성숙함을 드러내는 것이다.

스타일은 비슷한 일의 매개변수 안에서 건물이 들어맞도록 해준다. 스타일은 시간이 지나면서 진화하고, 이전의 스타일에서 요소들을 빌려오고, 미래의 스타일에 힌트와 씨앗을 제공한다. 대부분의 건축가들은 그들 자신의 스타일을 정의하기를 꿈꾸지만 그들 동시대의 스타일 안에서 적절하게 인식되지 않을까 두려워한다.

어떤 건축 스타일은 고전적이고 건물 스타일 목록에서 영속적인 위치를 차지하고 있다. 어떤 스타일은 빨리 지나가고, 처음에 등장하고 나서 많이 사용되지 않는다. 본질적으로 스타일은 시간이 지나고 나서야 평가될 수 있으며 건축적인 표현에 있어 영속적인 위치를 차지할 수도 있고 그렇지 않을 수도 있다.

The Worship Architect

13 ◆ 예배 스타일의 원리

공동체의 정체성 표현하기

탐구하기

13장을 읽기 전에, 다음의 다섯 가지 예배 스타일을 각각 한 문장으로 정의해 보라.

　　예전적 예배(Liturgical worship)
　　전통적 예배(Traditional worship)
　　블랜디드 예배(Blended worship)
　　현대적 예배(Contemporary worship)
　　이머징 예배(Emerging worship)

다음의 질문을 생각해 보라. 만약 교회가 예배 스타일을 바꾸기 원한다면, 어떤 기준으로 하는 것이 적합한가?

이 질문을 계속 생각하면서, 이제 13장을 읽으며 생각의 폭을 더 넓혀 보자.

오늘날 기독교계에서 예배의 어떤 측면이 많은 관심을 받는가? 어떤 버튼을 누르면 예배에 관한 토론에 열기가 더해지는가? 그것은 분명 예배 스타일이다. 좋든 싫든 간에 최근에 예배 인도자들에게서 예배 스타

일이 가장 우선적인 토론 주제였다. 교회가 그것에 고착되었다. 많은 책들, 웹사이트, 그리고 예배 스타일을 찾고 개발하고 방어하는 데 전념하는 컨퍼런스를 통해서 이것을 알지 못하고 있다면, 목회자들이나 예배 인도자들의 아무 모임에나 들러서 귀를 기울여보라. 예배의 주제가 제기되면 스타일 문제가 대화의 전면으로 부상하게 될 것이다. 예배 인도자가 할 주요한 일들의 목록을 숙독해 보면, 예배의 어떤 스타일을 만들어내는 능력이 우선적인 사항임을 알게 될 것이다.

최근에 한 주요 인터넷 광고에서 예배 인도자에게 이런 질문을 했다. "예배당을 열광적으로 진동시켜서 회중을 보좌로 인도할 수 있는가?" 어떤 교회에서는 "현대적인 포스트모던 예배의 발전을 이끌어 가려는 생각을 가지고, 전통적이며 블랜디드한 예배로 우리를 인도"할 수 있는 예배와 예술 디렉터를 찾고 있다. 사실, 집 밖으로 나갈 필요도 없다. 지역 신문에서 지역 교회의 광고를 읽어보면 예배 스타일을 중요시하고 있는 것을 발견할 수 있다. 거기에서 물론 전통적, 현대적, 블랜디드, 이머징, 포스트모던, 힙합, 재즈 혹은 다른 것으로 묘사되는 예배를 선택하라고 하는 많은 교회들을 볼 수 있을 것이다.

지역 신문의 종교 뉴스에 이런 광고가 실린 적이 있다. 무료 조랑말 타기를 제공하는 "서부 예배", 하나님의 아들들의 오토바이 클럽이 등장하는 "오토바이 타는 사람의 예배", 그리고 라떼 컵을 꽂을 수 있는 음료수 홀더가 부착된 새로운 극장식 좌석 시스템을 갖춘 교회. 가장 의아스러운 광고는 이렇다. "때로 진리가 상처를 준다. 그래서 편안하게 생각하는 편이 낫다. 당신이 좋아하는 청바지, 우리의 드럼, 기타, 그리고 커피가 충격을 완화시켜 줄 것이다."

교회나 기독교에 익숙하지 않은 사람이 **우리의 광고만을** 가지고 생각한다면, 그들은 우리의 예배가 무엇에 초점을 맞추고 있을 것이라고 결론을 내릴까? 교회의 목적에 대해 어떤 인상을 갖게 될까? 위의 광고들이 말해주는 것은, 예배가, 방황하는 예배자들의 시장 점유율의 한 조각을 차지하는 문제가 되었다는 것이다. 상상할 수 있는 모든 스타일의 선호도는 실행 가능한 목표 그룹이 된다. 애석하게도 우리 교회에 끌어들이기를 바라는 그룹이나 사람들의 그룹을 정의하고 나서 그 선호하는 그룹들을 끌어들이기 위해 우리의 예배 스타일을 조정하는 것에 역점을 두고 있다.

나의 주 관심사는 어떤 교회에서 사용하고 있는 예배 스타일의 종류가 아니다. 나는 역동적이고 유효한 예배는 여러 예배 스타일에서 일어난다고 믿는다. 내 관심사는, 우리가 우선순위가 낮은 것에 너무 많은 시간, 힘, 신문, 컴퓨터 저장 장치, 컨퍼런스, 워크숍, 기독교 서점의 책장을 할애하면서, 더욱 본질적인 예배의 이슈들은 신경 쓰지 않는다는 것이다. 스타일이 예배의 내용, 예배의 형식, 예배에서의 그리스도 중심성보다 더 중요한가? 교회 지도자들이 모여서, 예배에서 예수 그리스도를 찬양하는 것을 어떻게 증진시킬지에 대해, 우리가 예배하면서 하나님께 귀를 기울이는 새로운 기술에 대해, 하나님의 말씀에 응답할 풍성한 방법들을 개발하는 것에 대해 활발히 논의하는 것을 마지막으로 들어 본 적이 언제인가? 이런 주제가 많은 사람을 컨퍼런스로 모이게 하는가? 그렇지 않다면, 그것이 우리 예배의 우선순위에 대해 무엇을 말하고 있는가?

우리가 예배 스타일에 심취해 있는 것은, 마치 미끼처럼, 우리들 중 많은 사람을 깊은 물에서 나와서 얕은 시냇물의 줄기로 내려가게 한다. 그 깊은 물이란 우리로 하여금 중요한 다음과 같은 질문들을 깊이 생각하게 하는 곳이다. **하나님이** 예배에서 원하시는 것은 무엇인가? 예배는 누구를 위한 것인가? 예배에서 공동체가 되는 것은 무엇을 의미하는가?

"알맞은" 예배 스타일을 찾는 것이 많은 교회들의 우선순위였다는 것에는 의문의 여지가 없다. 그것과 함께 예배 갱신에 대한 약속이 따라왔다. 그러나 스타일에만 예배 갱신을 떠맡길 수는 없다. 스타일은 그 일을 할 만큼 크지도 않고 중요하지도 않고 보편적이지도 않다. 그런데 우리는 스타일 홀로 할 수 없는 것인 우리 예배의 갱신을 기대하며 예배 스타일에 의지했다.

우리는 최고의 예배 스타일을 얻는 데 우리의 모든 희망과 꿈을 두었다. 이것은 그리스도인들 사이에 가장 최근의 "리얼리티 쇼"가 되었다. 즉, 가장 최근의 스타일을 가진 자가 이기는 "놀라운 예배 경주"가 되었다. 우리는 예배에서의 스타일의 본질과 역할에 대한 몇몇 신화(myths)의 희생자가 되었다. 교회가 최근 수십 년 간 신봉했던 신화들을 밝히고, 우리가 대개는 알지 못한 채 주장했던 깊이 뿌리박힌 가정들을 명백히 함으로써, 우리는 속담에도 있는 것처럼 나무만 아니라 숲을 더욱 분명히 볼 수 있다. 스타일이 아닌 것을 알아본 후에, 스타일이 어떤 것인지 살펴볼 것이다.

1. 예배 스타일에 대한 다섯 가지 신화

1) 신화 1: 스타일은 내용이다

스타일과 내용을 혼동하지 말아야 한다. 내용은 예배의 재료이다. 이것은 그리스도 안에서 하나님과 우리의 공동의 대화를 촉진하는 것, 즉 성경 말씀 낭독과 듣는 것, 기도하는 것, 노래하는 것, 증언하는 것, 기독교 신앙(신조)의 진리를 확인하는 것, 주의 식탁에서 성찬식을 하는 것, 예물을 드리는 것, 우리 자신을 드리는 것, 침묵 등등을 하는 것이다. 그러나 스타일은 우리가 하는 **무엇**(what)이 아니라, 우리가 하는 그 무엇을

표현하는 방식이다. 스타일은 우리가 내용을 전달하는 방식이지 내용 그 자체가 아니다.

누군가, "우리 교회는 더 무형식적인 예배 스타일 쪽으로 발전되기 원한다"고 말하는 것을 들어보았을 것이다. 보통 이때 일어나는 일은 내용이 흐트러져 버리는 것이다. 즉, 무형식이 되기 위해 설교를 줄이고, 노래 부르는 것을 늘리고, 기도들을 없애고, 헌금을 걷지 않는 것이다. 그러나 무형식적이라는 것은 기도를 하느냐 하지 않느냐가 아니라 기도하는 **방식**과, 설교의 길이가 아니라 설교하는 **방식**과 더욱 관계가 있다. 내용은 그 자체로는 형식적이거나 무형식적이거나 할 수가 없다. 그것은 스타일에 관한 문제다. 예를 들어, 간증은 간증일 뿐이다. 이것을 준비해서 하면 형식적인 간증이 될 것이고, 즉흥적으로 표현하면 무형식적인 간증이 될 것이다. 예배에 간증이 있다는 것은 스타일의 문제가 아니다. 간증이 전달되는 방식이 스타일의 문제다.

예배에 포함될 예배 요소 선택에 있어서의 변화는 그것 자체로 예배가 형식적인지 무형식적인지를 결정하지 않는다. 그러므로 용어를 분명히 이해해야 한다. 스타일은 당신이 **무엇을** 하는가와 관계가 없다. 스타일은 그것을 **어떻게** 하는가와 관계가 있다.

2) 신화 2: 스타일은 구조다

구조는 예배 내용의 순서를 정하는 것과 관계가 있다.[1] 이것은 우리 예배가 취하는 형식이다. 타당하고 좋은 구조는 많은 스타일을 지원한다.

구조를 이렇게 생각해 보라. 인체는 뼈들의 골격망으로 구성되어 있

---

1 본서 3장에서 예배의 구조에 관해서 충분히 설명했다.

다. 모든 인간은 똑같은 골격 구조를 갖는다. 우리 모두는 발뼈, 정강이뼈, 종아리뼈, 골반뼈, 빗장뼈, 기타 등등이 있다. 크기와 골밀도는 달라도, 우리의 골격은 기본적으로 같다. 모든 인간의 골격은 같은 순서로 만들어진다. 우리의 골격 구조는 우리로 하여금 살게 하는 신체의 중요 기관들을 지지하고 보호하도록 디자인되어 있다.

그러나 구조에 살을 붙이기 시작하면 피부색, 눈의 모양, 턱 보조개 같은 것들을 볼 수 있다. 구별할 수 있는 특징들을 관찰할 수 있게 된다. 이런 신체적인 특징들은 우리의 성격을 통해 살아 움직이게 된다. 다른 사람과 더 오랜 시간 동안 있으면 있을수록, 한 사람 한 사람이 어떻게 자신의 스타일을 표현하는지 더 잘 알게 된다. 어떤 사람들은 축제적인 것과 즉흥적인 것에 재주가 있고, 어떤 사람들은 생각에 잠기는 것과 조용한 것을 좋아한다. 어떤 사람들은 행동할 준비가 늘 되어 있고, 어떤 사람들은 앞에 나서기를 좋아하지 않는다. 어떤 사람들은 화려한 모자를 쓰고, 어떤 사람들은 야구 모자를 쓴다. 어떤 사람들은 내성적이고, 어떤 사람들은 외향적이다.

구조와 스타일에서도 그렇다. 예배를 위해 우리가 선택한 구조는 우리의 예배를 표현하는 방식인 스타일을 지원하고 향상시키도록 디자인되어 있다. 내용과 같이, 구조는 기본적으로 형식적이거나 무형식적인 것도 아니고, 예전적이거나 현대적인 것도 아니다. 구조는 단지 예배 요소들의 순서다. 순서 자체는 형식적이거나 무형식적일 수가 없다. 그저 순서일 뿐이다. **구조는 단지 하나님과 우리의 대화에 논리적인 흐름을 갖게 하는 것에 지나지 않는다. 스타일은 우리가 대화하는 언어이다.** 그것들은 같은 것이 아니다. 구조는 하나님과 공동체의 대화를 발전시키기 위해 사용하려고 선택한 예배 사건들을 논리적인 순서로 놓는 것에 관한 문제다. 이것을 스타일과 혼동하지 말라. 모임, 말씀, 응답, 파송(예배의 큰 골조 구조)

예전은 수많은 스타일로 될 수 있다는 것을 기억하라.

3) 신화 3: 스타일은 단지 음악과 관계있다

얼마 전에 나는 서부 지역의 큰 교회에서 음향과 조명 일을 하는 사람과 이야기하고 있었다. 그는 그 교회에서 막 제작한 CD의 복사본을 내게 주었다. 그 CD는 회중과 방문자들에게 배부되고 있었는데, 새로이 조성하고 있는 네 곳의 예배 장소에서 사용될 **음악** 샘플이 들어 있었다.

예전적 음악, 전통적 음악, X세대 음악, 현대적 음악의 샘플이 목회자와 예배 디렉터의 해설과 함께 시연되었다. 그들은 듣는 사람들에게 **음악** 스타일에 따라서 **예배**를 선택하도록 제안했다. 스타일에 대해 이야기하는 교회들 대부분은 실제로는 음악적인 선호를 말하고 있다. 예배가 잘 되었다거나 혹은 그렇지 못했다는 것은 보통 음악에 의해 결정된다. 그것은 비현실적인 기대이고, 솔직히 말하자면 비중을 두는 일이 잘못된 것이다. 스타일은 **음악적** 취향보다 훨씬 폭넓은 것이다.

예배 스타일과 음악 스타일은 샴쌍둥이가 되었다. 분리할 수 없이 연결되어 있다. 많은 사람은 그 둘을 동일한 것으로 생각하는데, 이것은 가장 불행한 일이며, 그것들을 분리하기 위해 수술 이상의 일이 있어야 할 것이다. 사람들이 음악만을 가리켜서 "예배"라고 말하는 것을 자주 들을 것이다. 많은 현대적 혹은 경배와 찬양 예배에서는 오랜 시간 동안 노래하며, 이것을 "예배"(가르침이나 설교와 구별된)라고 부른다. 이 경우에는 예배와 설교라는 2중 구조가 사용된다. 어떻게 해서 오랜 시간 노래하는 것은 예배로 불리고 설교는 그렇지 않은지 주목해 보라. 설교도 예배라는 것을 상기해야 한다. 기도, 헌금, 성가대 찬양, 독창, 어린이 설교, 평화의 인사, 말씀 낭독, 강단 초청, 성찬식, 청소년 선교 여행 헌신, 우리가 하나님과 공동의 대화를 유지하기 위해 하는 모든 것들도 마찬가지다. 음악만이 아니라 **모든** 대화가 예배이다.

사도 바울은 예배의 많은 부분들을(찬송, 가르치는 말씀, 계시, 방언, 통역) 예배의 측면이 되는 것으로 생각했다.[2] **스타일은 모든 내용을 비롯해서 예배의 많은 측면을 포함한다.** 예배 스타일에 대해서 말하는 것은 단지 음악적인 부분만이 아니라 하나님과의 모든 대화를 의미하는 것이다. 스타일은 오직 음악과 관계가 있다고 추정하면 우리는 하나님과의 모든 대화를 적절한 스타일로 표현할 엄청난 기회를 놓친다. 설교, 성경 낭독, 기도, 헌금, 새신자 환영, 기타에 수반되어 있는 스타일이 있다. 나는 독자가 예배의 한 요소인 음악만을 가지고 스타일을 판단하려는 생각을 재고하기를 촉구한다.

4) 신화 4: 스타일은 사람들을 하나로 모으는 잠재력을 갖고 있다

소위 예배 전쟁이라는 면에서 볼 때, 스타일에 관한 이 신화가 가장 오해하기 쉬운 것일 것이다. 지난 수십 년간 예배에 관련된 것 중에 스타일만큼 분열을 초래하는 것은 없었다. 한때는, 알맞은 스타일을 찾으면 사람들을 하나가 되게 하고 평화롭게 할 수 있을 것이라고 기대했었는데, 결국 그렇게 생각할 수 없게 되었다.

사람들이 진실로 함께 예배할 때 가장 최근의 스타일보다 더 큰 무엇이 작용한다. 그 무엇이란 기독교 공동체이다.[3] **사람들을 하나로 모으는 것은 하나님의 은혜의 선물인 다른 그리스도인들과 함께하는 공동체 안**

---

2   참조, 고전 14:26.
3   기독교 공동체와 예배 스타일에 관한 보다 깊은 논의를 위해서는 본서 14장을 보라.

에 있는 것이지, 스타일의 뷔페(smorgasbord)를 제공하는 것이 아니다. 우리는 스타일 선호에 의해 서로 **고립**되고 **분리**되는 것이 아니라, 오히려 **소통**해야한다. 서로에 대한 우리의 서약, 즉 우리가 부유할 때나 가난할 때나, 병들 때나 건강할 때나, 전통적이거나 현대적이거나, 블랜디드이거나 포스트모던이거나, 간직하고 붙들기로 맹세한 기독교 공동체의 서약을 갱신하는 것이 어떨까? 그런 헌신은 빌립보서 2:4을 실행에 옮기게 한다. "각각 자기 일을 돌볼뿐더러 또한 각각 다른 사람들의 일을 돌보아…." C. S. 루이스(C. S. Lewis)가 이것을 다음과 같이 잘 말했다.

> 복이 있다고 우리가 확신하는 음악적 상황 두 가지가 있다. 하나는, 훈련되고 섬세한 미각을 가진 사제나 오르간 연주자가 자신의 (심미적으로 알맞은) 열망을 겸손하고 자비롭게 희생하고 자신이 바랐던 것보다 더 변변치 않고 초라한 식사를 사람들에게 내놓고…그래서 그들을 하나님께로 데려갈 수 있는 상황이다. 다른 하나는, 어리석고 음악성이 없는 평신도가 자신이 완전히 이해할 수는 없지만 이것이 어떻게든 하나님을 영화롭게 한다는 믿음을 갖고, 또한 이것이 자신을 교화하지 못한다면 그것은 분명 자신의 결함이라고 믿고, 겸손히, 인내하며, 그리고 무엇보다도 말없이 음악을 듣는 상황이다. 식자층도 교양이 없는 쪽도 별다르지 않다. 양쪽 모두에게 교회 음악은 은혜의 수단이 되어왔을 것이다. 그 교회 음악이란 그들이 좋아했던 음악이 아니라 좋아하지 않았던 음악이다. 그들은 그들의 취향을 완전히 드리고 희생했다.[4]

---

4 Walter Hooper, ed., *Christian Reflections*(Grand Rapids: Eerdmans, 1967), 96-97에서 인용.

당신의 교회에 적절한 예배 스타일을 찾는 것은 궁극적으로는 인기 있는 것을 찾는 것이 아니라 그리스도인의 교제를 찾는 것이다.

5) 신화 5: 스타일은 교회 성장에 긍정적인 영향을 끼친다

이 신화는 앞의 신화와 관련되어 있다. 그러나 여기서 우리는 특정 예배 스타일을 적용하느냐 하지 않느냐가 교회 **밖의** 사람들을 끌어들일지 그렇지 않을지를 고려하고 있다. 어떤 특정 예배 스타일이 교회 성장을 보장한다는 것을 보여 주는 연구 결과는 없다. 다른 예배 스타일을 도입하고 성장을 경험했던 교회들의 예는 있다. 그러나 적어도 새로운 예배 스타일에 투자했던 많은 교회들이 줄어드는 교인 출석률을 높이는 데 실패했다는 것을 발견할 뿐이다. 예배 스타일의 변화가 교인 출석률의 급증을 이루어내지 못한 교회를 멀리서 찾을 필요가 없다. 이 신화를 수용할 수 없을 만큼, 예배 스타일이 숫자를 늘리는 데 실패한 경우가 많다.

켄 헴필(Ken Hemphill)은 그의 책 『복음의 열정이 타오르는 안디옥 교회』(*The Antioch Effect*)[5]에서 커크 하다웨이(Kirk Hadaway)의 연구를 인용한다. 하다웨이는 교회 성장에 도움을 주는 원리를 구분해 내기 위해 광범위한 조사 연구를 마친 후, 많은 사람을 놀라게 한 결론에 도달했다. 그는, "성장하는 교회의 특징이 되는 특별한 예배 스타일은 없다. 성장하는 교회 중에 어떤 교회는 보다 구조적이고 예전적인 반면, 어떤 교회는 보다 여유롭고 비격식적이다. 중요해 보였던 것은 다음과 같은 단어들로 정의만 될 수 있을 뿐이었다. 즉, "신나는," "축제적인," "기쁜," "기대하

---

5 Ken Hemphill, *The Antioch Effect: 8 Characteristics of Highly Effective Churches*(Nashville: Broadman & Holman, 1994).

는," "따뜻한," "부흥의", "즉흥적," "생동감 넘치는" 등과 같은 단어들이다. **그러므로 사용되는 음악의 종류보다 예배의 정신이 더 중요하다.**"[6]

2. 예배 스타일이란 무엇인가

예배 스타일에 대해 무엇을 말할 수 있는가? 스타일이 내용이나 구조와 같은 것이 아니라면, 음악으로만 제한되지 않는다면, 그리고 사람들을 한데 모으는 일이나 교회 성장에 책임이 없다면, 그럼 스타일은 무엇인가? 도움이 될 만한 다음의 정의로 시작해 보자.

> 예배에서 스타일은 어떤 믿음 공동체가 주어진 배경에서 나온 예배(예전)의 내용을 표현하는 방식이다.[7]

이 정의의 세 가지 주요한 구를 살펴보자.

(1) 첫 번째 구: **"어떤 믿음 공동체"**란 크든 작든 흔히 지역 교회의 일상적인 예배 공동체를 구성하는 사람들의 모임을 말한다. 성령에 이끌림을 받아서, 그들은 하나님을 영화롭게 하고 섬기며 하나님의 나라의 증인이 된다는 특별한 목적을 이루기 위해 특정한 시간과 특정한 장소에 함께 모여 있다. 각 회중은 사람들의 독특한 혼합체이지만 하나님의 영광과 나라를 표현하는 공동의 방식을 널리 공유한다. 본질적으로 예배 스타일은 특정 예배 공동체가 하나님께 자신을 자연적으로 표현하는 데

6　Ibid., 56.
7　Constance Cherry의 정의.

사용하는 언어와 표현 양식으로 구성된다. 언어는 구두적인(verbal) 구조뿐만 아니라 상징, 제스처, 자세 같이 사람들이 자신들을 표현하기 위해서 사용하는 비구두적인(nonverbal) 어떤 소통 수단이든 그것으로 구성된다.

모든 회중은 자신들에게 고유한 소통 방식을 갖고 있다. 그들이 하나님을 예배하는 스타일은 사람마다 고유하다. 즉, 자연스럽고 직감적인 표현이다. 자신이 누구인가에 대해 진실하기 위해서는 **반드시** 그래야 한다. 그런 까닭으로, 도심에 사는 히스패닉 회중은 교외에 사는 백인 회중이 사용하는 것과는 다른 소리, 템포, 표현, 제스처, 예배 행위들을 사용함으로써 예배를 자연스럽게 표현할 것이다.

아이러니하게도, 서구의 많은 교회들이 똑같아 보이려고 하고 또한 비슷하게 예배하려고 함과 동시에, 많은 교회 지도자들은 비서구문화의 예배자들에게 그들의 문화의 독특성을 인식하도록 압력을 가해왔다. 비서구에 속한 각 지역 예배 공동체는 그 표현 양식으로 인해 가치 있게 여겨지고, 교단의 지도자들을 기쁘게 하기 위해 "바른" 혹은 "최근의" 예배 방법을 복제하거나 혹은 서구문화를 닮도록 더 이상 장려되지 않는다. 문화적 표준을 기대하지 않는다. 대신에, 모든 유형의 토착적인 표현이 동등하게 가치 있게 평가된다.

20세기 후반에 두 개의 기독교 단체가 모든 문화 사람들이 자신들의 문화에 충실한 방법으로 예배할 자유를 강조하는 획기적인 문서를 만들었다. 제2차 바티칸 공회(1962-65)에서 나온 문서인 "성스러운 예전에 관한 규약"(The Constitution on the Sacred Liturgy)은 다음과 같이 진술한다.

> 예전에서도 교회는 신앙이나 전체 공동체의 선에 누를 끼치지 않는 문제에 있어서는 엄격한 통일성을 강요하지 않기를 바란다. 교회가 다양한 인종과 민족의 재능 있는 사람들을 존중하

고 양육하기를 바란다. 이런 사람들의 생활방식에서 미신과 오류와 떼려야 뗄 수 없게 밀접한 관련이 있는 것은 어떤 것이든지 교회가 연민을 갖고 연구하고, 가능하면 그대로 보존한다. 사실 때로는 그런 것들이 예전의 참되고 진실된 정신과 어울리는 한, 교회는 그런 것들을 예전 자체에 허용한다.[8]

중요한 또 다른 문서는 **나이로비 선언문**(The Nairobi Statement)인데, 이것은 루터교세계연맹(Lutheran World Federation)에서 만든 것이다. 여기에는 다음과 같은 내용이 있다.

우리의 예배를 받으시는 예수님은 세계의 한 특정한 문화 속에 태어나셨다. 성육신의 신비 속에 기독교 예배의 모델과 상황화(contextualization)의 명령이 있다. 이 세상의 지역 문화 속에서 우리는 하나님을 만날 수 있고 또한 만나고 있다. 한 문화의 가치와 패턴들은, 복음의 가치와 일치하는 한, 기독교 예배의 의미와 목적을 표현하는 데 사용될 수 있다. 복음이, 다양한 지역 문화 속에 더욱 깊이 뿌리 내릴 수 있도록 하기 위해 상황화는 세상에서 교회의 선교를 위해 필요한 과제다.[9]

(2) 두 번째 구: **"예배의 내용"**은, 지역 교회가 예배에 규범으로 포함하

---

8 1963년 12월 4일에 교황 바오로 6세가 반포한 Constitution on the Sacred Liturgy(*Sacrosanctum Concilium*)에서 사람들의 문화와 전통에 맞추는 데에 따른 규범인 sec. D, art. 37을 보라(http://www.vatican.va/archive/hist_councils/ii_vatican_council/documents/vat-ii_const_19631204_sacrosanctum-concilium_en.html).

9 Lutheran World Federation's Study Team on Worship and Culture의 3차 국제 회담, Nairobi, Kenya, sec. 3.1의 *Nairobi Statement of Worship and Culture: Contemporary Challenges and Opportunities*를 참조하라(http://www.mcsletstalk.org/v10n28.htm).

는 것들을 가리킨다. 성경적으로 말해, 예를 들면, 기도, 성경 낭독, 찬양, 헌금을 비롯해서 어떤 내용은 꼭 있어야 한다. 그러나 각 공동체가 그 전통에 따라서 이 목록에 더 추가할 것이다. 성찬식(매주), 평화의 인사, 간증, 단막극, 침묵하며 기다림, 성령의 은사의 사용 같은 것들이 추가될 수 있다. 나는 쿠바에서 여러 번 사역하면서 문화의 영향을 받은 예배 내용의 한 예를 보았다. 작은 가정 교회건 큰 도심 교회건 어느 곳에서 설교하든 관계없이 예배자들은 손님인 나뿐만 아니라 서로서로 거룩한 입맞춤을 행했다. 각 사람은 뺨에 키스를 하며 다른 사람에게 인사했다. 이것은 예배 안에서의 그리스도인의 환영과 공동체의 제스처였기에 바로 예배 행위였으며, 또한 일반적으로 쿠바문화를 대표하는 것이었다.

그런데 최근에 흥미로운 현상이 일어났다. 서구문화에서 교회들이 최첨단에 있는 것으로 보이기 위해 자신들의 문화와 다른 예배 표현을 찾는 경우가 많아졌다. 그 교회들은 때로는 자신들에게 낯선 예배문화를 들여오는데, 그 이유는 이미 있는 교인들을 인정하고 즐거워하기보다는 추세를 따라가거나 혹은 자신들의 교인으로 끌어들이기를 바라는 일종의 "고객들"을 유치하기 위해서다.

(3) 세 번째 구: "**주어진 배경에서 나온**"이라는 말은 하나의 예배 스타일은 배경을 **결정하기**보다는 배경**으로부터 나온다**는 것을 말한다. 인도자들은 자신들이 선호하는 스타일을 찾은 후에 그 스타일에 익숙치 않은 사람들에게 그것을 강요하는 일을 하지 말아야 한다. 스타일은 안에서 밖으로 나오는 것이지, 밖에서 안으로 흘러 들어가는 것이 아니다. 다시 말해서, 스타일은 공동체의 역사, 이야기, 경험에서 비롯되는 것이지, 다른 사람들의 역사와 경험으로부터 만들어져서 공동체에 입혀지는 것이 아니다. 배경이 진실성의 정도를 결정한다.

다시 말하지만, "예배에서 스타일은 어떤 믿음 공동체가 주어진 배경에서 나온 예배(예전)의 내용을 표현하는 방식이다."

이 정의는 각 회중이 대답해야 할 다음과 같은 함축된 질문들을 제기한다.

- 우리는 누구인가?
- 하나님은 우리에게 어떤 유형의 믿음 공동체를 주셨는가?
- 우리의 배경은 무엇인가?
- 우리의 배경의 타당한 표현은 무엇인가?

우리가 다음과 같은 질문을 하고 있는 것이 **아님을** 주목하라.

- 우리는 무엇이 되기를 바라는가?
- 우리는 어떤 유형의 믿음 공동체를 추구하는가?
- 우리의 배경이 어떠하기를 바라는가?
- 다른 사람들의 배경을 어떻게 표현할 수 있는가?

마지막 네 개의 질문들이 때로 예배 스타일에 관한 문제를 불러일으켰다. 그것들은 우리의 선호도에 집중되어 있다. 예배 변화의 이유를 들어보면 다음과 같은 말들을 들을 것이다. "젊은 사람들이 좋아하니까," "문화에 부응해야 하니까," 혹은 "누구누구가 이런 유형의 음악을 원하니까." 스타일은 움직이는 목표물이기 때문에 선호도에 기초해서 예배 스타일을 추구해 가면 실질적인 단계에서 실패한다. 한 지역에서 최첨단의 일이 되자마자 다른 지역에서는 시대에 뒤떨어진 일이 된다.

예배 스타일은 옷이나 자동차 같은 것들의 스타일처럼 다른 누군가의 변덕에 따라 변하기 쉽다. 이와 같은 실용 지향적인 사역은 신학적인 이유로 볼 때도 부적절하다. 신학적으로 말해서, 최고의 노력으로 예배 스타일을 좇는 것은 잘못된 질문을 가정하고 있기 때문에 무분별한 것이다. 실용적인 스타일의 질문은 언제나, "사람들이 무엇을 좋아하는가?"라고 묻는다. 나는 보다 낫고 신학적으로도 보다 신중한 질문으로 다음을 제안한다. 즉, "이 예배 공동체에서 사람들이 하나님을 만나는 데 도움을 주는 예배의 유형은 어떤 것인가?" 이 질문은 우리를 선호도로부터 벗어나서 예배의 참된 목표로 이끌 것이다. 예배는 무엇보다도 예수 그리스도를 통해서 살아있는 하나님과 만나는 것이다.

"새로운 세기의 사람들은 아마도 그들의 예배 스타일보다는 그들의 예배 목소리를 찾아야 할 것이다."[10] 당신의 공동체의 규범적인 언어는 무엇인가? 이것이 어떻게 하나님과 가장 잘 소통하는가? 결국, "목소리를 찾는 것, 그리고 찾고 나서 사역과 예배의 명료성과 아름다움을 향해 계속해서 개선해 가는 것은 회중의 몫이다. 목소리를 찾는 것은 선언되거나 정의될 필요가 없다. 이것은 직감적이다. 지혜로운 예배 인도자는 그 목소리를 감지하고 존중할 것이다."[11]

다음 두 가지를 잘 기억해야 한다.
(1) 내용은 협상의 여지가 없지만, 스타일은 협상의 여지가 있다.
(2) 내용은 보편적이지만, 스타일은 상황적이다.

그래도 스타일은 중립적이지 않다는 것에 주의하는 것이 중요하다. 스타일이 중립적이라는 것은 위험한 가정일 것이다. 스타일은 우리에게 영향을 끼친다. 스타일은 중요하지 않은 것이 아니다. 그러나 스타일은 상황적이다. 즉, 스타일은 소위 우리가 **누구를** 예배하는가 그리고 예배에서 **우리는 무엇을 하는가**와 같은 고려사항들보다는 우선순위가 낮기

---

10 Constance Cherry, Terry W. York and C. David Bolin, *The Voice of Our Congregation: Seeking and Celebrating God's Song for Us*(Nashville: Abingdon, 2005), 7에서 인용.

11 York and Bolin, *The Voice of Our Congregation*, 8.

때문에 변화의 여지가 있다는 의미이다.

나는 스타일에 관련된 문제들이 최근 예배 현장을 장악한 것에 대해 논의했고, 이것은 우선순위의 잘못이라고 언급했다. 나는 예배에서 당신이 **무엇을** 하느냐가 **어떻게** 하느냐보다 더 영원한 중요성을 갖는다는 것을 생각하라고 도전하며 결론을 맺는다. 그러나 보다 더 중요한 것은 **누구를** 예배하는가이다. 다음을 생각해 보라.

> 무엇보다 예배는 스타일의 문제가 아니라, 진리에 응답하는 문제이다…어떤 스타일을 추구하는 것이 되어버리는 예배는, 그것이 신은사주의적(neo-charismatic)이든지 신위엄주의적(neo-dignified)이든지 혹은 개인의 만족과 즐거움을 찾는 것이든지 분위기를 추구하는 것이든지, 요점을 놓치고 있다. 예배에는 분위기와 경험이 수반되지만 예배는 기본적으로 이런 것들을 추구하는 것이 아니다. 예배는 하나님이 그리스도 안에서 이미 행하신 것에 대한 응답으로서 우리가 행하는 무엇이다. 스타일이 아니라 진리가 신약 예배의 비밀이라는 것을, 즉 성령에 감동된 진리에 대한 응답이라는 것을 발견하고 나면, 그것이 다양한 스타일로 표현될 수 있다. 이것은 더 이상 "어떤 스타일이 효과가 있다"는 단순한 생각이 아니라, 예수 그리스도에 대한 중심적인 구원의 진리가 어떤 문화의 예배든지 영감을 줄 것이라는 성경적 원리이다.[12]

---

12 Henry Jauhiainen, *The Complete Library of Christian Worship*, vol. 3, ed. Robert E. Webber(Nashville: StarSong, 1993), 103-4.

3. 예배 스타일의 비교

이 장에서 나는 예배 스타일에 관해 생각하는 철학을 제시하려고 해왔다. 그렇게 함으로써 스타일이 **무엇이며** 스타일이 **아닌 것은** 어떤 것인지, 즉 스타일이 **할 수 있는** 것과 **할 수 없는** 것을 알아봤다. 예배 스타일을 갖는 것은 좋은 것이고 불가피한 것이다. 모든 예배에는 스타일이 있기 때문에 스타일은 어쨌든 생겨날 것이다.

예배 건축가들이 자신들의 지역의 예배에 가장 영향을 끼치는 스타일에 관해서 알 수 있도록 오늘날 북미 예배에서 지배적인 스타일들에 대한 실무적인 지식을 갖는 것이 중요하다.[13] 그러면 그들은 스타일 용어를 제대로 사용할 수 있을 것이고, 회중들이 스타일에 관한 문제를 이해하도록 돕기 위해 용어와 개념들을 마음대로 사용할 수 있을 것이다.

오늘날 사용되는 예배 스타일이 교회의 수만큼이나 많이 있는데, 서구에서 흔한 것이 몇 가지 있다.[14] 이런 스타일들 중에서 다섯 가지의 특징을 간단히 살펴보고 각각의 장점과 단점을 소개한다. 어떤 예배 스타일의 장점들은 다른 예배 스타일의 단점들이고, 또 단점이 장점이 된다는 것을 독자가 발견하게 될 것이다. 이 모든 것은 당신이 가치 있게 여기는 것들 중에 있는 것들이다. 장점과 단점들을 나열할 때 그것들은 분명 모든 의견이 결여되지는 않을 것이지만, 나는 직접적인 해설 없이 스타일을 간단히 묘사할 것이다. 내 목표는 예배 건축가들이 스타일들을 지혜롭게 분별하도록 돕는 것이지, 어떤 한 스타일 쪽으로 영향을 끼치려는 게 아니다.

---

13 이것은 많은 다른 장소에도 있다. 그러나 이 장에서 나는 주로 북미의 상황을 언급한다.
14 이런 스타일 그리고 다른 것들에 대해서 더 많은 이야기를 할 수 있을 것이다. 그러나 나의 목적은 가장 기본적인 수준으로 이것들을 소개하는 것이다. 이런 스타일들에 대한 보다 자세한 내용은 이 장의 마지막에 있는 참고 문헌을 보라.

1) 예전적 스타일(Liturgical Style)

예전적 예배는 깊은 역사적 뿌리를 갖고 있다. 이것은 4중 구조 예배 순서, 예전력, 하나님 중심을 소중하게 여기는 그리스도인들의 긴 역사 위에 서 있다. 예전적 예배의 두드러진 특징 중 하나는 예배 순서들이 주로 예배서나 기도서를 따라서 교회에 의해 자세히 규정되어 있다는 것이다. 교단에서는 성경 낭독, 찬송가/노래, 기도, 신조, 교회력 주제, 기타 등의 선택을 강력히 제안하거나 지시한다. 예전적 예배에는 다음과 같은 특징들이 있다.

일반적 특징
- 수직적인 방향이다.
- 하나님의 초월성에 초점을 맞춘다.
- 하나님 중심이다.
- 고전적인 기도, 찬송가, 성가대 찬양, 기타 등이 있다.
- 매주(혹은 자주) 성찬식을 갖는다.
- 상징의 두드러진 사용, **예배 장식천**(paraments)의 사용, 의도적인 집기 배치, 상징적인 건축이 있다.
- 회중의 참여가 많다.
- 예전을 전체적으로 기도로 여긴다.

장점
- 성경에 기초한다.
- 강한 경건 의식이 있다.
- 대체로 객관적이다.

- 세계적인 공동체 의식이 있다(예배 내용과 순서가 같은 교단에 속한 다른 교회의 예배와 비슷하다).
- 참여적이다.

단점
- 예배의 수평적인 차원을 무시할 수 있다.
- 현대적 표현에 있어 유연성이 적을 수 있다.

2) 전통적 스타일(Traditional Style)

전통적 스타일은 종종 예전적 스타일과 혼동된다. 왜냐하면 양쪽 전통에 속하지 않은 사람들에게는 성직자들이 보통 예복을 입고, 기록된 기도문을 사용하고, 교회력을 지키는 등 **외관**상 비슷한 것이 많기 때문이다. 그러나 전통적 예배는 몇 가지 중요한 점에 있어서 예전적 예배와 구별된다. 가장 큰 차이점 중 하나는 전통적 예배에서는 인도자들이 교단의 예전 계획을 따르거나 기도서를 사용해야 할 의무가 없다는 것이다. 교단의 지침이 제공되고, 성직자들은 예배에 관해 교육을 받고, 성경적이고 역사적인 모델들을 따르도록 권장되지만, 예배를 계획하고 인도하는데 있어 많은 자유가 있다. 결국 예전적 전통에 속한 교회들보다 통일성이 적다.

미국의 전통적인 예배 스타일은 변화를 겪어왔다. 이것은 주류 교단, 즉 미국 건국 이전의 유럽에 뿌리를 둔 미국 교단에 가장 관련된 일이다.[15] "전통적"이라는 말은 그들의 유럽 유산에서 표준이었던 내용과 형

---

15 장로교, 루터교, 감리교, 개혁파 등.

식을 계속해서 사용하는 것을 떠오르게 한다.[16] 이들 교단 속에 미국 정착기의 유럽판 예배가 비교적 변하지 않고 남아있지만, 미국에 정착한 그 교단들은 이전과는 다른 길을 걸었다. 미국에서 어떤 경우는 과거의 역사적인 관습들보다는 부흥 운동이 주류 교단의 예배에 영향을 끼쳤다. 프론티어 예배(frontier worship)는, 몇 교단만 들어보자면, 장로교도들, 감리교도들, 침례교도들에게 상당한 영향을 끼쳐서, 공동체적 예배에서 강조하는 것들에 엄청난 변화를 가져왔다.

동부 지역에 있는 이런 교단들의 교회들이 그들의 유럽 유산으로부터 받은 많은 관습들을 유지했지만, 이 교단 교회들의 예배는 그들이 서부 변경으로 확장되면서 정립됨에 따라 거의 식별할 수 없다. 부흥 운동가 스타일 예배(오랜 시간 동안의 노래와 설교, 강단 초청, 간증 등)는 변경의 주류 교회에서 눈에 많이 뜨인다.

그러나 시간이 지나고, 주류 교단들이 그들 예배의 기초가 되는 보다 성경적이고 역사적인 관습들을 재정립하고자 했다. 부흥 운동가 관습들에 의문이 제기 되었다. 20세기 초의 예전 갱신 운동(The Liturgical Renewal Movement)은 부분적으로는 초기 몇 세기의 기독교 예배 관습에 대해 연구하는 현대 예배 학자들을 초청하게 되었다. 그 결과, 프론티어 시대에 없어졌던 예배의 주요 강조점들이 재확인 되었다. 여기에는 예배에서의 보다 폭넓고 보다 체계적인 성경의 사용, (말씀 예전과 보조를 맞춘) 성찬식의 중요성, 평신도의 참여, 공동체의 회복, 다른 기독교 전통들

---

[16] "전통적"이라는 말은 회중들이나 교단들이 한 시대에 익숙하게 된 것을 가리킨다. "전통적"이라는 말은 오랜 시간에 걸쳐 한 교회나 교회 집단에 규범이 된 일반적인 역사적 신학적 신조들을 가리킨다. "전통주의"는 변화를 피하기 위해 지역적이고 특정한 관습들을 고수하려는 것을 가리킨다. 참조, Daniel C. Benedict and Craig Kennet Miller, *Contemporary Worship for the 21st Century: Worship or Evangelism?* [Nashville: Discipleship Resources, 1994], 9.

의 재발견과 존중, 말씀의 선포와 사회 참여에 대한 강조가 포함된다.[17]

그렇다면 이것은 예배의 전통적인 스타일과 관련해 우리에게 어떤 영향을 끼쳤나? 오늘날 미국에서 생각하는 것처럼, 전통적인 스타일은 20세기 초에 되찾은 주류 교단의 회복된 역사의 관습들로 거슬러 올라간다. 그러나 예배의 전통적인 스타일은 이제 이 지점을 초월한다. 주류이건 아니건 많은 회중들이 이것을 수용한다. 사실, 많은 주류 교회들은 현대적 예배를 위해서 전통적 스타일을 다시 저버렸고, 다른 자유교회의 유형들이 그것을 수용하는 것으로 바뀌었다.

예를 들어, 많은 그리스도의 제자들(Disciples of Christ) 교회들은 그들의 교단이 프론티어에서 탄생해서 수십 년 동안 부흥 운동 경향을 반영했지만, 이제는 전통적 예배 스타일을 보인다. 전통적 예배 스타일은 이제 오늘날 교회에서 일반적으로 사용되는 많은 예배 스타일 중 하나이다. 전통적 예배에는 다음과 같은 특징들이 있다.

일반적 특징
- 4중 구조 예배 순서를 지키려고 한다(성찬이 없는 주일이 많지만).
- 찬송가에 기반을 둔다.
- 성가대에 기반을 둔다(연령별 성가대들과 악기 합주단들).
- 권위 있는 합창 작품을 사용한다.
- 오르간/피아노가 주된 악기가 된다.
- 성구집에 기반을 둔다(항상은 아니지만).
- 표준적인 기도 유형을 사용한다(연도, 회개 기도, 주기도, 기타).

---

17 John Fenwick and Bryan Spinks, *Worship in Transition: The Liturgical Movement in the Twentieth Century*(New York: Continuum, 1995), 5-10.

장점

- 풍부한 내용의 유산을 사용한다.
- 찬송가들과 기도들은 좋은 신학의 보고(treasure trove)이다.
- 일반적으로 객관적이다.
- 여러 세대가 함께 모이는 경향이 있다.

단점

- 현 시대의 신선한 창의성을 무시하는 경향이 있다.
- 성가대와 "특별" 음악의 높은 참여로 인해 "공연" 예배가 되는 경향이 있을 수 있다.[18]
- "프로그램" 예배 대 "기도" 예배를 강조할 수 있다.

3) 현대적 스타일(Contemporary Style)

현대적 스타일 예배는 최근에 발전된 것이다. 청년들이 예배에서 전통주의를 거부하고 비전통적인 표현 수단들을 선호하던 60년대 말과 70년대 초에 탄생했다. 여기에는 음악적 선택에서부터 복장에까지 모든 것을 포함한다. 의심의 여지없이, 두드러진 변화는 음악과 함께 왔다. 오르간과 피아노는 기타와 드럼으로 교체되었고, 찬송가는 현대적 코러스로, 그리고 성가대는 록밴드로 교체되었다.

얼마 지나지 않아, 현대적 예배는 타당한 평가를 받게 되었다. 처음에는 비주류에 속해서 상점의 앞 공간을 사용한 교회, 커피점, 그리고 노천

---

18 "My House Shall Be Called a House of…Announcements"(*Church Music Workshop*, January-April 2005)에 있는 내 연구 결과는 전통적 예배 시간의 많은 부분이 사람들을 **위해** 공연된 음악에 할애되면 사람들은 수동적으로 공연을 보고 있다는 것이다.

공연에서 생겨났다. 이 운동은 곧 모든 유형의 교회 안으로 들어갔다. 이것은 대중문화의 보고 듣는 표현 양식을 교회에서 사용함으로써 복음을 듣지 못한 세대에게 다가가고자 했던 어느 한 대형 교회에서 크게 가능했다. 윌로우크릭커뮤니티교회(Willow Creek Community Church)가 거의 틀림없이 이 운동의 가장 잘 알려진 예다. 1980년대까지 현대적 예배는 자체 스타일의 특징들이 자리 잡히고 상당히 표준화되었다. 현대적 예배는 경배와 찬양 전통(Praise and Worship Tradition)이 되었다. 실제로 현대적 예배와 경배와 찬양이라는 용어는 오늘날 호환적으로 사용된다.

두 가지 중요한 것에 주목해보자.

첫째, 현대적 예배는 현대 음악과 분리될 수 없다. 현대적 예배는 현대 음악이라고까지 불릴 수 있다. 현대적 예배 스타일의 두드러진 특징은 이 시대의 대중문화 음악과 유사한 현대 음악의 사용이다. 실제로 많은 현대적 예배는 음악을 제외하고는 스타일면에서는 전통적 예배와 다름이 없다. 설교자가 평상복 차림을 할 수 있고, 재미있는 몇 개의 스킷을 주기적으로 할 수도 있지만, 많은 경우에 음악 외에는 조정되는 것이 거의 없다. 결국 찬양 코러스를 부르는 데 할애된 시간이 늘어났고, 설교에 주어진 시간은 대략 같고, 중보 기도, 여러 번의 성경 낭독, 그리고 연도와 헌금 봉헌 같은 요소들은 상당히 축소되거나 없어졌다.[19] 그 결과, 거의 찬송과 설교만으로 구성된 2중 구조 예배가 되었다.

둘째, 현대적 예배는 사실 부머 예배(Boomer worship)이다. 이것은 베이비부머 세대에서 비롯했다.[20] 그 세대가 나이 들어가면서, 젊은 세대들은 늘 똑같은 옛날 음악의 진가를 별로 알아주지 않으려고 하고, 그 음악

---

19 Ibid.
20 베이비부머 세대는 전형적으로 세계 2차 대전 후의 첫 세대로 정의하는데, 대개 1946년에서 1964년 사이에 출생한 사람들이다.

에 대해 거부 반응을 보이고 있다.[21] 이머징 교회 운동은 세대가 현대적 예배로부터 멀어져 가고 있다는 한 예이다. 현대적 예배에는 다음과 같은 특징들이 있다.

일반적 특징
- 음악 주도적이다.
- 찬양 코러스를 토대로 한다.
- 현대 악기(주로 전자악기)를 사용한다.
- 찬양팀이 인도한다.
- 하나님의 임재에 초점을 맞춘다.
- 주관적인 경향이 있다.
- 현재 유행하는 현대적인 편곡을 사용한다.
- 기술 사용에 관심을 갖는다.
- 분위기와 외관이 격식을 차리지 않는다.

장점
- 하나님과의 친밀함을 조성한다.
- 즐거운 예배를 증진한다.
- 구도자 친화적이다(참여를 위해 공동체의 많은 지식을 요구하지는 않는다).
- 기술을 사용하는 데 있어서 문화와 결부시켜 생각한다.

---

21 참조, Robert E. Webber, *The Younger Evangelicals: Facing the Challenges of the New World*(Grand Rapids: Baker Books, 2002).

단점

- 주관적인 예배로 기울어진다.
- 예배자가 하는 일에 대한 강조가 너무 많고, 하나님이 행하신 일에 대한 강조는 너무 적다.
- 공동의 표현보다는 개인의 표현을 강조하는 경향이 있다("우리"라는 언어보다 "나"라는 언어가 지배적이다).

4) 블랜디드 스타일(Blended Style)

많은 사람은 "블랜디드" 예배 스타일을 전통적 예배 스타일과 현대적 예배 스타일의 혼합체로 생각한다. 이것은 현대적 예배 운동의 발전으로 인해 생긴 갈등을 다루는 하나의 방법으로 1980년대 말/1990년대 초에 개발되었다. 원래 블랜디드 예배에는 모든 사람들이 선호하는 것을 조금씩 넣는다는 이론에 따라 찬양 코러스**와** 찬송가가 포함되었다. 사람들을 행복하게 유지시키는 것이 목표였다. 음악 스타일로 인해 교회들이 분열되는 일이 급격히 일어나고 있었고, 리더들은 블랜디드 예배가 그들의 교회에서 이 분열을 방지해 주기를 바랐다.[22]

오늘날 블랜디드 예배에 대한 가장 일반적인 이해는, 그 예배에서는 찬양 코러스 몇 곡과 찬송가 몇 곡을 부른다는 것이다. 대부분이 코러스이면서 찬송가가 한 곡 있는 경우에서부터, 대부분이 찬송가이면서 코러스가 한 곡 있는 경우, 그리고 찬송가와 코러스 곡의 수가 같은 것에 이르기까지 다양하다(곡의 수를 세고 있는 교인들도 있다). 보통 코러스를 여러

---

22 다음 장에서 블랜디드 예배에 관해 광범위하게 다루면서, 블랜디드 예배와 컨버전스 예배를 비교하는 데 많은 시간을 할애할 것이다. 지금은, 현재 사용되고 있는 스타일들을 개괄적으로 제시하기 위해 모든 스타일에 사용되는 같은 형식으로 간단히 제시할 것이다.

곡 이어서 부르고 나서 찬송가를 여러 곡 이어서 부르거나, 찬송가를 먼저하고 코러스를 한다. 찬송가와 코러스가 있는 한 블랜디드 예배를 하고 있는 것이다. 예배 스타일이 음악으로만 정의되고 있는 것에 주목하라. 예배에서 다른 것들은 거의 섞이지 않는다.

많은 사람이 이 용어를 사용하지만, 이런 종류의 블랜디드 예배는 별로 효과적이지 않다는 생각이 증가하고 있다. 이것이 음악적 형식주의를 낳았고 사람들을 하나가 되게 하지 못했다고 말하는 사람들도 있다. 단지 사람들이 갈라지는 것만 막았을 뿐이다. 또한 블랜디드 예배는 전형적으로 단지 두 가지 유형의 회중 노래, 즉 찬송가와 코러스만 사용했다는 것도 주목하라. 그렇게 된 이유는 두 장르 간에 싸움이 있다는 것을 인지했기 때문이다. 다른 많은 유형의 회중 노래들은 전혀 사용되지 않는다. 블랜디드 예배는 다음과 같은 특징들이 있다.

일반적 특징
- 찬송가와 코러스를 사용한다.
- 악기를 폭넓게 사용한다(오르간, 피아노, 기타, 드럼, 어쿠스틱 악기, 기타).
- 찬양팀과 성가대가 이끈다.

장점
- 폭넓은 청중의 마음을 끌 수 있다.
- 여러 세대가 함께하는 예배에 대한 잠재력이 있다.

단점
- 예배자들을 같은 예배 안에서 선호도에 따라 서로 대립하는 그

룹으로 나눌 수 있다.
- 대화나 공동체를 꼭 창조하는 것은 아니다.

5) 이머징 스타일(Emerging Style)

이머징 예배는 최근의 스타일로서, 이것이 무엇이며 또 어디로 가고 있는지에 관해 아직 유동적이다. 정의하는 것보다는 묘사하는 것이 더 쉽다. 이머징 예배는 포스트모던 세계관에 영향을 받았다. 샐리 모겐쌀러(Sally Morgenthaler)는 다음과 같이 말한다.

> 새로이 등장하는 세상은 초자연적인 것에 매료되어 있고 신비를 갈망할 수도 있다. 이것은 다양성 속에서 번창하고 공동체를 열망할 수도 있다…그러나 다른 특징들을 무색하게 만드는 한 가지 특징이 있는데, 그 자체로 새 천년의 공동체적 예배를 위한 진지한 재작업의 시작점이 되어야 하는 특징이다. 그것은 개인과 사회의 깨어짐에 대한 깊은 인식이다.[23]

근대(modernity)는 주로 과학의 발전을 통해 세계의 문제들에 대한 해답을 약속했다. 포스트모던은, 사회의 모든 진보는 우리가 찾는 모든 해답을 주지는 않을 것이라는 것을 깨닫는다. 사회는 여전히 깨져있고 그렇게 남아있을 것이다. 그러므로 이머징 예배 인도자들은 현대적 예배의 주안점을 창조주 지향적이고 하나님께 초점을 맞춘 예배로 변화시키고자 한다.[24]

---

23 Sally Morgenthaler, "Emerging Worship," in *Exploring the Worship Spectrum: Six Views*, ed. Paul A. Basden(Grand Rapids: Zondervan, 2004), 221.
24 Ibid., 223.

그러므로 이머징 예배 경험은 대부분 현대적 예배와는 완전히 다른 곳에서 시작한다. 즉, 사람들이 느끼는 필요에서가 아니라, 하나님이 누구시며, 자신들은 누구이며, 그리고 자신들은 어떤 존재가 되도록 창조되었는지에서 시작한다. 이머징 사역 리더들은 종교 소비자들(단지 자신들이 필요하다고 느끼는 것만을 만족케 하려는 사람들)과 발전적인 예배자들(하나님의 이야기와 지속적인 역사 속에서 능동적인 역할을 하려는 사람들)을 다르게 생각하고 있다.[25]

이머징 예배를 둘러싸고 일어나는 혼동은 부분적으로는 이머징 예배에 대한 모습을 한 가지로 설명하려는 잘못된 생각 때문이다. 때로 리더들이 이머징 예배라고 알려진 어떤 것을 경험하고 그것을 이머징 스타일의 전형적인 것으로 추정할 것이다. 촛불이 켜있고, 미로가 있고, 하나님께 개인 편지를 쓸 수 있도록 벽에 푸줏간 포장용지가 붙어 있는 지하실에서 모인다면, 그들은 모든 이머징 예배가 이런 비슷한 것을 한다고 추정할 것이다. 그러나 글을 읽어보거나 이머징 리더들의 말을 들어보면, 이머징 예배가 장소마다 **똑같은 모습이 아니라**는 것이 이머징 예배의 특징들 중의 한 가지임을 알게 될 것이다.

이머징 예배는 무엇보다도 공동체가 진실하게 되는 것 그리고 예배자들이 하나님께 연결되도록 도울 방법을 찾는 것에 관한 것이다. 이것은 장소에 따라 급격히 다른 모습을 보일 수 있다. 오늘날 이머징 교회에 관해 설정되고 있는 한계선들이 있다. 늘 그런 것처럼, 이 운동을 형성하는 최전선에 있는 사람들도 있고, 여러 점에서 이단적이라고 믿고 이머징

---

25 Ibid.

교회를 단호하게 반대하기까지 하면서 조심스러워 하는 사람들도 있다. 이 장에서의 나의 목적은 예배 건축가가 이머징 예배를 인식하도록 돕는 것이다. 나는 모든 예배 스타일에 관해 신학적으로 깊이 생각하기를 촉구한다. 이머징 예배는 다음과 같은 특징들이 있다.

일반적 특징
- 포스트모던 시각(개인과 사회의 깨어짐을 인식)을 갖는다.
- 인간의 정신에 대해서 이상주의적이지 않다(nonidealistic).
- 본질상 감각적이다(예배에서 오감을 모두 사용하는 것을 가치 있게 여긴다).
- 경험적이다(예배에 직접 관여한다).
- 리더들의 상하 조직이 아니라 공동으로 인도한다.
- 현대적 예배를 순전히 자기 자신에 관한 언급만 하는 것으로 본다(인간의 필요, 느낌, 바람에 초점을 맞추는 것).
- 고대의 예배 형식을 현대적인 방식으로 인식한다.
- 모든 예술 형식을 높이 평가한다(모든 예술 형식들은 하나님을 경험하는 것을 돕는다).
- 기술에 적당한 관심을 갖는다(기술을 다소 인위적인 것으로 본다).
- 사람들을 그리스도와 관계를 맺게 하도록 노력한다.
- 예배를 재조정(realignment)으로 여긴다(내가 하나님께 맞추는 것이지, 하나님이 내게 맞추시는 것이 아니다).

장점
- 참여적이다.
- 많은 종류의 예술가들이 예배를 표현할 수 있도록 한다.

- 많은 예배 형식을 높이 평가한다.
- 감각적이다(많은 단계로 참여한다).
- 현재의 세계관과 연결한다.

단점
- 전체 공동체가 하나님께로부터 들은 말씀을 말함으로써 하나님 말씀의 역할에 협상의 여지가 있다(설교/가르침, 기타 등이 필요하지 않을 수도 있다).
- 꼭 설교하도록 부름을 받고 설교 훈련을 받은 사람일 필요가 없이 공동체가 하나님의 말씀을 해석한다.
- 개인주의적인 경향이 있다(예배자들이 개인의 예배 행위들을 하는 것 대 회중 단위로 공동체로서 예배 행위를 하는 것).
- 유지하는 데 많은 힘을 쏟는다(계획, 자금 모금, 창의성 등이 많이 요구된다).
- 최근의 유행으로 여겨진다.

4. 결론

이 장에서는 예배 스타일에 관련된 현재의 이슈들을 논의했다(요약 차트를 참조하라). 예배 인도자가 알아야 할 핵심 중 하나는 관련성(relevancy)이다. 특정한 스타일을 추구하는 대부분의 교회들은 그들이 관련성이 있기를 바란다고 말한다. 문제는, 리더들이 대중문화를 복제함으로써 예배를 관련성 있게 만들려고 한다는 것이다. 즉, 대중문화가 하는 것은 어떤 것이든 그들도 똑같이 잘 할 수 있다는 것을 예배자들에게 확신시키려고 하는 것이다. 그러나 이것은 그림자를 쫓는 것과 흡사하다. 왜냐하면 문화는 스타일처럼 움직이는 목표물이기 때문이다. 관련성 있는 예배는 사람들의 마음을 끌거나 즐겁게 해 주려고 대중문화를 복제하려고 시도하는 것이 아니다. 관련성이 있는 예배는 기독교 공동체가 다음의 내용을 증대해 갈 공동의 기회를 성실히 만들려고 애쓰는 것이다.

- 그리스도의 현존에 대한 인식
- 말씀에 대한 집중
- 하나님께 자신들을 표현할 능력
- 기꺼이 변화되고자 함
- 성령의 치유하는 사역에 대한 열린 마음
- 복음을 나누고자 하는 열망

"근본적으로, '관련성 있는' 예배는 경험적이다. 이것은 사람들의 일상 경험이 그리스도와 함께 일어나도록, 하나님의 사랑과 목적을 중재할 수단과 접근법을 사용해서 사람들이 예수 그리스도의 은혜와 능력을 경험하는 것이다."[26] 이 장 마지막의 차트는 이 장에서 논의한 예배 스타일의 특징, 장점, 단점들을 요약해 놓은 것이다.

5. 주요 용어

예배 장식천(paraments). 강단, 성경 봉독대, 성찬대와 같이 예배에서

---

26 Benedict and Miller, *Contemporary Worship for the 21st Century*, 7.

사용되는 집기를 덮는 특별한 천. 보통 교회력의 색과 상징으로 나타난다.

6. 참고 문헌

Anderson, Ray S. *An Emergent Theology for Emerging Churches.* Downers Grove, IL: InterVarsity, 2006.

Basden, Paul, ed. *Exploring the Worship Spectrum: Six Views.* Grand Rapids: Zondervan, 2004.

Basden, Tom. *The Worship Maze: Finding a Style to Fit Your Church.* Downers Grove, IL: InterVarsity, 1999.

Benedict, Daniel C., and Craig Kennet Miller. *Contemporary Worship for the 21st Century: Worship or Evangelism?* Nashville: Discipleship Resources, 1994.

Galli, Mark. *Beyond Smells and Bells: The Wonder and Power of Christian Liturgy.* Brewster, MA: Paraclete, 2008.

Tickle, Phyllis. *The Great Emergence: How Christianity is Changing and Why.* Grand Rapids: Baker Books, 2008.

Warden, Michael D., ed. *Experiencing God in Worship: Perspectives on the Future of Worship in the Church from Today's Most Prominent Leaders.* Loveland, CO: Group, 2000.

Webber, Robert E. *Planning Blended Worship: The Creative Mixture of Old and New.* Nashville: Abingdon, 1998.

	예전적 예배	전통적 예배
특징	* 수직적인 방향이다. * 하나님의 초월성에 초점을 맞춘다. * 하나님 중심이다. * 고전적인 기도, 찬송가, 성가대 찬양, 기타 등이 있다. * 매주(혹은 자주) 성찬식을 갖는다. * 상징의 두드러진 사용, 예배 장식천의 사용, 의도적인 집기 배치, 상징적인 건축이 있다. * 회중의 참여가 많다. * 예전을 전체적으로 기도로 여긴다.	* 4중 구조 예배 순서를 지키려고 한다(성찬이 없는 주일이 많지만). * 찬송가에 기반을 둔다. * 성가대에 기반을 둔다(연령별 성가대들과 악기 합주단들). * 권위 있는 합창 작품의 사용한다. * 오르간/피아노가 주된 악기가 된다. * 성구집에 기반을 둔다(항상은 아니지만). * 표준적인 기도 유형을 사용한다 (연도, 회개 기도, 주기도, 기타). * 교회력의 주된 절기/날을 지킨다
장점	* 성경에 기초한다. * 강한 경건 의식이 있다. * 대체로 객관적이다. * 세계적인 공동체 의식이 있다(예배 내용과 순서가 같은 교단에 속한 다른 교회의 예배와 비슷하다). * 참여적이다.	* 풍부한 내용의 유산을 사용한다. * 찬송가와 기도들은 좋은 신학의 보고(tresure trove)이다. * 일반적으로 객관적이다. * 여러 세대가 함께 모이는 경향이 있다.
단점	* 예배의 수평적인 차원을 무시할 수 있다. * 현대적 표현에 있어 유연성이 적을 수 있다.	* 현 시대의 신선한 창의성을 무시하는 경향이 있다. * 성가대와 "특별" 음악의 높은 참여로 인해 "공연" 예배가 되는 경향이 있을 수 있다. * "프로그램" 예배 대 "기도" 예배를 강조할 수 있다.

	현대적 예배	블랜디드 예배	이머징 예배
특징	*음악 주도적이다. *찬양 코러스를 토대로 한다. *현대 악기(주로 전자악기)를 사용한다. *찬양팀이 인도한다 *하나님의 임재에 초점을 맞춘다. *주관적인 경향이 있다. *현재 유행하는 현대적인 편곡을 사용한다. *기술 사용에 관심을 갖는다. *분위기와 외관이 격식을 차리지 않는다.	*찬송가와 코러스를 사용한다. *악기를 폭넓게 사용한다(오르간, 피아노, 기타, 드럼, 어쿠스틱 악기, 기타). *찬양팀과 성가대가 이끈다.	*포스트모던 시각(개인과 사회의 깨어짐을 인식)을 갖는다. *인간의 정신에 대해서 이상주의적이지 않다. *본질상 감각적이다(예배에서 오감을 모두 사용하는 것을 가치 있게 여긴다). *경험적이다(예배에 직접 관여한다). *리더들의 상하 조직이 아니라 공동으로 인도한다. *현대적 예배를 순전히 자기 자신에 관한 언급만 하는 것으로 본다(인간의 필요, 느낌, 바람에 초점을 맞추는 것). *고대의 예배 형식을 현대적인 방식으로 인식한다. *모든 예술 형식을 높이 평가한다(모든 예술 형식들은 하나님을 경험하는 것을 돕는다). *기술에 대해 적당한 관심을 갖는다(기술을 다소 인위적인 것으로 본다). *사람들을 그리스도와 관계 맺게 하도록 노력한다 *예배를 재조정으로 여긴다(내가 하나님께 맞춘다. 하나님이 내게 맞추시는 것이 아니다).

장점	*하나님과의 친밀함을 조성한다. *즐거운 예배를 증진한다. *구도자 친화적이다(참여를 위해 공동체의 많은 지식을 요구하지는 않는다). *기술을 사용하는 데 있어서 문화와 결부시켜 생각한다.	*폭넓은 청중의 마음을 끌 수 있다. *여러 세대가 함께 하는 예배에 대한 잠재력이 있다.	*참여적이다. *많은 종류의 예술가들이 예배를 표현할 수 있도록 한다. *많은 예배 형식을 높이 평가한다. *감각적이다(많은 단계로 참여한다). *현재의 세계관과 연결한다.
단점	*주관적인 예배로 기울어진다. *예배자가 하는 일에 대한 강조가 너무 많고, 하나님이 행하신 일에 대한 강조는 너무 적다. *공동의 표현보다는 개인의 표현을 강조하는 경향이 있다("우리"라는 언어보다 "나"라는 언어가 지배적이다).	*예배자들을 같은 예배 안에서 선호도에 따라 서로 대립하는 그룹으로 나눌 수 있다 *대화나 공동체를 꼭 창조하는 것은 아니다.	*전체 공동체가 하나님께로부터 들은 말씀을 말함으로써 하나님 말씀의 역할이 협상의 여지가 있다(설교/가르침, 기타 등이 필요하지 않을 수도 있다). *꼭 설교하도록 부름을 받고 설교 훈련을 받은 사람일 필요가 없이 공동체가 하나님의 말씀을 해석한다. *개인주의적인 경향이 있다(예배자들이 개인의 예배 행위들을 하는 것 대 회중 단위로 공동체로서 예배 행위를 하는 것). *유지하는 데 많은 힘을 쏟는다(계획, 자금모금, 창의성 등이 요구된다). *최근의 유행으로 여겨진다.

참여하기

이 장의 앞부분에서 제시한 예배 스타일의 정의를 다시 읽어 보라. '예배에서 스타일은 어떤 믿음 공동체가 주어진 배경에서 나온 예배(예전)의 내용을 표현하는 방식이다.'

1. 당신이 소속된 '믿음 공동체'를 이름, 교단, 장소로 표시하라
2. 당신의 예배 내용을 기술하라. 예배가 어떤 요소로 구성되어 있는가?
3. 당신의 배경을 자세히 기술하라.
4. 당신의 예배 스타일을 이 내용과 13장에 비추어 분석하라
5. 당신의 현재 배경에서 당신 예배 스타일의 적절성을 평가하는 요약 진술서를 작성하라.

THE WORSHIP ARCHITECT

14 ◆ 글로벌 예배(Global worship)

문을 열고 모든 사람들을 보라

탐구하기

14장을 읽기 전에 상상력을 사용해 보자.

1. 매주 지역 예배와 "예배 24-7"의 차이점에 대한 설명을 당신의 말로 써보라.
2. 당신 교회에서 예배자의 연령은 지난 10년간 어떻게 변했는가?
3. 당신 교회의 이웃은 지난 10년간 어떻게 변했는가?
4. 당신 교회의 다문화 구성원의 비율은 지난 10년간 어떻게 변했는가?

이제 사고 과정이 시작되었으므로, 14장을 읽으며 생각의 폭을 더 넓혀 보자.

확장하기

어렸을 때, 어머니는 나를 즐겁게 해 주려고 나와 함께 손으로 하는 리듬게임(a little rhyming hand game)을 하곤 했다. 어머니는 먼저 손가락들이 아래로 향하도록 두 손을 깍지를 끼시고는 "이건 교회야"라고 말씀하셨다. 그리고는 두 개의 집게 손가락을 들어 긴 삼각형을 만드셔서 "이건 교회의 뾰족한 첨탑이야"라고 말씀하셨다. 그다음에는 "교회문을 열어볼까?"라고 말씀하시면서 손바닥 쪽을 보여주셨을 때 어머니의 나머지 손가락들은 예배에 참석한 회중이 되어 나를 향해 움직였다.

여기서 우리는 본서의 궁극적인 목적, 즉 사람들이 하나님께 예배하는 것을 돕는 역할로 돌아가보자. 예배 건축가의 유일한 목적은 예배에 참석하는 사람에게 삼위일체 하나님과 나, 그리고 성도들과의 경건한 상호작용을 위한 예배를 디자인 하는 것이다. 우리가 지금까지 '건축가'라는 은유적 단어를 사용한 것은 예배를 디자인하는 과정에 체계적으로 접근하여 예배를 이해하는데 도움을 주기 위함이다.

모든 것이 사람에 관한 것이기 때문에, 나는 본서를 통해 예배에서 필수적인 공동체의 역할을 강조해왔다. 제1장에서 나는 공동체의 예배가 예배의 기본 요소 중 하나임을 입증했고, 제13장에서는 예배자들의 통합을 위한 "더 탁월한 방식"으로 제안하였다. 그리고 그 과정에서 우리는 그것을 설명하고 정의했다. 지금까지 우리는 지역 예배와 관련하여 기독교 공동체를 살펴보았지만 이제는 밖으로 나가서 그것이 실제로 얼마나 광대한지 확인해 볼 때이다. 얼마나 그리스도의 공동체가 광대한지 이제 우리는 문을 열고 밖으로 나가 모든 사람들을 볼 것이다.

우리가 문을 열 때 보이는 모든 사람들은 누구인가?

예배를 위해 교회구성원들을 확인해야 하는 것은 예배 건축가들에 있어서 가장 심오하고 시급한 일이다. 우리가 앞으로 결정해야만 하는 중요한 사항들과 이것은 매우 연관이 있다. 우리는 예배 참석자들의 원을 너무 작게 그리거나 때로는 동시에 너무 크게 그린다. 미래의 참석자들을 우리처럼 보이고 행동하는 사람들로만 교회를 구성하기 원할 때, 또는 우리 자신을 편안한 예배에 안주시키거나 발전을 위한 도전에 참여시키고 싶지 않을 때, 우리는 작은 원을 그린다. 이때 우리는 우리가 속한 공동체나 교파를 다른 사람들보다 하나님의 은혜를 더 받은 "참된 교회"라고 생각하는 만족감에 빠질 수 있다.

마찬가지로, 우리는 예배자들의 원을 너무 크게 그릴 때가 있다. 누군가의 기분을 상하게 하는 것이 두려워 성경이 제시하는 기준을 적절하게 조절할 때, 또는 나의 감정의 느낌을 위해 예배를 드리거나 예배를 오락의 대상으로 생각하여 만족을 채우려할 때, 우리가 그리는 원은 커진다. 이때 우리는 신앙이 없는 사람들이 그리는 잘못된 예배의 원을 허용할 수도 있다. 나는 본 장에서 예배하는 교회를 구성하는 사람을 명확히 하고, 왜 이것이 참으로 중요한지 설명할 것이다. 이 장의 목적은 예배 공동체의 성격을 성경과 2천 년에 걸친 교회 가르침에 충실한 사람들로 정의하면서 (원을 더 작게 그리면서), 한편으로는 예배 건축가들이 더 큰 감사를 가지고 모든 신자들을 예배 참여자로서 인도하는 것을 돕는 것이다 (원을 더 크게 그리면서).

이것을 위해서, 나는 "글로벌"(global)이란 단어를 특정한 방식으로 사용할 것이다. 우리가 "글로벌"이란 단어를 만날 때 가장 자주 생각하는 것은 지구라는 행성(Planet Earth)에 있는 많은 나라들과 다양한 문화이다. 글로벌 기업은 한 번에 여러 국가의 다른 기업들과 연결된다. 글로벌 대학은 전 세계의 (물리적이거나 가상의) 학생들에게 교과과정을 제공한다. 제10장에서 나는 "세계의 노래"(global songs)를 자신과는 다른 문화로부터 기원한 민족의 노래로서 언급했다. 하지만, 본 장에서는 "글로벌"을 "포괄적인"(expansive)을 의미하는 단어로 사용할 것이다. 글로벌의 의미는 지리적 보다는 철학적으로 더 기능할 것이다. 왜냐하면 글로벌 예배는 과거, 현재, 미래의 광범위한 기독교 예배 참가자들을 의미하는 것이며, 그들의 일은 삼위일체 하나님께 영광을 돌리는 것이고, 또 그 일의 최우선은 공동체 안에서 행해지는 것이기 때문이다. 이러한 의미에서 다양한 민족의 예배는 글로벌 예배의 한 측면일 뿐이다.

글로벌 예배에 관한 우리의 생각을 구체화하기 위해서, 우선 우리가 예배자의 원을 너무 크게 그리는 방식, 다시 말하자면, 우리가 공동체의 근본적인 본질을 우리 목적에 어울리도록 멋대로 바꾸는 방식들을 설명할 것이다.

다음으로 우리가 원을 너무 작게 그리는 방식들-하나님을 예배하는 일에 종사하는 사람에 관해서 우리가 생각해야만 하는 것보다 더 좁게 생각하는 방식(또 다시, 종종 우리 목적에 어울리도록 하는 방식)에 대해서 설명할 것이다. 나는 모든 시나리오가 언급될 수 없다는 사실을 인정한다. 그래서 만일 제시된 원이 너무 크거나 작거나 한 경우가 아닌 다른 원이 필요한 독자에게는 우리의 진행방식에 너그러운 이해를 기대한다.

언급된 주제들은 우리가 해야 하는 사고의 종류를 대표하기 위한 것이지 전체 문제를 다루기 위한 것이 아니다. 그래서 나는 또한 아래에서 제기되는 주제들이, 비록 각각은 그 자체로 철저한 토론을 할 가치가 있지만, 단지 간단히 언급만 한 것이라는 사실을 인정한다. 독자들의 이해를 부탁하며 다시 한 번, 제1장의 끝에 제안된 독서를 시작할 장소를 제공한다.

1. 포괄적인 예배: 너무 크게 그려지는 원

공동체 예배는 하나님의 작품이다. 그것은 하나님께서 하나님의 백성에게 주신 선물이다. 창조주(Creator)는 그것의 의미를 결정하셨다. 그러므로 참된 예배는 창조주가 의도하셨던 경계 안에서 작동하고, 의도하셨던 목적을 섬겨야만 한다.

하나님의 목표를 넘어서 예배의 경계를 확장시키거나, 심지어 하나님의 원래 목적을 우리 자신의 목적 일부와 대체시킬 수 있는 몇 가지 다른 방식들이 있다. 다른 말로 하자면, 예배의 원을 너무 크게 그리는 것이 가능하다는 것이다. 오늘날 교회에서 이렇게 행하는 하나의 방식은 예배는 우리가 행하는 **모든 것**(everything)이고, 우리가 아는 **모든 사람**(everyone)을 위한 것이라고 가정하는 것이다. 이러한 진술에는 그들이 위험해질 만한 충분한 유혹이 있다. 우리에게 사실을 허구와 분리시키는 기도의 분별력이 필요하다. 그러나 시도해 보자.

예배는 우리가 행하는 모든 것이다(Worship is everything we do). 그렇기도 하고, 아니기도 하다. 이러한 인기 있는 진술은 까다롭다. 매일의 삶에서 우리가 맡은 모든 행위들이 경건하게 행해질 수 있다는 것은 확실하다. 즉, 하나님께 영광을 돌리려는 목적으로. 그런 의미에서 이웃을 돕고, 도시 대청소에 자원봉사하며, 노력하는 학생을 가르치고, 작은 리그 팀을 지도하거나, 노숙자 구호소에서 식사를 제공하는 것은, 만약 그것들을 하나님께 드리는 제사로서 드린다면 정말로 예배의 행위가 될 수 있다. 그것은 좋은 일이다. 그것은 바울이 고린도 성도들에게 "그런즉 너희가 먹든지 마시든지 무엇을 하든지 다 하나님의 영광을 위하여 하라"(고전 10:31)라고 가르친 것에 부합된다.

그러나 예배의 마음으로 드려진 일상생활 활동들은 공동체적 예배에서의 교회와 같지 않다. 정해진 시간에 부활하신 주님과 만나기 위해 모이는 기독교 집회는 바로 하나님의 임재 안에서 성령에 의해서, 말씀, 주의 식탁 그리고 친교를 통해서 독특하게 위치 해 있다. 문제는 일단 "예배"라는 단어를 우리가 행하는 모든 것에 적용하기 위해서 사용한다면, 우리는 결국 그것이 모두 같은 일을 의미하고, 같은 목적을 성취한다는 결론을 내릴 수 있게 된다는 것이다. 많은 사람이 주일 공동체적 예배를 위해서 모이지 않는 것은 전혀 놀랍지 않다. 아무튼, 그들은 주중에 각종 방식으로 예배를 드리기 때문이다. 이러한 일련의 추론은 성경과 교회의 역사적인 교리의 가르침을 간과한다.

유사한 방식으로 예배라고 꼬리표가 붙여진 모든 경우가 다 지역 회중의 공동체적 예배와 같지는 않다. 본서의 도입부에서 나는 너무나 많은 준-예배(para-worship) 행사들—우리 교회 밖의 영감을 주는 모임—이 예배로서 광고될 때 우리가 직면하는 도전에 대해 설명했다. 우리가 모임과 관련이 있는 각 예배를 다른 것들과 마찬가지로 유익한 것으로 가정할 때, 우리는 원을 너무 크게 그렸다. 우리가 범하는 실수는 그것들 모두를 지역 교회의 매주 예배와 마찬가지로 동일한 경기장에 두는 것으로 생각하기 시작하는 것이다. 준-예배 행사장에서 우리는 정확히 지역 교회를 **위해서**(*for*) 영감을 받고 강화되며, 풍성해지고 강건해진다.

이러한 행사들은 신자들이 기독교 신앙에 대해 책임을 지도록 할 수 있는 유일한 장소인 지역 교회로 돌아가기 전에 양육과 교제를 위해 짧은 시간 동안 사람들을 모으는 것이다. 이상적으로, 준 예배 행사들은 교회가 교회 되도록 도와야 한다.

예배는 모든 사람을 위한 것이다(*Worship of for everyone*). 그렇기도 하고, 아니기도 하다. 이 진술은 더욱 까다롭다. 그 주장이 의미하는 것이 무엇인가에 많은 것이 달려있다. 만약 그것이 모든 사람이 환영을 받는다는 것을 의미한다면, 그렇다. 만약 그것이 모든 사람이 동일한 방식으로 참여한다는 것을 의미한다면, 아니다. 문제는 예배에서 신자와 불신자 사이의 차이를 어떻게 이해하는가이다. 여기에서 우리는 **예배가 모든 사람을 위한 것이라**는 진술에 함축된 현재의 문화적 가정을 분류하는 데 도움이 되도록 신뢰할 수 있는 역사가와 신학자뿐만 아니라 성경의 예를 주의 깊게 살펴보아야 한다.

2. 예배 안의 신자들(Believers in Worship)

우리는 처음부터 하나님께서 하나님의 아들 예수 그리스도를 교회의 머리로 세우셨음을 인정하는 것으로 시작해야 한다(엡 1:22-23). 이러한 전 세계적인(심지어 우주적)교회[1]는 하나님의 아들을 사랑하고 따르는 사람들로 구성된다. 그것에는 "그리스도 예수 안에" 있는 자들 모두(갈 3:27-28을 보라) 정해진 회원 자격이 있다. 그들은 함께 "주도 하나요, 믿음도 하나요, 세례도 하나요, 하나님도 하나요, 만유의 아버지도 하나요"(엡 4:5-6)를 공유한다. 신약을 통 털어서, 예수님의 제자들은 "신자들"로 언급된다.

신약의 의미에서 회원이 되는 것은 실제로 한 몸, 즉 그리스도의 몸의 지체가 되는 것이다. 그것은 하나님의 가족으로 알려진 사랑과 연합의

---

1 신약성경(에클레시아[ekklesia])에서 "교회"로 번역되는 그리스어 단어는 다양한 방법으로 사용된다: 교회 모임(고전 11:18), 개별 가정 교회(롬 16:3-5), 한 도시 또는 지역에 거주하는 전체 신도 그룹(행 5:11; 고전 4.17; 살전 1:1). 또한 모든 신자들에 속한 세계 펠로십인 보편적 교회(마 16:18; 골 1:18). Manfred T. Brauch, "Church," in *Baker Encyclopedia of the Bible*, ed. Walter A. Elwell, vol. 1 (Grand Rapids: Baker, 1988), 458-61을 보라.

공동체이다. 이 보편 교회는 이 현실의 표현으로 조직된 지역 교회로 구현된다. 지역 교회는 신자들이 세계적으로 생각하고 지역적으로 행동하는 하나님이 정하신 수단이다. 지역 교회는 예배와 선교가 일어나는 주요 상황이다.

레이 오트런드(Ray Ortlund)는 용어들의 불가분한 관계를 다음과 같이 보여준다. "우리는 잘 조화된 몸처럼 함께 앞으로 나아가는 그리스도와 서로의 **지체들**(members)이다. … 그것이 바로 그리스도께서 그의 영광을 드러내기 위하여 오늘 날 세상에서 만들고 계시는 새로운 종류의 **공동체**(community)를 위한 시작점인 당신의 교회이다.² 교회에는 모든 연령과 모든 단계의 믿음을 가진 사람들이 있다. 유아들과 어린아이들은 하나님의 가정의 일부이고, 그 가정 안에는 믿음의 젊은이들과 의심하는 자들도 있다. 교회는 그들을 영적으로 형성하고 제자의 길로 인도한다. 함께 예배에 참여하는 사람들은 시간이 지나면서 하나님을 사랑하는 사람이 된다.

하나님이 세우신 교회의 경이는 "세상에는 진정한 하나님의 사람들과 세상에 하나님의 빛이 실제로 빛나고, 하나님의 생명이 실제로 맥박 치는 장소, 그리스도의 참된 몸인 참된 영적 사회가 있다는 사실과, 그리고 당신이 그 장소의 안에 있는지, 혹은 밖에 있는지의 여부가 생각할 수 있는 가장 대단하고 가장 궁극적인 차이를 만든다는 사실이다."³

이러한 신성한 공동체의 바로 핵심에 공동체적 예배를 중재하시고, 또한 인도하시는 부활하신 주 예수 그리스도의 임재 안에 모인 예배자들이 있다.

---

2   Ray Ortlund, *The Gospel: How the Church Portrays the Beauty of Christ* (Wheaton: Crossway, 2014), 40 (emphasis as set in the original).

3   Lesslie Newbigin, *The Household of God: Lectures on the Nature of Church* (1953; repr., Eugene, OR: Wipf & Stock, 2008), 56.

예배는 교회의 일차적 소명이다. 무엇보다도, 교회는 예배하는 교회이어야만 한다. 다른 어떤 거룩한 의무가 이것보다 우선할 수 있겠는가? 우리는 "예배의 행위-하나님께 영광 돌리고 하나님을 기쁘시게 하는 것-가 교회의 핵심 관례라는 하나님의 의도를 받아들여야만 한다. 사실상, 우리는 예배가 교회의 영원한 목적이라는 요한의 비전에 비추어서 인정해야만 한다. …교회를 가장 명확하게 구별하고, 우리의 부르심을 가장 분명하게 보여주며, 공동체로서 교회를 가장 명확하게 구성하는 것이 바로 이 관례이다."[4]

그렇다면, 예배가 신자들을 위한 것이라고 이해하는 것은 전혀 놀라운 것이 아니다. 왜냐하면 그들은 하나님의 아들과 그들의 관계 덕분에 하나님을 예배하기에 합당하게 된 그리스도의 교회의 지체들이기 때문이다. 그들이 예배할 때, 그들은 땅에서 자신들의 우선되는 임시적인 일을 성취할 뿐 아니라, 하늘에서 자신들의 영원한 일을 예시한다. 예배를 드리는 것은 교회의 땅의 소명의 시작이고, 또한 그곳을 향해 교회가 움직이는 영원한 끝이기도 하다.

3. 예배 안의 불신자들(Unbelievers in Worship)

만약 예배의 목적이 예수님을 따르는 자들에게 "그 안에서 성부 하나님이 자신과 그리스도 안에 있는 그분의 사랑을 드러내시고, 그리고 그의 성령님이 은혜를 집행하시며, 그에 대해 우리가 믿음, 감사, 순종으로 응답하

---

[4] Jonathan R. Wilson, *Why Church Matters: Worship, Ministry, and Mission in Practice* (Grand Rapids: Brazos, 2006), 24-25.

는 관계의 표현[5]"으로서 정기적으로 만나는 것이라면, 불신자들은 어떤가? 구도자, 회의론자, 심지어 반역자는 어디로 가야 하는가?

하나님께로부터 멀리 떨어져 있고 예수 그리스도 안에 있는 구원을 받지 못한 사람들은 교회가 필요하지만 아직 교회의 영적인 부분은 아니다. 그들에게 필요한 교회의 접근은 일반적인 방식이 아닌 특별한 방식이다. 그들은 믿음을 **묘사하고**(depict) 믿음 안에서 그들을 **형성하는**(form) 성경적 패턴과 예배 요소를 사용하여 하나님에 대한 절대적인 헌신으로 모인 하나님의 백성을 목격해야 한다. 불신자들에게는 신자들이 하나님과 서로 간에 공동의 친교를 하는 것을 목격하는 것보다 더 중요한 것은 없다. 이것이 최선의 복음 전도이다.

사도 바울이 고린도 교회에게 기술했던 것이 이러한 개요이다(고전 14:22-26을 보라). 여러분에게는 예배하는 신자들이 있고 예배에 **출석한**(at) 불신자들이 있다. 그들은 동일한 장소에 있지만, 두 개의 명확하게 다른 방식으로 참석한다.

신자들은 "교회를 가지고"있다. 전체 교회는 함께 모이고(23절), 그들은 영적인 은사들과(22절), 그리고 특별한 필수 구성요소들(26절)을 통하여 성경적 양식과 예배 요소들에 참여한다, **이 모든 것이 신자들을 세우기 위하여 행해진다**(All of this is done for the upbuilding of believers, 26절). 바울이 묘사한 그러한 합당한 예배의 열매는 불신자나 외부인이 들어와서(24절) "하나님이 참으로 그 가운데 계시다"라는 사실(25절)을 경험한 것에 근거하여 확신하고, 궁극적으로 하나님 앞에 엎드리어 그분을 경배하는 것이다(25절), 복음 전도는 엿들은 예배의 결과이다.[6]

---

5 Robert Schaper, *In His Presence: Appreciating Your Worship Tradition* (Nashville: Thomas Nelson, 1984), 15-16.

6 Harold M. Best, *Unceasing Worship: Biblical Perspectives on Worship and the Arts*

유명한 인도 선교사인 레슬리 뉴비긴(Leseelie Newbigin)은 반세기 전에 일어난 이러한 시나리오를 설명한다.

> 나는 종종 작은 교회의 문 밖에 서서 복음을 전하곤 했다. 그리스도인 회중들은 땅바닥에 앉아 있었고 힌두교도와 무슬림교도의 큰 원들은 그 주위를 빙 둘러 서 있었다. 내가 성경을 펴고 그들에게 하나님의 말씀을 전하려고 할 때 나는 알고 있었다. 먼저 앉아있는 사람들 안에서 하나님의 약속이 성취되는 것을 주위에 서 있는 사람들이 인식할 때 내가 전하는 말씀의 무게가 전해지고 믿어진다는 것을. 만약 그들이 같은 마을에 있는 이 새로운 공동체가 새로운 종류의 몸을 대표한다는 것을 알 수 있다면, 그리고 그 몸 안에서 오래된 카이스트제도와 교육, 기질의 계급적 구분을 초월하는 새로운 형제애를 볼 수 있다면 하나님의 말씀은 더욱 무게감을 가지고 그들에게 전해질 것이다. 그러나 만약 그들이 그런 종류의 어떤 것도 볼 수 없다면 그들은 믿지 않을 것이다.[7]

구약과 신약 모두에서, 하나님은 예배에서 신자들과 불신자들 면밀하게 구별하셨다. 구별의 목적은 모두 하나님의 거룩하심과 관련되어 있었다. 하나님은 "이스라엘의 거룩한 분"(시 89:18; 렘 50:29)이라고 불리었고, 주의 택함 받은 자들에게 "너희는 거룩하라 이는 나 여호와 너희 하나

(Downers Grove, IL: InterVarsity, 2003), 77.

7 Lesslie Newbigin, *Is Christ Divided? A Plea for Christian Unity in a Revolutionary Age* (Grand Rapids: Eerdmans, 1961), 24, quoted in Michael W. Goheen, *The Church and Its Vocation: Lesslie Newbigin's Missionary Ecclesiology* (Grand Rapids: Baker Academic, 2018), 63.

님이 거룩함이니라"라고 명령하셨다(레 19:2). 그것이 시내 산기슭에서, 회막에서, 혹은 성전의 안뜰에서 일어나든 아니든, 오직 하나님의 언약 백성-의례적으로 준비되어 있고, 영적으로 자격이 있는자-만이 예배를 드리기 위해 거룩한 땅에 들어갈 자격이 있었다. 할례 받지 않은 자들, 주변 문화들의 이교도들은 이스라엘의 예식들(liturgies)과 제사에 점(접)근하거나 참석할 수 없었다(겔 44:9).

신약에서는 우리가 알고 있는 것처럼, 불신자들은 예배 행위에서 구경꾼이지 참석자는 아니었다(또한, 행 2:41-47절을 보라), 성경 전체에 걸쳐서, 예배가 모든 사람을 위한 것이라는 사실을 찾을 수 없다.

교회는 일관되고 신중하게 예배에서 신자와 불신자를 구별해 왔다. 초대 교회들은 기독교 신앙을 탐구하는 사람들의 복음화를 위한 광범위한 방안인 **세례 예비자 과정**(*catechumenate*)의 발전과 더불어 계속해서 선을 날카롭게 그어왔다. 훈련 과정에 있는 동안(수년이 걸릴 수도 있었다), 신자로서 아직 세례를 받지 않은 자들은 몇 개의 핵심 방식으로 예배 참석이 제한되었다. 그 중 하나는 성만찬 시에 참석하지 못하게 하는 것이었다. 미리 그리스도께 충성을 약속하지 않고, 어떻게 그들이 만찬에서 그리스도를 공유하는 일에 참여할 수 있는가?

일단 공개적으로 신앙을 고백하고 세례를 받으면, 그들은 신자들의 거룩한 공동체 일원이 되고, 신자로서 완전한 예배 참석자로 바뀐다. 예수 그리스도를 믿는 신앙은 거의 모든 기독교 단체가 예배에 온전히 참여하기 위한 오랜 요구사항이었다. 교회의 세속화가 커질수록, 그리스도 중심의 예배에 대한 수호자가 되어야 할 우리의 필요성이 커진다.

"우리 시대의 필요성은 다름 아닌 바로 교리와 문화 모두에서, 오직 복음에 따라서, 그리스도 그분에 의한 우리 교회들의 재-기독교화이다."

비록 새로워진 교회의 모습이 우리의 상상을 초월하지만, 오늘날은 그리스도의 아름다움으로 충분할 것이다.[8]

4. 구도자 환영하기(Welcoming the Seekers)

용인되는 예배에 대해 하나님께서 정하신 경계들은 환영하는 하나님에 대해서 상호 배타적이지 않다. 예배에서 하나님을 찾는 외국인, 국외자, 이방인을 위해서 하나님의 마음에는 항상 특별한 자리가 있었다. "구도자"는 하나님에 대해 굶주린 자들을 위한 탁월한 용어이다(그들이 그 용어를 알든, 모르든).

"구도자"의 범주는 20세기의 마지막 수십 년 동안 대중화되었으나, 그것은 새로운 것이 아니다. 그것은 거의 2000년 전에 초대 교회에서 복음전도와 세례 예비자 과정에서 형성의 한 단계로서 사용되었다. 하나님은 "한 무리의 비 이스라엘 백성"이 이집트로부터 도망가는 하나님의 백성에 합류했을 때(출 12:38)인 첫날부터 이방인 백부장 고넬료의 시대까지 예배하는 공동체 사이에서 구도자들을 환영하셨다. 대신에 모임의 신성함을 보장하기 위한 신성한 전제조건이 있었다. 이스라엘에 있는 외국인들은 다음과 같이 이스라엘 백성과 동일한 예배 기준을 지켜야만 했다.

> 너희 중에 거류하는 타국인이나, 너희 중에 대대로 있는 자나 누구든지 여호와께 향기로운 화제를 드릴 때에는, **너희가 하는 대로 그도 그리할 것이라**. 회중 곧 너희에게나 거류하는 타

---

8 Ortlund, *Gospel*, 18-19 (emphasis as set in the original).

국인에게나 같은 율례이니 너희의 대대로 영원한 율례라. 너희가 어떠한 대로 타국인도 여호와 앞에 그러하리라. **너희에게나 너희 중에 거류하는 타국인에게나 같은 법도, 같은 규례이니라**(민 15:14-16, 이탤릭체로 강조함. 또한, 민 12:48-49를 보라).

우리가 지역 교회 예배에서 불신자의 역할에 대한 성경적이고 교회론적 이해로부터 벗어날 때, 원을 너무 크게 그릴 위험이 있다. 불행히도 많은 교회들이 사람들이 교회의 예배를 가볍게 생각하고도 들어올 수 있는 장소로 제공하면서 예배를 재정의하고 있다. 그들이 이러한 접근방식을 취할 때, 성경적 예배는 의도치 않게 손상될 수 있다. 잘 알려진 교회의 한 예배 담당 목사는 자신의 우려를 다음과 같이 진술한다.

> 우리의 신학적 확신이 우리의 인류학적 관심에 종속되는 것을 허락하는 것은 너무 쉽다.[9]

그러나 오트런드가 단언하듯이 "단지 외부인에게 더 매력적인 형태로 교회를 재포장하는 것으로 얻는 것은 아무 것도 없다."[10]

구도자 예배의 일 세대는(제13장을 보라) 매력적인 접근방식을 기반으로 세워졌다. 불신자들을 교회로 끌어오기 위해서 기존의 예배에 수정이 가해졌다. 구도자 예배가 발전함에 따라 다양한 패러다임이 계속해서 등장하고 있다. 현재 교회 개척 전략으로서의 강조점은 교회의 다양한 양

9　Troy Hatfield, Robert E. Webber Institute for Worship Studies class discussion, January 7, 2020.

10　Ortlund, *Gospel*, 18.

식에 있다. 이미 동호인 단체가 모이는 지역에서 소그룹을 만드는 것은 틈새 교인을 발생시킨다.

방문자들이 자발적으로 그들의 문을 통과한다고 추정하는 대신, 이러한 지도자들은 교회에 다니지 않는 사람들이 살고 일하는 곳에 보다 작은 지역화된 공동체를 시작함으로써 적극적인 자세를 취한다.[11] 환경은 다양하다-요가실, 피트니스 센터, 바, 구장, 커피 하우스, 비즈니스 컨퍼런스룸, 그리고 수십 개의 다른 장소들과 같이 불신자들이 특별한 목적으로 만나는 곳이면 어디든지 전도할 수 있다. 기존 교회에 참석하는 것을 고려하지 않는 사람들에게 다가가기 위해 지도자들은 그들에게 교회를 데려간다.

"교회"의 위치는 문제가 아니다. 이미 많은 교회들이 비전통적인 환경에 모여 있다. 오히려, 우리가 누구에게 하나님께 예배를 드리라고 요청하는가가 문제이다. 우리는 예수 그리스도를 멀리하는 사람들에게 그분을 예배하는 것에 참여하도록 초청해서는 안 된다. 하나님은 아들을 통해서 예배를 받으신다. 만약 이러한 교회의 신선한 표현들이[12]

복음 전도의 의도를 가지고 복음을 공유하는데 사용된다면, 그것은 (아주 좋은) 한가지이다. 그러나 그것들이 예수 그리스도를 통해 삼위일체 하나님을 향한 예배 행위에서 무신론자들을 성급하게 인도하는데 사

---

11 Kara Bettis, "Carving Out a Niche for Micro-congregations," *Christianity Today*, CT Pastors Special Issue, 2019, 29.

12 여기서 나는 일반적으로 "신선한 표현들"을 사용한다. 그러나 프레시 익스프레스(Fresh Expressions)는 고귀한 목표를 가진 인기 있는 단체이기도 하다: 프레시 익스프레스(Fresh Expressions)는 성장하는 후기 기독교 사회에 보다 효과적으로 참여하기 위해 기존 회중들과 함께 새로운 종류의 교회를 개척하는 선교 제자들의 국제적인 운동이다. 자세한 정보에 대해서는 Fresh Expressions website, accessed September 1, 2020, https://freshexpressionsus.org/about/.

용된다면 그것은 완전히 다른 것이다.[13]

소그룹은 느슨하게 조직된 친교로부터 효과적으로 운영되는 교회의 작은 모임까지 다양하다. 그러나 이러한 다양한 소그룹은 각각의 다양한 방법으로 모임을 유지하게 되며 그것들은 또한 다양한 목적을 양산해낸다는 것을 간과해서는 안된다. 결국, 우리는 우리가 미뤄왔던 문제—예배는 모든 사람을 위한 것인가?—에 봉착하게 된다.

맥락(context)이 관건이다. 그룹 안에 참가자의 핵심이 지속적인 교제를 필요로 하는 믿는 자들이 소속되어 있다면, 그 모임은 출석한 불신자와 함께 승인된 예배 장소가 될 수 있을 것이다. [죄수들, NFL 선수들, 생활 지원시설 거주자, 등등을 위한 매주 예배를 생각해 보라]. 그 대신에 참가자의 핵심이 우선적으로 불신자이지만, 그러나 다른 비슷한 경우로, 핵심이 주로 불신자들이지만, 그들을 하나님의 왕국으로 인도하기 위해 공동의 관심과 이익을 창출하여 관계를 구축하고자하는 그리스도인이 있고 또 그 그리스도인의 사역에 마음이 열려있는 불신자들의 그룹의 경우라면, 공동 예배는 시기상조이다. 각 선교 환경은 그것이 처한 상황의 조건에 따라 평가되어야 한다.

원을 너무 크게 그리는 것에 대한 논의를 마치면서, 질문을 통해 요약해보자. 예배 전도라는 것이 있는가? 만약 그것으로 하나님이 창조한 목적이 아닌 다른 목적을 위해 예배를 실용적인 방법으로 용도 변경한다면 답은 아니다. 만약 불신자들의 마음을 사로잡아서, 그들이 "그 마음의 숨은 일들이 드러나게 되므로 엎드리어 하나님께 경배하며 '하나님이 참으로 너희 가운데 계신다'"고 선포 할(고전 14:25) 소망 속에서, 예수 그리스

---

13 불신자가 교회에 나아가지 않은 사람과 반드시 같은 것은 아니다. 전자는 아직 그리스도에 대한 믿음을 고백하지 않고 있으며, 후자는 어떤 이유로든 지역 교회에서 활동하지 않는 기독교인일 수 있다.

도께 드리는 명확한 예배를 목격하도록 따뜻하게 환영받는다는 것을 의미한다면, 그 답은 그렇다.

예배 중에 불신자들은 청함을 받으며, 환영받고, 사랑받으며, 인정받고, 친구가 되며, 그리고 시간이 지남에 따라 보살핌을 받는다. 그들은 "하나님을 가까이하라, 그리하면 너희를 가까이하시리라"(약 4:8)라고 약속하시는 하나님의 성령에 의해서 이끌림을 받는다.

분별하는 과정은 매우 어렵지만 필요하다. 그러나 하나님은 거룩한 것과 속된 것의 구별을 사람들에게 가르치는 제사장적 의무(겔 44:23)를 맡기시려고 성직자와 평신도 모두로부터 예배 건축가들을 일으키신다. 구약 역대기서의 저자는 다윗의 사후에 그의 왕위 계승자들이 계속해서 성전에서 적절한 예배를 준비하는 정도(degree)를 보고하는 것에 흥미가 있었다는 사실이 시사되어왔다.[14] 웬디 포터(Wendy J. Porter)는 "누가 우리 시대를 위한 역대기 저자(Chronicler)일까, 누가 정직하고 공정하게 스타일이나 표현양식에 관계없이, 적절하고 신실한 예배의 수호자를 평가할 것인가 궁금하다"고 숙고한다.[15] 나 또한 궁금하다. 그것이 당신일까?

5. 포괄적인 예배: 너무 작게 그리는 원

예배의 원을 너무 크게 그리는 방법이 여러 가지 있는 것처럼 우리는 예배의 원을 너무 작게 그리는 방법도 발견할 수 있다. 다양한 원을 그릴

---

14 Wendy J. Porter, "Practitioner's Response to Paul S. Evans," in *Rediscovering Worship: Past, Present, and Future*, ed. Wendy J. Porter, McMaster New Testament Studies Series (Eugene, OR: Wipf & Stock, 2015), 56.

15 Porter, "Practitioner's Response to Paul S. Evans," 56.

때 그것은 상황에 따라 현상유지를 위해 합리화 시킬때도 있지만 종종 많은 경우에 사심 없는 결정이다. 어느 쪽이든 우리는 예배의 교제를 진정으로 제한하는 상황이 있는지 생각해 보기 위해 스스로에게 도전해야 한다.

하나님의 가족 중 어느 부분이 적극적으로 참여하는지?

누락된 사람은 누구인지?

이 섹션에서는 원을 너무 작게 그리는 6가지 방법을 간략하게 설명하고자 한다. 나의 희망은 우리가 함께 문을 열고 "모든 사람을 볼" 수 있게 하는 것이다.

6. 다문화 예배

우리 눈앞에 있는 세계의 문을 열고, 뉴스 방송을 보거나, 우리 이웃의 거리를 걸음으로써 그 문 너머를 엿 볼 때, 언어, 문화, 예술 형식과 삶의 방식이라는 흥미로운 만화경을 나타내는, 많은 나라로부터 온 사람들을 본다. 우리의 세계는 증가하는 많은 세계 여행자, 인터넷 소통, 그리고 대학, 봉사 클럽, 자매 도시, 교회 선교 여행 그리고 더 이상, 덕분에 매일 점점 더 작아진다. 우리 세계는 점점 다문화적으로 변해가고 있으며 그 방향으로만 극적으로 확장될 것이다.

그러나 교회의 문을 열고 모든 사람들을 볼 때 우리는 자주 단일 문화의 회중을 찾는다.[16] 우리는 다시 그 질문으로 돌아가야만 한다. 누가 교회를 구성하는가? 답은 그리스도를 따르는 각 나라와 족속과 백성과 방

---

16 "Monoculture" may be defined as "a prevailing culture marked by homogeneity." *Merriam-Webster*, s.v. "monoculture," 2021, https://www.merriam-webster.com/dictionary/monoculture.

언을 하는 사람들이다(계 7:9). 하나님께 영광을 돌리는 예배는 세계의 모든 대륙에서 그리스도인들이 자신들이 속해있는 공동체의 다양한 방법으로 하나님의 가족을 대표해서 드리는 예배다. 그들의 다양함 속에는 예배의 요소를 가하거나 감하는 다름의 정도가 있다. 하지만 예배의 요소들 중 가장 중요한 것은 포용이다.

포용은 **그들의**(*their*) 마음의 노래, 기도 방법, 그리고 예술 형식 등을 우리의 것으로 통합하는 것이다. 그것은 그들을 진정으로 포용하는 것이며 그들을 직접 맞이하고 환대하는 것 이상의 가치가 있다. 또한 그들과의 관계가 환대(우리는 당신을 환영한다)로부터 결속(우리는 당신과 함께 한다)으로, 상호 관계(우리는 당신을 필요로 한다)로 움직일 때 이런 진정한 포용이 일어난다.[17]

현실적으로 생각할 때, 많은 다양한 민족 집단으로부터 온 예배자들을 포함 시키는 것이 가능한지 여부에는 당신의 지리적 위치가 큰 역할을 담당한다. 나는 미국에서 가장 다양한 도시 중의 한 곳에 있는 대도시의 회중을 섬긴 적이 있다. 교회 주위의 이웃의 상황이 점점 더 다양해지자, 교회는 한 때는 그러지 않았지만, 다문화 교회가 될 수 있게 되었다.

나는 또한 수마일 안에 비 서구 문화를 대표하는 사람이 하나도 없는 중서부 교회에 있는 작은 마을 교회에서 섬긴 적도 있다. 그 경우에 우리는 다양한 예배—우리의 공동체적 기도를 적용시키고, 다른 나라의 노래를 첨가시키며, 주의 만찬에서 예배자들의 세계적인 친교를 강조하고, 세계의 다른 지역에 있는 신자들에 의해 작성된 기도를 기도하며, 억압적인 정권 하에서 자신들의 믿음 때문에 고통 받는 사람들을 기억함으로

---

17 Sandra Maria Van Opstal, *The Next Worship: Glorifying God in a Diverse World* (Downers Grove, IL: IVP Books, 2016), 74.

써—를 시작할 수 있는 방법들을 찾고자 했다. 목표는 다문화 예배 측정기에서 교인들의 현재 위치를 찾아 최대한 다문화 예배의 방향으로 바늘을 옮기는 것이다.

놀랍고 새로운 연구 분야인 민족찬송학(Ethnodoxology)은 전 세계 교회에 부상하는 매우 중요한 운동이다. 그것은 독자적인 분야로서 특별히 토착 예술에 대한 연구를 통해서 다문화 기독교 예배에 깊은 영향을 주고 있다. "민족찬송학"라는 용어는 다음과 같은 두 개의 헬라어 단어들로부터 나왔다. "에쓰노(ethno)"는 "민족"을 의미하는 헬라어 단어인 **에쓰네**(*ethne*)와 "독소로기(doxology)"는 "영광, 광휘, 장엄"을 의미하는 헬라어 단어인 **독사**(*doxa*)로부터 기원한 것이다. 그 용어를 만든 데이브 홀(Dave Hall)은 민족찬송학을 "다양한 문화의 사람들이 살아계신 참 하나님께 영광을 돌리는 방식과 이유에 대한 연구"[18]로 정의한다.

모든 문화의 예배 종류를 포용하는 길을 주도하는 것은 글로벌 민족찬송학 네트워크(Global Ethnodoxology Network)라는 조직으로서, 민족학을 "모든 문화의 그리스도인들이 자신들만의 예술적 표현을 통해서 하나님과 세상에 참여하는 방식에 관한 학제간 연구"로 설명한다.[19]

민족찬송학자들은 **맥락화 된**(*contextualized*) 예술 형식을 장려한다. 서방 예술 형식이 종종 모든 곳의 기독교 예배자들에게 전형이 되는 것을 우려하여, 그들은 기독교의 하나님을 경배하기 위한 예배에서 지역의 예술 표현을 육성시키기를 추구한다. 우리가 예배하는 공동체 안에 다른 문화의 사람들과 관계를 추구하지 않을 때, 우리는 원을 너무 작게 그린

18　Dave Hall, "Every Team Needs One: The Essential Role of the Worship-Arts Leader in Church-Planting," *Worship That Moves the Soul*, June 2001, 24.

19　"What Is Ethnodoxology?," Global Ethnodoxology Network, accessed December 12, 2020, https://www.worldofworship.org /what-is-ethnodoxology/.

다. 이제 경계선을 바깥쪽으로 옮길 때이다. 여기에 다문화적 예배를 포용하기 위한 몇 개의 실현 가능한 제안들이 있다.

- 당신의 지역 인구를 이루는 민족들의 백분율을 알기 위해서 지방 정부로부터 통계 자료를 획득하라.
- 지역의 민족 회중의 토착 예배를 방문하라. 목사와 사람들의 일부와 교재를(교제를) 맺어라.
- 당신 지역에 있는 민족 회중과 예배를 교환해보라.
- 광범위한 민족들의 신앙에 관한 마음의 노래를 탐구하라. 다른 문화의 지체로서 동일한 공간에서 예배하는 것이 불가능할지라도, 상징으로서가 아니라, 문화 교차적인 예배가 되도록 이런 노래들의 일부를 예배에서 불러라.

7. 다인종 예배

우리 눈앞에 있는 세상의 문을 열고 그 너머를 엿볼 때, 우리는 다양한 인종으로 구성된 세상을 본다.

다인종 지역에 있는 교회들이 그들과의 친교를 중요하게 생각하는가?

그리스도의 제자들로서, 우리는 믿음으로 말미암아 그리스도 예수 안에서 하나님의 자녀들이다(갈 3:26). 세례를 받음으로써 우리는 그리스도로 옷 입었고, 그러므로 우리의 인간적인 분리는 깨어졌다. 성경이 선포하듯이, "너희는 유대인이나 헬라인이나 종이나 자유인이나 남자나 여자나 다 그리스도 예수 안에서 하나이다(갈 3:28)."

우리가 그것을 경험하든지 않든지, 하나 됨은 우리의 실재이다. 그것은 성령님이 교회에 주시는 선물이다. 우리는 "하나"라고 선포된다. 그러나 동시에 우리는 하나 됨을 향해서 일해야 한다. [이것은 의로움을 추구하는 동안 의롭다고 선포되는 것과 유사하다.]

여전히 교회 문을 열고, 모든 사람들을 볼 때, 우리는 인종적으로 분리된 회중을 가장 자주 구별해 낸다. 60년 전에 마틴 루터 킹 주니어(Martin Luther King. Jr)에 의해서 선포된 미국 교회의 인종차별 폐지에 대한 소망은 아주 느린 속도로 성취되고 있다. 미국의 다인종 교회들의 숫자가 지난 20년간 증가되고 있는 반면(1998년의 6퍼센트로부터 2019년의 16퍼센트로), 이러한 교회들에 다양성의 비율에 있어서는 실제로 여전히 변하지 않았다.[20]

진정한 다인종 관계를 추구하는 것은 오늘날 우리 세계에서 서구 문화 전반의 인종 분열을 감안할 때 어려운 일이다. 그러나 다인종 관계는, 예배에서 가장 특별히, [그리고] 여전히 가치 있는 목표이다. 다인종 예배는 사실상, 미국처럼 인종문제로 분열된 나라에서 치유를 위한 통로가 될 수 있는 일이 가능하다. 쉬운가? 아니다. 중요한가? 그렇다.

천국이 임할 때 모든 족속의 구속받은 자들이 온전한 연합으로 하나님께 예배하는 우리의 궁극적 실체를 미리 맛보기를 바란다. 우리 예배 공동체 안에서 다른 인종 사람들과 관계를 맺는 것을 추구하지 않을 때, 우리는 원을 작게 그린다. 이제 경계선을 바깥쪽으로 옮길 시간이다. 여기에 다인종 예배를 포용하기 위한 다음과 같은 몇 개의 실현 가능한 제안들이 있다.

---

20   Mark Chaves, National Congregational Study, 1998-2019, quoted in Tom Gjelten, "Multiracial Congregations May Not Bridge Racial Divide," NPR, July 17, 2020, https://www.npr.org/2020/07/17/891600067/multiracial-congregations-may-not-bridge-racial-divide.

- 당신과 같은 인종이 아닌 사람과 친구를 사귀어라.
- 다른 교회와 함께 인종 간의 특별 예배를 거행하라.
- 하나의 인종 간 사역을 시작하라. (당신의 교회 이웃에 새로운 찬양대, 소그룹, 혹은 거리 축제에 관여하는 사람들이 있는가?)

8. 간세대 예배

우리가 가까운 세상 문을 열고 저 너머를 바라 볼 때, 광장의 아이들이 웃는 소리가 들리고 십대가 젊음으로 꽃을 피우는 것을 볼 수 있다. 또 고된 노동을 하는 중년 노동자들의 지친 모습에 주목하고, 붐비는 주차장에서 장바구니를 관리하느라 고군분투하는 연로한 시민들의 구부정한 몸을 본다. 첫 번째 가족이 탄생한 이후로 우리 세계는 사회의 핵을 형성하는 여러 세대로 가득 차 있었으며, 우리 세계는 항상 세대와 함께하는 세계였으며 지금도 마찬가지다. 우리 예배도 세대들과 함께 해야 하는가? 우리가 예배문을 열 때, 우리는 함께 하나님의 가족인가?

연령 수준에 맞춘 예배는 교회에서 몇 십년간 인기 있는 모델이었다. 가족은 함께 교회의 문에 도착해서, 그 다음에 나뉘어져, 집으로 가기 위해 차에서 만날 때까지, 절대 서로 만나지 않는다. 아이들은 한 방향으로, 젊은이들은 다른 방향으로, 성인들은 또 다른 방향으로 간다. 모든 연령이 예배를 드리기 위해서 한 건물에서 같은 시간에 있지만, 그들은 연합되지 않고 분리되어 있다. 이 문제에 관해서는 다른 의견들이 있다. 쉬운 해결책은 없다.

연령에 따른 예배 집단으로 쪼개는 주된 이유는 연령에 적절한 예배를 제공하고자 하는 염원이다. 그러나 일부 지도자들은 이것이 참으로 행해지는지에 관해 의구심을 가지고 있다. 어느 주일 한 큰 교회에 방문 설교를 한 후에, 나는 새로 건설된 교육 동을 견학하도록 초대받았다. 나는 초등학교 고학년 아이들을 위한 예배 공간을 보았다. 거기에는 테이블이나 의자나 혹은 다른 가구들은 없었고, 단지 큰 문과 무대만 있었다. 무대에는 아이들이 성인들처럼 예배를 드릴 수 있도록, 분홍색과 푸른색으로 된 마이크 통과 함께 4개의 마이크가 서 있었다. 젊은이들의 예배실은 무대와 청중들이 춤추는 곳을 갖춘 1950년대의 작은 식당처럼 설치되어 있었다. 이러한 시나리오의 예는 무엇이 연령에 적합한 가에 대한 교회의 판단과 공동체적 예배에 대한 교회의 해석이 모두 의심스럽다.

각기 다른 연령이 서로의 예배를 방해할 것이라고 추정되기 때문에, 연령에 맞춘 예배가 또한 장려된다. 아기들이 울고, 아이들은 가만히 있지 못하고 소란을 일으키며, 젊은이들은 스마트 폰으로 비디오 게임을 할 것이다. 이런 환경에서 어떻게 성인들의 예배가 가능할 수 있겠는가? 각 연령 집단을 위한 공간을 만드는 것은 집중을 방해하는 것을 제거하는데 도움을 준다. 일부 어린아이들의 부모들은 심지어 아이들이 없는 시간에 교회에 온다. 연령 분리는 최근에 극단으로 치달았다.

> 고군분투하는 미네소타 교회는 젊은 가족들에게 좀 더 매력적으로 만들기 위한 바람으로 나이든 교인들에게 떠나도록 요구하고 있다. … 교회 관계자들은 회중이 재설정을 필요로 하며 가장 좋은 방법은 젊은 사람들에게 호소하는 것이라고 말했다.[21]

---

[21] Associated Press, "Struggling Cottage Grove Church Aims to Relaunch to Attract New Members," *Minnesota Public Radio*, January 20, 2020, https://www.mprnews.org/story/2020/01/20/struggling-cottage-grove-church-asks-older-members-to-go-away.

이것과, 10살 때 부모들에게 자신을 교회에 가도록 허락해 달라고 애원했던 나의 아프리카계 미국인 친구의 이야기와 대조해 보라. 그들은 수개월 동안 그녀를 좌절시켰고 데리고 가기를 거절했다. 마침내, 그들은 허락했지만, 그녀가 혼자라는 사실을 분명히 하였다. 그녀는 무엇을 해야 할지도 모르고, 아는 사람 하나도 없이 문을 통과했다. 나이든 "교회의 어머니들"은 뒷줄에 앉아 있었다. 올려다보면서 그들은 주저하는 아이를 보았다. 그들은 갈라져서 좌석의 정 중간에 공간을 만들었다. 그들은 흰 장갑을 낀 손으로 좌석을 토닥이면서 "애야, 여기 와서 앉아"라고 말했다. 새피아(Safyah)는 매주일 바로 그곳에 앉아서 나이든 사람들에게서 하나님께 어떻게 예배하는지를 배웠다. 그녀는 그들이 기도하고 노래하며 소리 지르는 것을 들었다. 그녀는 회심했고, 사역으로 들어갔으며, 오늘까지 수십 년간 자신의 교파에서 유명한 예배를 제공해왔다. 그녀는 자신의 영적 중생과 교회에 대한 자신의 평생의 봉사라는 궤적의 공로를 어린 시절 자신의 간세대 예배 경험에 돌린다.

위탁 양육 자선단체인 Home for Good의 창시자인 크리시 칸디아(Krish Kandiah)는 그녀의 가족이 교회에 걸어가면서 거리에서 놀고 있는 어린 소년에게 자신들과 함께 교회에 가자고 단순히 초청했을 때의 비슷한 이야기를 들려준다. 그는 교회에 갔다. 그는 매주 계속해서 많은 가족 구성원들을 데리고 돌아왔고, 그들은 회심했으며, 세례를 받았다. 칸디아는 교회를 가족으로 본다. 그는 "교회를 단순한 행사장이 아닌 우리가 속한 곳으로 되찾아야 할 때이다"[22]라고 기록한다.

구약은 간세대 예배를 소중하게 여긴다. 이런 것을 실증하는 많은 예들 사이에 가나안의 아이 성을 정복했을 때의 예배가 있다. 여호수아와 이스

---

22 Krish Kandiah, "Church as Family," *Christianity Today*, January/February 2019, 67.

라엘인들은 승리를 거두었다. 여호수아는 하나님께 감사의 번제를 드리기 위한 제단을 세웠다. 그 후에 그는 사람들에게 율법의 모든 말들을 읽는다. 누가 그 곳에 있었는가?

> 모세가 명령한 것은 여호수아가 이스라엘 온 회중과 여자들과 아이와 그들 중에 동행하는 거류민들 앞에서 낭독하지 아니한 말이 하나도 없었더라(수 8:35).

간세대 예배라는 이슈는 복잡하다. 모든 전략에 적용되도록 만들어진 것은 아무 것도 없다. 그러나 모든 교회는 관련된 득실을 조사해야 될 필요가 있다. 아이들과 젊은이들은 나이에 알맞은 기독교 교육과 특별한 프로그램 편성을 필요로 한다. 그들의 영적 형성은 필수적이다. 하지만, 예배가 대체로 **배운**(*taught*) 만큼 **이해**(*caught*)되기 때문에, 모든 연령이 함께 예배드리는 것에는 큰 장점이 있다. 다른 사람들이 잘 하는 것을 지켜봄으로써 예배를 잘 배울 수 있다. 간세대 예배는 십대들의 믿음을 강화하는 동시에 세대 간 관계를 촉진하는 요인이 된다.[23]

이러한 것과 다른 일들 때문에, 많은 교회들이 연령 분리 예배를 재평가하고 있다. 여기에 간세대 예배를 포용하기 위한 다음과 같은 실현 가능한 제안들이 있다.

- 예배에서 함께 앉아 있을 아이들, 혹은 젊은이들(가족의 단위를 넘어서)을 초대하도록 성인들을 격려하라.

---

[23] See the National Study of Youth and Religion referenced in Christian Smith and Melinda Lundquist Denton, *Soul Searching: The Religious and Spiritual Lives of American Teenagers* (New York: Oxford University Press, 2005), 61.

- 단기 합동 주일학교나 연령이 혼합된 소그룹 모임을 개최하라.
- 각기 다른 연령의 사람들이 짝을 짓는 사회적 기회를 만들어라.
- 성인들이 아이들과 젊은이들에게 정기적으로 카드를 보내는 사역을 만들어라.

9. 팬데믹 기간의 예배

우리는 눈앞에 있는 세계 문을 열고 그 너머를 바라볼 때, 심각한 팬데믹에 취약한 세상에 살고 있음을 다시 알게 된다. 이 글을 쓰는 지금 코로나19는 모든 대륙에 대혼란을 일으키고 그 뒤에 죽음을 남겼다. 경제와 정치 체계가 휘청거리고 있다. 역사상 치명적인 전염병이 국제 사회를 그것의 자비에 맡겼던 적은 이번이 처음도 아니고 마지막도 아닐 것이다. 극단적인 상황은 우리에게 강력한 사회적 거리두기라는 극단적인 조치를 요구했다. 질병의 전염을 막기 위해서는 인간 격리가 필요했다. 사회적 폐쇄는 학교, 기업, 오락, 여행 그리고 교회 등 거의 모든 사회 분야에 영향을 미쳤다.

모든 회중은 현재 팬데믹으로 인한 현장 예배의 의무적인 중단에 직면하여 어려움을 겪고 있다. 평생 이런 기억은 아무에게도 없을 것이다. 새로운 상황은 새로운 조치를 요구했다. 대부분 교회는 그 공백을 채우기 위해 온라인 예배(사전 녹음 또는 라이브 스트리밍)를 만드는데 몰두했다. 이 과정에서 우리 대부분이 깨닫게 된 것은 예배를 방송하는 기술을 관리하는 것보다 더 깊은 질문이 생겼다는 사실이다. 그 질문은 궁극적으로 예배의 형태가 어떻게 바뀌느냐가 아니라 **예배**(*worship*)가 어떻게 바뀌느냐 하는 것이다.)

우리가 지역 교회 공동체를 주어진 시간에 교회 건물에 물리적으로 모일 수 있는 사람들로만 생각할 때 우리는 예배의 원을 너무 작게 그린다는 것을 배우고 있다. 우리는 교회가 건물이 아니며 교회가 그것의 백성임을 안다. 그러나 성소 아닌 사이버 공간에서만 모이는 것은 어찌보면 팽팽한 고무줄처럼 감수성이 늘어나 우리가 알고 있는 예배의 세계가 너무 멀리 뻗어나가 부서져 버리지는 않을까라는 생각이 든다. 역사상 우리 시대 팬데믹은 우리에게 몇 가지(축복)를 가르치고 몇 가지 우려(도전)를 제기했다.

10. 팬데믹 기간이 주는 예배의 축복들

- 우리는 교회가 종교의 조직이 아니라 살아있는 유기체임을 상기하게 된다. 이것은 우리가 물리적으로 같은 공간에 있든 없든 기독교 공동체가 우리의 영적 실재임을 의미한다. 우리는 서로의 얼굴을 볼 수 없어도 우리의 마음을 하나로 묶어주시는 성령님을 신뢰할 수 있다.
- 우리는 우리 교회의 대다수가 삶의 상황 때문에 현장 예배에 참여하기 위해 교회 문으로 들어갈 수 없는 사람들을 항상 포함했다는 것을 상기한다. 우리 예배 공동체의 이러한 소외된 구성원에는 노인, 장애인, 죄수, 군인, 일요일에 일하거나 출장을 가는 사람들, 교통 문제가 있는 사람들이 포함된다. 팬데믹 이전에, 우리는 매주 예배에 그들이 접근할 수 있도록 했는가? 아니면 지금 우리는 모든 사람이 공예배에 접근할 수 없는 일시적 상황에서 그 공백을 메우기 위해 유행하고 있는 획일화된 만능의 온라인 서비스에 의존하고 있는가? 우리는 이 자매들과 형제들

에게 예배를 드릴 수 있는 다양한 방법을 창의적으로 찾고 우리의 방식이 아니라 그들의 방식으로 예배하도록 부름을 받았다. 이것은 반드시 온라인 예배를 요구하지는 않는다. 그것은 영적으로 참여할 수 있도록, 전화로 예배의 측면들을 강조하고 (허락된다면), 그들을 방문해서 성찬을 가질 수도 있으며, 온라인 설교 토론 그룹을 형성하는 등등을 하면서, 그들에게 예배의 자료들을 매주 미리 공급하는 것을 포함할 수도 있다.

- 우리는 격리 상태에서 예배를 드리는 것이 북미에서는 새로운 반면, 엄중한 박해의 위협 하에서 매주 예배를 드리는 수백만의 사람들에게는 새롭지 않다는 사실을 상기하게 된다. 우리에게 격리상태에서의 예배가 불편함 정도이지만 어떤 사람들에게 그것은 생명을 위협하는 것일 수 있다. 전 세계의 많은 기독교인들이 모이는 것이 금지되어 매주 혼자 예배를 드리고 있다. 어떤 사람들은 투옥이나, 심지어 죽음에까지 이르는 개인적인 큰 위험을 감수하고 비밀리에 모이는 것을 감행한다. 우리가 서로의 얼굴을 볼 수 없고 목소리를 듣지 못하고 형제자매들의 손길을 느낄 수 없다는 것을 슬퍼할 때, 우리의 좌절감이 백신이든 아니든 항상 격리되어 예배하는 사람들을 위해 기도하도록 하라.

- 우리는 예배가 항상 원격과 대면의 혼합된 형태였음을 상기하게 된다. 그 어느 때보다 자주 제기되는 질문이 있다. 예배는 혼자 드려야 하는가? 아니면 공동체가 함께 드려야 하는가? 대답은 둘 다 '맞다'이다(현재 정부의 규칙을 준수한다면). 우리는 '양자택일' 아니면 '또는'이라는 시나리오를 선호한다(그것들은 쉽다), 하지만 성경은 예배를 하나님과 함께하는 시간과 하나님

의 백성과 함께하는 시간을 구별하지 않고 종합적(fusion)으로 제시한다. "신자들이 멀리 떨어진 예배 장소에서 와서 삼위일체 하나님을 만나기 위해 하나님의 택한 백성으로 모일 때, 우리의 예배는 고요한 광야의 양육을 받았기에 더 풍성하고, 더 깊고, 더 진실하고, 훨씬 더 견고하다."[24]

이것들은 코로나19 동안 예배로 인한 몇 가지 축복들이며, 우리는 이것들이 우리 시대에 교회를 더 강하게 만들 것이라는 것을 배웠다.

11. 팬데믹 기간 예배의 도전들

- 우리는 예배가 전과 같지 않을 것이라고 우려한다. 하지만 그렇지 않다. 우리는 무엇을 보존해야 하는지, 무엇을 제쳐두어야 하는지 그 둘 사이의 차이점을 분별하는 방법을 배울 수 있다.
- 사람들이 편리한 경우를 제외하고는 신자들의 집회를 완전히 소홀히 하면서 인터넷 예배 자신들의 선택 예배로 전환할 것을 우려한다.(우리의 우려는 사람들이 자신의 필요에 따라 대면예배의 참가여부를 결정하며 또 그것에 따라 온라인 예배로 전환하는 것이다. 우리는 교회의 구체화된 표현으로서 성도들의 물리적인 모임의 본질적인 필요성을 가르치도록 도전받는다.
- 우리는 성찬이나 의식에 참여하는 방식이 우리가 유지해 왔던

---

[24] Constance M. Cherry, "Worshipping Like Jesus: Remotely," *Ministry Matters*, April 7, 2020, https://www.ministrymatters.com/all/entry/10254/worshipping-like-jesus-remotely.

신학적 입장을 위협하고 있다는 것을 우려한다. 성만찬과 세례에 관련하여 중요한 질문들이 나타났다. 온라인으로 해야 하는가? 그렇다면 어떤 조건에서? 비상시에 특별한 지침이 있는가? 아니면 다른 승인된 방법들이 있는가? 이러한 질문은 쉽지도 않고 여기서 해결될 수도 없다. 궁극적으로 이것에 대한 답은 자신의 교회나 교파가 방향을 제시할 것이기 때문이다. 우리는 이러한 사상 초유의 상황에서는, 영적인 분별력을 구하면서 성례전을 신선한 관점에서 볼 수 있도록 도전받는다.

- 우리는 예배자들이 인터넷 예배 장소에서 익명의 얼굴 바다 속에 숨어서 일상적인 관찰자 로 바뀌면서 예배가 그 어느 때보다 수동적이 될 수 있다고 우려한다. 우리는 온라인이든 현장이든 적극적인 참여 수준을 높이는 데 도전을 받고 있다. 이 문제에 대한 실제적인 도움은 부록 D를 보라.

- 우리는 온라인 예배를 만들면서 교회 간에 경쟁이 있다는 사실을 우려한다. 우리는 온라인 서비스를 송출하는 교회들 사이에 경쟁이 있는 것을 우려한다. 사람들은 비교할 것이고 그런 일은 일어날 수밖에 없다. 우리는 자신의 부족을 인식하는 방식으로 인해 쉽게 위협을 느낄 수 있다. 우리는 우리의 불안을 고백하고 실제로 예배 사역을 지원하는 멤버들을 격려하는 방법을 고려하도록 도전을 받는다. 이그렇게 함으로써 우리는 그리스도인의 일치와 사랑의 진정한 표현을 보여줄 수 있다.

이것은 코로나19 기간 동안 예배로 인해 발생하는 몇 가지 도전들이다. 그러나 도전은 위장된 기회이므로 우리는 우리가 이끄는 사람들을 위해 도전에 맞서도록 서로를 격려하자.

12. 장애인과 함께하는 예배

우리가 가까운 세상의 문을 열고 그 너머를 들여다보면 신체적, 정신적, 감정적, 그리고 발달적 능력이 다양한 사람들을 본다. 식당, 공원, 도서관, 야구장, 영화관 우리의 생활공간 어디에나 장애인들은 우리와 함께 있다.

그러나 우리는 그들과 함께 함께 예배를 드리는가?

어떤 면에서 이것은 앞에서 언급한 간세대 예배의 문제들과 닮아있다. 우리는 장애가 있는 사람들은 "각자의 수준에서" 예배를 필요로 한다고 믿는다. 하지만 동시에 우리는 그들이 다른 사람들의 예배에 방해가 될 수 있다고 생각한다. 교회에게 요구되는 점점 중요해지는 작업들 중 하나가 장애를 가진 사람들을 예배에 포함시키도록 하는 것이다. 최근까지 상당한 진전을 보여주는 한가지 접근방식이 "보편적(universal) 디자인"이다. 보편적인 디자인은 건축용어로서 "장애가 있든 없든 모든 사람이 접근할 수 있도록 하는 건물, 제품 및 환경을 설계하는 방법"을 의미한다.[25]

건축학적으로 말하자면 보편적 디자인은 옵션을 제공하는 것으로 신체적인 능력의 제한 없이 모든 사람들이 평등하게 건물을 사용할 수 있도록 하는 것이다. 그 예로 시각 장애인을 위한 엘리베이터 및 계단, 연석 및 연석 절단 등이 있다. 바버라 뉴먼(Barbara J. Newman)은 지도자들에게 예배에 참여할 수 있는 선택권을 제공하는 면에서 포용성을 갖도록 도전하는 보편적인 디자인을 예배에 적용한다. 그것의 접근 방식은 각 예배자에게 자신의 신체적 능력안에서 예배에 참여할 수 있는 적절한 방법을 제공하는 계획에 중점을 두고 있다. 뉴먼은 그의 예배 건축에 대해서 이렇게 말한다.

---

25 Barbara J. Newman, "Defining Universal Design," Calvin Institute of Christian Worship, July 13, 2015, https://worship.calvin.edu/resources/resource-library/universal-design-and-responsive-design/.

교회 예배, 교육, 삶의 표준 모델을 수정하기 보다는 [우리는] 모든 예배자들을 위해 어떻게 하나님과의 접근 가능한 대화가 생성되는지를 먼저 탐구해야한다. 접근 가능한 예배는 근본적으로 유연하며 가능하다. 그래서 각 사람은 하나님이 그들에게 선물을 주는 것 처럼 그들도 하나님께 반응할 수 있다.[26]

건물 건축가가 용도의 필요성에 따라 옵션들을 창조하는 것과 같이, 예배 건축가는 참여를 위한 옵션을 만든다. 옵션의 사항들은 매우 간단한 필요("몸이나 영으로 무릎을 꿇고"와 같은 초대)부터 약간 더 복잡한 노력(회중에게 평화를 전달하기 위해 수화를 배우도록 요청하는 것)에 이르기까지 그 조정이 다양하다.

여기서 요점은 장애를 가진 사람들을 간과함으로써, 우리는 예배의 원을 너무 작게 그린다는 사실이다. 모든 사람을 포함한다는 것은 예수님 처럼, 변화된 삶으로 귀결되는 참된 환대의 정신으로 그들을 환영한다는 것을 의미한다. 사역은 항상 양방향임을 기억하라. 비장애인은 장애인들로부터 많은 것을 얻고 장애인들도 역시 반대로 마찬가지다. 보편적 예배디자인은 모두에게 유익을 준다. 여기에, 장애인들의 접근 가능성을 증가시켜서 그들의 예배 참석을 도울 수 있는 몇 가지 제안들이 있다.

- 당신의 공동체를 관찰하고 신체 또는 인지 장애가 있는 사람들을 기록하라.
- 장애인들과 그들의 간병인에게 접근하여(만일 있다면) 그들이 예

---

26 Joan Huyser-Honig and Barbara J. Newman, "Universal Design, Vertical Habits and Inclusive Worship," Calvin Institute of Christian Worship, July 1, 2015, https://worship.calvin.edu/resources/resource-library/universal-design-vertical-habits-and-inclusive-worship/.

배 전, 중, 후에 경험한 장벽은 무엇인지 논의하고 더 온전히 그들이 온전히 예배에 참여할 수 있는 방법들을 브레인스토밍하라.
- 리더십 팀을 구성하여 접근성 향상을 위한 계획을 세우고 한 번에 하나씩 개선해 나가라.
- 장애인이나 장애 옹호자를 초대하여 장애가 있는 개인을 나와 같은 사람으로 동일시하는 생각의 전환을 회중에게 교육하라.)

13. 진정한 동시 예배

우리가 세상의 문을 열고 모든 사람을 볼 때 우리는 하나님을 예배하는 인간의 존재를 관찰한다. 이것은 예배의 가시적인 표현이다. 그러나 하나님의 이야기는 예배의 보이지 않는 차원과 마찬가지로 실제적인 것이다. 이미 시작된 영원한 나라는 하늘에 속한 존재들과 주님 안에서 죽은 자들로 채워져 있다. 그리고 그들의 예배는 중단됨이 없다. 바로 이 순간에도 하나님과 어린 양에게 무한한 찬양이 드려지고 있다. 이것은 두 가지 면에서 실제 예배임과 동시에 가상 예배라고 말할 수 있다. 왜냐하면 이 예배는 거룩하고 완전하며 인식할 수 있지만 불가시적인 제한성이 있기 때문이다. 이 거룩하고 완전한 예배는 현재 우리의 능력으로 볼 수 없지만 끊임없이 일어나고 있다.

우리가 제한적으로 땅의 예배만 생각한다면 우리는 예배의 원을 너무 작게 그린 것이다. 교회가 매주 예배를 위해 모일 때마다 우리는 우리의 감각으로 경험할 수 있는 것 이상의 무언가에 참여하고 있다. 이것은 다른 세상임과 동시에 우주적인 현실이다. 또한 이것은 완벽히 동시에 일어나는 연합예배이다. 모든 참가자는 동일한 목표를 위해 동시에 함께 참여한다. 그것은 삼위일체 하나님을 온전히 찬양하는 것이다. 하늘과 땅의 예배 사이의 장막의 베일은 우리의 상상보다 얇다. 어느 날 그 베일은 사라질 것이다. 그러나 오늘 우리는 믿음으로 하늘 예배에 참여한다.

여기에 우리가 하늘예배에 동시에 참여하고 있다는 것을 인식하기 위한 몇 가지 실용적인 방법들을 제안한다.

- 천상의 그룹들과 천사들 당신이 사랑하는 사람들, 이스라엘의 리더들, 그리고 예수님의 제자들과 함께 당신이 삼위일체 하나님께 영광드리는 것을 상상해보라.
- 당신이 인도할 때, 현재 하늘에서 드려지는 예배에 대한 간략한 언급을 포함하라. 기도의 내용에도 하늘과 땅에서 함께 드리는 연합예배의 이미지를 포함하라.

14. 결론

이것이 교회이다. 여기에 첨탑이 있다. 문을 열고 포괄적인 예배가 영감을 주는 모든 사람들을 보라. 예배 건축가는 땅과 하늘의 찬양에 동참하는 사람들을 확대하는 즐거운 기회를 가진 사람들이다. 그들은 예배에 참여하는 모든 사람들을 환대할 것이고 이것이 이 책의 마지막 장의 주제이다.

15. 참고 문헌

Davis, Josh, and Nikki Leret. *Worship together in Your Church as in Heaven.* Nashville: Abingdon, 2015.

King, Roberta R. *Global Arts and Christian Witness Exegeting Culture, Translating the Message, and Communicating Christ.* Grand Rapids: Baker Academic, 2019.

Kraybill, James. ed. *Worship and Mission for the Global Church: An Ethnodoxology Handbook.* Pasadena, CA: William Carey Library, 2013.

Marthis, Eric L. *Worship with Teenagers: Adolescent Spirituality and Congregational Practice.* Grand Rapids: Baker Academic, 2021.

Newbigin, Lesslie. *The Household of God: Lectures on the Nature of the Church.* Eugene, OR: Wipf & Stock, 2008.

Newman, Barbara J., and Berry Grit. *Accessible Gospel, Inclusive Worship.* Wyoming, MI: All Belong, 2018.

Vanderwell, Howard A., ed: *The Church of All Ages: Generations Worshiping Together.* Bethesda, MD: Alban Institute, 2007.

Van Postal, Sandra Maria. *The Next Worship: Glorifying God in a Diverse World.* Downers Grove, IK: IVP Books, 2016.

참여하기

교회의 몇몇 사람들(직원 및 비직원 모두)과 함께 편안하고 중립적인 장소에서 모여서 다음 질문에 대해 토론하라.

1. 당신의 교회는 예배의 원을 너무 크게 그린 적이 있는가?
2. 당신의 교회는 어떤 면에서 예배의 원을 너무 작게 그리는가?
3. 환대적인 사람을 서술해 보라.
4. 당신의 교회가 포괄적인 예배로 나아갈 수 있는 방향에 대해 기도하라.

THE WORSHIP ARCHITECT

단계 5

예배 모임에서의 환대 (hospitality) 육성하기

건축가의 관점으로 본 기초들

새로운 건축물 헌정식에 참석해 본 적이 있는가? 귀빈들 중의 한 사람은 보통 그 건물의 건축가이다. 때로 건축가는 단상 위에 착석하거나 건물 사용 개시를 알리는 리본을 자르기도 한다. 구조물을 설계한 사람이 그것이 완공되는 것을 볼 때는 만족감이 있다. 그러나 완공되는 것을 보는 것보다 그 건물이 사용되는 것에, 즉 그 건물이 건축된 목적에 기여하는 것에 건축가는 더 큰 만족감을 갖는다.

예배 건축가들은 예배를 설계한다. 그들은 예배를 위한 기초를 놓고, 예배의 이야기들이 진행되어가는 공간들을 만드는 벽들을 세우고, 사람들이 새로운 방법으로 하나님을 경험할 수 있도록 문과 창들을 통해 빛이 들어올 수 있게 했다. 그들은 공동체가 하나님과 연결하는 데 도움이 될 선택을 함으로써 예배 스타일에 대해서 생각했다. 그러나 이 모든 것은 청사진이다. 예배가 아직 지면에만 존재한다. 사람들이 지면상의 계획을 시간 속의 사건으로 바꾸어야 한다. 건축가의 도면이 살아나게 하는 것은 사람이다.

예배 디자인의 마지막 단계는 실행이다. 예배 건축가는 예배 사건의 주최자 역할을 한다. 주최자의 가장 중요한 책임 중 하나는 참석한 모든 사람이 그 행사에 온전히 참여할 수 있도록 하는 것이다. 이것이 진정한 환대이다.

The Worship Architect

15 ✦ 환대하는 예배 인도자

예배자들을 참여자가 되게 하기

탐구하기

15장을 읽기에 앞서, 당신이 보았던 최고의 주최자에 대해 생각해 보라.

1. 그들이 그런 훌륭한 주최자가 되게 한 것은 무엇인가?
2. 당신이 환영받고 있다고 느끼게끔 만든 것은 그들의 어떤 자질 때문인가?
3. 당신은 어떤 주최자인가?

이 질문들을 계속 생각하면서, 이제 15장을 읽으며 생각의 폭을 더 넓혀 보자.

예배의 기초가 놓여졌다. 모퉁잇돌이 신중하게 제자리에 놓였다. 내력벽들이 세워져서 하나님과 사람들이 계속해서 깊은 관계를 맺을 수 있는 공간이 만들어졌다. 하나님은 모임을 소집하셨고, 예배가 시작되려고 한다. 예배 건축가는 이런 모든 일을 돌보고, 가능한 성경에서 하나님이 기대하시는 것에 진실하도록 예배를 구성했다. 그는 기도했고, 신학

적으로 심사숙고했고, 배경을 고려했다. 목회자적인 접근을 하려고 했고, 계획하는 일에 다른 사람들을 참여시켰다. 모든 일이 마쳐졌다. 그런가? 한 가지가 남았다. 그것은 예배 건축가가 그 모임의 주최자 역할을 하는 것이다.

사교 모임에서 훌륭한 주최자가 되는데 어떤 자질이 필요한지 잠시 생각해보자. 누군가의 집에 갔을 때 그 모임을 마련한 사람으로부터 환영받는다고 느낀 적이 있을 것이다. 이런 경우에 우리는 "주최자가 어쩌면 그렇게 다른 사람들에게 소속감을 느끼게끔 하는 은사를 가졌는가" 라고 말한다. 반대로, 우리는 주최자가 우리가 그 행사에 참여한 것에 대해 관심을 갖지 않는 것 같은 모임에도 참석한 적이 있다. 즉, 주최자가 중요한 몇몇 사람하고만 이야기를 나누거나, 무대의 중심을 차지하고 자신에게 관심을 집중시켰을 수도 있다. 그럴 때, 우리는 다시는 그런 모임에는 가지 않으리라 생각하면서 좀 다른 인상을 받고 떠났을 것이다. 우리는 어색하고, 반갑지 않고, 무시 받는다고 느꼈다. 두 행사의 차이는 숙소, 음식, 여흥에 있는 것이 아니라, 주최자에게 있다.

우리가 예배하려고 모일 때, 하나님의 백성을 예배의 대화 속으로 인도해가는 한 사람 혹은 여러 사람의 주최자가 있다. 공동체적 예배는 우리가 원할 때 들어가서 떠나기까지 우리가 원하는 대로 홀로 여행하는 것이 아니다. 공동체적 예배는 우리가 하나님과 공동의 대화를 해나가면서 무엇인가를 함께 하는 것이다. 안내자(예배 인도자)는 만찬의 주최자와 흡사한 역할을 한다. 그는 사람들을 따뜻하게 맞이하고, 안으로 들어가도록 하고, 환영받고 있다고 느끼게 하고, 자리를 잡을 수 있도록 도와주고, 그들에게 사람으로서 관심이 있음을 보여줄 것이다. 손님이 도착할 때만 그렇게 하지는 않을 것이다. 행사가 끝날 때까지 손님이 전체 행사에 잘 적응하고 있는지 주시할 것이다.

주최자가 해야 할 가장 중요한 일은 아마도 각 참석자들이 참여하는 지를 살피는 것이다. 사교 행사의 성공은 손님들의 참여도에 달려있다. 소속되고, 받아들여지고, 가치 있게 여겨진다고 느끼기 위해서는 모두가 참여해야 한다. 이 역할을 완수하기 위해서는 성실한 예배 건축가가 있어야 한다. 훌륭한 예배를 디자인 하는 것은 중요하다. 그러나 예배 계획이 실제 시간에 실제 사람들에 의해서 예배될 때에야 훌륭한 예배가 된다. 사교 행사에서처럼, 모든 예배자들이 처음부터 끝까지 하나님과의 대화에 포함되도록 하는 데는 계획과 기술이 있어야 한다. 참여가 그 열쇠이다.

목회자들과 예배 인도자들은 참여의 부족을 점차 염려하고 있다. 수동성이 문제이다. 이것은 어떤 특정한 예배 스타일에 관련된 일이 아니다. 우리는 사람들에게 참여하도록 초청하고 요구하는 예배를 디자인하고 인도하는 데 실패한다. 얼마 전 오하이오 중부의 대형 교회의 목회자가 내게 전화해서 조언을 구했다. 그는 그 교회의 현대적 예배에서 회중의 참여가 요구되는 것은 노래 부르는 것뿐인 것을 알게 되었다고 말했다. 매주 유심히 관찰한 결과, 그는 회중이 노래하는 데 활기가 없다는 것을 보았다. 그들은 노래를 연주하는 찬양팀과 밴드에 의존해서 최소한으로만 따라하고 있었다. 그 결과, 예배에 참여하는 것이 약했다. 그 목회자는 염려하고 있었다.

최근에 내가 방문했던 전통적인 예배도 시각의 차이만 있었지 사정은 마찬가지였다. 예배 활동의 대부분은 보여주는 것이었다. 성가대가 노래하고 회중은 박수를 쳤다. 숙녀 세 명이 간단한 클래식 음악을 피아노로 연주했고 사람들은 또 박수를 쳤다. 독창자가 노래했고 회중은 박수를 쳤다. 목사가 설교했다(이번에는 아무도 박수를 치지 않았다!). 전체 예배가 종교 프로그램 같은 느낌을 받았다. 회중은 참가자들의 연주를 들어주는 청중의 역할을 했다. 나는 이 두 예배가 의도하는 것이 수동적인 예배를 고취하는 것이라고 생각하지는 않는다. 그러나 그들은, 참여가 권장되고 수동성이 없어지는 예배를 디자인하고 인도하는 데 실패했다.

감사하게도, 많은 사람이 참여적인 예배의 필요성을 점점 더 인식하고 있다. 예배의 추세가 서서히 더 많은 참여 쪽으로 움직이기 시작하고 있다. 이것은 개인의 참여를 중시하는 포스트모더니즘의 영향에 따른 결과일 수도 있다. 포스트모던 시대의 사람들은 보는 것보다는 하는 것에 더 관심을 갖는다.[1] 많은 교회에서 예배는 대부분이 강단에서 이루어진다. 그런 환경에서는 회중은 청중에 지나지 않으며 진정한 참여는 약해진다. 20세기 후반의 예배는 참가자들이 자리에서 구경하고 있는 가운데 회중 앞에서 행해지고 있는 경향이었다. 이것은 방송 시대, 즉 라디오와 텔레비전을 통해서 연예인들이 오락을 위해 공연하는 것을 듣고 관람하는 청중이 확고히 형성된 시대를 나타낸다. 지난 수십 년 동안 예배가 이것에 영향을 받았음이 분명하다.[2]

그렇다면 우리는 어디에서 시작해야 하는가? 수동성에서 참여로 어떻게 옮길 것인가? 관점을 갖는 데 도움이 되는 간단한 단어 연구로 시작해 보자. 우선, 주요 영어 단어들의 정의를 살펴보고 몇 가지 성경 단어들을 살펴볼 것이다. 이런 단어들이 참여에 대한 우리의 생각에 어떻게 영향을 끼칠지 보게 될 것이라 생각한다. 그후 수동적인 예배에서 참여적인 예배로 옮겨가는 실천적인 수단들에 대해 나눌 것이다.

---

1 이것은 이머징 예배의 흥미로운 것들 중 하나이다. 이머징 예배 모임에서는 사람들이 예배 활동에 충분히 참여하기를 기대한다.
2 미국문화에 있는 이런 동향에 대한 흥미로운 설명은 Pierre Babin with Mercedes Iannone, *The New Era in Religious Education*(Minneapolis: Fortress, 1991)을 참조하라.

1. 단어 연구

우선 **참여**[3]란 무엇인가?

- 가담하는 것이다.
- 서로 공유하는 것이다.
- 파트너가 되는 것이다.

파트너란 누구인가?

- 다른 사람과 공유하거나 편을 드는 사람이다.
- 춤을 추는 동료(댄스 파트너)이다.
- 게임에서 같은 편 선수(경기 파트너)이다.

참여하는 것은 어떤 활동에 파트너가 되기로 합의하는 것임을 쉽게 알 수 있다. 파트너 관계에서는 상대방이 기대하는 투자가 있어야 한다.

참여에 반대되는 단어도 도움이 되는데, 즉 **수동적**이라는 단어가 그렇다. 수동적이라는 말은 다음과 같다.

- 행동을 하는 것이 아니라, 행동이 이루어지는 것이다.
- 관심이나 자주성을 보이지 않는 것이다.

---

3 여기에서 사용된 모든 영어 단어의 정의는 *The Pocket Oxford Dictionary*, 8th ed.(New York: Oxford University Press, 1992)에서 온 것이다.

예배라고 번역된 성경의 단어들을 살펴보면, 흥미로운 것을 발견한다. 이 단어들은 수동형이 아니라, **언제나 능동형**이라는 것이다. 구약에서 "예배하다"는 말로 번역되는 말이 여럿이 있다. 단연코 가장 많이 사용되는 단어는 히브리어 샤하아(*shachah*)이다. 이것은 행동을 표현하는 단어이다. 이 단어의 의미는 다음과 같다.

- 엎드리다(주권자에게 신하로서).
- 절하다, 몸을 굽히다.

이 단어는 시편 66:4에서 사용되고 있다. "온 땅이 주께 **경배하고**[절하고]…주의 이름을 노래하리이다". 땅이 여호와 앞에서 절하고 여호와의 이름을 찬양한다는 묘사는 흥미롭다. 느헤미야와 율법 낭독의 갱신 이야기에서도 똑같은 단어가 사용된다. 포로로 잡혀갔다가 돌아온 유대인들에게 에스라가 율법을 읽으려고 하나님의 말씀을 펼칠 때(행동을 나타내는 단어들을 유의해 보라), 모든 백성이 일어서서 "아멘 아멘" 하고 외쳤다고 느헤미야가 기록한다. 그들은 손을 들고 찬양하며, 머리를 숙이고, 얼굴을 땅에 대고 여호와를 경배(*shachah*)했다(느 8:5-6). 이것은 상호작용적인 예배이다. 여기서 백성에게 행동이 이루어진 것이 아니라 분명히 백성이 행동했다.

신약에서 예배를 가리키는 말로 가장 많이 사용되는 단어는 **프로스퀴네오**(*proskuneo*)인데, **샤하아**에 해당되는 헬라어이다. 이 단어의 의미는 다음과 같다.

- 엎드리다.
- 경의를 표하다.

- 입을 맞추다.

프로스퀴네오는 마태복음 2장에서 박사들이 예수님이 계신 곳에 들어가서 "아기와 그의 어머니 마리아가 함께 있는 것을 보고 엎드려 아기께 경배"(마 2:11)했을 때 사용된다. 아기 예수님께 엎드려 있는 박사를 상상해 보는 것은 놀라운 일이다.

요한계시록은, "모든 천사가 보좌와 장로들과 네 생물의 주위에 서 있다가 보좌 앞에 엎드려 얼굴을 대고 하나님께 경배하여 이르되 아멘 찬송과 영광과 지혜와 감사와 존귀와 권능과 힘이 우리 하나님께 세세토록 있을지어다 아멘"(계 7:11-12)이라고 기록한다.

이 단어들은 "예배[경배]하다"로 번역된 성경 단어의 두 가지 예에 불과하다. 이 단어들을 중요하게 살펴보아야 한다. 이 단어들은 성경의 예배가 능동적이라는 것을 일관되게 그려주고 있다. 성경에서 예배를 묘사하는 데 사용된 단어들은 수동적이지 않다. 예배는 성령의 능력으로 우리 주 예수 그리스도를 통하여 이루어지는 하나님을 향한 조직된 **행동**이다. 게다가 이것은 다른 사람들과 협력하여 행해진다. 기독교의 섬김은 예배라는 거룩한 행동에 공동체로 활발히 참여하는 기회이다. 예배를 일이라고 말할 수도 있을 것이다. 사실 그렇다. 성경적 예배는 우리 자신을 투자해서 드리고, 우리의 형제자매들과 함께 예배당에서 하나님을 섬기는 일을 하도록 초청한다.

때로 우리는 교회에 가서 강단에 있는 다른 사람들이 하나님을 예배하는 것을 보는데, 우리가 깨달아야 할 것은, 하나님이 예배에 참석하셔서 우리가 자신을 능동적으로 섬기는 지 보신다는 것이다. **우리가 하나님을 섬기는 것이다.** 예배는 일이라는 표현이 구약과 신약에서 "예배하다"로 번역된 다른 단어들과 일치한다.

히브리어 단어 **아바드**(*abad*)는 예배라는 말로 번역된다. 이 단어는 제사장과 레위인들이 성전 예배의 세부 사항을 돌보는 일을 가리킨다. 여기에는 희생제물을 드리고, 등불을 켜고, 새로운 진설병을 준비하고, 성전 문을 지키고, 악기를 연주하고, 성전 성가대에서 노래하면서 땀 흘리며 분주히 행하는 일들이 포함된다. 아바드에는, 제사장이 하나님이 예배하는 일에 대해 내리신 명령을 지키면서 섬기는 모든 일이 포함된다.

신약 성경에서 "예배"라는 말로 번역되는 헬라어 **레이투르기아**(*leitourgia*)도 역시 일을 가리킨다. 바울은, "그러므로 형제들아 내가 하나님의 모든 자비하심으로 너희를 권하노니 너희 몸을 하나님이 기뻐하시는 거룩한 산 제물로 드리라 이는 너희가 드릴 영적 예배[레이투르기아 = 섬김, 일, 사역]니라" (롬 12:1)고 기록한다. 레이투르기아는 **예배, 섬김** 혹은 제사장의 역할과 관련된 **사역**으로 번역된다. 모세(히 9:21), 사가랴(눅 1:23), 그리스도(히 8:1-2)를 포함하여 **레이투르기아**를 수행하는 제사장들의 예가 신약에 있다. 성경의 몇몇 단어들을 살펴보면 예배란 참여하는 것임을 아는데 도움이 된다. 예배는 능동적이어야 한다. 이것은 우리 주를 높이는 일을 돌보면서 일하고, 섬기고, 사역하고, 필요하다면 땀도 흘려야 한다. 예배하는 것은 우리의 모든 것으로 참여하는 것이다.

살펴보아야 할 단어가 하나 더 있는데, 그것은 **코이노니아**(*koinonia*)이다. 코이노니아는 "참여한다"는 의미의 단어이다. 이 단어는 "교제"나 "협력"이라는 말로도 번역된다. 바울이 빌립보서에서, "내가…간구할 때마다 너희 무리를 위하여 기쁨으로 항상 간구함은 너희가…복음을 위한 일에 참여하고 있기 때문이라" (빌 1:3-5)고 썼다. 바울은 "우리가 축복하는 바 축복의 잔은 그리스도의 피에 **참여함**이 아니며 우리가 떼는 빵은 그리스도의 몸에 **참여함**이 아니냐" (고전 10:16)라는 말로 주의 만찬에 대해 말하면서 참여를 의미하는 코이노니아를 사용한다. 예배하는 것은 우리가 공동체적 예배 행위에 참여함으로써 교제에 파트너가 되는 것이다.

성경에서 사용되는 **단어들** 외에 예배를 참여로 나타내고 있는 것은 성경에 기록된 **이야기**(narrative)이다. 예배에 관한 이야기는 참여를 말해주고 있다. 성경에서 예배가 묘사된 모든 이야기에서 예배는 참여적이다. 성경에는 수동적 예배가 존재하지 않는다. 본서 7장에서 우리는 사도행전 2장을 살펴보면서 여러 청중들의 능동적인 반응에 주목했다. 감정적인 면에서의 참여(그들은 마음의 찔림이 있었다)가 있었고, 영적인 면에서의 참여(그들은 회개했다)가 있었고, 상징적인 면에서의 참여(그들은 세례를 받았다)가 있었고, 실천적인 면에서의 참여(그들은 자신들의 소유를 팔아서 필요한 사람들에게 주었다)가 있었다.

출애굽기 24장의 예배 장면도 참여적이다. 예배자들의 참여를 유의해 보라. 모든 백성이 한 목소리로 대답했고(3절), 모든 백성이 순종하기로 맹세했고(3절), 곧장 제단을 쌓았고(4절), 열두 기둥을 세웠고(4절), 청년들이 번제와 화목제를 드렸고(5절), 모세가 희생제물에서 나온 피를 제단에 뿌렸고(6절), 언약서를 읽었고(7절), 백성은 한 목소리로 응답하며 순종하겠다고 다시 한 번 맹세했고(7절), 모세는 백성에게 피를 뿌려서 언약을 인쳤다(8절). 그 외에 다른 예들이 많이 있다.

성경의 예배는 참여적이다. 사실, 참여가 없이는 예배도 없다. 참여는 하나님이 기대하시는 것이라고 성경은 묘사한다. 참여는 대단히 중요하다. 사람들이 더 많이 참여할수록 하나님께 더 많이 마음을 열게 될 것이다.

기독교 예배는 참여적이어야 한다는 주장을 받아들인다 하더라도 여전히 남는 문제가 있다. 그것은, 수동성에서 참여로 **어떻게** 이동하느냐 하는 것이다.

2. 수동적 예배에서 참여적 예배로의 이동

『21세기를 위한 현대 예배: 예배냐 복음전도냐』(*Contemporary Worship for the 21st Century: Worship or Evangelism*)의 저자 다니엘 베네딕트(Daniel Benedict)와 크랙 밀러(Craig Miller)는 다음과 같이 주장한다.

> 21세기의 포스트모던 및 정보 시대의 문화 속에서 사람들은 그들에게 일상의 삶을 넘어서게 해주는 하나님에 대한 경험을 제공하는 교회로 갈 것이다. 이미지와 소리들로 채워진(오락)세상에서는, 믿음의 공동체 안에서 살아있는 하나님을 예배하는 실제적인 경험이라는 한 가지 방법 말고는 일상의 경험에 필적하기 어려울 것이다.[4]

이것은 고무적인 말이다. 왜냐하면 젊은 세대들에게 참여적인 예배의 기회가 무르익었다는 것을 확신시키는 말이기 때문이다. 회중을 수동성에서 참여로 이동시키도록 돕기 위해서, 여섯 가지 운영 원리와 함께 몇 가지의 적용 아이디어들을 제시하고자 한다.

원리 1: 이 세대는 참여를 원한다는 것을 인식하라. 21세기 예배자들에게는 참여가 곧 경험이고 경험이 곧 예배이다. 참여적인 예배는 경험적인 예배이다.

적용: 전인적인 참여가 일어나는 예배를 디자인하고 인도하라.

---

[4] Daniel C. Benedict and Craig Kennet Miller, *Contemporary Worship for the 21st Century: Worship or Evangelism?*(Nashville: Discipleship Resources, 1994), 5.

질문: 나는 오감의 어떤 것을 사용하는가?

- 시각: 배너, 드라마, 색깔, 상징 등
- 청각: 악기, 상징적인 소리(바람, 소파르), 침묵, 어린이들의 소리, 남자와 여자 소리 등
- 후각: 향기, 향, 꽃 등
- 미각: 빵, 주스, 소금, 물 등
- 촉각: 사람, 천, 나무 십자가, 성경 등

원리 2: 참여는 다른 사람들과의 협력을 수반한다는 것을 인식하라. 성경에서 말하는 코이노니아에는 예배에서의 교제와 협력이 포함된다. 이것이 진정한 기독교 공동체의 기본이다.

적용: 다른 사람들과의 연결을 수반하는 예배를 디자인하고 인도하라.

질문: 나는 어디에서 사람들에게 동료 예배자들과 연결하도록 요청했는가?

- 소그룹으로 기도하기
- 평화를 나누기
- 안수하기
- 하나님의 임재와 역사를 경험한 순간들을 나누기
- 축복 선언하기
- 기도 처소에서 기도하기

원리 3: 대부분의 사람들은 자연적으로 수줍어하는 경향이 있다는

것을 인식하라. 어떤 사람들은 행동을 하기보다는 수동적으로 행동이 이루어지는 것을 선호할 것이다. 그들에게는 참여할 기회와 참여하도록 권장 받는 것이 필요하다.

적용: 모두가 참여하도록 권장하는 예배를 디자인하고 인도하라.

질문: 나는 몇 번이나 모든 예배자들에게 무엇인가를 하도록 요청했는가?

- 나는 예배의 몇 순서에서 회중들에게 지켜보는 대신에 행동하도록 했는가?
- 몸을 움직이는 것에 비해 듣는 것에 모두 몇 분의 시간이 주어졌는가?
- 참여적인 행위에 어떤 연령대/사회 그룹들이 등한시 되는가? 어린이, 고령자, 청년, 소수집단, 장애인?

원리 4: 우리 문화에서 회중은 대체로 청중 지향적인 사고방식이 있다는 것을 인식하라.

적용: 강단에서 사람에게로 행동이 재분배되는 예배를 디자인하고 인도하라.

질문: 나는 어떤 육체적 행동을 하도록 요청했는가?

- 제스처(손을 들기, 머리를 들어올리기, 머리를 숙이기)
- 움직임(손뼉 치기, 몸을 흔들기, 입장/퇴장)
- 자세(고개 숙이기, 무릎 꿇기, 일어서기, 엎드리기, 팔을 벌리기, 손바닥을 위로 향하기)

원리 5: 예배는 일이라는 것을 인식하라. 예배는 내가 하나님을 섬기면서 행하는 성스러운 의무로 구성되어 있다. 그러므로 예배는 내게 값을 치르게 **할 것임을** 생각해야 한다(삼하 24:24). 나는 다른 사람들을 예배의 일에 초청해야 한다. 그러면 그들은 보다 높은 수준의 예배를 경험하게 될 것이다.

적용: 예배자들에게서 높은 투자를 기대하는 예배를 디자인하고 인도하라.

질문: 인도자들에 의해 이루어지는 것의 얼마나 많은 부분이 사람들에 의해 이루어 질 수 있는가?

- 인사
- 기도
- 성경 봉독
- 간증
- 강단 상담(Altar counseling)

원리 6: 예배에서 하나님과의 만남에는 놀라운 반응이 일어난다. 거룩한 분을 진실하게 만나면 변화될 것이다.

적용: 예배자들이 하나님께 반응하는 것이 수반된 예배를 디자인하고 인도하라.

질문: 나는 예배자들에게 합당한 반응을 하도록 의도적으로 그리고 목회적으로 지도하고 있는가?

- 나는 하나님이 원하시는 예배에 대한 반응의 유형에 대해 기도했는가?

- 그날의 성경 본문으로부터 나온 함축된 반응이 있는가?
- 말씀을 강화하는 데 적합한 상징이 있는가?
- 사람들에게 내적인 변화를 표현하도록 청할 수 있는 실제적인 방법들이 있는가?
- 있을 수 있는 자연적인 감정적 반응에 대비하고 있는가?
- 복음이 요구하는 모든 것들로 사람들을 도전하고 있는가?

우리는 "프로그램 예배"에서 "참여적인 예배"로의 이동에 대해서 논의하고 있다. 우리는 모두 프로그램에 익숙하다. "프로그램이란 공연자들이 발표하는 행사들의 연속으로서, 공공의 모임에서 가르치거나 즐겁게 해 주기 위해서 만들어진 것이다." 수십 년 동안(혹은 수세기 동안) 많은 전통에서 행해진 예배는 종교적인 프로그램과 유사했다.

거기에는 주제(하나님)가 있고, 우리는 하나님에 **대해서** 노래하거나, 하나님에 **대해서** 말하거나, 하나님에 **대해서** 토론한다. 사람들을 가르치거나 즐겁게 해 주기 위해 행사들의 순서를 정한다. 공연자들이 그 프로그램에 효과적인 중요성을 더해 줄 것을 기대하면서 공연자들을 배치한다. 행사들의 논리적인 순서가 있을 수도 있고 그렇지 않을 수도 있는데, 이것은 둘째 문제이고, 주제가 가장 중요한 것이다.

프로그램 예배에는 적어도 세 가지의 주요 문제가 있다.

① 프로그램 예배는 누군가를 **향한** 것이 아니라 무엇인가에 **대한** 것이다. 하나님이 예배의 **원천**이 아니라 예배의 **주제**가 되신다.
② 프로그램은 보통 수동적이다. 일반적으로 참석자들은 구경하는 수준 외에는 관여하지 않는다.
③ 프로그램 예배는 비판을 불러온다. 모든 프로그램은 강연자

나 공연자의 효과성에 따라 판단된다. 무엇을 좋아했는지 그렇지 않았는지, 무엇을 배웠는지 그렇지 않았는지, 무엇이 탁월했는지 형편없었는지를 평가함으로써 프로그램에 반응하는 것이 극히 자연적이다. 공연이란 우리를 위해서 이루어지는 것이고 우리의 만족을 구하는 것이기 때문에 비평하고자 하는 유혹이 생기는 것은 자연적이다.

프로그램 예배에서 벗어나 참여적인 예배로 이동하기 위해서는 우리가 프로그램 예배에 있는 이 세 가지 주요 문제들과 맞서야 한다.

① 우리는 하나님이 예배의 **주제**가 아니라 **원천**이 되시도록 계획해야 한다. 이 말이 의미하는 것은 다음과 같다.

- 하나님의 이름을 부르며 하나님께 말씀드리는 회중 노래를 선택하는 것이다.
- 한 몸으로 모인 곳에 그리스도께서 참으로 임재해 계신 것을 우리에게 상기시키는 언어들을 사용하는 것이다.
- 하나님만이 청중이시라는 인식을 조성하는 것이다.

② 사람들이 매 예배에서 몇 가지 중요한 방법으로 참여할 수 있도록 의도적으로 계획해야 한다.

- 회중의 행위에 비해 발표하는 행위에 얼마나 많은 시간이 주어지는지 다시 확인하라.
- 정규적으로 오감을 다양하게 사용하라.

- 모든 예배 예술의 사용을 확장하라.
- 예배 디자인과 인도를 나누라.

③ **나의** 기쁨에 대한 강조로부터 **하나님의** 기쁨에 대한 강조로 바꾸려고 노력해야 한다. 이 일을 위해 다음과 같이 한다.

- 우리가 좋아했거나 좋아하지 않았던 것들에 대해서 불필요하고 비판적인 의견을 내는 것을 피한다.
- 참된 예배에 대한 **하나님의** 기대가 무엇인지를 배운다.
- 실수에도 불구하고 예배에 하나님이 어떻게 임재하셨는지에 대해 서로 나누도록 권면한다.

3. 결론

인도자의 환대는 공동체적 예배의 세계에서 중요한 영향을 미칠 것이다. 이것은 친절하게 대하거나 정감 있게 대하는 것 이상의 일이다. 각 참석자가 예배에서 자신이 중요하다는 것 혹은 자신이 꼭 필요하다는 것을 느낄 필요가 있다. 이것은 참여를 통해서 온다. 예배 건축가의 사역은 모든 예배자의 계속적인 참여가 요청되도록 예배를 디자인하고, 모든 예배자들로 하여금 예배에서 자신들을 온전히 드리도록 권면하도록 확실히 하는 것이다.

모든 것을 고려해 볼 때, 예배는 살아있는 하나님을 경험하는 것이다. 하나님을 경험하는 것은 하나님과의 대화에 참여하는 것이다. 단순히 "교회에 가는 것"과 다르다. 교회에 간다는 것은 수동적인 예배를 시사한다. 그러나 예배를 위해 오는 것은 우리를 기다리는 하나님과 관계하는 것을 시사한다.

제임스 메거(James Magaw)가 이것에 대해 다음과 같이 잘 표현했다.

> 왜 교회에 가는지 내게 묻는다면 나는 다음과 같은 이유들을 말할 수 있을 것이다.
>
> - 기분이 좋아지기 위해
> - 내가 좋아하는 사람들과 함께 있기 위해
> - 예수님에 대해 배우기 위해
> - 내가 어떤 편에 속해 있는지 보여주기 위해
> - 왜 교회에 오지 않았는지 질문 받는 것을 피하기 위해
> - 내가 좋아하는 옛 찬송을 부르기 위해
> - 설교를 통해 영감을 얻고, 배우고, 도전 받기 위해
>
> 그러나 왜 **예배하는지** 내게 묻는다면 이것은 다른 수준의 논제이다. 이것은 애니 딜라드(Annie Dillard)가 예배에 대해서 한 말을 상기시켜 준다. "우리가 어떤 종류의 능력을 그렇게 경솔하게 간구하는지 조금이라도 아는 사람이 있는가?… 교회란, 화학 실험용품들이 널려있는 마룻바닥에서 주일 아침을 망치게 할 고성능 폭약 한 묶음을 만들면서 놀고 있는 어린이들과 같다. 밀짚모자와 벨벳모자를 쓰고 교회에 오는 것은 어리석은 일이다. 우리는 모두 안전 헬멧을 쓰고 있어야 한다. 안내자들은 구명기구와 신호탄을 지급해야 한다. 그들은 우리를 교회 의자에 묶어두어야 한다. 왜냐하면 잠자고 있

는 신이 어느 날 잠에서 깨어 화를 내거나, 깨어 계신 하나님이 다시는 돌아 올 수 없는 곳으로 우리를 끌어내실 수 있기 때문이다."[5]

예배할 때 나는 결과에 대해서 어떤 통제도 없이 하나님의 능력에 나 자신을 내어 놓는다. 때로 치료, 평안, 용서, 대립, 소망을 얻는다. 언제나 내가 이미 다다랐던 곳 너머로 나를 옮겨간다. 미지의 세계로 나를 밀어 넣는다. 교회에 가는 것은 쉽다. 그러나 예배는 다른 문제이다. 살아계신 하나님의 손 안에 놓여 있는 자신을 알게 되는 놀라운 일이다.[6]

4. 참고 문헌

Babin, Pierre, and Mercedes Jannone. *The New Era of Religious Communication*. Minneapolis: Fortress, 1991.

Erickson, Craig Douglas. *Participating in Worship: History, Theory, and Practice*. Louisville: Westminster John Knox, 1989.

---

5 James Magaw("The Power We Invoke," *Alive Now* [May-June 1988]: 60), quoting Annie Dillard, *Teaching a Stone to Talk: Expeditions and Encounters*(New York: Harper Collins, 1982), 40-41. Harper Collins의 허락을 받아 인용.

6 Magaw, "The Power We Invoke," 60-61. The Upper Room의 허락을 받아 인용.

참여하기

교회에서 지난 3주간의 예배 순서를 구하라. 주보를 구하든지, 혹 교회에서 주보를 사용하지 않는다면 예배 인도자가 사용하는 원고를 구하라.

1. 사람들에게 노래하는 것 외에 다른 것을 하도록 요청한 것이 몇 번이나 되는지 세어보라.
2. 사람들이 공동체로 참여한 방법(함께 무엇인가를 하는 것)을 적어보라.
3. 예배가 어느 정도 참여적이었는지 1-10(1이 가장 낮음)의 숫자로 평가해 보라. 정직하게 하라.

부록 A

기독교 예배의 정의

1. 예배는 하나님을 영화롭게 하고, 하나님의 백성으로서 자신들의 정체성을 입증하며, 하나님의 영원하신 역사하심의 장대한 내러티브를 선포하고 기념하며, 영적으로 그리스도의 형상으로 빚어지고, 하나님 나라의 목적에 따라 살고, 성령님에 의해 교화되기 위해서 공동체가 서로 협력하여 행하는 헌신 행위로 표현되는, 그리스도의 제자들의 지역 공동체와 삼위일체 하나님과의 정기적이고 지속적인 만남이다.

부록 B

생동력 있는 예배를 디자인하는 10가지 기본 단계

예배를 계획하는 데 다음의 10단계를 사용하라.

1. 성령께서 당신의 생각에 영감을 주시기를 기도하라.
2. 예배에 꼭 있어야 하는 "정해진 순서들"을 나열하라.
3. 설교의 초점에 주목하라.
4. 교회력의 절기에 주목하라.
5. 아이디어를 모으라. 다른 종류의 순서들을 나열하라.
6. 리스트에서 가장 좋은 아이디어를 선택하라.
7. 그것들을 4중 구조로 배열하라. 창의성 있게 생각하라.
8. 예배로 변화될 때의 논리적인 흐름을 생각하라.
9. 예배의 순서들을 스타일면에서 해석하라.
10. 참여도를 점검하라.

부록 C

생동력 있는 예배 디자인을 위한 점검표

다음의 질문을 사용하여 당신이 만든 예배를 재점검하라. 매 예배마다 이 모든 항목들을 다뤄야하는 것은 아니지만, 이런 점검표를 사용한다면 예배 건축가들이 반복해서 핵심 요소들을 잊어버리는 것을 막을 수 있다.

- 예배는 하나님을 향하는가?
- 예배는 그리스도 중심적인가?
- 삼위일체적 에토스의 증거가 있는가?
- 성경이 중요한 역할을 하는가?
- 예배가 포괄적인가? 관대한 언어를 사용하는가?
- 하나님을 부르는데 있어서 서술적인가?
- 강한 시작부분이 있는가?
- 잘 계획된 종결이 있는가?
- 예배가 신비감을 조성하는가?
- 예배가 경외감을 조성하는가?
- 나는 오감 중 몇 가지를 포함시켰는가?
- 예배는 창의적인가?

- 상황화가 되었는가? 예배자들에게 적합했는가?
- 누가 예배의 주된 행위를 하고 있는가?
- 놀란만한 적절한 요소가 있는가?
- 지난주의 예배와 다른가?
- 사고하고 묵상하도록 하는가?
- 경험적인가?
- 예배자들이 몸으로 참여하는가?
- 예전에 균형이 있는가?
- 충분한 성경 낭독이 있는가?
- 예배가 너무 뻔한가?
- 모든 연령대가 참여하는가?
- 공간을 창의적으로 사용하는가?
- 교회력이 강조되고 있는가?
- 각 참여자가 충분히 준비되고 지도 받는가?
- 예배 폴더나 파워포인트가 도움이 되는가, 아니면 방해가 되는가?
- 찬양과 감사를 위한 충분한 기회가 있는가?
- 예배에 방향성이 있는가?
- 기도에 목적의식이 있는가?
- 필요 없는 순서가 있는가?
- 시간이 정확히 지켜지는가?
- 충분하면서 간결한가?
- 과거, 현재, 미래의 시간 감각이 있는가?
- 한 순서에서 다른 순서로의 흐름이 자연스러운가?
- 하나님이 말씀하시는 것을 경청할 수 있는 충분한 시간이 있는가?
- 교단의 특성이 나타나는가?
- 예배자들이 노래하는 것 외에 다른 것에도 참여하도록 요청받는가?

부록 D

생동력 있는 예배 참여를 위한 일곱 가지 팁

    수년간 일부 교회에는 생중계 예배가 있었지만, 수많은 다른 교회들은 코로나 19로 인하여 처음으로 이런 기술을 살펴보고 있다. 많은 인도자들은 "우리가 이걸 어떻게 하지?" 라고 묻고 있다. 원격으로 예배드리는 사람들 또한 묻고 있다. "이걸 어떻게 하지? 실황 예배에서 어떻게 예배를 드리지? 한 사람, 혹은 두 사람, 혹은 세 사람이 모인 곳에서 이것이 어떻게 작동하는가? 어린 애들 때문에 화면에 나오는 예배에 집중하기 어려운 가족들을 위해서는 무엇이 도움이 될까? 가족 구성원이 한 사람인 경우에, 어떻게 하면 예배자가 혼자가 아닌 것처럼 보일 수 있는가?

    가장 근본적인 변화는 관람하는 것으로부터 참여하는 것으로 움직이는 것이다-재작된 예배를 수동적으로 관람하는 것으로부터 적극적인 예배자로서 온전히 참여하는 것이다. 실황 예배에서의 예배를 위한 7가지의 실현 가능한 제안들을 하겠다.

    1. 기대 일으키기. 예배 전 날 저녁 당신의 가족에게 함께 "실황" 예배를 드리

는 것이 얼마나 신나는 일인지에 관해 이야기하라. 혼자 사는 사람들을 위해서는, 친구나 혹은 이웃과 함께하는 당신의 즐거운 기대를 공유하고, 동시에 당신과 합류하도록 그들을 집으로 초청하라.

2. 미리 장비 준비하기. 방송 전 적어도 15분 전에 웹 페이지를 열고, 잘 작동하는지 확인하라. 그런 식으로 하면 일어날 수 있는 기술적 어려움을 해결하기 위해서 예배의 첫 15분을 놓치는 일이 없을 것이다.

3. 경건한 환경 만들기. 예배의 중심부를 만들기 위해서 집안에 있는 물품들을 모으라. 나는 종려주일(또한 수난 주일로 알려진)에 건전지로 작동되는 큰 양초를 찾았다. 종려 잎을 나타내기 위해서 뒷마당에 있는 유카 나무에서 잎을 몇 개 잘랐다. 양초 앞에 펼친 성경을 두었다. 자 보라, 가정 제단이 나타났다.

4. 마음을 안정시키기. 방안의 전광이 화면의 눈부심을 막기에 좋은지 확인하라. 모든 사람이 화면을 볼 수 있도록 위치를 정하라. 모든 사람을 위해서 넓고 안락한 좌석을 준비하라. 커피나 차 한 잔을 들라.

5. 기도하기. 예배 시간 전에, 하나님의 임재를 간구하면서 누구든지 참석한 사람을 위해서 큰 소리로 기도를 하라(비록 당신뿐이라 해도). 당신의 목사와 모든 예배 인도자들이 도전적인 일들을 하는 동안 그들을 위해서 기도하라-실제로 공동 예배를 인도하는 것처럼. 여기에 당신이 사용할 수 있는 기도가 있다.

> 삼위일체 하나님, 당신을 예배하기 위해 우리 마음을 돌이킬 때 우리와 함께 하시옵소서. 당신이 동시에 모든 곳에 계심을 감사드립니다. 그래서 예배에서 우리를 인도하는 사람들과

당신의 아름다운 세상 어느 곳에서든지 함께 모인 모든 예배 공동체 위에 성령님의 축복을 부어주시기를 요청합니다. 부활하신 우리 주 예수 그리스도께서 성부 하나님의 영광을 위하여 우리를 강하신 능력으로 만나 주시기를 기도합니다.

6. 예배 전반에 걸쳐 열정적으로 참여하기. 다른 사람들이 찬송하는 것을 그저 보기만 하지 말라-**찬송하라**! 다른 사람들이 기도하는 것을 그저 보기만 하지 말라-**기도하라**! 만약 무릎을 꿇거나, 절하거나, 서있거나 축복을 받기 위해 당신의 손을 뻗는 것과 같은 어떤 자세를 취하라고 요청 받는다면, 그렇게 하라! 만약 당신의 교회에서 함께 있다면 당신이 할 모든 것을 **하라**-큰 소리로. 당신은 아마 어색함을 느낄 것이다. 어쩌면 "무슨 소용이 있어? 아무도 들을 수 없는데."라고 생각할지도 모른다. 아, 그러나 많은 이가 **들을 수 있다**. 사실상, 심지어 우리 교회들이 사람들로 가득한 주일들에도 우리를 듣는 다수의 다른 이들이 있지만, 우리는 그저 알지 못했을 뿐이다. 우리가 땅에서 함께 모인 공동체로서 주 예수 그리스도를 예배할 때마다, 우리는 영광 가운데 성도들과 함께 연합하고, 그들이 동일하게 행하는 것처럼 교회는 승리한다. 그러니 계속하라-찬양하고, 기도하며, 포기의 제스처를 하라. 왜냐하면 아무튼 당신은 혼자가 아니기 때문이다!

7. 경험 묵상하기. 그날의 하루 종일, 혹은 다음 주 내내, 예배의 다양한 점에서 일어났던 것을 언급하라. 무엇이 의미가 있는지, 혹은 무엇이 놀라웠는지(실황 방송에서 우리 모두에게 일어나는 결함 외에 다른 것)에 대해 묵상하는 것은 집에서 드리는 우리의 매주 예배가 정말로 의미가 있다는 사실을 상기시키는 방식이다. 손 글씨로 감사의 글을 쓰는 시간도 가져보는 것은 어떨까-인도자들에게 예배에서 당신을 인도한 방식에 대해서 감사를 표현하면서 편지한다. 도전적인 시간에 인도자에게 개인적인 편지를 받는 것보다 더 고무적인 것은 무엇이

있을까?

　원격으로 예배를 드리는 것은 수동적이 되기가 쉽다. 그러나 성경적 예배는 결코 수동적이지 않다, 그래서 바라보는 것으로부터 참여로 옮기기 위해서 우리가 할 수 있는 것을 합시다.

색인

ㄱ

가난한 사람들을 위한 헌금 184, 204
가르침 38, 39
가르침, 사도들의 107
가사의 가치/진실성 346
가스펠 송 289, 308, 309, 311, 312, 313, 333, 357
가스펠, 흑인 324, 370
간구 49, 81, 183, 242, 248, 249, 254, 255, 256, 265, 266, 267, 268, 282, 302, 313, 355, 499
간세대 예배 467, 468, 473
간증 129, 178, 206, 208, 214, 308, 351, 355, 360, 409, 418, 425, 495
감사 기도 244
감사, 대 183, 190, 191, 244, 282
감정 93, 109, 121, 127, 166, 193, 198, 219, 294, 299, 302, 309, 322, 324, 325, 326, 339, 343, 355, 358, 362, 371, 491, 496
강단 초청 201, 208, 211, 214, 286, 411, 425

개방 성찬 187, 189
개인주의 49, 203, 292, 308, 309, 310, 435, 440
개정 공동 성구집 144, 398
거대담론 113
거야 190
건축가 은유 21, 23, 26, 27
것, 울리는 212
결단하는 것 208, 209, 212
경배와 찬양 전통 428
계몽주의 75, 213
계시/응답 200, 304, 315, 316, 350
고개를 숙임 264
고어 279, 346
고요함 148
공동의 잔 186, 189
공동체, 수도원 301
공동체적 예배 49, 61, 67, 68, 104, 109, 122, 163, 176, 206, 218, 227, 240, 245, 252, 260, 263, 264, 265, 269, 278, 296, 337, 340, 341, 425, 432, 484, 491, 498

공동체적 응답 185, 204
공백 채우기 접근법 102
공재설 190
공중 기도 237, 240, 241, 247, 249, 253, 254, 256, 264, 277
공회, 제2차 바티칸 416
과대광고 122
관계, 파트너 487
관련성 원칙 360
광고 132, 226, 228, 280, 406, 407
교단, 주류 23, 94, 424, 425
교독 130, 135, 139, 164, 168, 206
교제 118, 122, 175, 176, 179, 189, 200, 218, 270, 288, 318, 399, 414, 490, 491, 493
교창 128, 302, 332
교향곡 108
교회력 25, 87, 101, 122, 125, 126, 180, 269, 289, 339, 361, 365, 366, 380, 381, 382, 384, 385, 386, 388, 389, 390, 391, 392, 397, 398, 400, 401, 423, 424, 437, 503
교회, 아프리카 감리교 성공회 321
교회, 윌로우크릭 커뮤니티 428
교회, 이머징 75, 76, 77, 429, 433
구도자 62, 206, 429, 440, 451, 455, 456
구역에 관한 규정들 24
구조, 순환적 372

권위 67, 144, 225, 226, 343, 426, 438
규례 190, 191
규정된 접근법 103
그리스도 사건 38, 39, 71, 364, 365, 382
그리스도, 승리자 178
그만두는 것 208, 212
글로벌 예배 446
기념 39, 46, 60, 69, 72, 87, 107, 108, 126, 175, 176, 177, 178, 180, 189, 190, 194, 365, 366, 379, 380, 382, 385, 386, 387, 388, 389, 390, 393, 394, 395, 396, 397, 400
기도, 개인 187, 245, 250, 277
기도, 기록된 252, 256, 258, 259, 278, 424
기도로의 부름 168, 191, 319
기도, 모음 269, 282
기도, 목회 265, 266
기도서 18, 94, 103, 115, 252, 258, 423, 424
기도, 성도의 139
기도, 성찬 190, 244, 282
기도, 시작 268, 269, 282
기도, 요나의 257
기도, 유대인의 식탁 183
기도, 조명 152, 167, 265, 273, 274, 284, 307, 316

기도, 준비된 252, 256, 258, 259, 277, 278
기도, 중보 139, 204, 205, 240, 242, 253, 254, 255, 263, 265, 266, 282, 355, 428
기도, 즉흥 133, 206, 252, 253, 254, 255, 256, 259, 260, 277, 278, 279
기도, 찬양의 122, 276
기도, 초청 253, 254, 255, 266, 282
기도, 통성 206, 254, 283
기도, 형성하는 262
기도, 화답 266, 283
기도, 회개 171, 265, 269, 270, 271, 272, 282
기독교 밴드 341
기쁜 언어 137
기술 146, 250, 324, 338, 377, 407, 429, 434, 439, 485
기원 기도 265, 267, 269, 282

ㄴ

나라, 하나님의 70, 83, 146, 176, 191, 224, 226, 227, 232, 238, 250, 289, 294, 382, 383, 385, 415
나이로비 선언문 417
날, 여덟째 70
낭독극 164
낭독대 161, 162, 169

낭독, 성경 본문 156, 158
노래, 세계의 326, 327, 329, 330, 332, 370, 371, 374
노래, 시와 찬송과 신령한 296, 297, 298
노래, 행동하도록 요구하는 356
노예 36, 303, 320, 321
능동적인 경청 147
니케아 신조 203

ㄷ

다문화 예배 461
다인종 예배 464
단조로움 210, 318, 321, 374
달력 380, 382, 383, 384, 386, 390, 392
대강절 126, 363, 367, 382, 392, 393, 396, 397, 399
대위임령 220
대제사장 55, 78, 81, 82, 220
도유 87, 184, 187, 190
드라마 130, 150, 493
떼제 317, 318, 319, 331, 333

ㄹ

래그타임 323, 324
레위인 성가대 291
레이투르기아 81, 94, 95, 115, 165, 490
로마 가톨릭 교회력 392

색인 513

루터교 세계 연맹 417

ㅁ

마리아 45, 105, 257, 289, 398, 489
만성절 397
만찬, 주의 46, 174, 176, 177, 178, 180, 183, 184, 189, 201, 490
말씀, 봉헌의 168
말씀 예전 304
말, 예언자적인 150
매개 변수 24, 27, 118
맥락화 462
모임 예전 117
모퉁잇돌 29, 63, 64, 71, 77, 483
목요일, 세족 389, 395
무교절 386
무기력 75, 153
묵상 122, 127, 141, 148, 151, 152, 153, 177, 201, 205, 209, 214, 317, 318, 319, 372, 374
미리암 289, 303
미사 115, 176, 195, 218, 219, 232, 302, 305, 394
미사 전서 103, 115
미스, 미토 218, 220, 232
민족찬송학 461, 462

ㅂ

반복, 헛된 260, 280
백인 영가 320

번역, 성경 162
번제 37, 287, 491
복음 61, 79, 83, 108, 111, 112, 113, 174, 185, 194, 200, 203, 339, 355, 377, 386, 390, 392, 417, 428, 436, 496
본문, 설교 126, 169, 209, 215, 363, 365
봉헌절, 성전 386
부름, 예배로의 100, 118, 128, 131, 139, 166, 168, 316, 356
부활 62, 66, 69, 71, 72, 73, 76, 77, 81, 85, 86, 87, 101, 107, 110, 112, 121, 122, 126, 137, 174, 178, 183, 190, 191, 220, 244, 268, 363, 364, 365, 367, 382, 388, 395, 396, 398, 399
부활절 54, 73, 126, 180, 363, 367, 388, 395, 396, 400
부활절 성삼일 389, 399
분병 190
브라가 183
블랜디드 예배 430, 439
블루스 323, 324
비서구문화 327, 374, 416
비전 10, 32, 36, 45, 248, 260, 329, 332

ㅅ

사건, 출애굽 36, 38, 47

사고방식, 청중 지향적인 494
사순절 126, 180, 363, 367, 388, 394, 395, 399
사역 시간 87
사역, 실용 지향적인 419
사역자, 음악 366, 371, 374, 375, 376, 377
사용, 몸의 211
산상 변모 주일 394
산, 시내 37, 40, 386
삼위일체 85, 221, 231, 261, 262, 267, 268, 364
상징 70, 87, 147, 162, 174, 186, 190, 199, 214, 264, 286, 289, 318, 395, 397, 416, 423, 437, 438, 493, 496
상투스 191
선언 221, 223, 224, 232, 274, 493
선언, 사죄의 263, 271, 272, 282
선포 61, 71, 110, 113, 122, 125, 127, 128, 146, 147, 151, 165, 174, 178, 181, 185, 194, 195, 200, 201, 203, 275, 288, 289, 293, 299, 302, 304, 307, 315, 316, 339, 351, 352, 353, 354, 355, 356, 358, 360, 368, 371, 386, 390, 392, 394, 426
선호도 240, 295, 407, 419, 431, 440
설교 18, 60, 71, 76, 77, 100, 102, 121, 123, 125, 134, 142, 143, 144, 145, 146, 149, 150, 151, 152, 165, 174, 180, 196, 197, 198, 200, 201, 204, 205, 208, 218, 232, 239, 252, 254, 270, 273, 280, 286, 289, 315, 316, 350, 351, 354, 358, 361, 409, 411, 425, 428, 435, 440
설교 본문 367
성구집 144, 169, 365, 426
성금요일 389, 395
성도의 기도 135, 263, 265, 277
성례 85, 181, 188, 189, 191, 289
성례, 주의 190
성물 189, 190
성반 191
성스러운 예전에 관한 규약 416
성전 41, 55, 80, 95, 142, 200, 220, 243, 263, 269, 270, 290, 291, 301, 387, 490
성찬빵 190
성찬, 폐쇄 187, 189
성탄절 126, 363, 367, 389, 393, 394, 399
성탄절 주기 400
성토요일 389, 392, 395
세계의 노래 326, 327, 328, 329, 330, 331, 332, 370, 371, 374, 445, 520
세례 115, 134, 187, 189, 190, 191, 253, 299, 394, 395, 399

세족 191, 208, 214
세족 목요일 399, 400
소그룹 186, 192, 456, 457, 464, 468, 493
속죄일, 대 55, 386
송영 129, 133, 139, 268
수단, 은혜의 345, 413
순례 55, 317, 385, 386, 399
순복 146, 197, 199, 201, 206, 267, 364
순서, 4중 구조 예배 107, 108, 110, 111, 112, 113, 352, 368, 370, 423, 426, 438
순종 19, 37, 41, 57, 79, 80, 83, 106, 194, 209, 491
순환적 구조 374, 375
스토리텔링 164
시 302, 313
시간, 정해진 72, 95, 115
시와 찬송과 신령한 노래 71, 295
시편 53, 80, 122, 128, 144, 150, 246, 257, 258, 259, 263, 267, 270, 290, 298, 300, 301, 302, 303, 309, 332, 355, 370
시편가 302, 333
시편, 운율 302, 333
식탁, 주의 42, 74, 352, 408
신경, 사도 203
신조 129, 139, 184, 203, 204, 205, 207, 262, 293, 302, 389, 408, 425
신학, 이차적인 262

○

아남네시스 190, 384, 385
아바드 490
안식일 69, 70, 386, 387, 388
어조, 자연스러운 280
언약궤 55
언약, 새 45, 46, 79, 177, 182
언약, 아브라함 43
언약의 책 37
언어와 표현 양식 416
엄숙함 177, 180
에클레시아 49
에피클레시스 190
엘레이손, 퀴리에 276, 282
연도 130, 139, 166, 206, 244, 282, 426, 428, 438
영가 300, 319, 321, 322, 324, 342, 370
영가, 흑인 320
영상물 81, 150
예루살렘 54, 55, 109, 110, 198, 242, 386, 389
예배, 그리스도 중심 62, 63, 64, 66, 68, 72, 77, 78, 82, 85, 86
예배, 무형식 93
예배, 묵상 317
예배, 부머 428

예배, 수동적인 486, 498
예배, 예전적 94, 423, 424, 438
예배, 이머징 405, 432, 433, 439
예배, 자유교회 94, 115
예배, 전통적 405, 424, 426, 427, 428, 430, 438
예배, 주제에 기초한 125
예배, 프로그램 101, 496, 497
예배, 현대적 145, 304, 314, 405, 426, 427, 428, 432, 434, 439, 485
예전, 말씀 124, 127, 138, 142, 143, 144, 145, 146, 147, 148, 149, 150, 153, 154, 165, 174, 175, 176, 181, 183, 188, 192, 194, 195, 196, 197, 201, 204, 206, 207, 209, 210, 273, 307, 351, 365, 366, 425
예전, 모임 118, 119, 121, 122, 123, 124, 125, 127, 128, 130, 131, 134, 135, 136, 138, 139, 141, 146, 149, 205, 210, 269, 282, 286, 302, 307, 314, 316, 325, 362
예전, 유기적 165, 167, 168, 171
예전, 파송 133, 138, 181, 183, 192, 204, 218, 219, 220, 222, 225, 226, 227, 228, 229, 230, 231, 232, 234, 286, 335, 362
예전 행위 166, 184, 292, 302, 307, 338, 374, 375, 377
오락 62, 358, 359, 486, 492
오르도 115
오순절 126, 180, 198, 363, 367, 386, 388, 390, 392, 396, 397, 399, 400
운동, 부흥 203, 320, 425, 426
운동, 예전 갱신 425
움직임, 예전적 130
유대력 386
유월절 36, 45, 55, 177, 386, 395, 396, 400
유카리스트 174, 176, 178, 180, 184, 189, 201
율법 37, 39, 49, 67, 84, 142, 143, 386, 387, 488
은혜의 수단 190, 191
음악 사역자 18, 288, 338, 339, 348, 349, 350, 361, 364, 366
음악, 세속 343
음악적 견고성 344, 347, 348, 378
음악적 취향 411
음악, 절대적 339
음악, 종교 343
음악책, 셰이프 노트 320
음악, 현대 428
응답, 다감각적인 211
응답, 상징적 199
응답, 여러 세대를 아우르는 211
응답, 행동적 199

의식 62, 66, 83, 107, 115, 174, 177, 375
의식, 교회 190
의식, 입례 115, 128, 139
의식적인 노래 316
의식 행위 67, 375
의제, 교회 예배 62
이미지 언어 279
인사말 120, 128, 130, 139
인사, 약식 128
인사, 평화의 129, 139, 184, 205, 411, 418
인침, 표징과 191
일반 주기 382
일요일 69, 70, 388, 389, 395
일, 응답하는 210, 212
입례송 129, 132, 139
입맞춤, 평화의 179, 204, 205

ㅈ

자세, 기도 264
자유교회 18, 23, 103, 163, 181, 182, 203, 426
잔 186, 190
잔, 빵과 73, 174, 176, 177, 178, 179, 183, 185, 186, 187, 189, 190, 191, 195, 244
장막절 386
장애인 470, 473, 474, 475, 494
재의 수요일 392, 394, 395
재즈 302, 323, 324, 406
재현 37, 113, 174, 175, 194, 214, 230, 289
전도 60, 115, 240, 355
전도 집회 311
전주 130, 139
전통 92, 94, 99, 103, 115, 143, 150, 162, 176, 181, 182, 184, 185, 187, 219, 220, 221, 226, 242, 248, 253, 259, 263, 264, 290, 299, 301, 304, 306, 308, 321, 323, 325, 327, 331, 345, 356, 378, 385, 391, 396, 400, 417, 418, 424, 425, 428, 496
전통주의 425, 427
절기, 평상 392, 397, 400
접근법, 빈 종이 100
접근법, 임의 99, 101
제목에 따른 기도 266
제사장 21, 37, 55, 62, 78, 80, 84, 95, 143, 226, 263, 490
제스처 129, 138, 147, 161, 174, 185, 199, 230, 231, 264, 275, 289, 416, 418, 494
제정사, 성찬 183
조각 205
주기도 130, 184, 260, 276, 426, 438
주기, 부활절 382
주기, 성인 391, 400
주기, 성탄절 382

주기, 일반 392, 400
주보 59, 96, 102, 162, 219, 501
주의 식탁 174, 175, 176, 180
주일 22, 66, 68, 69, 70, 72, 387, 388
주일, 삼위일체 397
주현절 126, 363, 367, 389, 392, 394, 399
줄기초 30, 89
중재자 47, 62, 78
지성소 55, 81, 227
지역, 미개발 23
집례자 185, 189, 191, 253, 269
집전자 190

ㅊ

찬가, 마리아 257, 289, 303
찬가, 사가랴 303
찬가, 시므온 304
찬송가 94, 128, 132, 301, 302, 304, 305, 306, 307, 308, 311, 312, 320, 321, 324, 327, 331, 333, 335, 342, 343, 352, 370, 372, 374, 423, 426, 427, 430, 438, 439
찬송가, 서구 305, 327, 372
찬송가, 신약의 291, 298
찬송, 천사의 303
찬송학, 민족 328, 332
찬양의 환호 129, 139, 191

찬트 301, 302, 318, 319, 333
찬트 선율 348
참여, 실천적인 면에서의 491
창의성 100, 103, 147, 152, 427, 435, 438, 440, 503
철야, 부활절 389, 395, 399
청소년문화 342
축도 220, 221, 222, 223, 224, 225, 226, 227, 228, 229, 230, 231, 232, 234, 274, 275, 276, 286, 307
축복, 아론의 220, 222, 223
축제 37, 55, 122, 123, 127, 154, 178, 179, 386, 388
축제, 신년 386
춤, 예전 152, 164
춤, 해석이 담긴 150, 184
칠칠절 55, 386
침묵 130, 146, 150, 205, 228, 250, 251, 254, 266, 270, 280, 408, 493

ㅋ

카이로스 383, 384, 391
칸티클 303, 304, 331, 332
칸티클, 유아기 303, 304
커뮤니온 174, 176, 178, 179, 180, 184, 189, 201
케리그마 71, 203
코러스 311, 313, 314, 315, 316,

319, 332, 342, 353, 356, 427, 430
코러스, 찬양 313, 315, 316, 370, 428, 429, 430, 439
코르다, 수르숨 191
코이노니아 179, 180, 490, 493
크레덴디, 렉스 오란디 에스트 렉스 262
크로노스 383, 384, 385, 391

ㅌ
퇴장 229, 230, 233, 494

ㅍ
파송, 선교 팀의 206
파스카 388, 396, 400
포괄적인 예배 477, 478
표현, 예술적 150, 184, 205
프로스쿼네오 488, 489
프론티어 94, 115, 425, 426
피스크 쥬빌리 싱어스 321

ㅎ
하나님, 삼위 50, 51, 65, 86, 101, 113, 124, 125, 261, 287, 345, 351, 354, 355, 360, 362, 364, 397
하나됨 132, 139, 179, 180, 201, 205, 264, 270
할례 44, 45

합잔 189
해산 108, 193, 218, 227
행위, 예전 165
향 80, 263
향로 263, 283
헌금 102, 129, 205, 206, 409, 411, 418, 428
현대적 예배 430
형상, 하나님의 78, 97
형성, 영성 208, 395
형식 23, 88, 92, 93, 94, 104, 111, 328, 434, 435
확신, 사죄의 129, 171, 183, 184, 271, 275, 282, 357
환대 26, 84, 481, 498
회당 143, 220, 301, 387
후렴구 266, 311, 312, 313, 318, 325, 333, 372
후주 229, 233
흑인 가스펠 302, 323, 324, 326
희생제물 37, 78, 80, 178, 190, 220, 490, 491

기타
4중 구조 예배 순서 106, 107
50일, 기쁨의 388, 399

예배 건축가
The Worship Architect

2015년 1월 31일 초판 발행
2022년 3월 31일 개정판 1쇄 발행

| 지 은 이 | 콘스탄스 M. 체리 |
| 옮 긴 이 | 양명호, 김상구 |

편 집	진규선
디 자 인	박희경, 김소영
펴 낸 곳	사)기독교문서선교회
등 록	제16-25호(1980. 1. 18)
주 소	서울시 서초구 방배로 68
전 화	02) 586-8761~3(본사) 031) 942-8761(영업부)
팩 스	02) 523-0131(본사) 031) 942-8763(영업부)
홈페이지	www.clcbook.com
이 메 일	clckor@gmail.com
온 라 인	기업은행 073-000308-04-020, 국민은행 043-01-0379-646
	예금주: 사)기독교문서선교회

ISBN 978-89-341-2412-2 (93230)

* 낙장 · 파본은 교환해 드립니다.

이 도서의 국립중앙도서관 출판시 도서목록(CIP)은 서지정보유통지원시스템 홈페이지(http://seoji.nl.go.kr)와 국가자료공동목록시스(http://www.nl.go.kr/kolisnet)에서 이용하실 수 있습니다.(CIP제어번호: CIP2014037075)